交通运输工程导论

过秀成　朱震军　主编

东南大学出版社
SOUTHEAST UNIVERSITY PRESS
·南京·

内容简介

本教材充分吸收国内外交通运输发展及最新研究成果，落实《交通强国建设纲要》《国家综合立体交通网规划纲要》《中国可持续交通发展报告》等要求，构建交通运输工程的教学内容和体系结构。主要介绍交通运输系统特性及发展历程与趋势，综合交通运输系统和道路、轨道、水路、航空、管道等运输子系统及设施、交通运输规划、运输组织、交通运输法规与政策、交通运输安全、绿色交通运输以及智慧交通运输等内容。教材采用理论与实践相结合，循序渐进，同时设置复习思考题，旨在培养学生国际视野、家国情怀，帮助学生了解我国交通运输发展历程、学科发展趋势，构建交通运输工程专业知识体系，掌握交通运输工程理论、方法和技术。

本书可以供交通运输工程一级学科相关专业高年级学生、研究生及交通运输行业专业技术人员使用。

图书在版编目(CIP)数据

交通运输工程导论 / 过秀成，朱震军主编. —南京：东南大学出版社，2022.6（2025.7 重印）

ISBN 978-7-5766-0058-2

Ⅰ. ①交… Ⅱ. ①过… ②朱… Ⅲ. ①交通运输—运输工程—教材 Ⅳ. ①U

中国版本图书馆 CIP 数据核字(2022)第 047788 号

责任编辑：张新建　封面设计：王玥　责任印制：周荣虎

交通运输工程导论

主　　编：过秀成　朱震军
出版发行：东南大学出版社
社　　址：南京四牌楼 2 号　邮编：210096　电话：025-83793330
网　　址：http://www.seupress.com
电子邮件：press@seupress.com
经　　销：全国各地新华书店
印　　刷：江苏凤凰数码印务有限公司
开　　本：787mm×1 092mm　1/16
印　　张：20
字　　数：500 千字
版　　次：2022 年 6 月第 1 版
印　　次：2025 年 7 月第 2 次印刷
书　　号：ISBN 978-7-5766-0058-2
定　　价：60.00 元

本社图书若有印装质量问题，请直接与营销中心联系。电话(传真)：025-83791830。

前　言

交通是经济的脉络和文明的纽带。纵观世界历史，从古丝绸之路的驼铃帆影，到航海时代的劈波斩浪，再到现代交通网络的四通八达，交通推动经济融通、人文交流，使世界成了紧密相连的“地球村”。交通运输是国民经济中具有基础性、先导性、战略性的行业，是重要的服务性行业和现代化经济体系的重要组成部分，是构建新发展格局的重要支撑和服务人民美好生活、促进共同富裕的坚实保障。

我国已经开启全面建设社会主义现代化国家新征程，迫切需要结合区域经济发展、国土开发保护格局、人口结构分布、消费需求特征、要素供给模式等建设安全、便捷、高效、绿色、经济的现代综合交通运输系统，以适应客货运输需求规模和结构的变化，满足人民群众日益增长的出行需求，服务国土空间开发和生态环境保护，为国家重大战略实施、现代化经济体系构建和社会主义现代化强国建设提供有力支撑。

交通运输系统是由道路、轨道、水路、航空和管道五种交通运输方式组成的综合系统。每种交通运输方式各具特点，各自组成独立的子系统。各个子系统在综合交通运输系统内既各自发挥作用，又相互补充和依存，共同发挥支持社会生产、推动经济发展、提高人们物质和文化生活水平的作用。对交通运输系统的不断探索与实践，逐步形成了交通运输工程这个既相对独立又与相关学科密切联系的学科门类。交通运输工程学是一门研究交通运输系统特征、演变规律，运用现代技术和科学原理，对各种交通运输方式的运输设施进行规划、功能设计、运营和管理，实现安全、迅速、舒适、方便、经济并与环境相协调地运送旅客和货物，涉及工程、经济、环境、教育、法规、能源等科学。

本书主要介绍交通运输工程基本概况、综合交通运输系统、不同交通运输方式的设施设备、运输组织、交通运输法规与政策、交通运输安全、绿色交通运输以及智慧交通运输等内容，旨在帮助学生更好地构建交通运输工程重要的知识体系，掌握交通运输工程的理论、方法和技术。全书由过秀成、朱震军主编，共 13 章，编写分工如下：第 1 章过秀成（东南大学）、朱震军（南京林业大学），第 2 章朱震军（南京林业大学），第 3 章窦雪萍（北京工业大学），第 4 章朱震军（南京林业大学），第 5 章过秀成（东南大学）、徐宿东（东南大学），第 6 章羊钊（南京航空航天大学），第 7 章邓一凌（浙江工业大学）、沈佳雁，第 8 章过秀成（东南大学）、朱震军（南京林业大学），第 9 章姜晓红（南京林业大学），第 10 章杨洁（东南大学）、朱震军（南京林业大学），第 11 章盛玉刚（南京林业大学），第 12 章朱震军（南京林业大学）、孔德文（北京工业大学），第 13 章何赏璐（南京理工大学）。

感谢东南大学交通运输工程学科徐吉谦教授、邓学钧教授、李峻利教授，南京林业大学交通运输工程学科马健霄教授、韩宝睿副教授等对课程建设给予的支持与帮助。感谢美国德州农工大学（Texas A&M University）过晓宇、华中科技大学段力、南京工业大学顾海燕、南京林业大学龚小林、石家庄铁道大学张春波、东南大学成贤学院刘云等老师在教材使用中的反馈意见。感谢天津市城市规划设计研究总院有限公司李科教授级高级工程师、浙江省石油股份有限公司孙朝旭工程师等对教材知识结构的建议。感谢东南大学张益邦、綦聪、李爽等博士生，南京林业大学和煜栋、冯昕、孙静瑞、张勇等硕士生在教材资料收集、整理与编排过程中所做的工作。

教材在编写中参考了国内外大量文献，由于条件所限未能与原著者一一取得联系，引用及理解不当之处敬请见谅，在此谨向原著作者表示崇高的敬意与衷心的感谢！

由于编者课程教学经历与经验有限，书中难免有错漏之处，恳请读者批评指正。

电子邮箱：seuguo@seu.edu.cn

过秀成

于东南大学九龙湖校区交通学院1101室

2022年1月

目　录

第1章 绪 论

1.1 交通运输相关术语

1）交通

《辞海》定义：交通是各种运输和邮电通信的总称。即人和物的转运输送和信息的传递播送。狭义指运输。交通产品是非物质形态的，不能储存和调拨。《中国大百科全书·交通卷》对交通的解释则为：交通包括运输和邮电两个方面。运输的任务是输送旅客和货物；邮电是邮政和电信的合称；邮政的任务是传递信件和包裹，电信的任务是传送语言、符号和图像。交通是指人员的往来、货物的交流和信息的传递。人员的往来和货物的交流是通过各种交通运输方式，实现人和物的空间位移；而信息的传递，主要指语言、文字、图像、符号等信息的传递与播送，能够满足其功能的主要是邮电和通信。交通行业包括道路运输业、轨道运输业、航空运输业、水路运输业、管道运输业、邮政业和电信业，通常称为"Communication"。由于专门化物质传输系统的形成，通常输电、输水、供暖等形式的物质位移及语言、文字、符号、图像等形式的信息传输已不列入交通的范围。因此，交通是指"载运工具在交通运输网络上的流动"。

2）运输

《辞海》定义：运输即狭义的交通。使用适当的工具和设备，改变人和物的空间位置的活动。运输是指借助公共运输线路及其设施和载运工具实现人与物空间位移的一种经济活动和社会活动。运输应具备公共运输线路及其设施、载运工具、人和货物的空间位移等要素。而经济活动中的输电、输水、供暖、供气，以传送语言、符号和图像等信息为特征的电信，由载运工具改作他用的特种移动设备（包括特种车辆、船舶、飞机）行驶所引起的人与物的位移，在工作单位、家庭周围、建筑工地等由载运工具所完成的人与物的位移均不属于运输的范畴。

3）交通与运输

交通是指载运工具在交通运输网络上的流动，运输是指借助公共运输线及其设施和载运工具来实现人与物空间位移的一种经济活动和社会活动。交通强调的是载运工具在交通运输网络上的流动情况，而与载运工具所运载人员、物资的数量没有关系；运输强调的是载运工具上载运人员和物资的数量以及位移的大小，而并不关心使用何种载运工具和交通运输方式。

交通量与运输量这两项指标反映了交通与运输的区别。在道路交通运输中，交通量是指单位时间内通过道路某一地点、某一断面或某一条车道的交通实体数，它与运输对象无关；运输量是指一定时期内运送人员或物资的数量。如某路段的交通量是 8 000 veh/d，则这8 000 辆车的装载情况不会改变交通量，但会影响总运输量的大小。

交通与运输反映的是同一事物的两个方面，或者说是同一过程的两个方面。同一过程是指载运工具在交通运输网络上的流动过程；两个方面指的是交通关心的是载运工具的流动情况（流量的大小、拥挤的程度），运输关心的是流动中的载运工具上的载运情况（所载人与物的数量，将其输送了多远的距离）。在有载时，交通的过程同时也就是运输的过程。因此，可以说运输以交通为前提，没有交通就不存在运输；没有运输的交通，也就失去了交通存在的必要。交通是一种手段，而运输是最终的目的。交通与运输既相互区别，又密切相关，统一在一个整体之中。

4）交通运输

交通运输是指载运工具在交通运输网络上的流动和载运工具上载运人员与物资在两地之间位移这一经济活动的总称。交通运输研究是探讨通过载运工具在交通运输网络上的流动，按照人便于行和货畅其流的原则，将人和货物安全、便捷、高效、绿色、经济地从起点运到讫点，以实现时空效用。

1.2 交通运输系统特性

1.2.1 交通运输系统构成要素

交通运输系统是指由道路交通运输系统、轨道交通运输系统、水路运输系统、航空运输系统和管道运输系统构成的一个复杂大系统。交通运输系统是国家层面的宏观运输结构，包括道路、轨道、水运、航空、管道五种交通运输系统，它们是既有相对独立性，又互相依存的子系统。交通运输结构是指交通运输业的内部结构，也就是五种交通运输方式在交通运输业中的地位和作用，以及相互之间的比例关系。

1）道路交通运输系统

道路交通运输系统是指使用汽车、挂车等载运工具在公路与城市道路上运输旅客和货物的交通运输系统，由道路、桥梁、场站等交通运输基础设施、载运工具与管理控制系统组成。

2）轨道交通运输系统

轨道交通运输系统是指车辆需要在特定轨道上行驶的一类交通运输系统，主要由车辆、线路、运输场站、交通控制与管理系统、设施管理系统以及管理控制系统组成。

3）水路运输系统

水路运输系统是指一种使用船舶（或其他水运工具）通过航道运输旅客和货物的交通运输系统，由港口、航道、船舶基础设施与管理控制系统组成。

4）航空运输系统

航空运输系统是指使用航空器作为载运工具通过航线与航路运输旅客和货物的交通

运输系统，由航空器、机场、航线、航路与空中交通管理系统组成。

5）管道运输系统

管道运输系统是指使用管道输送流体货物（油品、天然气、煤浆及其他矿浆等）的一种交通运输系统，由大型管道、泵站和加压设备等设施组成。

整个交通运输系统是上述交通运输方式并存的综合系统，道路、轨道、水运、航空、管道是交通运输系统的子系统。各子系统由载运工具、线路、场站、交通控制与管理、基础设施管理、信息管理系统组成。

（1）载运工具

载运工具的功能在于容纳与承载被运送的人和货，如汽车、轨道车辆、船舶、航空器、管道等。有的载运工具与动力完全分离，如轨道交通的货车车厢、海上的驳船、集装箱拖车等；有的则与动力同体，如汽车、航空器、船舶等。

（2）线路

线路是指交通运输系统中连接交通运输起讫点，供载运工具安全、便捷运行的交通运输基础设施。某些线路是自然形成的，如航空的航线与航路、水运的江河湖泊与海洋航路；而大多数则是人工修建的专门设施，如轨道、公路、运河、管道等。

（3）场站

场站是指载运工具起讫到发、经停作业与中转换乘的场所，包括公路运输场站、铁路枢纽场站、机场、港口码头等。

（4）交通控制与管理

交通控制与管理包括各种交通信号、交通标志、交通规则等，是为了保证载运工具在线路上和场站内的安全、有效运行制定的规则与设置的各种监控、管理装置和设施。

（5）基础设施管理

基础设施管理是指为保证各项交通运输基础设施处于完好或良好的使用或服务状态，而设置的设施状况监测和维护（维修）管理部门或场所。

（6）信息管理

信息管理是指应用通信、电子信息等高新技术为现代交通运输提供服务，为交通运输系统发展提供信息保障，在整个交通运输系统中起着桥梁和纽带的关键作用。

1.2.2 交通运输系统特征与性能

交通运输系统的五种交通运输方式都有其适用区域，其在交通运输系统纵向上分化细密，横向上重叠交错，所采取的技术手段、载运工具和组织形式等都不相同。因此，各交通运输子系统所形成的技术性能（速度、质量、连续性、货物完整性、旅客安全与舒适性等）又对地理环境的适应程度和经济指标（如能源与材料消耗、投资、运输费用、劳动生产率等）都是不同的。

1）交通运输系统特征

交通运输系统既具有一般系统的共性，又具有规模庞大、结构复杂、目标众多等特征。

(1) 交通运输系统是具有层次结构的可分系统

交通运输系统包括多个子系统,各子系统又有客运和货运两个分系统。随着经济的发展,人们对运输需求的提高和研究的深入,子系统的数量和层次会不断扩充。交通运输系统与其子系统之间、子系统与子系统之间,存在着时空和资源利用方面的联系,也存在总目标、总费用以及总运行结果等方面的相互关系。

(2) 交通运输系统是跨地域的大系统

世界经济的全球化和信息化促使运输生产活动突破地域,呈现运输跨地区、跨国界发展的趋势。跨地域性正是交通运输系统创造空间价值的体现,跨地域的特点使得系统的管理难度加大,对信息的依赖程度变高。

(3) 交通运输系统是动态开放系统

交通运输系统是具有满足社会需要、适应环境能力的动态开放系统,一般总是联结多个生产企业和客户,系统内的要素及运行随需求、供应、渠道等变化。为适应经常变化的社会环境,必须不断修改完善交通运输系统的各组成部分,要求交通运输系统必须具有足够的灵活性与可改变性。

(4) 交通运输系统是复杂系统

交通运输系统的复杂性体现在交通运输系统涉及人力、物力、财力资源的组织和合理利用。交通运输系统内各种载运工具,其容量、行驶速度等各不相同,各种载运工具行驶的线路和配套设施差别大,从事运输生产活动人员多。

(5) 交通运输系统是多目标系统

交通运输系统的总目标是实现宏观和微观的经济效益,具体目标是多重的,要求安全、便捷、高效、绿色、经济。同时满足上述要求较难,多目标冲突现象在交通运输系统中普遍存在,必须在交通运输系统总目标下对各要素目标协调,才能获得交通运输系统总体最优的效果。

2) 交通运输系统性能指标

各类交通运输系统具有不同性能,通常从以下四个方面表征或评价交通运输系统的性能。

(1) 普遍性

普遍性主要指进出交通运输系统的出入口数量,这些出入口之间交通运输线路的直接程度以及系统对各种交通量的适应能力等方面的性能。它直接关系到使用者进出和使用该系统的便捷性。影响普遍性的主要因素是交通运输线路网密度和进出系统出入口或场站的数量。

(2) 机动性

机动性是指交通运输系统在单位时段内处理交通运输对象数量的能力(或容量)和系统内交通流的速度两个方面。

(3) 效率和效益

效率和效益包括为修建和维护交通运输基础设施所需投入的资金量,使用该系统所需支付的运行费用(能源消耗、载运工具、基础设施的耗损、控制和管理费用等),系统可靠性和使用安全性,系统对周围环境负面影响等。

(4) 服务对象和服务水平

服务对象是指交通运输系统适宜输送的对象(货物或旅客的类别),服务水平指系统所提供的服务质量(舒适性、频率等)。

3) 各类交通运输系统性能与特征

(1) 道路交通运输系统

道路交通运输系统机动灵活、适应性强,深入性和便捷性好,能满足多层次交通运输需求。道路交通运输系统可以实现"门到门"直达运输,避免中转环节,在中短途运输中,运送速度较快。

(2) 轨道交通运输系统

轨道交通运输系统主要承担中长途的运输任务,能提供较大的线路输送能力和通过能力。轨道交通运输能以较快的直达速度运输货物,提供全天候、多方向的运输服务,不受气候、季节条件的限制和影响。

(3) 水路运输系统

水路运输系统船舶运输量大,航道通过能力高,占用土地少,运输货种几乎不受限制,特别适宜运输长大件。但运输过程中换装倒载环节多,受地理条件和季节气候影响大。

(4) 航空运输系统

航空运输系统速度快,不受地形地貌阻碍,只要有机场和航路设施保证,即可开辟航线。采用航空运输方式,货物在途时间短,周转速度快。

(5) 管道运输系统

管道运输系统中管道口径与压力可选择,运输量大,气候条件的影响小,便于长期稳定运输,可以在调度指挥系统中心实现远程控制。

(6) 交通运输方式的适用性

各种交通运输方式都有其优势和不同的适用范围。各种交通运输方式的适用性如下:

① 道路交通运输在中短途运输中效果最突出,特别是"门到门"的运输更显优越,可补充和衔接其他交通运输方式,如担负轨道、水路运输达不到的区域以及起讫点的接力运输;

② 轨道交通运输适合经常稳定的大宗货物运输,特别是中长途货物运输,也适合中长途、短途城际和现代快速市郊旅客运输;

③ 水路运输货种受限制少,适合于大宗货物的长途运输,尤其是远洋运输,是国际贸易的重要交通运输方式;

④ 航空运输适用于长途旅客运输、货物运输及邮件运输,包括国际和国内运输,在通用航空运输方面(摄影、人工降雨、林业播种、抗灾救护等)更显优势;

⑤ 管道运输是流体能源适宜的运输手段,适合于单向、定点、量大的货物运输,尤其是输送危险品的油类,由于管道埋在地下,受地面干扰少,运送此类货物较为安全。

1.2.3 交通运输系统性质与作用

1）交通运输系统性质

交通运输系统是整个国民经济大系统的纽带，它把社会生产、分配、交换和消费各个环节有机地联系起来，是保证社会经济活动正常进行和发展的前提条件。交通运输系统具有以下性质：

（1）基础性

交通运输系统对于国民经济系统具有基础性，主要表现在：工农业生产、人民生活及其他社会经济活动诸方面对交通运输系统有普遍的需求，交通运输系统是社会经济最基础的子系统，是其他子系统得以有效运转的主要载体，是各子系统之间协调发展的基本条件，也是社会再生产得以延续的不可缺少的基本环节。

（2）依附性

交通运输系统对于时空具有依附性，可从两个方面来理解：①交通运输基础设施（路网、港口、车站等）在空间和地域上不能挪用，必须就地兴建；②运输能力在时间上不能挪用。由于运输与生产、消费是同时发生的，运输能力不能像其他行业的产品那样可以储存备用，也不能靠临时突击来解决，而是要长期有计划地、可持续地建设和累积。

（3）间接性和隐蔽性

交通运输系统对于社会和经济系统的贡献具有间接性与隐蔽性，主要表现在：①交通运输的经济效益除少部分体现在上缴国家的利税外，更蕴含在交通运输对象身上；②交通运输只是满足运输需求的手段，而并非最终目标；③交通运输对国民经济的影响是全局性的，交通建设项目效益则主要通过对国民经济的社会效益体现。

（4）可替代性

交通运输系统内部各种交通运输方式在一定程度上具有可替代性。在完成具体的运输任务时，对交通运输方式、载运工具选择一定程度上可以优化。交通运输业与邮电通信业之间也存在着某些替代关系。正是由于这种可替代性才使得发展综合交通运输系统成为可能。

2）交通运输系统作用

（1）国民经济发展的先决条件

无论是现有企业的生产，还是新经济区的开发、新建项目的动工，都必须具备相应的运输条件，考察一个地区投资环境好坏的一个重要指标就是该地区的交通运输系统发展状况。

（2）实现流通的物质手段

流通的最终目的是在社会再生产过程中加速商品和资金周转，交通运输是实现流通的物质手段。交通运输系统发达可减少商品在流通过程中的时间，节约流通费用，加速资金周转。

（3）开发资源与实现生产合理布局的纽带

发达的交通运输系统可带动整个地区经济的发展，使地区资源得到有效利用，实现全面开发。交通运输也是横向联合企业集团和农、工、贸联合体共同开发和协调发展的纽带。

(4) 国民经济的重要生产部门

交通运输业的发展也为其他工业部门提供市场：轨道、港口、道路、机场的大规模修建促进了建筑业的发展；各种运输机械对金属的需求是采矿业和冶金工业取得迅速发展的动因之一；交通运输业的能源消耗促进了煤炭和石油工业的兴旺；载运工具的大量生产对机械加工业的发展起到积极作用。交通运输业也是成熟技术应用的广阔市场。

(5) 实行对外开放的必备条件

实行对外开放需要提高法制、管理水平等"软设施"，以及完善通信、运输等"硬设施"，为引进技术和投资创造良好的环境。

(6) 对社会精神文明建设起到积极促进作用

交通运输不仅是国民经济和工农业生产的重要环节，还是社会精神文明传播的触角和导线。交通运输使人们便捷往来接触，促进地区间相互沟通了解，促进科学文化发展。

1.2.4 交通运输与资源环境关系

1) 国土空间对交通运输发展的影响

我国陆地国土空间面积广大，居世界第三位，但适宜开发的国土面积较少，决定了必须走空间节约集约的发展道路。大部分人口的就业和居住以及经济集聚于城市群与都市圈地区，能源和矿产资源与主要消费地呈逆向分布，决定了大规模长距离能源运输格局将长期存在，需要加强低成本复合型运输通道建设，发挥不同交通运输方式技术经济比较优势，交通运输发展应更加集约。

2) 资源环境对交通运输发展的影响

《巴黎协定》中明确，我国到2030年左右二氧化碳排放达到峰值并争取尽早达到峰值的目标。交通运输系统作为能源消耗及碳排放源之一，是应对气候变化的重点领域。为支撑国家2030年碳达峰目标的实现，交通运输系统需要承担艰巨的减排任务。形成低碳运输结构是实现绿色交通运输发展的重要举措之一。实现双碳目标涉及道路、轨道、水运、航空、管道运输等领域，目前交通运输低碳装备占比不高，清洁新能源应用受到技术成熟度、产能支撑、消费意愿以及交通运输基础设施配套等制约，存在不确定性。

1.3 交通运输发展历程与趋势

1.3.1 交通运输发展历程

1) 交通运输发展阶段

纵观交通运输的发展史，按照各种交通运输方式在不同时期所起的主导作用，交通运输可以划分为四个阶段：人力畜力运输阶段，水路与轨道运输阶段，道路、航空、管道与轨道运输阶段以及综合交通运输发展阶段。

（1）人力畜力运输阶段

交通运输发展初期，人或物移动的方式大多为步行、人背，也可能伴有绳拖、棍撬等原始方式。随着人类活动范围扩大，逐渐出现木筏、独木舟等利用水流的工具，水路运输初现雏形。随着人力、畜力车等陆路载运工具普及，车的动力仍以畜力或人力为主，但速度和搬运能力明显提升，并伴随道路发展，促进交通运输业的形成。中国古代秦朝修筑了全国统一的道路。

（2）水路与轨道运输阶段

水路运输是一种历史最悠久的交通运输方式，同时又是一种现代化的交通运输方式。在中国的周朝或者更早就出现了独木舟，春秋时期的吴国已经有了载客 92 人的木船；希腊罗马时代的货船可以装载 400 t 的货物。中国于公元前 214 年建成了连接长江和珠江水系的灵渠。水路运输在交通运输业的早期发展阶段起主导作用。交通运输革命性的进展出现在 1785 年，蒸汽动力的出现揭开了第一次工业革命的序幕，同时也为现代载运工具的出现奠定基础。运河开凿沟通了分离的各个水系，组成联系广泛的内陆水路运输网络。轮船和运河的出现，使水路运输得到迅猛发展。1865 年，中国设计制造的蒸汽机轮船开始航行于海上和内河。

1825 年，英国在斯托克顿至达灵顿修建了世界第一条轨道并投入公共客货运输，标志着轨道时代的开始。19 世纪，美国和西欧各国都进入了轨道建设的高潮，这种形势也影响着其他一些国家。到 19 世纪后半期，已扩展到非洲、南美洲和亚洲各国。自此，轨道成了陆地交通运输的主要工具。1909 年，中国首条自主设计建造的京张铁路建成通车。

在轨道发展阶段，轨道运输基本处于垄断的地位。轨道能够快速、大容量的运输旅客和货物，因而极大地改变了交通运输的面貌，为工农业的发展提供了全新的交通运输方式。从此，工业布局摆脱了对水路运输的依赖，内陆腹地工农业发展加速。

（3）道路、航空、管道与轨道运输阶段

1892 年汽车的出现，标志着道路载运工具进入了新的历史阶段。20 世纪初，工业国家的道路系统初步形成，客运和货运汽车被大众所接受，并得以迅速发展。1901 年后，中国出现了以汽车为载运工具的道路交通运输。汽车工业发展和道路网扩张，使道路交通运输能充分发挥其机动灵活、迅速方便的优势，在短途和长途运输方面占有重要的地位。

1903 年美国莱特兄弟第一次实现天空飞行，标志着航空运输的到来。随着飞机设计技术的进步和机构的完善，1914 年美国首次开辟了从坦帕到圣彼得堡的定期航班，1919 年又开设了从伦敦到巴黎的定期航班。这些航线的开通使得人的出行时间大幅度缩短。中国自制飞机于 1909 年试飞成功。此后，飞机不断地改进。1930 年，中国创建中国航空公司。工业的发展和科学技术的进步，促使人们对时间的价值观念日益增强，而航空技术的发展满足人们在这方面的需求。航空运输在速度上的优势，不仅使其在旅客运输方面（特别是长途旅客运输方面）占有重要的地位，在货运方面也得到发展。

现代管道运输起源于 1865 年美国宾夕法尼亚的第一条原油管道，距今已有 150 余年的历史。以连续运输形式出现的管道运输，虽然其运输货物的品类有限，但运输成本低，输送方便，因此发展很快。1959年中国新疆克拉玛依到乌苏独山子第一条输油管线建成并开始输油。

20世纪30—50年代，道路、航空和管道运输相继发展，与轨道运输激烈竞争。这一阶段的主要特征是道路、航空和管道运输发挥作用上升，轨道、道路、航空和管道共同竞争。

(4) 综合交通运输发展阶段

20世纪50年代，人们开始认识到在交通运输发展过程中，道路、轨道、水运、航空和管道交通运输方式相互协调、竞争和制约，需综合考虑并协调交通运输方式之间的关系，构成一个现代化的综合交通运输系统。综合交通运输发展阶段的重点之一是在整体上合理进行交通运输方式分工，发挥交通运输方式优势。从人类同环境（公害）和能源关系的角度去考察问题，调整交通运输布局和提高交通运输质量成为主要趋势。

2）我国交通运输发展历程

我国各族人民经过几千年的辛勤开拓，在道路、桥梁、隧道修建，车辆制造及交通管理等方面，都取得过辉煌成就。4 000多年以前，已经有了车和行车的道路。西周时期，开创了以都城为中心的道路体系。春秋战国时期，扩展内河与海路，进行漕运。秦朝时期实行了“车同轨”，建立了规模宏伟的道路交通运输网络，并开凿灵渠（又称兴安运河）。西汉时期，开通了陆上丝绸之路与海上丝绸之路。隋朝时期，开辟京杭大运河。唐宋元时期，完善并发展了驿运制度。明清时期，海运远达非洲东岸和红海沿岸。随着近代工业的产生，在驿道主干线上逐步兴建铁路、公路，陆上交通主要依靠道路交通运输。改善干线公路，修建了通往缅甸和越南的国际通道。

新中国成立后，开始有计划地进行交通运输建设。国家投资向交通运输倾斜，改造和新建了一批道路、轨道、港口码头、民用机场，提高西部和边远地区的交通运输基础设施覆盖程度，疏浚了主要航道，新开辟国际、国内水路和空中航线，扩大邮政网络，增加载运工具数量。交通运输步入快速发展阶段，交通运输被放在优先发展的位置。

各种交通运输方式发展取得突破。轨道运输进行连续大提速。道路和水运实施主骨架、主通道、主枢纽和支持保障系统规划。投资建设向西部地区轨道、道路、机场、天然气管道干线倾斜。深化港口管理体制改革，进行港口建设。实行邮电分营和邮政政企分开，邮政向信息流、资金流和物流方向发展。

综合交通运输系统建设新阶段，以新发展理念为指导，深化交通运输供给侧结构性改革，完善交通运输基础设施网络，实现多种交通运输方式有效衔接。建立现代物流服务体系，促进多式联运、甩挂运输等先进运输组织方式良性发展。发展旅客联程联运，提高客运服务水平。多式联运发展加快，货物运输结构持续优化。建设交通运输生态文明，提升交通运输基础设施、载运工具、运输组织的绿色交通运输发展水平。交通运输安全发展水平提高，综合交通运输体制机制逐步完善。综合交通运输网络初步形成，人便于行、货畅其流。

1.3.2 我国交通运输现状

我国交通运输秉持与经济社会协调发展、与自然生态和谐共生的理念，自立自强，艰苦奋斗，努力建设人民满意交通，交通运输基础设施和装备成倍增加，运输能力加强；技术状况改善，运输服务质量提高；客、货运输量增长，运输效率和运输效益显著提高，已初步形成全国性的结构合理并协调发展的现代化交通运输系统。

1）交通运输基础设施

全国交通运输基础设施建设步伐加快，五纵五横综合运输大通道全面贯通，基本形成了由道路、轨道、水运、航空、管道等多种交通运输方式构成的交通运输基础设施网络。

截至2020年，我国公路里程达591.81万km，位居世界第二，其中高速公路里程16.10万km，位居世界第一。目前公路完成旅客运输周转量、客运量、货运量、货物运输周转量，均居世界第一。

轨道里程14.63万km，位居世界第二，其中高速铁路里程3.8万km，位居世界第一。铁路完成旅客运输周转量8 266.19亿人·km，居世界第一；货运周转量27 397.83亿t·km，居世界第二。

港口拥有万吨级及以上泊位数2 592个，内河航道通航里程12.77万km，均居世界第一。集装箱吞吐量占全世界吞吐总量的14%以上，为我国成为世界第一货物贸易大国提供了有力支撑。

颁证民航运输机场241个，通用机场数量313个。交通运输服务发展快速，民航旅客运输周转量6 311.25亿人·km，居世界第二。

铁路旅客发送量22.03亿人，占全社会营业性客运量比重的22.8%，其中动车组旅客发送量占铁路旅客发送量比重超过60%。完成民航客运量4.18亿人，占全社会营业性客运量比重的4.3%。完成轨道交通客运量175.90亿人，占城市客运量比重的20.2%。

公路货运量342.64亿t，占全社会货运量比重的73.8%。铁路货物总发送量45.52亿t，占全社会货运量比重的9.8%。完成水路货运量76.16亿t，占全社会货运量比重的16.4%。全国港口完成集装箱铁水联运量687万标箱，占港口集装箱吞吐量比重的2.6%。

2）交通科技创新能力及技术水平

我国交通运输业始终瞄准国际交通科技发展前沿，在交通装备、交通信息化与智能化、交通安全和交通运输基础设施建设等方面的技术创新取得重大突破，并取得了一批标志性的重大科技成果，极大地提升了我国交通运输业的核心竞争力和可持续发展能力，发挥了科技对交通运输的支撑和引领作用。高速铁路、高寒铁路、高原铁路、重载铁路技术达到世界领先水平，建设了港珠澳大桥、西成高铁秦岭隧道群、洋山港集装箱码头、北京大兴国际机场等一批举世瞩目的超级工程。交通运输关键装备技术自主研发水平大幅提升，“复兴号”高铁、新能源汽车、C919大飞机等装备技术取得重大突破。现代信息技术与交通运输管理和服务全面融合，北斗系统、5G通信、大数据、人工智能等新兴技术被广泛应用。

3）交通运输安全水平和服务质量

我国交通安全取得的成就总体表现为“四降一升”，即道路、轨道、水运和民航交通事故总量和死亡人数下降，行业应急救援水平提升。随着综合交通运输系统建设的完善，客货运输服务的质量和效率提高，交通运输基本公共服务供给和管理加强。集中连片特困地区交通运输基础设施、城乡客运、城市公共交通发展水平提升，西部地区高速轨道加快发展，中西部地区交通条件显著改善。体验交通、“互联网＋交通”等也得到一定发展，交通运输方式间、方式内的衔接中转配合更加顺畅，助推“门到门”的运输便捷程度提升。建成了一批辐射带动作用较强的综合交通枢纽城市，形成了以机场、轨道车站等为代表的众多大型综合客运枢纽，大批综合货运枢纽站场(物流园区)投入运营。

4) 交通运输业治理能力

我国交通运输体量庞大、情况复杂。立足本国国情，推进交通治理现代化，通过改革创新释放技术和市场活力、提升治理效能，促进了交通运输高质量发展。立足当前、着眼长远，积极推进综合交通体制机制改革，不断完善法律法规，统一开放、竞争有序的交通运输市场基本形成，适应新时代国家发展的交通运输治理体系逐步健全。综合交通运输管理体制机制不断完善。

综合交通运输发展规划协调机制初步建立，道路、轨道、水运、航空、邮政等专项规划之间的衔接平衡不断加强。通过改革，综合交通运输发展的体制机制进一步优化，各种交通运输方式进一步融合，交通运输发展内生动力进一步增强，行业现代化治理水平进一步提升。以“法治政府部门”建设工程为载体，把法治贯穿交通运输规划、建设、运营、管理和安全生产全过程各方面，为建设交通强国提供坚实保障。

5) 交通运输发展存在问题

(1) 综合交通运输系统与网络布局有待优化

综合交通运输基础设施供给紧张与超前并存，区域交通运输基础设施布局协同性较低。运输结构有待优化，各种交通运输方式衔接存在问题。

(2) 交通运输服务效率和水平有挖潜空间

客货运输组织一体化水平与旅客运输服务发展有待提升，多样化、个性化服务方式挖潜空间大，货运服务水平提升空间较大，一体化服务比例有待提高。

(3) 交通运输绿色智能化水平有待提高

部分环节存在交通运输高能耗、高排放及噪声问题，绿色交通运输方式占比较低，多式联运发展偏慢，交通大数据共享与融合机制亟待完善。

(4) 交通安全水平与应急救助能力有待增强

交通运输安全管理决策手段有待提升，交通运输安全与效率之间存在矛盾。交通运输安全技术标准偏低，应急救助能力有待增强。

(5) 交通运输管理体制机制有待完善

综合交通运输系统规划、设计、建设、管理等环节存在管理交叉等问题，交通运输法律法规建设与行业发展未形成良好互动。

1.3.3 我国交通运输发展趋势

我国进入全面建设社会主义现代化国家、向第二个百年奋斗目标进军的新发展阶段，对于交通运输业意味着发展阶段的转换。交通运输进入新发展阶段，要把握以国内大循环为主体、国内国际双循环相互促进的新发展格局，以创新、协调、绿色、开放、共享的发展理念为引领，构建安全、便捷、高效、绿色、经济的现代化综合交通运输系统。交通运输发展由追求速度规模向更加注重质量效益转变，由各种交通运输方式相对独立发展向融合发展转变，由依靠传统要素驱动向创新驱动转变。

1）综合交通运输

随着城市群、都市圈等城市形态的发展，区域协同和运输一体化发展，综合运用多种制式的轨道交通和通用航空等方式构建多层次协调交通运输网络系统；构建综合交通运输网络，规划全国交通运输网络建设，区域、城乡协调发展，交通运输网络互联互通；加强交通运输枢纽城市建设，优化交通运输基础设施布局；交通运输基础设施与国土资源的开发，协调模式的演变、新型城镇化背景下综合交通运输网络规划建设；众创空间、特色小镇、高铁枢纽地区等入住人口呈现出交通行为更加多元化的活动特征，构建更加精细化的交通运输服务体系，实现更具综合运输效率和活力的运营组织。

2）平安交通运输

交通运输是支撑国家安全的重要基础。提高国民经济运行等重点领域安全水平，需要提升交通运输安全保障能力。确保交通运输安全生产形势稳定，努力打造“平安交通”，是交通运输发展前提。通过研究交通运输安全技术应用和应急保障机制，提高交通运输的可靠性和应急保障能力，为经济社会发展提供更坚实可靠的交通运输保障，为社会公众提供安全便捷的交通运输服务。研究交通运输过程中的安全运行规律，为交通运输提供安全技术保障，从而减少交通事故的发生率和伤亡率，促进公众出行和货物运输的安全，提高运输的社会和经济效益。

3）绿色交通运输

能源消耗快速增长和污染排放持续恶化的局面，对我国的能源安全和生态安全具有挑战，我国已成为全球最大二氧化碳排放国，交通运输业是能源消耗和温室气体排放的主要行业之一。针对资源约束趋紧、环境污染严重、生态系统退化等制约国家经济社会可持续发展的瓶颈，要坚持把绿色发展、循环发展、低碳发展作为基本途径。我国交通运输仍处于基础设施发展、服务水平提高的黄金时期，实现碳达峰、碳中和目标是推进交通运输可持续发展的重要途径。转变交通运输发展方式，正确处理交通运输发展与能源资源的关系，进行绿色交通运输导向发展。

4）智慧交通运输

综合交通运输与智能交通技术深度融合正在加快交通运输业的升级换代，现代管理技术与现代装备技术、信息技术集成，可以提高运输装备的现代化水平以及运输管理信息化水平，为提升交通运输效率和安全保障能力，需推进运输过程一体化。以大数据为支撑，更加精细、准确、完善和智能服务需求。加速交通运输产业生态圈跨界融合，促进综合交通运输系统的运行组织模式和服务模式的变革。智能化创新发展，能够实现交通运输服务的现代化、精准化和便捷化，提高交通运输服务的效率和质量，从而实现提高交通运输服务品质、增加交通运输服务多样性。

1.3.4 交通运输工程学科发展趋势

交通运输工程是一门研究交通运输系统特征、演变规律，运用现代技术和科学原理，对各种交通运输方式的运输设施进行规划、功能设计、运营和管理，实现安全、迅速、舒适、方便、经济并与环境协调运送旅客和货物，涉及工程（Engineering）、经济（Economy）、环境（Environment）、教育（Education）、法规（Enforcement）、能源（Energy）的“6E”科学。

学科突出知识分类，重在学术传承和知识创新，是学位授予和人才培养的基本依据，在国家高等教育体系中具有基础性、全局性作用。交通运输工程学科前身是“铁道、公路、水运”，包含12个二级学科：铁道工程，公路、城市道路及机场工程，桥梁与隧道工程，运输管理工程，物质流通工程，运输自动化与控制，铁道牵引电气化与自动化，机车车辆，汽车运用工程，航海技术，船机修造工程，交通工程。国务院学位委员会和原国家教育委员会于1997年6月联合下发《授予博士、硕士学位和培养研究生的学科、专业目录》，对学科重新分类、归并后设置了“交通运输工程”这一独立的学科门类。

交通运输工程是一门新兴的学科，与多种学科结合，是伴随着交通运输业的发展和交通运输科学技术的进步而逐步发展起来的。信息、电子、材料、控制和环境等现代工程技术和高新技术又为交通运输的发展注入了新的活力，推动和促进了现代交通运输业的迅速发展。由多种交通运输方式共同组成的国际、国内多维运输网络已成为现代经济和社会发展中不可缺少的组成部分。各种交通运输方式统筹规划、合理分工、扬长避短、协调发展，以提高综合运输能力，适应国民经济可持续发展。

交通运输工程学科研究交通运输系统构成要素的相互关系，以运输经济学、交通流理论、交通运输系统规划、交通信息工程、交通系统控制、交通运输组织与管理等基本理论方法建立交通运输工程学科体系，与其相关的学科包括数学、力学、经济学、管理学、系统科学、法学、机械工程、材料科学与工程、动力工程与工程热物理、信息与通信工程、控制科学与工程、计算机科学与技术、土木工程、船舶与海洋工程、航空宇航科学与技术、环境科学与工程等。

科学技术的不断发展以及前沿交叉学科（系统科学、材料科学与工程、计算机科学与技术等）在交通运输领域的应用，交叉与融合的趋势逐渐淡化了各传统专业学科间的界限，促使交通运输工程形成系统连贯的学科思维。交通运输工程学科的二级学科包括道路与铁道工程、交通信息工程及控制、交通运输规划与管理、载运工具运用工程。

1）道路与铁道工程

道路与铁道工程学科主要研究内容包括道路与铁道的线形、路基、路面设计原理和方法，路面结构与材料研发、路面养护方法等。通过创新先进的结构材料研发与养护方法，实现道路与铁道运输的舒适和安全。

2）交通信息工程及控制

交通信息工程及控制学科以交通系统的信号优化技术、智能监控技术等为基础，研究先进交通控制、交通信息服务、车路协同、公共交通调度监控、交通状态自动判别与定位及出行信息服务技术等方面，以发展智能化、高速化和品质化的新一代交通运输系统，提升交通运输系统可靠性与服务水平。

3) 交通运输规划与管理

交通运输规划与管理学科主要研究交通运输系统规划设计与决策管理理论与方法，运用管理科学、系统科学等原理组织与诱导交通，协调交通供需关系，以及对综合交通运输系统的规划设计进行评价，最大限度地利用资源，提高交通运输能力。

4) 载运工具运用工程

载运工具运用工程学科主要以载运工具为研究对象，从事研究载运工具运行的健康监测、故障诊断技术、磨损控制与腐蚀防护技术、减振降噪技术、节能减排技术，提高载运工具可靠性、耐用性和经济性；研究新型动力及推进系统的运行性能优化与控制技术，保障载运工具运动的稳定性和安全性。

近期交通运输重点在综合、安全、绿色、智慧等研究方向：

(1) 综合交通运输

综合交通运输研究综合立体交通网一体化规划关键技术，综合交通运输网络协同运行等理论、方法、关键技术研究。主要包括：

① 综合交通运输网络协同规划理论与虚拟仿真关键技术；

② 综合交通运输基础设施管理精细化技术；

③ 综合交通运输治理能力提升关键技术；

④ 综合交通运输服务便捷化提升技术；

⑤ 综合交通大数据多源感知与实时协同处理技术；

⑥ 综合交通枢纽一体化规划设计理论与方法。

(2) 平安交通运输

平安交通运输主要研究交通运输全过程、全方式的安全测试评估方法、技术、安全能力保障等理论、方法、技术研究。主要包括：

① 快速道路事故风险预警与运行主动管控技术；

② 公路水运工程建设运营安全风险评估理论；

③ 船载危化品泄漏事故应急关键技术；

④ 轨道交通安全保障理论与方法；

⑤ 机场飞行区安全风险管控关键技术；

⑥ 油气管道安全管理关键技术。

(3) 绿色交通运输

绿色交通运输研究主要以双碳理念下载运工具、交通运输方式绿色化等为研究重点，开展绿色低碳交通与清洁能源等理论、方法、技术研究。主要包括：

① 公路全生命周期碳减排关键技术；

② 绿色船舶动力系统与节能环保关键技术；

③ 港口多能互补能源结构优化方法；

④ 多式联运绿色物流建设技术；

⑤ 绿色环保载运装备研制及应用技术；

⑥ 复杂环境绿色公路耐久建养理论与方法。

（4）智慧交通运输

智慧交通运输研究主要以多源感知与实时协同处理、智能网联运行、车路协同环境下综合交通信息服务为研究重点，开展智慧网联交通与高效服务等理论、方法、关键技术研究。主要包括：

① 交通运输基础设施智能感知监测关键技术；

② 智慧机场运行与管理关键技术；

③ 人车路协同系统智能化设计理论与方法；

④ 智慧港口与码头自动化技术；

⑤ 智慧高速磁浮车辆系统集成技术。

复习思考题

1-1 简述交通、运输、交通运输的定义。

1-2 简述交通运输系统构成要素。

1-3 简述交通运输方式的适用性。

1-4 简述交通运输系统作用。

1-5 简述我国交通运输发展历程。

1-6 结合政策文件与相关文献，分析我国交通运输发展趋势。

1-7 结合交通运输工程学科发展趋势，简述自己的研究方向在学科发展中的作用。

参考文献

[1] 中共中央，国务院.交通强国建设纲要[EB/OL].（2019-09-19）[2022-03-08].http://www.gov.cn/zhengce/2019-09/19/content_5431432.htm.

[2] 中华人民共和国交通运输部综合规划司.国家综合立体交通网规划纲要[EB/OL].（2021-02-25）[2022-03-08]. https://xxgk.mot.gov.cn/2020/jigou/zhghs/202102/t20210225_3527909.html.

[3] 交通运输部科学研究院.中国可持续交通发展报告[EB/OL].（2021-12-14）[2022-03-08]. https://xxgk.mot.gov.cn/2020/jigou/gjhzs/202112/t20211214_3631113.html.

[4] 中华人民共和国交通运输部.综合运输服务“十四五”发展规划[EB/OL].（2021-11-18）[2022-03-08]. http://www.gov.cn/zhengce/zhengceku/2021-11/18/content_5651656.htm.

[5] 国家发展和改革委员会综合运输研究所.中国交通运输发展报告（2021）[M].北京：中国市场出版社，2021.

[6] 过秀成.交通运输工程学[M].北京：人民交通出版社股份有限公司，2017.

[7] 罗仁坚.中国综合运输体系理论与实践[M].北京：人民交通出版社，2009.

[8] 傅志寰，孙永福.交通强国战略研究：第3卷[M].北京：人民交通出版社股份有限公司，2019.
[9] 顾保南，赵鸿铎.交通运输工程导论[M].3版.北京：人民交通出版社股份有限公司，2014.
[10] 邓学钧，刘建新.交通运输工程导论[M].北京：清华大学出版社，2009.
[11] 胡思继.交通运输学[M].北京：人民交通出版社，2011.
[12] 尹传忠，王立坤.综合运输学概论[M].上海：上海交通大学出版社，2020.
[13] 陆化普.交通强国建设的机遇与挑战[J].科技导报，2020，38(9)：17-25.
[14] 卢春房，张航，陈明玉.新时代背景下的交通运输高质量发展[J].中国公路学报，2021，34(6)：1-9.
[15] 交通运输部科学研究院.碳达峰碳中和目标下中国交通低碳转型发展战略与路径研究[M].北京：人民交通出版社股份有限公司，2021.
[16] 吴文化.中国交通2050：愿景与战略[M].北京：人民交通出版社股份有限公司，2017.
[17] 方豪.中西交通史[M].北京：商务印书馆，2021.
[18] 彤新春.中国交通业发展研究[M].武汉：华中科技大学出版社，2019.
[19] 白寿彝.中国交通史[M].北京：中国文史出版社，2015.
[20] 陈鸿彝.中华交通史话[M].北京：中华书局，2013.
[21] 林晓言，刘秀英.中国交通运输发展：1978—2018[M].北京：社会科学文献出版社，2018.
[22] 本书编委会.综合交通运输导论[M].北京：人民交通出版社股份有限公司，2021.

第 2 章　综合交通运输系统

2.1　综合交通运输系统概述

2.1.1　综合交通运输系统定义与构成

综合交通运输系统是指各种交通运输方式在运输社会化的范围内和统一的运输过程中，按其技术经济特点组成分工协作、有机结合、连接贯通、布局合理的交通运输综合体。

综合交通运输系统的构成包括以下几个部分，即客货流系统（交通运输对象系统）、载运工具系统、综合交通运输网络系统、交通运输信息系统、交通运输管理系统和交通运输生产组织系统。

1）客货流系统

客货流系统，又称交通运输对象系统。交通运输对象随时间和地点而改变。对于各种不同的交通运输方式，客货流的流动也是有相互影响的。综合交通运输系统中的几种交通运输方式的客货流，相互依存、相互影响、相互制约，形成了一个动态的系统。客货流系统的流动是交通运输对象的空间组合和变动的动态过程。

2）载运工具系统

载运工具系统包括载运工具和装卸机械两大组成部分。载运工具是实现旅客和货物的运送和集散；装卸机械是实现旅客和货物上下载运工具的位移和运输枢纽内的空间组合，两者的功能将直接影响整个综合交通运输系统的运转效率。

3）综合交通运输网络系统

综合交通运输网络系统，是指由运输线路、场站、枢纽等固定设施组成的整体。从其功能来看，综合交通运输网络直接为交通运输对象的运送服务，而场站、枢纽则是间接地为交通运输对象的运送服务。综合交通运输网络分布在广大地域之上，具有分布广、建设工期大、投资量大特点，其通过能力情况直接影响综合交通运输系统的运转。

4）交通运输信息系统

交通运输信息系统，指操纵交通运输系统运转过程中与一切活动的相关信息的收集、传递和流动的机构。综合交通运输网络分布地域十分广泛，综合交通运输生产活动就在其范围内进行，通过各种手段来收集、掌握和传递综合交通运输相关的信息，及时协调综合交通运输系统内各种交通运输方式和各个运输环节衔接，以最小经济消耗获得最佳交通运输效益。

5）交通运输管理系统

交通运输管理系统，主要是指作为国家政府的综合交通运输管理部门，对综合交通运输系统实施宏观调控的系统。为了确保综合交通运输系统灵活有序地运转，取得良好的经济效益，须建立一套完整的组织机构，并通过这一机构为这一体系的各个行为者制定统一的行为规范，并实施一定的管制。

6）交通运输生产组织系统

交通运输生产组织系统，是指由各个运输生产者组成的系统。它与运输管理系统及信息系统，共同组成综合交通运输系统的“软件”部分。各种交通运输方式都是为了同一个目的，即实现旅客和货物的空间移动，对各种交通运输方式和各个运输生产环节进行合理的组织，保证综合交通运输系统的灵活运转，以取得较好的运输效益。

2.1.2 综合交通运输系统协调配置

综合交通运输系统需要发挥各种交通运输方式的比较优势，优化结构，合理利用资源，满足并引导运输需求。综合交通运输系统高效运转依托于内部各种交通运输方式之间、交通运输基础设施与组织管理之间协调发展和有效配合，也取决于构成要素之间能否发挥应有作用。综合交通运输系统协调配置主要包括：

1）客货流量流向与运输线路

国民经济对交通运输需求的总运量与运输通道的运输能力之间的协调；具体货流、客流的流量、流向要与交通运输方式、运输线路协调；对运输通道能够承担运量不同的交通运输方式，应进行技术经济比较。

2）地区间各种交通运输方式

包括地区之间大通道运输联系，也包括地区内部与大通道之间干支线联系，以及各种交通运输方式在通道之间的分工与协调。

3）各种交通运输方式设备能力

各种交通运输方式有各自特点，在运输过程中各环节相互配合和协调，具有典型的“木桶效应”。如铁路点线能力必须协调；港口、航运和集疏运协调等。

4）各种交通运输方式运输组织工作

综合交通运输系统具有很强的系统性，系统中各种交通运输方式的运输组织工作都会对整个系统产生影响。多式联运中，要求各种交通运输方式有效协调，除在商务和换装点的技术作业衔接联合外，在技术装备上通常采用便于多式联运的运输形式。

5）运输价格与运输费用

当交通运输供给能够满足交通运输需求时，运输价格和运输费用对于旅客或货主选择交通运输方式有很大影响，合理的运价形成机制对两者协调十分关键。

6）各种交通运输方式的信息化水平

信息化、智能化是综合交通运输系统的发展趋势，对各种交通运输方式的发展影响较大，为了使各种交通运输方式均衡发展，各种交通运输方式信息化水平必须协调，保证综合运输系统一体化发展。

7) 不同区域与部门

综合交通运输系统发展跨越自然地理界限和行政区划范围,其一体化发展需要打破区域间壁垒,加强区域间联系,协调区域间行动,统筹区域间利益,加强与相关政企部门等之间业务联动。

2.1.3 综合交通运输系统基础理论

1) 综合交通运输布局理论

(1) 点-轴系统理论

点-轴系统中的"点"是指各级中心地,是各级区域的集聚点,也是带动各级区域发展的中心城镇。"轴"是指在一定方向上联结若干不同级别中心城镇而形成的相对密集的人口和产业带;由于轴线及其附近地区已经具有较强的经济实力和发展潜力,亦可称作"开发轴线"或"发展轴线"。随着该发展轴上或附近发展轴经济中心实力不断增强,辐射及吸引范围不断扩展,干线会逐渐扩展自己的支线,支线又形成次级轴线,将上级发展中心与次级优先区位点联系起来,主轴线及其上的发展中心会逐渐向与次级轴线和发展中心扩散,最终形成由不同等级的发展轴及其发展中心组成的具有层次结构的点-轴系统,从而带动区域发展。

(2) 交通经济带理论

交通经济带理论认为,交通经济带是作为增长中心的城市沿运输线路分布的点-轴-带系统,由三大基本要素构成:交通干线或综合运输通道、以工业商贸业为主的第三产业、沿线分布的经济中心和大中城市。交通干线及以交通干线为主体的综合运输通道给经济活动及各要素的空间活动提供了方便、快捷的通路和传播媒介,引起沿线方向上较大规模的产业集聚或新极点和点状经济地域的出现和扩大,最终将各类经济活动汇集在线状基础设施束上,连点成轴,构成点-轴系统,进而发展成沿交通干线的经济轴带。

(3) 复杂网络理论

复杂网络的核心是探索网络的结构与功能之间的关系,它是一种对复杂系统的抽象描述。在实际中,复杂网络可以描述复杂系统,包括城市公交网络、道路网络、地铁网络以及物流网络在内的各种交通运输网络。应用复杂网络理论分析综合交通运输网络的拓扑结构,能够准确定位网络中关键枢纽点,对综合交通运输网络中重要基础设施进行有目的的强化管理,优化综合交通运输系统整体协调和指挥,增强协同管理,提高综合交通运输系统的服务质量。

(4) 空间相互作用理论

空间相互作用是指城市间、城市与区域间所产生的物质、人员、资金、信息等的交换与联系。这种交换与联系加强区域经济联系,进一步拓展经济发展空间,创造更多发展机会,同时又会引起区域间对各种要素的竞争,甚至可能对某一区域造成一定损害,因此空间相互作用具有两面性。空间相互作用理论可运用于各城镇间经济吸引力的定性与定量分析中,同样也可运用于空间结构分异特征的研究。这些均可服务于综合交通运输系统的布局规划，具体表现在各城镇间经济吸引力的大小可作为运输线路连接标准的依据，而城市群空间结构分异特征则用于定性指导运输线路空间布局形态等。

2）综合交通运输管理理论

（1）区位经济理论

区位经济理论基本内涵包括：①人类活动的空间选择；②人类活动的空间组合。前者区位主体已知，从区位主体本身固有的偏好特征出发，来分析适合该区位主体的可能空间，然后从中优选最佳区位，即空间选址研究；后者是依据该空间的地理特性、经济和社会状况等因素，研究区位主体的最佳组合方式和空间形态，即空间布局研究。交通区位指某地域或某地块与交通运输方式、运输线路、交通运输基础设施、公交或轨道站点等的空间关系，如与铁路、高速公路、城市干道、航道、港口码头及机场等相对位置关系。交通区位优劣往往决定了该区位的经济区位价值和区位潜力。

（2）供需平衡理论

供需平衡理论是微观经济学核心内容之一，应用微观经济学的理论与方法来研究交通需求和交通供给的关系，对于交通运输系统的规划、建设、管理与政策措施的分析与评估，具有重要的意义。良好的交通运输基础设施会使得车辆和行人流动迅速，促进经济和文化的发展，从而产生更多交通需求，致使原来的交通运输基础设施变得能力不足。交通运输基础设施系统为交通供给系统，流量系统为交通需求系统，则相互作用的交通供给系统与需求系统之间存在平衡点。交通供给具有空间上的不可转移性和时间上的不可存储性等特性。完全靠市场力量来调节供需关系，其结果将是要求不断增加交通供给来满足不断增长的交通需求。说明从交通供给上设法让其达到交通均衡是不现实的，需要从交通供给和交通需求两个方面共同推进，在适度增加交通供给的同时对交通需求进行相应管理，从而达到交通运输系统的均衡。

（3）完整运输产品理论

完整运输产品是在一定的时间期限内，利用一种或多种运输工具，实现客户所需要的从起始地到最终目的地的货物位移服务。完整运输产品要求运输企业提供从运输的组织到运输设备的设计与制造，实现多式联运、一体化、无缝隙服务、零距离换乘等服务，这就对交通运输基础设施特别是交通枢纽的规划与建设提出了更高要求，有赖于枢纽设施的合理规划与设计，必须在设施、设备硬件建设和软件服务等方面加强协调，充分发挥各种交通运输方式的优势，协调发展各种交通运输方式，实现各种交通运输方式的有效衔接，低成本地为客户提供完整运输产品。

3）综合交通运输系统理论

（1）运筹学理论

运筹学是运用线性规划、网络与图论、存贮论、排队论、动态规划、决策论等规划技术，描述运输过程与综合交通运输系统的数量关系，以便求得最优决策结果。由于综合交通运输系统庞大而复杂，考虑到建立整体系统的优化模型一般比较困难。运筹学方法常被用于综合交通运输系统的局部优化，通过结合其他方法求得综合交通运输系统的次优解。

(2) 系统动力学理论

系统动力学是一门基于系统论,吸取反馈理论与信息论的精髓,并借助计算机仿真技术的交叉学科。按照系统动力学的观点,系统结构的含义包括两个方面:①组成部分的子结构及其相互间的关系;②系统内部的反馈回路结构及其相互作用。系统的结构与功能分别表示系统的构成与行为的特征,结构与功能有对立统一的关系,在一定条件下可以相互转化。系统动力学能定性和定量地分析和研究系统,它采用不同于功能模拟(又称黑箱模拟)的模拟技术,从系统微观结构入手建模,构造系统基本结构,进而模拟与分析系统动态行为。

(3) 自组织理论

自组织理论的研究对象主要是复杂自组织系统(生命系统、社会系统)的形成和发展机制问题,即在一定条件下,系统是如何自动地由无序走向有序、由低级有序走向高级有序的。自组织理论以新的基本概念和理论方法研究自然界和人类社会中的复杂现象,并探索复杂现象形成和演化的基本规律。在综合交通运输系统中,多种交通运输方式并存、各种交通运输方式间都要受到相互作用。利用自组织理论来分析综合交通运输系统,把各种交通运输方式作为一个整体来研究其演化规律,为研究和制定各种交通运输方式的演化趋势和发展规划提供理论依据。

2.2　国土空间综合交通运输系统

国土空间存在的各种社会经济活动构成国土空间生命体的基本细胞,综合交通运输是实现国土空间生命体正常运转的系统。国土空间综合交通运输系统应当基于不同空间发展需求,主要涉及城市群综合交通运输、都市圈综合交通运输、城乡综合交通运输。

2.2.1　城市群综合交通运输

城市群是指在特定的地域范围内具有相当数量的不同性质、类型和等级规模的城市,依托一定的自然环境条件,以一个或两个超大或特大城市作为地区经济的核心,借助于现代化的载运工具和综合交通运输网络的通达性,以及高度发达的信息网络,发生与发展城市个体之间的内在联系,共同构成一个相对完整的城市"集合体"。

城市群的形成和发展,产生了大量的运输需求。随着城市群的不断发展壮大,城市间、城市与城镇间以及城镇之间的人流、物流总量规模不断扩大,对交通运输的需求量进一步增加,为交通运输的发展提供了运输量基础,从而在一定程度上保证了交通运输基础设施的收益。同时,随着城市群经济的发展以及社会、科学技术的进步,对运输质量和服务水平的追求逐步提高,这一切为交通运输产业的发展提供了机遇,促使城际交通在不断满足城市群客运需求的过程中实现自身的发展和完善。

城市群综合交通运输包括了城市群内各城市交通运输、城际交通运输以及遍布城市群区域的乡镇交通运输,但城市群交通运输主要表现在城际之间,即城际交通运输。城市群内的城际交通运输并非独立封闭的系统，它与城市群间的跨区域干线交通运输和城市交通运输并无明显界线，相互间既存在交叉重叠，又需要紧密衔接。例如，位于跨区域交通干线通道上的城市群内大城市间的部分运量可利用干线交通系统来承担，即干线交通运输系统兼顾了部分城际交通运输功能；城市交通运输系统随着城市的发展和辐射范围的扩大向其卫星城及周边中小城市延伸，形成城市内外一体的都市圈综合交通运输系统，城市交通运输系统扩展承担了部分城际交通功能。城际交通运输与跨区域干线交通运输，城乡交通运输、市域交通运输以及城市交通运输等均有重叠和交叉，相互间紧密衔接，构成一体化综合交通运输系统。

交通运输可以带动沿线经济和城市的发展，城市的发展产生旺盛的运输需求又促进了交通运输的发展，这是城市群与城际交通运输互动发展的一般规律，这一规律的结果表现为城市群发展总是沿着交通轴线拓展和延伸，从而强化或改变城市群的空间结构。交通运输条件的改善是城市群空间拓展的基础，也是构建城市群空间形态的主要决定因素。城际交通的发展改变了大城市"摊大饼"模式的发展，促进大城市周边卫星城的建设，推动了城市群城镇体系的形成和完善。纵横交错的城际交通运输网络构成了城市群空间发展的骨架，引导城市空间的拓展方向。交通运输网络的优化会带来城市群空间结构进一步优化和完善。城市群交通运输一体化进一步强化了轨道交通的主导作用，促进形成城际快速运输走廊和高效衔接枢纽体系，形成以干线铁路、城际铁路、市域(郊)铁路、城市轨道交通为主导的大容量快速公共交通。

2.2.2 都市圈综合交通运输

都市圈是城市群内部以超大特大城市或辐射带动功能强的大城市为中心、以 1 h 通勤圈为基本范围的城镇化空间形态。都市圈作为一种跨行政区划的、两个或者多个行政主体之间的经济社会协同发展区域，能够更好发挥辐射功能强的中心城市在发展中的主导作用，实现跨区域的资源合理配置。培育发展现代化都市圈，可形成区域竞争新优势，为城市群高质量发展、经济转型升级提供支撑。

交通运输是都市圈发展的框架与脉络，也是都市圈健康运行的先决条件。都市圈的形成和发展离不开交通运输的基础作用，综合交通运输系统的构建有助于提升都市圈整体发展水平。都市圈交通运输系统是一个开放的系统，它与区域经济社会紧密联系。①都市圈交通运输发展水平的高低间接地反映了都市圈经济社会发展水平的高低；②交通运输成为都市圈不同等级城市经济社会联系的重要通道，都市圈内各种人流、物流、资金流、信息流等相互交织在一起，形成互相交流的强大作用力，而交流的方式之一就是交通运输。

都市圈综合交通运输系统分为两大系统，即都市圈内部综合交通运输系统和中心城市综合交通运输系统。都市圈内部综合交通运输系统是都市圈各城市之间的交通运输联系方式与通道；中心城市综合交通运输系统是都市圈综合交通运输系统建设的核心。都市圈综合交通运输系统具有多元性、多层次性、互补性、动态性特征。多元性即都市圈选择交通的方式是多元的，依靠单一交通运输方式系统往往难以满足需求；多层次性即都市圈综合交通运输系统不仅包括城市间的交通运输，还包括城市内的交通运输等；互补性是指综合交通运输系统将各种交通运输方式整合到一起，形成综合交通运输系统，可以充分发挥各个交通运输方式的优势，取长补短，互为延伸；动态性是指交通运输方式也会随着科技进步而发生变化，新科技出现导致交通运输方式也相应地变化。

都市圈交通运输一体化发展，要建设中心城区连接卫星城或新城的大容量、快速化轨道交通运输网络，形成公交化运营，加强道路交通衔接，实现1 h"门到门"通勤圈。发展市域(郊)铁路以优化城市功能布局、促进协调发展、扩大有效投资，有利于发挥中心城市辐射带动作用与扩大公共交通服务供给。城市道路网络结构优化，形成级配合理、接入顺畅的路网系统。发展共享交通，加强城市步行和自行车等慢行交通系统建设，合理配置停车设施，建设自行车专用道，鼓励公众绿色出行。构建以城际铁路、市域(郊)铁路、城市轨道交通等多层次轨道交通为骨干、常规公交为主体的城市公共交通系统，以公共交通为导向的城市土地开发模式，提高城市绿色交通分担率。

2.2.3 城乡综合交通运输

城乡综合交通运输主要是指以沟通城乡、服务城乡居民为主要目的的交通运输服务，是城乡、乡村之间沟通和联系的重要纽带与乡村居民的基本公共服务之一。城乡综合交通运输的特征表现为：①服务依赖性与价格敏感性高；②运输需求分散；③区域分布不平衡；④运输需求时间分布规律性偏弱。随着城市化进程的加快，城乡空间及产业布局急剧变化，城乡间交通联系也日益密切。城乡综合交通运输是作为城乡一体化的重要组成部分，在城乡一体化进程中将起到重要作用。然而，由于农村发展的历史原因，城乡之间缺乏合理的交通运输网络配置。补强乡村交通运输基础设施短板，深化城乡融合，建立健全全民覆盖、普惠共享、城乡一体的交通基本公共服务体系，满足农村居民日益增长的出行需求，实现交通公平。

(1) 城乡综合交通运输对区域均衡发展起到推进作用。城乡综合交通运输的目的在于为区域物质、信息流动提供基础条件，促进区域发展，实现城乡区域空间的物质流通与区域均衡化发展。

(2) 交通运输网络可加强城乡区域连通，促进区域交通要素流通。在区域空间活动中，交通作为空间活动的基础条件，其连通程度直接影响到区域空间活动强度及活动范围，对区域交通要素的流通起到促进作用。

(3) 城乡区域内不同地点的人口分布、交通需求有所不同。合理的交通运输网络在满足城乡区域交通流动基础需求的基础上，对城乡区域人口分布、交通出行也有一定的引导作用。

(4) 在城乡发展中，区域发展总是以中心区为首要发展，进而导致区域内部发展不均衡。合理的交通运输网络可对区域发展进行适度调控，对区域交通进行引导，进而影响区域资源分配，促进区域均衡发展。

城乡交通运输基础设施和运输服务的一体化是综合交通运输建设的重点，为提高城乡交通运输公共服务公平性，构建畅通的城乡连通渠道，城乡双向流通与融合发展。实现城乡交通运输基础设施一体化规划、建设、管护，地方高速道路网与国道、农村道路以及其他交通运输方式协调衔接，建设功能明确、布局合理、规模适当的省道网。依托城乡交通运输连接畅通与城乡客运一体化，使城乡综合交通运输发展均衡。

2.3 综合交通运输层次结构

2.3.1 综合交通枢纽

1) 综合交通枢纽定义

综合交通枢纽地处于两条或几条运输干线的交叉点上，是综合交通运输网络的重要组成部分。综合交通枢纽从宏观上，指交通节点所处的区域或城市，即交通枢纽城市；微观上，指交通节点上办理客货中转、发送、到达的多种交通运输基础设施（包含线路、站场、载运工具、信息等）的综合体。

交通枢纽的形成受区位、政治、经济、人口、社会等因素发展的影响，交通枢纽对于地区之间的联系、地区和城市的发展又起到促进作用。因此，大城市、大工业中心、大型海港或河港、空港往往都会形成交通枢纽。交通枢纽城市按汇集的主要交通运输方式可分为：铁路道路河海枢纽，如上海、天津、汉堡、纽约；铁路道路内河枢纽，如南京、武汉、莫斯科、法兰克福；铁路道路航空枢纽，如北京、东京、巴黎；内河道路枢纽，多为中小城市。

综合交通枢纽作为各种交通运输方式之间、城市交通与城际交通之间的衔接关键节点，其规划发展受到越来越广泛的重视。综合交通枢纽在发展过程中逐渐突破单一的交通功能，向多元化的城市功能拓展。综合交通枢纽作为国家或区域综合运输系统的重要组成部分，是不同交通运输方式的交通运输网络相邻路径的交会点，是拥有融道路、轨道、水运、航空及管道等多种交通运输方式所连接的固定设备和活动设备为一体的综合交通运输空间结构，对所在区域的综合交通运输网络高效运转具有重要作用。

综上所述，综合交通枢纽是多种交通运输方式（两种及以上）交通干线的交会与衔接处，共同办理旅客与货物的发送、中转、到达所需的多种运输设施及辅助服务功能的有机综合体。同时，综合交通枢纽对其所依托城市形成与发展有着带动作用，是城市对外交通的桥梁和纽带，并与城市交通运输系统有密切联系。

2) 综合交通枢纽分类

随着我国交通运输业的发展和物流管理理念的引进，综合交通枢纽已不仅仅是多种交通设备构成的综合体，而是集设备、信息和运输组织综合管理于一体的复杂系统。同时，随着我国城市化进程的加快，城市内道路交通运输和轨道交通运输迅速发展，为综合交通枢纽赋予了新的内涵，综合交通枢纽从不同角度也被分为不同类型。

(1) 按综合交通枢纽中承担客货运量的主要交通运输方式划分

① 港口型综合交通枢纽

依托沿海、内河港口，对接国内国际航线和港口集疏运网络，实现水陆联运、水水中转有机衔接，其内部各种交通运输方式的布局特点以及总体布局模式与机场型综合交通枢纽类似，主要受岸线影响较大。

② 机场型综合交通枢纽

以航空为主体，由轨道、长途汽车等其他对外交通方式和轨道、公交等对内交通方式共同构成的一类综合交通枢纽。

③ 道路场站型综合交通枢纽

以道路客运为主、城市轨道为辅，同时由多种城市交通方式共同组成的综合交通枢纽。该类枢纽不仅是城市对外交通的重要节点，同时也承担了城市内部换乘枢纽的作用。

④ 铁路场站型综合交通枢纽

以铁路交通方式为主、其他对外交通方式和城市交通为辅的一类综合交通枢纽，是目前我国综合交通运输系统中最常见也是最重要的节点。

各类型的综合交通枢纽中，主要交通运输方式承担的大多为长距离或大运量的客货运输，集疏运方式包括道路、轨道交通（含铁路）、内河航运和支线航空等。由于道路交通运输具有“门到门”机动灵活的优势，因此，各种类型的综合交通运输枢纽都以道路作为其重要的集疏运方式。

(2) 按综合交通枢纽的功能和服务对象划分

① 网络综合交通枢纽

网络综合交通枢纽是综合交通运输网络上的节点，它的作用是保证综合交通运输网络的顺畅连通，实现各种交通运输方式的综合利用，发挥整个交通运输网的运输效率和经济效益，通过网络综合交通运输枢纽实现不同方式间各方向旅客和货物的转运，它的服务对象主要是城市外部各方向间的客货转运及城市外部主要干线与城市交通运输间的换装（换乘）。

② 城市综合交通枢纽

城市综合交通枢纽的作用是保证城市内部各地区间客货换乘换装的便捷、顺畅以及满足城市与周边地区客货转运的需求，通过城市综合交通枢纽实现城市道路交通运输、城市轻轨交通运输、城市地铁及短途城际轨道之间的客货转运，它的服务对象主要是城市内部客货转运，城区、市郊及短途城际间的客货换乘。

3) 综合交通枢纽功能与特征

(1) 综合交通枢纽功能

综合交通枢纽集中了综合交通运输系统的多种交通运输方式，其基本功能是将一个或几个方向的交通运输方式的客（货）流分送到其他的交通运输方式或方向。从综合交通枢纽在交通运输全过程中所承担的主要任务看，它的基本功能是实现客（货）流的换乘（中转）作业以及对外联系。综合交通枢纽在综合交通运输网络布局上显现以下功能。

① 系统优化功能

在综合交通枢纽内部，场站不再是单独运作的个体，它作为一个要素同其他交通运输方式的场站及同种交通运输方式的场站共同构成综合交通枢纽的重要组成部分。综合交通枢纽在全局角度规划协调不同位置、规模、功能的场站，通过宏观管理来协调场站间的整体运作，有利于实现资本规模收益，将场站间竞争关系变为协作关系，有效实现社会效益和企业效益的双重最大化。

② “网”上运输衔接功能

衔接功能是指综合交通枢纽从整体上作为一个衔接点，根据综合交通运输的需求，把不同运输线路、不同交通运输方式的运输活动连接成整体。

a. 枢纽和所服务区域内的大量需求点连接，实现客货从需求点到枢纽中心的汇集和从枢纽中心到目标点的分散；

b. 综合交通枢纽之间的连接，组织跨区域的城间长途客货运输、实现网络的输送功能，这也是建设综合交通枢纽的初衷和主要作用；

c. 城市内外交通衔接，有效改善内外交通运输由运输组织方式差异造成的“瓶颈”现象。

③ “面”上客货集散功能

综合交通枢纽可以利用各枢纽场站系统及其连线，将业务覆盖所有服务的区域，实现由“点”到“面”的扩张。综合交通枢纽的集散主要是针对交通运输对象而言，综合交通枢纽利用枢纽内部场站、线路的吸引性，以扩大吸引面为指向，为综合交通干线运输提供客货源和疏散客货流，实现向干线运输的汇集和向支线运输的渗透。

④ 疏导城市交通功能

综合交通枢纽通过有效组织城市内外交通，区分城市过境交通运输和市内交通运输，充分发挥枢纽的“截流”作用；通过枢纽内场站的合理布局，使进出货物“化整为零”和“集零为整”，并通过公共客运和共同配送货物减少市区的车流，从而达到缓解城市交通运输压力、减少城市污染的目的。由于枢纽客货站场的客、货流集散特性，这些地方往往是造成交通拥挤的根本所在，综合交通枢纽通过系统组织客、货流在枢纽内的合理流动，来减少站场周围的交通压力，也改善了城市的交通运输状况。

(2) 综合交通枢纽特征

综合交通枢纽需具有“无缝高效衔接、零距离换乘”的特点，信息完备，管理先进，提供运输组织、中转换装、装卸储存、多式联运、通信信息、综合服务等全方位服务，是客货集散中心和现代物流发展的重要平台。综合交通枢纽具有三个特征：

① 在地理位置上，综合交通枢纽地处两种及以上的交通运输方式衔接地区或客货流重要集散地；

② 在交通运输网络上，综合交通枢纽是交通运输网络上多条交通运输干线通过或连接的交会点，是交通运输网络的重要组成部分，连接不同方向上的客货流，对交通运输网络的畅通起着重要作用；

③ 在交通运输组织上，综合交通枢纽承担着各种交通运输方式的客货到发，同种交通运输方式的客货中转及不同交通运输方式的客货联运等运输作业。

2.3.2 综合运输通道

1）综合运输通道定义

综合运输通道是某一地域范围内，在两个或多个重要节点之间，由发达的、线路走向基本一致的高效率交通干线组成，与周边土地利用存在密切联系的廊道状地域空间系统。针对这一定义，需要做两点说明：①此处的地域范围既可以为微观地域，此时对应的两端节点为城市组团；也可以为中观地域，此时对应的两端节点是两个重要城市；还可以为宏观地域，此时对应的两端节点是两个区域群体。②综合运输通道的廊道状地域空间有自己的边界，与行政区等不同之处在于，其边界在一般情况下是模糊的。

2）综合运输通道特征

（1）统领性

综合运输通道是整个综合交通运输系统的骨干，其在交通运输网中具有全局意义；作为经济区域或行政区域内交通运输系统的重要组成部分，其承担了区域内主要的客货运输任务。综合运输通道具有运输能力大、运输成本低、信息化程度高、管理水平高等一系列优点，其相对先进的技术、设备和管理方式基本能够反映交通运输系统的整体水平。

（2）集聚性

综合运输通道的集聚性体现在交通线路的集中，还体现在对周边产业和人口的吸引。综合运输通道客货运输运输量大，运输集中，不同交通运输方式、多条运输线路在空间上集聚，互相协作，有助于降低运输成本，进而吸引产业、人口、经济活动向通道沿线地区集中，形成连绵的发展轴线。

（3）扩展性

除直接联系和经过的区域外，综合运输通道对客货运输的吸引还影响到非相邻的区域，即综合运输通道的间接影响区或联合影响区。综合运输通道的发展过程是影响范围的扩展过程，随着综合运输通道发展演变，通道的规模和范围不断扩大，其间接影响区和联合影响区将逐渐演变为直接影响区。

（4）层次性

综合运输通道具有一定的层次，这不仅体现在地域尺度上的层次性，还体现在同一地域尺度的综合运输通道在级别上的层次性。高层级的综合运输通道往往由多种交通运输方式构成，通行能力大，能适应各种运输需求；而低层级的综合运输通道则一般由单一交通运输方式组成或以某种交通运输方式为主。低层级综合运输通道在具备一定条件后能发展成高层级的运输通道。

（5）开放性

综合运输通道并非是空间中孤立存在的实体系统，它跟外界具有密切的联系，与人口、环境、资源、经济与社会等外部环境之间有着不断的物质、能量和信息的交换。作为开放的空间子系统，综合运输通道在接受区域空间结构对其影响的同时，也在不断对社会空间产生介入效应。在开放的条件下，这两种效应互相作用，使得综合运输通道进入相对有序状态。

(6) 生命性

综合运输通道作为一个社会经济有机体，其形成是运输通道与经济活动在空间相互作用长期演化的结果。在与环境的适应过程中，综合运输通道不断进行内部结构的调整、功能的优化、地域范围的伸缩、外部形态的演变，在动态的变化过程中表现出顽强的生命力。

3）综合运输通道分类

(1) 按照不同空间层次划分

根据综合运输通道空间层次和交流性质可以分为五种：国际综合运输通道、大经济区间区际综合运输通道、省际综合运输通道、省内综合运输通道、市内综合运输通道。

国际综合运输通道是承担国际交流的基础，是国家对外联系的桥梁。一个畅通便捷的国际综合运输通道是保证一个国家参与国际分工的先决条件。国际货运联系主要是通过海上通道完成的，铁路或道路等通道在一些内陆国家间也起重要作用。

大经济区间区际综合运输通道连接一个国家的各大经济区。区域之间资源分布不均衡及专业化分工，产生了区域间的运输联系。大经济区间区际综合运输通道的畅通是全国各大经济区经济协调发展的重要前提。

区内综合运输通道连接经济区内的不同地区，组织起更为紧密的分工与协作，承担区内运输联系。区内联系主要是各省间的客货交流。一个经济区的发展，区内综合运输通道是否通畅同样是基础条件之一。

(2) 按照构成交通运输方式划分

① 综合型运输通道

两种以上交通运输方式干线串联或者并联。综合型运输通道，是多种交通运输方式联合而形成的运输通道。联合的方式有多种。有几种交通运输方式的并联，即联结同一区域之间的不同交通运输方式线路组成，也有几种交通运输方式的串联，即铁水联运，铁—水—公联运等；还有混联，即既有并联，又有串联。运输通道由不同的交通运输方式组成，能够最经济分配各种方式的交通量；有效分配对各种方式的建设投资，从而达到交通运输系统的最小消耗和最大效益，并为社会提供可供选择的多种运输服务。分清运输通道的结构类型，可以合理地确定运输通道的结构，在不同地区因地制宜地发展相应的交通运输基础设施。

② 单一交通运输方式的运输通道

单一方式运输通道多见于通道发展初期。当各种交通运输方式均有发展，单一运输通道逐渐发展为综合运输通道。

(3) 按照交通运输对象划分

① 客运通道或者以客运为主的运输通道：客运专线、通勤、旅游线路等。

② 货运通道或者以货运为主的运输通道。

③ 客货兼有的运输通道。

(4) 按照运输通道的功能划分

① 干线交通运输通道包括国家通道、广域城际通道、省际通道、区域城际通道。

② 集散交通运输通道包括区域城际通道、区域城镇群通道、城市对外通道。

③ 特殊用途交通运输通道包括旅游通道、机场(港口)通道、厂矿(企业)通道。

4) 综合运输通道功能作用

在区域发展过程中,综合运输通道的作用至关重要。不断完善的综合运输通道增强区域之间的连通性和可达性,引发空间区位优势的变化,进而诱导客货流、资金流、信息流等向综合运输通道周围集聚。在集聚引力的作用下,综合运输通道周围的人口、产业、资源等不断向综合运输通道周边的优势区位移动,促进通道周边区域的经济发展,逐步形成产业发达和城市化程度较高的经济走廊。当集聚发展到一定阶段以后,人口、产业、资源等会沿综合运输通道向外扩散,对区域经济产生辐射作用。综合运输通道的扩散性将促进通道周边区域人口、资源、产业、技术和信息等在空间上均衡分布,有利于逐步缩小区域经济差异,促进区域经济协调发展。

综合运输通道的功能作用主要表现为以"节点"为核心的经济圈形式的聚散效应,以及以"线路"为核心的经济带形式的聚散效应。综合运输通道通过对"节点"与"线路"的聚散效应对区域经济发展产生推动和辐射作用,进而促进产业集聚升级和区域经济的持续高效发展;产业的集聚升级和区域经济发展水平的提高,客观上又要求进一步加强和完善综合运输通道的建设。综合运输通道与区域经济相互作用的结果,使得区域经济空间结构发生显著变化,其在空间上的聚散效应深刻影响着区域经济发展的水平和空间扩展的方向。

综合运输通道的功能作用表现在以下几个方面:

(1) 交通运输方式聚散

综合运输通道由多种交通运输方式和线路构成,其集聚效应能使各种交通运输方式和运输线路向运输通道集中,从而有利于发挥规模效应;而其扩散效应则有助于各种交通运输方式更趋专业化。总体而言,综合运输通道的聚散效应可以促进综合运输通道结构配置更趋合理,以满足各种运输需求。

(2) 客货流聚散

综合运输通道以其便捷性、可达性和较小的交通阻抗吸引了人口、就业和第三产业向综合运输通道周边集聚,从而引发大量交通流的产生。客、货流在综合运输通道周边的集聚加快了城市的快速增长,并加强了不同综合运输通道的相互作用。

(3) 生产要素聚散

生产要素往往生成于"节点",并通过"节点"与"节点"之间的聚散力,沿着综合运输通道集聚与扩散,进而促进工业和其他经济活动的集散。生产要素在综合运输通道周边集聚与扩散的结果,一方面使区域产业不断升级、促进区域经济发展,另一方面使区域腹地不断扩大、改善地理区位条件。

(4) 区域空间聚散

综合运输通道在发展过程中,随着运输空间范围和聚散规模的不断扩大,会对周围地区形成吸引力和辐射力,诱使更多的运输线路、人口、企业、城市等在通道的沿线区域空间中集聚,进而形成产业发达和城市化程度较高的交通经济带。

2.3.3 综合交通运输网络

1）综合交通运输网络定义

综合交通运输网络是通过综合交通枢纽与综合运输通道，有效衔接道路、铁路、航空、水运、管道等多种交通运输方式，形成交通方式综合化、空间布局立体化的交通运输网络；是由不同层次的综合运输通道与综合交通枢纽共同组成的网络系统；是各种交通运输方式，包括道路、轨道、水运、航空和管道运输的线路、航道、航线以及枢纽等交通运输基础设施的集合，构成了广泛分布于一个地区或整个国家的网络，并成为一个地区或整个国家的社会经济发展的基础。

综合交通运输网络从组成来讲，可分为三部分：一是由综合交通运输固定设施组成的交通运输实体网络，也是通常所指的综合交通运输基础网络；二是由综合交通运输线路与交通运输移动设备共同组成的综合交通运输运营网络；三是由各种综合交通运输资源信息组成的综合交通运输信息资源网络。

2）综合交通运输网络分类

综合交通运输网络分为干线网、支线网、快线网等。其中干线还可以分不同级别，如省际干线、省内干线、地区干线等。干线与支线的划分是相对的、人为的，这种分层可以认为是地域分层。

从功能来看，网络可以分为物理层、业务层和管理层。物理层包括线和点的全部设施，物理层是网络的物质基础。业务层是在物理层的基础上组织客、货运输的运行，对于公共运输，如何组织运输线路、班次、时速、经停点，并在换乘点和编组站上及时衔接等，构成业务网的内容。对于非公共运输，如私家车及单位自有车辆出行对公共交通设施的选择和占用，表现为市场性及随机性。管理层对物理层和业务层进行全面管理，包括对基础信息进行及时的收集分析和确定控制手段。在设施发生故障和其他应急情况时，管理层要发挥主要作用。物理层保证网络的能力，业务层则满足需求，提供运输服务。客观上对不同层次可以有不同的配置方式，物理层表现为一定的自然垄断性和社会公共性，可以由政府指定企业来运行，而业务层则应引入竞争，充分发挥市场机制作用，以提高运输效率。

3）综合交通运输网络特征

综合交通运输网络配置要综合考虑连通性、快速性、经济性、安全性和舒适性的基本要求。连通性包括交通活动地域内各地点、交通运输方式内部各要素及各种交通运输方式之间的连通和衔接。快速性既体现物理网的性能，又涵盖业务网的组织。经济性是在维持正常的建设和运行要求下，尽可能降低运输成本及收费。安全性包括设施的安全和网络的安全。在设施有故障的情况下，要通过网络安全保障以支撑一定的运输量。客运对舒适性的普及和标准要求越来越高，货运也有如何方便客户的问题。

4）综合交通运输网络功能作用

（1）促进产业集聚

由于地域差异，人类主要经济活动总是首先在交通便捷的区位产生并发展。以速度快、负荷大、辐射广、效益高等运输特性为特征的交通干线提高了沿线地区的空间可达性，改善了区域投资环境，为沿线地区经济发展和生产要素向沿线集聚创造了条件。交通干线建设对区域经济发展具有引导和促进作用。交通运输干线不仅对沿线地区社会经济发展产生影响，而且成为沿线地区产业布局，尤其是工业布局的重要轴线。

交通运输使沿线之间建立联系，方便人员、要素流动，降低运输费用，形成新的有利区位和优良投资环境，产业受到新的交通干线的吸引，向交通轴线集聚，促成经济带的形成和发展。交通运输干线促进了与交通运输相关的产业的形成和发展，沿交通运输干线往往更易形成各类产业带。

(2) 优化空间结构

综合交通运输网络是合理配置资源、提高经济运行质量和效率的重要基础。交通主导了区域产业的发展方向，作为影响区域产业结构的诸多因素之一，对区域产业空间结构起着制约、引导作用。交通运输条件的改善能够直接重塑区域产业空间结构，主要表现为改变区域发展条件，对区域内的生产要素进行重新分布，产生新的空间集聚和区域热点，重塑区域产业的空间结构。由于交通运输条件的不同，不同地区对不同产业吸引力不同。例如，为追求低成本优势，运费占较大比重的重型原材料工业大都集中在港口或铁路交通枢纽附近。交通运输条件的提高，区域产业结构的层次也随着提高，交通运输条件优越的区域，其产业结构层次较高。

综合交通运输网络的不断发展还能间接优化区域产业发展的空间格局。在集聚引力的作用下，交通干线周围的生产要素不断向交通干线周边的优势区位移动，促进了沿交通干线区域的产业发展，逐步形成产业发达的经济走廊。当集聚发展到一定阶段以后，产业又会沿交通干线向外扩散，对区域经济产生辐射作用。交通干线产业的扩散性将促进干线周边区域产业在空间上均衡分布，有利于逐步缩小区域产业发展差异，促进区域产业协调发展，进而优化区域产业发展的空间格局。

复习思考题

2-1 简述综合交通运输系统的定义。

2-2 简述综合交通运输系统的构成要素。

2-3 简述综合交通运输系统协调要素。

2-4 简述不同空间交通运输系统的区别。

2-5 简述城市群综合交通运输包含哪些子系统。

2-6 简述城乡综合交通运输与区域发展的互动关系。

2-7 分析综合交通枢纽功能的现实应用。

2-8 浅析对综合交通运输网络的理解。

参考文献

[1] 中共中央,国务院.交通强国建设纲要[EB/OL].(2019-09-19)[2022-03-08]. http://www.gov.cn/zhengce/2019-09/19/content_5431432.htm.

[2] 中华人民共和国交通运输部综合规划司.国家综合立体交通网规划纲要[EB/OL].(2021-02-25)[2022-03-08]. https://xxgk.mot.gov.cn/2020/jigou/zhghs/202102/t20210225_3527909.html.

[3] 交通运输部科学研究院.中国可持续交通发展报告[EB/OL].(2021-12-14)[2022-03-08]. https://xxgk.mot.gov.cn/2020/jigou/gjhzs/202112/t20211214_3631113.html.

[4] 中华人民共和国国务院办公厅.国务院办公厅转发国家发展改革委等单位关于推动都市圈市域(郊)铁路加快发展意见的通知[EB/OL].(2020-12-17)[2022-03-08]. http://www.gov.cn/zhengce/content/2020-12/17/content_5570364.htm.

[5] 中华人民共和国国家发展和改革委员会.国家发展改革委关于培育发展现代化都市圈的指导意见[EB/OL].(2019-02-21)[2022-03-08]. http://www.gov.cn/xinwen/2019-02/21/content_5367465.htm.

[6] 罗仁坚.中国综合运输体系理论与实践[M].北京:人民交通出版社,2009.

[7] 顾保南,赵鸿铎.交通运输工程导论[M].3版.北京:人民交通出版社股份有限公司,2014.

[8] 邓学钧,刘建新.交通运输工程导论[M].北京:清华大学出版社,2009.

[9] 胡思继.交通运输学[M].北京:人民交通出版社,2011.

[10] 丁金学.综合运输通道发展理论与实践[M].北京:人民交通出版社股份有限公司,2018.

[11] 姚冠新,范雪茹,刘路,等.枢纽经济视域下的物流枢纽服务和综合交通运输一体化发展的仿真优化[J].系统工程,2021,39(2):101-110.

[12] 杨涛.新时代跨区域综合交通运输规划的思考[J].城市规划,2021,45(3):21-23.

[13] 宋敏,陈益鑫.城市群综合交通运输效率对经济增长的影响:基于长三角与粤港澳大湾区的比较研究[J].城市问题,2019(9):45-53.

[14] 朱高峰.交通运输网络理论探讨[M].北京:高等教育出版社,2009.

[15] 曹小曙,许志桦.城市群综合交通运输系统研究[M].北京:商务印书馆,2014.

[16] 傅志寰,朱高峰.中国特色新型城镇化发展战略研究:第二卷[M].北京:中国建筑工业出版社,2013.

[17] 赵鹏军,吕迪,胡昊宇,等.适应人口发展的现代化综合交通运输体系研究[J].地理学报,2020,75(12):2699-2715.

[18] 荣朝和,等.综合交通运输体系研究:认知与建构[M].北京:经济科学出版社,2013.

[19] 本书编委会.综合交通运输导论[M].北京:人民交通出版社股份有限公司,2021.

第 3 章　道路交通运输系统

3.1　道路交通运输系统概述

3.1.1　道路交通运输系统基本概念

道路交通运输是使用汽车等运输工具在公路或城市道路上从事的旅客和货物交通运输。道路交通运输系统是综合交通运输系统的重要组成之一，是国民经济社会发展的重要推动力。道路交通运输系统可以分为公路交通运输系统和城市道路交通运输系统。公路交通运输系统具有承担中短途运输、独立承担长途运输或与其他交通运输方式衔接的功能，在国内运输领域中占有非常重要的地位；城市道路交通运输系统具有城市骨架、交通设施、城市空间、城市景观、市政空间与防灾减灾设施等六大功能，是城市空间不可或缺的组成部分。

道路交通运输系统是指在一定的时间和空间里，由所需位移的人和物资、运输工具、交通运输基础设施、经营管理等有关人员和经营机构、信息、通信联系等若干相互制约、相互联系的动态要素所构成的具有特定功能的有机整体。其目的是以满足人与物的位移为核心，保证服务正常，减少环境污染，实现空间和时间效益，并取得最佳的经济效益。为达到这个目的而建立一定的组织机构、技术实施规范以及一系列规章制度，这一系列事物的总和构成一个人工的、与外界环境有密切联系的复合系统，包括道路基础设施（道路、桥梁及其附属设施）、运输基础设施（场站及为运输服务的辅助设施，如通信、监控设施等）、运输工具等。

道路交通运输主体包括驾驶员、乘务员、管理人员、维修人员等。人是保证道路交通运输得以顺利进行和提高管理水平的最关键因素。提高人的素质是建立一个合理化道路交通运输系统并使它有效运转的根本。

道路交通运输资金包括投入的流动资金、固定资金。合理分配和使用各种资金高质量完成运输任务，是道路交通运输系统的一个重要任务。

道路交通运输工具包括通用车辆与专用车辆，其中燃润料、轮胎等运行材料、零配件、装卸机械、保修设备等，是道路交通运输系统必不可少的物质基础。场站、通信及监控设施是服务道路交通运输的辅助设施，是提高道路交通运输系统效率的必备条件。

3.1.2　道路交通运输系统基础理论

交通流理论是在一定的经济、地理、管制等环境下，对交通流随时间、空间及随机因素的变化规律建立的模型和方法体系。以交通流理论为基础，综合分析道路交通运输系统的通行能力与服务水平，是科学规划道路交通运输系统的重要前提与保障。交通流理论应用数学或物理学原理对交通流的各参数及其之间关系进行定性和定量的分析，寻求道路交通流的变化规律，从而为交通规划、交通管理和道路设计及运政、路政管理提供理论依据。

交通流理论涉及范围极其广泛，可将交通流基础理论研究内容分为以下九个部分：①交通流特性；②交通参与者行为特性；③驾驶行为建模；④连续交通流模型；⑤宏观交通流模型；⑥交通影响模型；⑦无信号交叉口理论；⑧信号交叉口理论；⑨交通仿真。

交通流理论涉及交通流参数的基本概念、统计分布与关系模型以及描述各种交通现象的理论、模型与方法，还涉及交通流数据的获取方法与采集设备以及模型与再现交通流时空变化与运行规律的仿真原理与手段。本节内容主要介绍交通流三参数与道路通行能力，这是交通流理论中的基础内容。

1) 交通流三参数

道路上的人流和车流形成了交通流，交通流定性和定量的特征，称为交通流特性。交通流如同其他流体一样，可以用速度、交通量和密度三大基本参数来描述。交通流参数是描述交通流特性的物理量，其变化规律即可反映交通流的基本性质。速度和密度反映交通流从道路上获得的服务质量，流量可度量车流的数量和对交通设施的需求情况。

(1) 速度

速度是行程时间的倒数，是车辆在路段上运行效率的简单度量指标，用单位时间通过的距离表示，其单位为 km/h。速度既是道路规划设计中的一项重要控制指标，又是车辆运营效率的一项评价指标，对于运输经济、安全、迅捷、舒适具有重要意义。设行驶距离为 l，所需时间为 t，则车速可用 l/t 形式表示。根据 l 和 t 的取值不同，可定义为各种不同的车速：

地点车速又称瞬时车速或点车速，是指车辆通过道路某一点或某一断面时的瞬时速度。

行驶车速是指车辆通过某路段的行程与有效运行时间(不包括停车损失时间)之比，用于评价该路段的线形和通行能力或作经济效益分析之用。

区间车速又称行程车速，是指车辆通过某路段的行程与所用总时间(包括有效行驶时间、停车时间、延误时间，但不包括客、货车辆上下乘客或装卸货时间以及在起点、终点的调头时间)之比。区间车速是评价道路通畅程度、估计行车延误的依据，一般总是低于行驶车速。要提高运输效率，必须努力提高区间车速，即应缩短停车延误时间。

临界车速是指道路通过交通量最大时的速度，一般供交通流理论分析时用。

设计车速是指作为道路几何线形设计依据的车速。在道路几何设计要素具有控制性的路段上，设计车速是具有平均驾驶水平的驾驶员在天气良好、低交通密度时所能维持的最高安全速度。

在表征交通流的速度特性时，由于在交通流中可以观测到的速度大小不一，因此必须采用一些有代表性的数值。一般采用的速度标准是平均行程车速。

(2) 交通量

交通量是指在选定时间段内，通过道路某一地点、某一断面或某一条车道的交通实体数。交通量是一个随机数，不同时间、不同地点的交通量都有变化。交通量随时间和空间而变化的现象，称之为交通量的时空分布特性。交通量的构成是指交通量中各种载运工具所占数量和比重。

① 公路交通量构成基本特性

在公路交通量分析和公路规划设计中，一般按车型大小将车辆分为小客车、大客车、铰接车、小货车、中型货车、大型货车、拖挂车、小型拖拉机、大型拖拉机等。公路交通量中不同车种的比例与地区经济发展水平、地域特征、道路等级等密切相关。公路交通量中客车、公交车、自行车的数量和比重一般比城市道路上要小，而货车和拖拉机交通量所占的比重通常比城市道路上要大。

② 城市道路交通量构成基本特性

城市道路交通量的构成更为复杂。交通流中通常包括大中小客车、大中小货车、摩托车、轻骑、助力车、自行车、正三轮摩托车、残疾人专用车等。在交通管理相对正规严格的大城市，道路交通量的构成相对简单，主要有公交车、大客车、小客车、出租车、自行车等，其他车辆相对较少或者被禁止进入。在不同等级和功能的道路上，交通量构成差别较大。

(3) 密度

密度是指某一瞬间内单位道路长度上的车辆数目。密度大小反映一条道路上的交通密集程度。对于同一条道路，可以不考虑车道数；对于具有不同车道数的道路，为使车流密度具有可比性，密度应按单车道内等效通行能力当量小客车(passenger car unit, pcu)来定义，单位为 pcu/(km · ln)或 pcu/km。

密度与交通量不同，它不表示车辆通过道路断面的频繁程度，而表示道路空间上车辆的密集程度。密度与平均车速有关，平均车速又随密度增加而降低，这在交通流中将表现为交通拥挤。因此在交通管理与控制中经常需要使用密度这一物理量。

2) 交通流三参数的关系

(1) 速度 v 与密度 K 的关系

图 3-1 为速度 v 与密度 K 关系图。对于大多数交通运输方式来说，密度随车辆减少而变小，速度随之增大。当密度趋于零时，速度可达最大值，这时车辆可畅行无阻，即 v_f 是畅行速度。若车辆增多时，则密度增大，车速随之减小。当密度达到最大值 K_j 时，车流受阻，此时的密度 K_j 称阻塞密度。

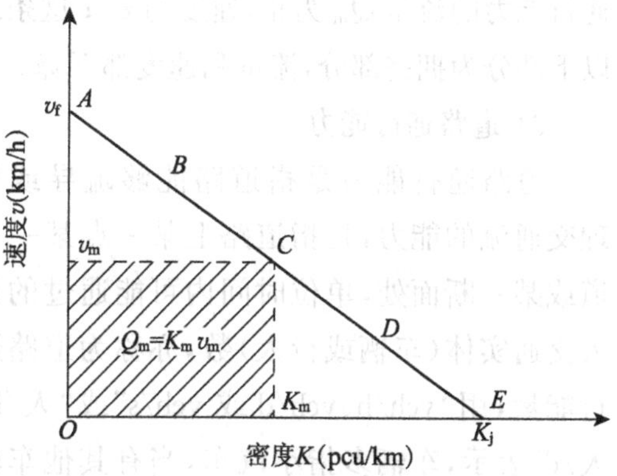

图 3-1　速度 v 与密度 K 关系图

(2) 交通量 Q 与密度 K 的关系

图 3-2 为交通量 Q 与密度 K 关系图。当密度过小时，速度虽大，但交通量仍达不到最

大值。图上点 C 代表最大交通量 Q_m，从这点起，交通量随密度增加而减小，直到达到阻塞密度 K_j，此时 $Q=0$。以原点 A、曲线上的 B、C 和 D 点的箭头为矢径，这些矢径的斜率表示速度。通过点 A 的矢径与曲线相切，其斜率为畅行速度 v_f。当密度合适时，通过的交通量最大，对应交通量为最大值的密度称为最佳密度，用 K_m 表示。

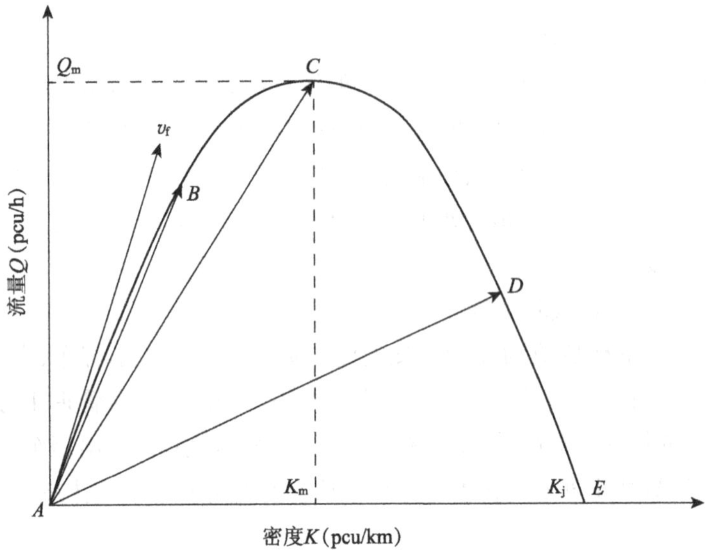

图 3-2　交通量 Q 与密度 K 关系图

(3) 交通量 Q 与速度 v 的关系

图 3-3 为交通量 Q 与速度 v 关系图。当密度为零时，即图中 A 点，畅行交通流的车速达到最高速度，就是畅行速度 v_f，而交通量 $Q=0$。当密度等于阻塞密度 K_j 时，即图中 E 点，速度等于零，交通量也等于零。过点 C 曲线最高点作一条平行于流量坐标轴的线，将曲线分成两部分，这条线以上的部分，为不拥挤部分，速度随流量的增加而降低，直至达到通行能力的流量 Q_m 为止，速度为 v_m；这条线以下部分为拥挤部分，流量和速度都下降。

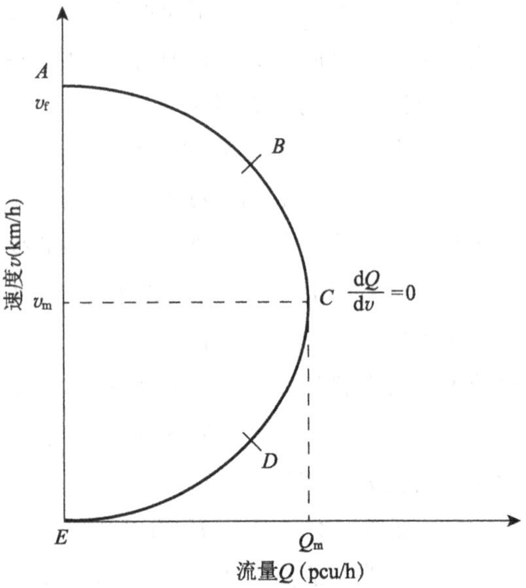

图 3-3　交通量 Q 与速度 v 关系图

3) 道路通行能力

道路通行能力是指道路能够疏导或处理交通流的能力，是指道路上某一点某一车道或某一断面处，单位时间内可能通过的最大交通实体（车辆或行人）数，亦称为道路通行能量，用“veh/h、veh/d 或 veh/s”或“人/h、人/d”表示，车辆多指小汽车，当有其他车辆混入时，均采用等效通行能力的当量小客车为单位。在公路、城市道路上，均采用小客车为基本单位，其他车辆均换算成为当量小客车。

(1) 公路通行能力

公路的通行能力是指在不同运行质量情况下，公路上1 h所能通行的最大交通量，亦即在指定的交通运行质量条件下，公路所能承担交通的能力。公路通行能力按照作用性质主要分为三种：基本通行能力、设计通行能力和实际通行能力。

基本通行能力是指在基本的道路、交通、控制和环境条件下，均匀路段的一条车道或特定横断面上，特定时段内所能通过的最大小时流率，通常以pcu/(h·ln)或pcu/h为单位。

设计通行能力是指预计的道路、交通、控制和环境管制条件下，条件基本一致的一条车道或特定横断面上，在所选用的设计服务水平下，特定时段内所能通过的最大小时流率，通常以pcu/(h·ln)或pcu/h为单位。因此，设计通行能力与选取的服务水平级别有关。

实际通行能力是指实际或预计的道路、交通、控制和环境条件下，已知公路设施的某车道或特定横断面上，特定时段内所能通过的最大小时流率，通常以veh/(h·ln)或veh/h为单位。其含义是设计或评价某一具体路段时，根据该设施具体的公路几何构造、交通条件以及交通管理水平，对不同服务水平下服务交通量(如基本通行能力或设计通行能力)按实际公路条件、交通条件等进行相应修正后的小时流率。

(2) 城市道路通行能力

城市道路通行能力是指在一定的道路和交通条件下，单位时间内道路上某一路段通过某一断面的最大交通流率，包括基本通行能力和设计通行能力等。城市道路通行能力是街道交通特征的一项重要指标，确定城市道路通行能力是街道交通规划设计和交通管理人员的一项主要任务，是解决以下交通问题的科学依据：

① 根据城市道路通行能力和设计交通量的具体分析，可以正确地确定新建道路的等级、性质、主要技术指标和线形几何要素；

② 通过对现有城市道路通行能力的观测、分析、评定，并与现有交通量对比，可确定现有街道系统或某一路段存在的问题，针对问题提出改进的方案或措施，作为旧街改建的主要依据；

③ 根据道路某一路段通行能力的估算、路况及交通状况分析，可以提出局部地段线形的改善方案；

④ 城市道路通行能力可作交通枢纽的规划、设计及交通设施配置的依据，如交叉口类型选择和信号设施的设计等；

⑤ 城市道路通行能力可以作为城市街道网规划设计和方案比选的依据；

⑥ 城市道路通行能力可以作为交通管理、行车组织及控制方式确定或方案选择的依据。

《城市道路工程设计规范》(CJJ 37—2012)建议快速路基本路段一条车道的通行能力如表3-1所示。

表 3-1 快速路基本路段一条车道的通行能力

设计速度(km/h)	100	80	60
基本通行能力(pcu/h)	2 200	2 100	1 800
设计通行能力(pcu/h)	2 000	1 750	1 400

根据车辆运行状况的特征,城市道路通行能力可分为四类情况:

① 较长路段畅通无阻的连续行驶车流的通行能力,一般称为路段通行能力,它是整个道路交通运输系统通行能力的基础,如市郊公路或城市无横向干扰的快速干道通行能力;

② 在有横向干扰条件下,时通时断、不连续车流的通行能力,如具有平面信号交叉口的城市干道的通行能力;

③ 在合流、分流运行状态下的通行能力,如在快速干道与匝道连接附近的通行能力;

④ 交织运行状态下的通行能力,如立体交叉的匝道、常规环交环道的通行能力。

3.2 公路交通运输系统

公路交通运输是使用汽车和其他运输工具在公路上从事旅客和货物的运输。公路交通运输系统包括公路运输设施(公路及场站)、运输设备(车辆)、运输对象(旅客、货物)及劳动者(驾驶员)等。其运输设施可分为线路设施和场站设施两大类。

公路运输线路设施是公路运输的基础设施,由路基、路面、桥梁、涵洞、隧道、防护工程、排水设施与设备以及山区特殊构造物等基本部分组成,此外还需设置交通标志、安全设施服务及绿化栽植等。

公路运输场站设施是指组织公路运输生产所需的生产性和服务性建筑设施。

3.2.1 公路交通运输工具

1) 公路交通运输功能

公路交通运输具有承担中短途运输、独立承担长途运输以及与其他交通运输方式衔接的功能。

中短途运输主要是包括城间公路客货运输、城市市区与郊区客货运输及厂矿企业内部生产过程运输等。其中短途运输运距在 50 km 以内,中途运输运距达 50～200 km。

公路独立承担长途运输时,一般要求经济运距超过 200 km。发展中国家公路运输经济运距虽然低于 200 km,但基于国家政治与经济建设等方面的需要,经常由公路承担长途运输。

与其他交通运输方式衔接主要是货物从生产地点到消费地点或旅客由出发地到目的地的全部运输过程,往往需要由几种运输工具分工协作才能完成,公路运输的机动灵活性和"门到门"直达运输的特性,使之不仅可以发挥纽带作用将各种交通运输方式联结成为综合交通运输网络,而且可以最终将客货运输对象运送到目的地。

2) 公路运输车辆

公路运输车辆包括汽车、挂车、有轨/无轨电车、摩托车、电动助力车、自行车以及各种专用车和特种车辆，本节以汽车和挂车为重点，详细介绍这两类车辆。

(1) 汽车

汽车是由自带动力装置驱动，具有四个或四个以上车轮的非轨道承载车辆，由动力装置、底盘、车身、电器及仪表等部分组成，主要用于载运人员和货物。

① 汽车分类

汽车分为载货车辆和载客车辆，按欧洲经济共同体(European Economic Community, EEC)标准，如表3-2所示。

表3-2 汽车分类

M类(客车)		N类(货车)	
M1	座位数≤8，厂定最大总质量≤3.5 t	N1	厂定最大总质量≤3.5 t
M2	座位数>8，厂定最大总质量≤5 t	N2	3.5 t<厂定最大总质量≤12 t
M3	座位数>8，厂定最大总质量>5 t	N3	厂定最大总质量>12 t

厢式汽车、罐式汽车、包栅式汽车等专用汽车以及由多节车辆组成的汽车列车都属于载货车辆的范畴。载客车辆包括轿车、微型客车、轻型客车、中型客车、大型客车以及特大型客车(如铰接客车、双层客车等)。

② 汽车的主要性能指标

汽车的主要性能指标有容载量、比功率、最高车速、燃料消耗量、制动距离等。载客车辆的容载量是指车辆座位数和车内站立乘客数之和；载货车辆的容载量是指车辆最大装载质量。比功率等于发动机标定最大功率(kW)/厂定最大总质量(t)。最高车速是指规定装载状态下，水平良好路面上，变速器最高挡，节气门全开时，车辆稳定行驶最大速度。燃料消耗量是指规定装载状态下，单位行驶距离消耗的燃料量(L/100 km)。制动距离是指规定装载状态下，以一定车速行驶时，实施紧急制动，从踩制动踏板开始到完全停车期间车辆驶过的距离。

③ 车辆换算系数

为真实反映道路交通运行状况，需要将不同车型的交通量换算为标准车当量交通量。根据《城市道路工程设计规范》(CJJ 37—2012)，各种车辆的换算系数如表3-3所示。

表3-3 车辆换算系数

车辆类型	小客车	大型客车	大型货车	铰接车
换算系数	1.0	2.0	2.5	3.0

(2) 挂车

挂车是指因设计、制造和技术特性，需由汽车牵引才能正常使用的一种无动力的道路车辆，通常用于载运人员和货物或用于其他特殊用途。

《汽车和挂车类型的术语和定义》(GB/T 3730.1—2001)中对挂车的分类如表 3-4 所示。

表 3-4 挂车分类及特点

挂车种类	主要特征	后继分类
半挂车	车轴置于车辆重心(当车辆均匀受载时)后面,并且装有可将水平或垂直力传递到牵引车的联结装置的挂车	半挂车主要可分为:载客半挂车、载货半挂车、专用作业半挂车及旅居半挂车
中置轴挂车	牵引装置不能垂直移动(相对于挂车),车轴位于紧靠挂车重心(当均匀载荷时)的挂车	中置轴挂车主要可分为:载货中置轴挂车、专用作业中置轴挂车及旅居中置轴挂车
牵引杆挂车	至少有两根轴,其中一轴可转向;通过角向移动的牵引杆与牵引车联结;牵引杆可垂直移动,联结到底盘上,因此不能承受任何垂直力	牵引杆挂车主要可分为:载客牵引杆挂车、载货牵引杆挂车、专用作业牵引杆挂车、旅居牵引杆挂车及半挂牵引拖台
刚性杆挂车	具有一个轴或一组轴、配有刚性牵引杆	—

注:按照挂车的最大设计总质量,可将挂车分为 4 类。O_1类:最大设计总质量不超过 750 kg;O_2类:最大设计总质量超过 750 kg,但不超过 3 500 kg;O_3类:最大设计总质量超过 3 500 kg,但不超过 10 000 kg;O_4类:最大设计总质量超过 10 000 kg。

3.2.2 公路运输线路设施

1) 公路工程的组成

公路工程由路线工程和结构工程两大部分组成。

(1) 路线组成

公路路线即公路的中心线。公路为平面上有曲线、纵面上有起伏的立体空间线形结构物。路线平面的形状称为平面线形,平面线形由直线、圆曲线和缓和曲线组成,其中缓和曲线是指设置在直线和圆曲线间或半径相差较大、转向相同的两圆曲线间的一种曲率连续变化的曲线。平曲线则是指在平面线形中路线转向处曲线的总称,包括圆曲线和缓和曲线;竖曲线是指在道路纵坡变坡处设置的竖向曲线。在进行路线设计时,为满足汽车运动学和力学要求,研究如何满足视觉和心理方面的连续、舒适,与周围环境相协调,并具备良好的排水条件的工作,称为平、纵线形组合设计。

公路路线的平面、纵断面和横断面是公路的几何组成部分,如图 3-4 所示。

公路的选线是指根据道路的性质、任务、等级和标准,结合地形、地质和地物及其沿线条件,综合平、纵、横三方面因素,在实地或图纸上选定道路中线的平面位置。选线的一般方法有实地选线、纸上选线、航测选线等。一条公路路线的选定是经过由浅入深、由轮廓到局部、由总体到具体、由面到带到线的过程。选线的一般步骤为:确定路线的基本走向;确定路线走廊带;确定路线方案;选定具体线位。

(2) 结构组成

公路的结构组成主要包括:路基、路面、桥涵、隧道等设施。

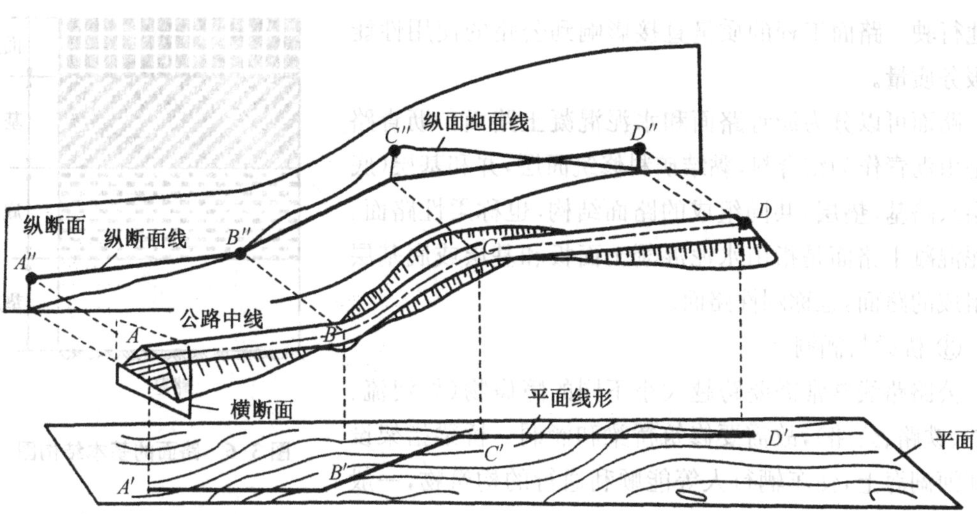

图 3-4　公路路线的平纵横断面示意图

① 路基

路基是公路的重要组成部分，是线形构造物的主体。路基是路面的基础，它与路面共同承受车辆荷载。路基通常由天然土石材料修筑而成，必须具有足够的强度、整体稳定性和水稳定性。路基构造的基本形式如图 3-5 所示。

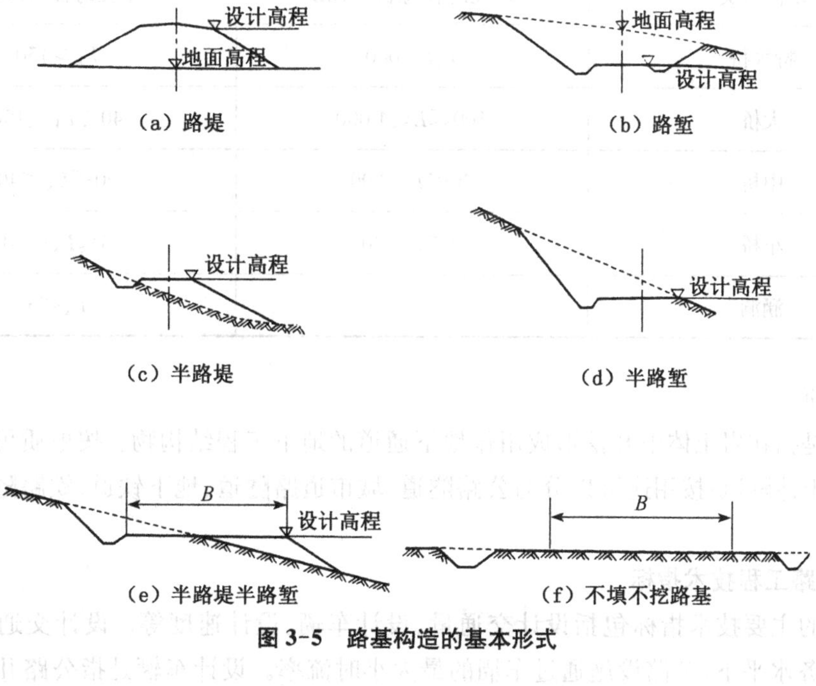

图 3-5　路基构造的基本形式

② 路面

路面是公路与汽车车轮直接接触的结构层，主要承受车轮荷载和磨损，其结构如图 3-6 所示，要求路面具有足够的强度、稳定性、平整度和粗糙度，以利于车辆在其表面安全而舒适地行驶。路面工程的质量直接影响到公路的使用性能和服务质量。

路面可以分为沥青路面和水泥混凝土路面。沥青路面是由沥青作为结合料，黏结矿料修筑面层，并和基层（底基层）、路基（垫层）共同组成的路面结构，也称柔性路面。水泥混凝土路面是指由水泥混凝土面板和基层或底基层所组成的路面，也称刚性路面。

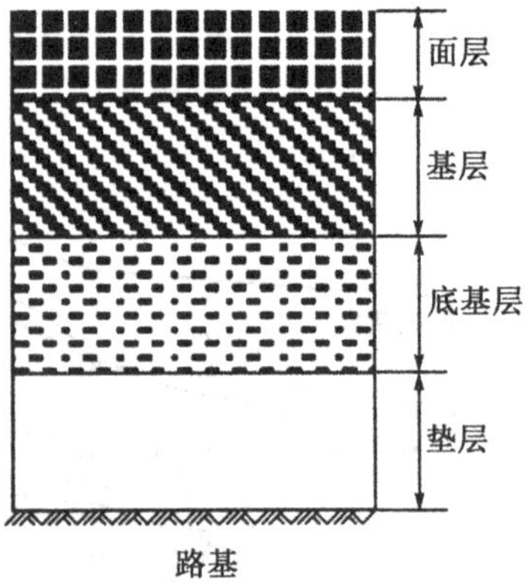

图 3-6　路面的基本结构图

③ 桥梁与涵洞

公路路线常常需要跨越大小不同的障碍物（如河流、山谷、铁路、公路），故需要修筑桥梁和涵洞。桥梁指架设在江河湖海上，使车辆行人等能顺利通行的构筑物，一般由上部结构、下部结构、支座和附属设施组成。涵洞是指为保证地面水流能够横穿公路而设置的小型构造物，一般由基础、洞身、洞口组成。

在《公路工程技术标准》(JTG B01—2014)中，按照跨径对桥涵进行分类，具体见表 3-5 所示。

表 3-5　桥涵按跨径分类

桥涵分类	多孔跨径总长 L(m)	单孔跨径 L_k(m)
特大桥	$L>1\,000$	$L_k>150$
大桥	$100\leqslant L\leqslant 1\,000$	$40\leqslant L_k\leqslant 150$
中桥	$30<L<100$	$20\leqslant L_k<40$
小桥	$8\leqslant L\leqslant 30$	$5\leqslant L_k<20$
涵洞	—	$L_k<5$

④ 隧道

隧道是指在岩土体中开挖形成用作地下通道的地下工程结构物。按地质可以分为岩体隧道和土体隧道；按用途可以分为公路隧道、城市道路隧道、地下铁道、铁路隧道和航运隧道。

2）公路工程技术指标

公路的主要技术指标包括设计交通量、设计车辆、设计速度等。设计交通量是指相应设计服务水平下，公路设施通过车辆的最大小时流率。设计车辆是指公路几何设计所采用的代表车型，其外廓尺寸、载质量（车辆总质量与车辆整备质量之差）和动力性能是确定公路几何参数的主要依据。设计速度是确定公路设计指标并使其相互协调的设计基准速度。

3) 公路分级

根据行政等级,公路可划分为国家干线公路(国道)、省级干线公路(省道)、县级干线公路(县道)、乡级公路(乡道)、村级公路(村道)和专用公路。

根据技术等级,公路可分为高速公路、一级公路、二级公路、三级公路、四级公路及等外公路。

高速公路为专供汽车分方向、分车道行驶,全部控制出入的多车道公路。高速公路的年平均日设计交通量宜在15 000辆小客车以上。

一级公路为供汽车分方向、分车道行驶,可根据需要控制出入的多车道公路。一级公路的年平均日设计交通量宜在15 000辆小客车以上。

二级公路为供汽车行驶的双车道公路。二级公路的年平均日设计交通量宜为5 000～15 000辆小客车。

三级公路为供汽车、非汽车交通混合行驶的双车道公路。三级公路的年平均日设计交通量宜为2 000～6 000辆小客车。

四级公路为供汽车、非汽车交通混合行驶的双车道或单车道公路。双车道四级公路年平均日设计交通量宜在2 000辆小客车以下;单车道四级公路年平均日设计交通量宜在400辆小客车以下。

4) 公路服务水平

服务水平是指驾驶员感受公路交通流运行状况的质量指标,通常用平均行驶速度、行驶时间、驾驶自由度和交通延误等指标表征。根据《公路路线设计规范》(JTG D20—2017),高速公路路段服务水平划分为六级,如表3-6所示。根据交通流状态,各级服务水平定性描述如下:

① 一级服务水平

交通流处于完全自由流状态。交通量小,速度高,行车密度小,驾驶员能自由地按照自己的意愿选择所需速度,行驶车辆不受或基本不受交通流中其他车辆的影响。在交通流内驾驶的自由度很大,为驾驶员、乘客或行人提供的舒适度和方便性非常优越。较小的交通事故或行车障碍的影响容易消除,在事故路段不会产生停滞排队现象,很快就能恢复到一级服务水平。

② 二级服务水平

交通流状态处于相对自由流的状态,驾驶员基本上可按照自己的意愿选择行驶速度,但是开始要注意到交通流内有其他使用者,驾驶人员身心舒适水平很高,较小交通事故或行车障碍的影响容易消除,在事故路段的运行服务情况比一级差些。

③ 三级服务水平

交通流状态处于稳定流的上半段,车辆间的相互影响变大,选择速度受到其他车辆的影响,变换车道时,驾驶员要格外小心,较小交通事故仍能消除,但事故发生路段的服务质量会降低,严重的阻塞导致排队车流,驾驶员心情紧张。

④ 四级服务水平

交通流处于稳定流范围下限，但是车辆运行明显地受到交通流内其他车辆的相互影响，速度和驾驶自由度受到明显限制。交通量稍有增加就会导致服务水平显著降低，驾驶人员身心舒适水平降低，即使较小的交通事故也难以消除，会形成很长的排队车流。

⑤ 五级服务水平

交通流拥堵流的上半段，其下是达到最大通行能力时的运行状态。对于交通流的任何干扰，例如车流从匝道驶入或车辆变换车道，都会在交通流中产生一个干扰波，交通流不能消除它，任何交通事故都会形成长长的排队车流，车流行驶灵活性极端受限，驾驶人员身心舒适水平很差。

⑥ 六级服务水平

拥堵流的下半段，是通常意义上的强制流或阻塞流。这一服务水平下，交通设施的交通需求超过其允许的通过量，车流排队行驶，队列中的车辆出现停停走走现象，运行状态极不稳定，可能在不同交通流状态间发生突变。

表 3-6　高速公路路段服务水平分级

服务水平等级	v/C 值	设计速度(km/h)		
		120	100	80
		最大服务交通量［pcu/(h·ln)］		
一	$v/C \leqslant 0.35$	750	730	700
二	$0.35 < v/C \leqslant 0.55$	1 200	1 150	1 100
三	$0.55 < v/C \leqslant 0.75$	1 650	1 600	1 500
四	$0.75 < v/C \leqslant 0.90$	1 980	1 850	1 800
五	$0.90 < v/C \leqslant 1.00$	2 200	2 100	2 000
六	$v/C > 1.00$	0～2 200	0～2 100	0～2 000

注：v/C 是在基准条件下，最大服务交通量与基准通行能力之比。最大服务交通量是指在通常的道路条件、交通条件和管制条件下，保持规定的服务水平时，道路某一断面或均匀路段在单位时间内所能通过的最大小时交通量。基准通行能力是五级服务水平条件下对应的最大小时交通量。

3.2.3　公路运输场站设施

1) 公路客运站

公路汽车客运站是公益性交通基础设施，是道路旅客运输网络的节点，是道路交通运输经营者与旅客进行运输交易活动的场所，是为旅客和运输经营者提供站务服务的场所，是培育和发展道路交通运输市场的载体。

（1）客运站级别划分

根据车站设施和设备配置情况、地理位置和设计年度平均日旅客发送量(以下简称设计年日发量)等因素，车站分为一至五个级别以及简易车站和招呼站。车站划分标准见表3-7。

表3-7 车站划分标准

车站级别	划分标准
一级车站	设施和设备符合表3-8和表3-9中一级车站必备各项，且具备下列条件之一：①设计年日发量在10 000人次以上的车站；②省、自治区、直辖市及其所辖市、自治州(盟)人民政府和地区行政公署所在地，如无10 000人次以上的车站，可选取设计年日发量在5 000人次以上具有代表性的一个车站；③位于国家级旅游区或一类边境口岸，设计年日发量在3 000人次以上的车站
二级车站	设施和设备符合表3-8和表3-9中二级车站必备各项，且具备下列条件之一：①设计年日发量在5 000人次以上，不足10 000人次的车站；②县以上或相当于县人民政府所在地，如无5 000人次以上的车站，可选取设计年日发量在3 000人次以上具有代表性的一个车站；③位于省级旅游区或二类边境口岸，设计年日发量在2 000人次以上的车站
三级车站	设施和设备符合表3-8和表3-9中三级车站必备各项，设计年日发量在2 000人次以上，不足5 000人次的车站
四级车站	设施和设备符合表3-8和表3-9中四级车站必备各项，设计年日发量在300人次以上，不足2 000人次的车站
五级车站	设施和设备符合表3-8和表3-9中五级车站必备各项，设计年日发量在300人次以下的车站
简易车站	达不到五级车站要求或以停车场为依托，具有集散旅客、停发客运班车功能的车站
招呼站	达不到五级车站要求，具有明显的等候标志和候车设施的车站

（2）站址选择原则

公路汽车客运站的选址应考虑城镇发展规划、旅客集散能力、客运系统组织、公用工程、地质条件等因素，一般遵循如下原则：①应符合城镇总体规划及交通枢纽总体布局规划；②应便于旅客集散和换乘组织，与公路、城市道路、城市公交系统和其他交通运输方式的场站衔接良好；③具备必要工程、地质条件，方便与城市公用工程网系(道路网、电力网、给排水网、排污网、通信网等)的连接；④具备足够场地、能满足车站建设需要，并有发展余地。

（3）设施配置准则

公路汽车客运站设施的配置应根据车站生产能力和作业量的大小确定，主要设备尽可能地选用国家定型的标准设备。其中一至五级车站设施、设备配置要求见表3-8和表3-9。

表 3-8　汽车客运站设施配置

<table>
<tr><th colspan="4">设施名称</th><th>一级站</th><th>二级站</th><th>三级站</th><th>四级站</th><th>五级站</th></tr>
<tr><td colspan="3" rowspan="3">场地设施</td><td>站前广场</td><td>●</td><td>●</td><td>★</td><td>★</td><td>★</td></tr>
<tr><td>停车场</td><td>●</td><td>●</td><td>●</td><td>●</td><td>●</td></tr>
<tr><td>发车位</td><td>●</td><td>●</td><td>●</td><td>●</td><td>★</td></tr>
<tr><td rowspan="28">建筑设施</td><td rowspan="17">站房</td><td rowspan="16">站务用房</td><td>候车厅(室)</td><td>●</td><td>●</td><td>●</td><td>●</td><td>●</td></tr>
<tr><td>重点旅客候车室(区)</td><td>●</td><td>●</td><td>★</td><td>—</td><td>—</td></tr>
<tr><td>售票厅</td><td>●</td><td>●</td><td>★</td><td>★</td><td>★</td></tr>
<tr><td>行包托运厅(处)</td><td>●</td><td>●</td><td>★</td><td>—</td><td>—</td></tr>
<tr><td>综合服务处</td><td>●</td><td>●</td><td>★</td><td>★</td><td>—</td></tr>
<tr><td>站务员室</td><td>●</td><td>●</td><td>●</td><td>●</td><td>●</td></tr>
<tr><td>驾乘休息室</td><td>●</td><td>●</td><td>●</td><td>●</td><td>●</td></tr>
<tr><td>调度室</td><td>●</td><td>●</td><td>●</td><td>★</td><td>—</td></tr>
<tr><td>治安室</td><td>●</td><td>●</td><td>★</td><td>—</td><td>—</td></tr>
<tr><td>广播室</td><td>●</td><td>●</td><td>★</td><td>—</td><td>—</td></tr>
<tr><td>医疗救护室</td><td>★</td><td>★</td><td>★</td><td>★</td><td>★</td></tr>
<tr><td>无障碍通道</td><td>●</td><td>●</td><td>●</td><td>●</td><td>●</td></tr>
<tr><td>残疾人服务设施</td><td>●</td><td>●</td><td>●</td><td>●</td><td>●</td></tr>
<tr><td>饮水室</td><td>●</td><td>★</td><td>★</td><td>★</td><td>★</td></tr>
<tr><td>盥洗室和旅客厕所</td><td>●</td><td>●</td><td>●</td><td>●</td><td>●</td></tr>
<tr><td>智能化系统用房</td><td>●</td><td>★</td><td>★</td><td>—</td><td>—</td></tr>
<tr><td colspan="2">办公用房</td><td>●</td><td>●</td><td>●</td><td>★</td><td>—</td></tr>
<tr><td rowspan="11">辅助用房</td><td rowspan="9">生产辅助用房</td><td>汽车安全检验台</td><td>●</td><td>●</td><td>●</td><td>●</td><td>●</td></tr>
<tr><td>汽车尾气测试室</td><td>★</td><td>★</td><td>—</td><td>—</td><td>—</td></tr>
<tr><td>车辆清洁、清洗台</td><td>●</td><td>●</td><td>★</td><td>—</td><td>—</td></tr>
<tr><td>汽车维修车间</td><td>★</td><td>★</td><td>—</td><td>—</td><td>—</td></tr>
<tr><td>材料间</td><td>★</td><td>★</td><td>—</td><td>—</td><td>—</td></tr>
<tr><td>配电室</td><td>●</td><td>●</td><td>—</td><td>—</td><td>—</td></tr>
<tr><td>锅炉房</td><td>★</td><td>★</td><td>—</td><td>—</td><td>—</td></tr>
<tr><td>门卫、传达室</td><td>★</td><td>★</td><td>★</td><td>★</td><td>★</td></tr>
<tr><td>司乘公寓</td><td>★</td><td>★</td><td>★</td><td>★</td><td>★</td></tr>
<tr><td rowspan="2">生活辅助用房</td><td>餐厅</td><td>★</td><td>★</td><td>★</td><td>★</td><td>★</td></tr>
<tr><td>商店</td><td>★</td><td>★</td><td>★</td><td>★</td><td>★</td></tr>
</table>

注：“●”——必备；“★”——视情况设置；“—”——不设。

表3-9 汽车客运站设备配置

设施名称		一级站	二级站	三级站	四级站	五级站
基本设备	旅客购票设备	●	●	★	★	★
	候车休息设备	●	●	●	●	●
	行包安全检查设备	●	★	★	—	—
	行车尾气排放测试设备	★	★	—	—	—
	安全消防设备	●	●	●	●	●
	清洁清洗设备	●	●	★	—	—
	广播通信设备	●	●	★	—	—
	行包搬运与便民设备	●	●	★	—	—
	采暖或制冷设备	●	★	★	★	★
	宣传告示设备	●	●	●	★	★
智能系统设备	微机售票系统设备	●	●	★	★	★
	生产管理系统设备	●	★	★	—	—
	监控设备	●	★	★	—	—
	电子显示设备	●	●	★	—	—

注:"●"——必备;"★"——视情况设置;"—"——不设。

2) 公路货运站

公路货运站是指公路货运网络中组织货物集散、中转运输及相关服务,并具有一定规模的场所。

(1) 货运站类型划分

公路货运站可以分为:①综合型公路货运站,主要业务功能应体现运输和仓储等物流多环节服务的功能;②运输型公路货运站,主要业务功能应体现运输服务为主的中转服务功能;③仓储型公路货运站,主要业务功能应体现道路交通运输为主的仓储服务功能;④信息型公路货运站,主要业务功能应体现道路交通运输为主的信息服务功能。

(2) 站址选择原则

公路货运站站址选择应充分考虑城市发展要求，尤其是作为公路运输的重要节点，既满足运输网络能力及服务范围内的货运组织能力，又要有便捷的城市对外交通条件，同时考虑建站地质等条件。一般遵循如下原则：①符合城市或城镇总体布局规划；②与公路网、城市道路网和综合运输网合理衔接；③靠近较大货源集散点，并适应服务区域内的货运需求；④尽量利用现有场站设施，并留有发展余地；⑤具备良好的给排水、电力、道路、通信等条件；⑥具备良好的环境和地质条件。

(3) 设施配置准则

公路货运站在进行设施配置时，不同类型的货运站应遵循对应的配置要求。配置的设施主要包括办公设施、生产设施以及生产辅助和生活服务设施。《公路货运站站级标准及建设要求》(JT/T 402—2016)中给出了具体设施配置要求，参见表3-10和表3-11。

表3-10 公路货运站设施面积配置参考比例

公路货运站		设施名称			
		办公设施	生产设施		生产辅助和生活服务设施
			库(棚)设施与信息交易中心	场地、道路及绿化设施	
综合型	一级	≤7%	≥45%	≥40%	≤8%
	二级	≤8%	≥40%	≥45%	≤7%
	三级	≤9%	≥35%	≥50%	≤6%
运输型	一级	≤3%	≥40%	≥50%	≤7%
	二级	≤4%	≥35%	≥55%	≤6%
	三级	≤5%	≥30%	≥60%	≤5%
仓储型	一级	≤3%	≥45%	≥45%	≤7%
	二级	≤4%	≥40%	≥50%	≤6%
	三级	≤5%	≥35%	≥55%	≤5%
信息型	一级	≤3%	≥25%	≥65%	≤7%
	二级	≤4%	≥20%	≥70%	≤6%
	三级	≤5%	≥15%	≥75%	≤5%

表 3-11 公路货运站站内设施配置标准

设施类型	设施名称		综合型			运输型			仓储型			信息型		
			一级	二级	三级	一级	二级	三级	一级	二级	三级	一级	二级	三级
办公设施	货运站站房		√	√	√	√	√	√	√	√	√	○	○	○
	生产调度办公室		√	√	√	√	√	√	√	√	√	○	○	○
	信息管理中心		√	√	○	√	√	○	√	√	○	√	√	√
	会议室		√	√	○	√	√	○	√	√	○	√	√	○
	国际联运代理业务办公室	海关	○	○	○	○	○	○	○	○	○	○	○	○
		国检	○	○	○	○	○	○	○	○	○	○	○	○
		税务	○	○	○	○	○	○	○	○	○	○	○	○
生产设施	库(棚)设施与信息交易中心	中转库	√	√	○	√	√	√	○	○	○	○	○	○
		仓储库	√	√	√	○	○	○	√	√	√	○	○	○
		零担库	√	√	√	√	√	√	○	○	○	○	○	○
		信息交易中心	○	○	×	○	○	×	○	○	×	√	√	√
	场地、道路及绿化设施	集装箱堆场	○	○	×	○	○	×	○	○	×	×	×	×
		货场	√	√	√	√	√	√	○	○	○	○	○	○
		装卸(作业)场	√	√	√	√	√	√	√	√	√	○	○	○
		停车场	√	√	√	√	√	√	√	√	√	√	√	√
		道路及绿化	√	√	√	√	√	√	√	√	√	√	√	√
生产辅助设施	维修设施		○	○	×	○	○	×	○	○	×	×	×	×
	动力设施		√	√	√	√	√	√	√	√	√	√	√	√
	供水供热设施		√	√	√	√	√	√	√	√	√	√	√	√
	环保设施①		√	√	√	√	√	√	√	√	√	√	√	√
生活服务设施	浴室、卫生间、食宿设施		○	○	○	○	○	○	○	○	○	○	○	○
	其他服务设施		○	○	○	○	○	○	○	○	○	○	○	○

注："√"表示必须配置；"○"表示视条件配置；"×"表示无须配置。

① 环保设施可包括生活污水处理设施、生产污水处理设施、垃圾处理设施等。

3.3 城市道路交通运输系统

3.3.1 城市道路功能

城市道路是城市空间不可或缺的组成部分。城市道路功能主要可分为广义道路功能与狭义道路功能。广义道路功能包括：城市骨架、交通设施、城市空间、城市景观、市政空间与防灾设施。狭义道路功能包括：交通流性质、服务对象、出行目的、出行距离、通达性。

3.3.2 城市道路交通设施

1）城市道路分类

我国城市道路根据《城市综合交通体系规划标准》(GB/T 51328—2018)的规定分为干线道路、支线道路，以及联系两者的集散道路三个大类；城市快速路、主干路、次干路和支路四个中类和八个小类。城市道路划分与主要技术指标参见表3-12。

表3-12 我国城市道路划分与主要技术指标

道路类别		级别	设计车速(km/h)	双向机动车道数	车道宽度(m)	分隔带设置	横断面形式
干线道路	快速路	Ⅰ	80～100	≥4	3.75～4	必须设	双、四幅路
		Ⅱ	60～80				
	主干路	Ⅰ	60	≥4	3.75	应设	单、双、三、四幅路
		Ⅱ	50～60	≥4	3.5～3.75	应设	单、双、三幅路
		Ⅲ	40～50	4	3.5～3.75	可设	单、双、三幅路
集散道路	次干路	次干路	30～50	≥2	3.5～3.75	可设	单、双、三幅路
支线道路	支路	Ⅰ	20～30	2	3.5	不设	单幅路
		Ⅱ	—	2	3.25～3.5	不设	单幅路

快速路完全为交通功能服务，是解决城市长距离快速交通的主要道路。快速路进出口应采用全控制或部分控制。

主干路以交通功能为主。主干路的步行、非机动车道应与机动车道隔离；城市建设用地内部的城市主干路的间距不宜超过1.5 km；平面交叉口间距以800～1 200 m为宜，主干路不宜设置公共建筑物出入口。

次干路是城市区域性的交通干道，为区域交通集散服务，配合主干路组成道路网，起到广泛连接城市各部分与集散的作用。

支路为联系各居住小区的道路，直接与两侧建筑物出入口相接，以服务功能为主。支路应满足公共交通车辆行驶的要求。

不同城市应根据城市规模、空间形态和城市活动特征等因素确定城市道路类别的构成，并应符合下列规定：

（1）干线道路应承担城市中、长距离联系交通，集散道路和支线道路共同承担城市中、长距离联系交通的集散和城市中、短距离交通的组织。

（2）应根据城市功能的连接特征确定城市道路种类。城市道路种类划分与城市功能连接、城市用地服务的关系应符合表3-13的规定。

表3-13　不同连接类型与用地服务特征所对应的城市道路功能等级

连接类型	用地服务			
	为沿线用地服务很少	为沿线用地服务较少	为沿线用地服务较多	直接为沿线用地服务
城市主要中心之间连接	快速路	主干路	—	—
城市分区（组团）间连接	快速路/主干路	主干路	主干路	—
分区（组团）内连接	—	主干路/次干路	主干路/次干路	—
社区级渗透性连接	—	—	次干路/支路	次干路/支路
社区级到达性连接	—	—	支路	支路

2）城市道路服务水平

城市快速路服务水平分为四级：一级服务水平时，交通处于自由流状态；二级服务水平时，交通处于稳定流中间范围；三级服务水平时，交通处于稳定流下限；四级服务水平时，交通处于不稳定流状态。

快速路基本路段服务水平应符合表3-14的规定，新建道路应按三级服务水平设计。

表3-14　快速路基本路段服务水平分级

设计速度（km/h）	服务水平等级		密度［pcu/（km·ln）］	平均速度（km/h）	饱和度（v/C）	最大服务交通量［pcu/（km·ln）］
100	一级（自由流）		≤10	≥88	0.40	880
	二级（稳定流上段）		≤20	≥76	0.69	1 520
	三级（稳定流）		≤32	≥62	0.91	2 000
	四级	（饱和流）	≤42	≥53	≈1.00	2 200
		（强制流）	>42	<53	>1.00	—

（续表）

设计速度 (km/h)	服务水平等级		密度 [pcu/(km·ln)]	平均速度 (km/h)	饱和度 (v/C)	最大服务交通量 [pcu/(km·ln)]
80	一级（自由流）		≤10	≥72	0.34	720
	二级（稳定流上段）		≤20	≥64	0.61	1 280
	三级（稳定流）		≤32	≥55	0.83	1 750
	四级	（饱和流）	≥50	≥40	≈1.00	2 100
		（强制流）	<50	<40	>1.00	—
60	一级（自由流）		≤10	≥55	0.30	590
	二级（稳定流上段）		≤20	≥50	0.55	990
	三级（稳定流）		≤32	≥44	0.77	1 400
	四级	（饱和流）	≤57	≥30	≈1.00	1 800
		（强制流）	>57	<30	>1.00	—

3）交叉口分类及其控制规划

城市道路网络的通行能力往往取决于城市道路关键交叉口的通过能力。

（1）道路交叉分类

根据《城市道路工程设计规范》(CJJ 37—2012)，城市道路交叉宜分为平面和立体交叉，交叉形式应根据道路网规划、相交道路等级及有关技术、经济和环境效益的分析合理确定。

① 平面交叉口

应按交通组织方式进行分类，并满足表3-15的要求。

表3-15　平面交叉口分类

类型	交叉口
平A类：信号控制交叉口	平 A_1 类：交通信号控制，进出口道展宽交叉口
	平 A_2 类：交通信号控制，进出口道不展宽交叉口
平B类：无信号控制交叉口	平 B_1 类：支路只准右转通行的交叉口
	平 B_2 类：减速让行或停车让行标志管制交叉口
	平 B_3 类：全无管制交叉口
平C类：环形交叉口	平C类：环形交叉口

② 立体交叉口

应根据相交道路等级、直行及转向（主要是左转）车流行驶特征、非机动车对机动车干扰等进行分类，参见表3-16。各主要类型立体交叉口的功能特征参见表3-17。

表3-16 立体交叉口分类

类型	交叉口
立A类：枢纽立交	立A_1类：主要形式为全定向、喇叭形、组合式全互通立交。宜在城市外围区域采用
	立A_2类：主要形式为喇叭形、苜蓿叶形、半定向、定向或半定向组合的全互通立交。宜在城市外围与中心区之间区域采用
立B类：一般立交	立B类：主要形式为喇叭形、苜蓿叶形、环形、菱形、迂回式、组合式全互通或半互通立交。宜在城市中心区域采用
立C类：分离式立交	立C类：分离式立交

表3-17 立体交叉口功能特征

立交类型	主线直行车流行驶特征	转向(主要指左转)车流行驶特征	非机动车及行人干扰情况
立A_1	快速或按设计速度连续行驶	经定向匝道或经集散、变速车道行驶	机非分行、无干扰；车辆与行人无干扰
立A_2	快速或按设计速度连续行驶	一般经定向匝道或经集散、变速车道行驶，或部分左转车减速行驶	机非分行、无干扰；车辆与行人无干扰
立B	快速或按设计速度连续行驶，次要主线受转向车流交织干扰或受平面交叉口左转车冲突影响，为间断流	减速交织行驶，或受平面交叉口影响减速交织行驶，为间断流	机非分行或混行，有干扰；主线车辆与行人无干扰
立C	快速或按设计速度连续行驶	—	—

(2) 平面交叉口控制规划

在城市道路系统中，除快速路和个别主干路上的立体交叉口，城市中的道路交叉口基本上均为平面交叉口。平面交叉口有“十”“X”“T”“Y”“环形”等多种形式。应根据相交道路等级、分向流量、公交站点设置交叉口周围用地性质，确定交叉口形式及其用地范围。

① 平面交叉口设置要求

平面交叉口必须进行渠化设计，必须通过增加交叉口进口道车道数来弥补时间资源的损失，使交叉口通行能力与路段通行能力相匹配；交叉口渠化改造和规划建设必须考虑系统性，不能孤立改造某个交叉口，将交通矛盾转到其他交叉口；平面环形交叉口可采用“环交+信号灯”控制方式。

② 环形交叉口设置要求

机动车与非机动车混行的环形交叉口，环道总宽度宜为 18～20 m，中心岛直径宜取 30～50 m，其规划通行能力参见表 3-18。

表 3-18　环形交叉口的规划通行能力

机动车的通行能力(1 000 pcu/h)	2.6	2.3	2.0	1.6	1.2	0.8	0.4
同时通过的自行车数(1 000 pcu/h)	1	4	7	11	15	18	21

注：机动车换算成当量小汽车数，非机动车换算成当量自行车数。

规划交通量超过 2 700 pcu/h 的交叉口不宜采用环形交叉口。环形交叉口内的任意交织段，规划的交通量超过 1 500 pcu/h 时，应改建交叉口。

③ 平面交叉口用地控制要求

城市道路平面交叉口的规划用地面积宜符合表 3-19 规定。

表 3-19　平面交叉口规划用地面积

相交道路等级	T 字形交叉口			十字形交叉口			环形交叉口		
	城市人口(万人)			城市人口(万人)			中心直径(m)	环道宽度(m)	用地面积(万 m²)
	>200	50～200	<50	>200	50～200	<50			
主干路与主干路	0.60	0.50	0.45	0.80	0.65	0.60	—	—	—
主干路与次干路	0.50	0.40	0.35	0.65	0.55	0.50	40～60	20～40	1.0～1.5
次干路与次干路	0.40	0.30	0.25	0.55	0.45	0.40	30～50	16～20	0.8～1.2
次干路与支路	0.33	0.27	0.22	0.45	0.35	0.30	30～40	16～18	0.6～0.9
支路与支路	0.20	0.16	0.12	0.27	0.22	0.17	25～35	12～15	0.5～0.7

(3) 立体交叉口控制规划

① 立体交叉口设置要求

高速公路与城市各级道路相交时，必须采用立体交叉。快速路与快速路相交，必须采用立体交叉；快速路与主干路相交，应采用立体交叉。主干路与主干路交叉口的交通量超过 4 000～6 000 pcu/h，相交道路为四车道以上，且对平面交叉口采取改善、调整交通组织均收效甚微时，可设置立体交叉。两条主干路交叉或者主干路与其他道路相交，当地形适宜修建立体交叉，且技术经济比较合理时，可设置立体交叉。道路跨河或跨铁路时，可利用桥梁边孔，修建道路与道路的立体交叉。

② 立体交叉口形式选择

城市道路立体交叉口的形式选择，应符合以下规定：整个道路网中，立体交叉口的形式应力求统一，其结构形式应简单，占地面积少；交通主流方向应走捷径，少爬坡和少绕行；非机动车应行驶在地面层上或路堑内；当机动车与非机动车分开行驶时，不同的交通层面应相互套叠组合在一起，减少立体交叉口的层数和用地。

③ 立体交叉口用地控制要求

各种形式立体交叉口的用地面积和规划通行能力宜符合表3-20规定。

表3-20　立体交叉口规划用地面积和通行能力

立体交叉口层数	立体交叉口匝道基本形式	机动车与非机动车有无冲突	用地面积（万 m^2）	通行能力（1 000 pcu/h）	
				当量小汽车	当量自行车
二	菱形	有	2.0～2.5	7～9	10～13
	苜蓿形	有	6.5～12.0	6～13	16～20
	环形	有	3.0～4.5	7～9	15～20
		无	2.5～3.0	3～4	12～15
三	十字形	有	4.0～5.0	11～14	13～16
	环形	有	5.0～5.5	11～14	13～14
		无	4.5～5.5	8～10	13～15
	苜蓿形与环形①	无	7.0～12.0	11～13	13～15
	环形与苜蓿形②	无	5.0～6.0	11～14	20～30
四	环形	无	6.0～8.0	11～14	13～15

注：① 三层立体交叉口中的苜蓿形为机动车匝道，环形为非机动车匝道。
② 三层立体交叉口中的环形为机动车匝道，苜蓿形为非机动车匝道。

3.3.3　城市常规公共交通设施

城市常规公共交通设施包括城市内的公共交通线网及道路附属物，例如城市内的公共交通运输工具，公共交通车站设施以及用于城市对外联系的枢纽场站等。城市常规公共交通设施是城市生产所需物资以及向外提供物资的流通渠道，也是人们参加各项生产、社会活动的运载手段。

1）城市常规公共交通线网布局

城市常规公共交通线网按不同的区域结构分为三类：

(1) 设有城市中央终点站的放射形网络

这种形状的网络多用于小城市，其所有的线路均使用同一个位于城市中央的终点站，所以乘客只需做不多于一次的换乘就能完成出行。它的缺点是切线状的出行绕路较多。

(2) 主干线和驳运线相结合的网络

这种形状的网络能提高客位利用率，主干线路和驳运线路的车站间距可以灵活地调整，一般适用于有地铁和轻轨的大城市。

(3) 带有环线或切线线状的放射形网络

这种网络的优越性较大，它的直达出行率高，出行时间短。切线分担市中心较大的交通压力，可适应出行需求很大的城市。

城市公共交通线网密度大小反映出居民接近线路的程度。城市公共交通线网密度与城市人口密度、城市形态结构、道路网密度密切相关，线网平均密度一般约为 2.5 km/km^2。

2）城市常规公共交通通行能力

公共交通主要线路的长度宜控制在 8～12 km，线路的非直线系数不宜过大，一般不应超过 1.4。公共汽车交通线路的通行能力受沿线各站通行能力的制约，其中通行能力最小的停靠站，是控制线路通行能力的站点。停靠站的通行能力取决于车辆占用停靠站的时间长短，公共汽车线路的通行能力计算如公式(3-1)所示：

$$C_{线}=\min[C_{站}]=3\,600/T \tag{3-1}$$

式中：$C_{线}$ ——公共汽车线路的通行能力(veh/h)；

$C_{站}$ ——停靠站的通行能力(veh/h)；

T ——车辆占用停靠站的总时间(s)。

汽车在站停靠时间与车辆性能、车辆结构、上下车乘客的多少、车站秩序等因素有关系，一般可用公式(3-2)估算：

$$T=t_1+t_2+t_3+t_4 \tag{3-2}$$

式中：t_1 ——车辆进站停车用的时间(s)；

t_2 ——车辆开门和关门的时间，为 3～4 s；

t_3 ——乘客上下车占用时间(s)；

t_4 ——车辆起动和离开车站的时间(s)。

按式(3-1)可以计算公共汽车交通线路的通行能力。线路的设计通行能力是线路通行能力与线路的实载率之积，一般可取通行能力的 0.8 倍。

3）城市常规公共交通车站与场站设施

城市公共交通车站分为起、终点站，枢纽站和中途站。各种车站的功能和用地要求不同。

(1) 起、终点站及其设施配置

公共交通起、终点站主要功能是为线路上的公交车辆在开始和结束营运、等候调度以及运营结束后提供合理的停放场地，其设置位置和进出口的交通组织与管理，既影响公交系统作用的发挥，也影响着城市道路交通秩序和安全。规划时应遵循以下原则：①应与城市道路网的建设及发展相协调，宜选择在紧靠客流集散点和道路客流主要方向的同侧；②宜靠近人口比较集中、客流集散量较大而且周围留有一定空地的位置，如居住区、火车站、码头、公园、文化体育中心等，使大部分乘客处在以该站点为中心的服务半径范围内；③站点规模应按所服务的公交线路所配营运车辆的总数来确定；④与站点相连的出入口道应设置在道路使用面积较为富裕、服务水平良好的道路上，尽量避免接近平面交叉口，必要时出入口可设置信号控制，以减少对周边道路交通的干扰。起、终点站设施配置如表 3-21 所示。

表 3-21 起、终点站设施配置

设施		配置	
		起点站	终点站
信息设施	站牌	√	√
	区域地图、公交线路图	○	○
	公交时刻表	○	○
	实时动态信息	○	○
便利设施	无障碍设施	√	√
	候车亭	√	○
	站台	√	○
	座椅	○	—
	非机动车停车换乘	√	○
	机动车停车换乘	○	—
安全环保	候车廊	○	○
	照明	√	√
	监控	○	—
	消防	√	○
	绿化	√	○
运营管理	站场管理室	○	—
	线路调度室	√	○
	智能监控室	○	—
	司机休息室	√	—
	卫生间	√	○
	餐饮间	○	○
	清洁用具杂物间	○	○
	停车坪	√	○
	回车道	√	√
	小修和低保	√	—

注:"√"表示应有的设施;"○"表示可选择的设施;"—"表示不设的设施。

(2) 枢纽站及其设施配置

公共交通枢纽站是公共交通线路之间、公共交通与其他交通运输方式之间客流转换的场所。城市公共交通枢纽可分为对外交通枢纽和市内交通枢纽两种。对外交通枢纽是市内公共交通与市际交通的联系点,一般在铁路客运站、长途汽车站、轮渡港口、航空港口和城市出入口道路处,这类交通枢纽在城市中的位置相对比较确定。市内交通枢纽一般是城市区域内的客流集散点，是公共交通之间或公共交通与其他交通方式之间的转换场所，如常规公交与快速轨道交通、非机动车交通的换乘枢纽、多条公交线路汇聚的交点等。枢纽站设施配置如表 3-22 所示。

表 3-22　枢纽站设施配置

设施		配置		
		大型枢纽站	中、小型枢纽站	综合枢纽站
信息设施	公共信息牌	√	√	√
	站牌	√	√	√
	区域地图、公交线路图	√	√	√
	公交时刻表	√	√	√
	实时动态信息	√	√	√
便利设施	无障碍设施	√	√	√
	候车亭	√	√	√
	站台	√	√	√
	座椅	○	○	○
	人行通道	√	√	√
	非机动车存放	√	√	√
	机动车停车换乘	○	○	○
安全环保	候车廊	○	○	○
	照明	√	√	√
	监控	√	√	√
	消防	√	√	√
	绿化	√	√	√
运营管理	站场管理室	√	√	√
	线路调度室	√	√	√
	智能监控室	√	√	√
	司机休息室	√	√	○
	卫生间	√	√	√
	餐饮间	√	○	○
	清洁用具杂物间	√	√	√
	停车坪	√	√	√
	回车道	√	√	√
	小修和低保	√	√	○

注："√"表示应有的设施；"○"表示可选择的设施。

（3）中途站及其设施配置

公共交通中途站点的规划布置通常主要考虑中途站点的合理间距。最优站间距规划的目标是使所有乘客出行的总行程时间最小。较长的车站间距可提高公交车的平均运营速率，并减少乘客因停车造成的不适，但乘客从出行起点（终点）到上（下）车站的步行距离增加，并给换乘出行带来不便，站间距缩短则相反。

公共交通中途站的站距受交叉口间距和沿线客流集散点分布的影响，在整条线路上是不等的。市中心客流密集，乘客乘距短，上下站频繁，站距宜小；城市边缘区，站距可大些；郊区线，乘客乘距长，站距可更大。设置公共交通停靠站的原则应方便乘客乘车并节省乘客总的出行时间。几种主要公共交通方式的站距推荐值见表 3-23 所示。

表 3-23　公共交通站距推荐值

公共交通系统类型	市区线（m）	郊区线（m）
公共汽车与电车	500～800	800～1 000
公共汽车大站快车	1 500～2 000	1 500～2 500
中运量快速轨道交通	800～1 000	1 000～1 500
大运量快速轨道交通	1 000～1 200	1 500～2 000

公共交通中途站的设置应重点考虑道路交通运行状况及相应的设站条件，遵循以下原则：①应设置在公共交通线路沿途所经过的各主要客流集散点附近；②应沿街布置，站址宜选择在能按要求完成公交车辆的停靠和正常通行的地方，尽量减少车辆停靠对道路交通流的影响；③设置在交叉口附近时，一般设在过交叉口 150 m 以外处，在大城市车辆较多的主干道上，宜设在 100 m 以外处。中途站设施配置如表 3-24 所示。

表 3-24　中途站设施配置

设施		配置
信息设施	站牌	√
便利设施	无障碍设施	√
	候车亭	○
	站台	○
	座椅	○
	自行车存放	○
安全设施	候车廊	○
	照明	√

注：“√”表示应有的设施；“○”表示可选择的设施。

3.4 道路交通管理与控制

3.4.1 道路行车管理

1) 接入管理

接入管理是指针对特定道路，对其接入支路的位置、间距、设计及运营、中央分隔带开口、立交、接入的街道等进行系统的控制，提供一个层次分明、功能清晰、分工明确的道路系统，并构建辅助性的街道和循环道路系统。

2) 车速管理

车速管理是指运用交通管制的手段，强制性地要求机动车按照规定的速度范围在道路上运行，以确保道路交通安全。行驶车速的限制是指对各种机动车辆在无限速标志路段上行驶时的最高行驶车速的规定。《中华人民共和国道路交通安全法实施条例》对路上行驶最高车速的规定，见表3-25所示。

表3-25 部分道路类型最高行驶车速规定

道路类型		最高行驶速度(km/h)
没有道路中心线的道路	城市道路	30
	公路	40
同方向只有1条机动车道的道路	城市道路	50
	公路	70

控制行驶车速的方法主要有法规控制、心理控制和工程控制。法规控制是指根据交通规则中的规定对车速加以限制，如通过交通信号、标志、标识对车速进行限速，道路上的最高限速和高速公路上的最低限速等都属于这类情形。心理控制是指利用人的心理作用对车速加以控制，是根据人的心理特点，起到对车速有所限制的作用。工程控制是指通过道路工程设施对车速进行强制减速的控制，如在住宅区道路或高速公路、快速道路的出口处设置颠簸路面、波状路面、齿状路面和分割岛等。

3) 单向交通管理

单向交通又称单行线，是指道路上的车辆只能按一个方向行驶的交通。实施单向交通一般应具备以下条件：①具有相同起终点的两条平行道路，它们之间的距离在350～450 m以内；②具有明显潮汐交通特性的街道，其宽度不足3车道的可实行可逆性单向车道；③复杂的多路交叉口，某些方向的交通可另有出路的，才可将相应的进口道改为单向交通。

4) 变向交通管理

变向交通又称“潮汐交通”，是指在不同的时间段内变换某些车道上的行车方向或行车种类的交通。变向交通按作用可分为两类：方向性变向交通和非方向性变向交通。

方向性变向交通是指在不同时间段内变换某些车道上的行车方向。这类变向交通可使车流量方向分布不均匀现象得到缓和，从而提高道路的利用率。

非方向性变向交通是指在不同时间段内变换某些车道上的行车种类。它可分为车辆与行人、机动车与非机动车之间相互变换使用的变向车道。这类变向交通对缓和各种类型的交通在时间分布上不均匀性的矛盾有较好的效果。

5）禁行管理

禁行管理是指为调节道路上的交通流，将一部分交通流量分到其他负荷较低的道路，或为满足某些特殊的通行要求，根据道路条件和交通条件，实行对机动车和非机动车的某种限制通行的管理。禁行管理可分不同的车种、转向、时段。

6）专用道管理

专用道管理包括多乘员车辆专用道、公交车辆专用道和自行车专用道管理等。

3.4.2　道路交通管理

道路交通管理是指对道路上的行车、停车、行人和道路使用，执行交通法规的"执法管理"，并用交通工程技术措施对道路交通运行状况进行改善的"交通治理"的一个统称。根据道路交通管理的性质与内涵的不同，交通管理可分为道路交通行政管理、道路交通执法管理以及道路交通运行管理三类。

道路交通行政管理是指政府和交通行政机构在有关法律规定的范围内对道路交通事务进行的决策、计划、组织、领导、监督和控制等处理、协调活动。道路交通执法管理也叫交通秩序管理，是按照交通法规对道路上的车流、人流与交通有关的活动进行引导、限制和组织协调。道路交通运行管理是运用交通技术措施对道路交通系统实施有组织协调和处理活动。

道路交通标志标线是道路交通秩序管理的主要内容，也是道路交通管理的一项重要内容。通过标志标线可向车辆和行人指示道路的相关情况，提高道路交通安全。正确使用和合理布置道路标志标线，是保证行车安全，便利交通运输，提高行车速度，改善交通状况，减少交通事故的一项有效措施。

1）道路交通标志

（1）道路交通标志定义

道路交通标志是指用图形、符号、颜色和文字向交通参与者传递特定信息，预示前方道路交通设施、气候、环境情况，表示交通管理指令设施的状况，是道路交通法规的组成部分与交通管理的重要手段，在公路与城市道路交通管理中占有重要的地位。道路交通标志一般设在路旁或悬挂在道路的上方，使交通参与者获得正确的道路交通信息，从而达到交通的安全、迅速、节能。颜色、形状、图形符号，称为道路交通标志的三要素。道路交通标志应使交通参与者能在很短的时间内看到、识别，并明白其含义，从而采取正确的应对措施。为此，道路交通标志须有高度的显示性、清晰易见与良好的易读性和广泛的公认性。

（2）道路交通标志类别

道路交通标志按其作用可分为主标志和辅助标志。主标志包括警告标志、禁令标志、指示标志、指路标志、旅游区标志、作业区标志和告示标志。警告标志是警告车辆、行人注意道路交通的标志;禁令标志是禁止或限制车辆、行人交通行为的标志;指示标志是指示车辆、行人应遵守的标志;指路标志是传递道路方向、地点、距离信息的标志;旅游区标志是提供旅游景点方向、距离的标志;作业区标志是告知道路作业区通行的标志;告示标志是告知路外设施、安全行驶信息以及其他信息的标志。

2）道路交通标线

(1) 道路交通标线定义

道路交通标线是由标画于路面上的各种线条、箭头、文字、立面标记、突起路标和路边轮廓标等所组成的交通安全设施。它的作用是引导与管制交通,可以与标志配合使用,也可单独使用,是保障交通安全,改善行车秩序的重要措施,也是道路交通法规的重要组成部分之一。它具有强制性、诱导性和服务性。

(2) 道路交通标线类别

道路交通标线按标线设置方式分为纵向标线、横向标线、其他标线;按其功能分为指示标线、禁止标线和警告标线三类;按形态可分为线条、字符标记、突起路标、路边线轮廓标线;按交通标线职能与作用又分为白色虚线、白色实线、黄色虚线、黄色实线、双白虚线、双白实线、白色虚实线、双黄实线、双黄虚线、黄色虚实线、橙色虚实线和蓝色虚实线。

(3) 道路交通标线作用

① 双向两车道路面中心线(分隔对向行车)

双向两车道路的中心线为黄色虚线,分隔对向行驶车流,一般在车行道中心线上,在保证安全条件时,亦允许车辆超越或左转;凡路面宽度可画两条机动车道的双向行驶的道路应画黄色中心虚线,指示驾驶人靠右行车,各行其道,分向行驶。

② 车道分界线(分隔同向行车)

用来分隔同向行驶车流,用白色虚线作为车道分界线,在保证安全的情况下,可允许车辆越线变换车道。凡同一方向有两条或多于两条车行道时应画车道分界线,如高速公路,一、二级公路,城市快速路及主干路等。

③ 车行道边缘线

白色实线为用来划分机动车与非机动车道或指示机动车道的边缘,高速公路、一级公路和城市快速路应在机动车道的外侧边缘或内侧路缘带画白色实体表示路边缘线。

④ 其他标线

停车让行线表示停车让行位置,减速让行线表示让干路先行的让行位置,前者为两条白色实线,后者为两条白色虚线。人行横道线为白色粗实线等。还有导向箭头标线、左转弯待车标线、港湾式停车标线、车道与车距确认标线、收费岛标线、禁止超车与路边停放车辆标线等。

其他还有在路面上书写文字指示或限制车辆行驶的标记,以及立面标记,用以提醒行人、驾驶人注意露出路面的障碍物,防止车辆碰撞的标记,另外还有路栏、锥形路标、标柱用以警告、导向。

3.4.3　道路交通控制

1) 高速干道管理控制

高速干道是专供汽车分方向、分车道行驶并全部控制出入的多车道公路(含高速公路、一级公路)或城市快速路。如何避免交通拥挤或减轻交通拥挤造成的影响,保持高速干道高速、安全、舒适特性,不仅是发达国家还是我国高速干道运营中要解决的主要问题。

交通拥挤的根本原因是交通供需关系不平衡造成的。在造成交通拥挤的诸多因素中,大致可分为两类:常发性的过大交通需求与偶发性的暂时通行能力降低。与之相对应,交通拥挤可分为常发性交通拥挤和偶发性交通拥挤。常发性交通拥挤是指在某些特定位置和某些特定时期经常发生的交通拥挤现象;偶发性交通拥挤是指由于事故或其他特殊事件等造成道路实际通行能力下降而引起的交通拥挤现象。

(1) 常发性交通拥挤的控制和管理策略

常发性交通拥挤的管理对策包括两方面:扩大交通供给和抑制交通需求,将这些对策加以概括,高速干道的管理对策如图 3-7 所示。

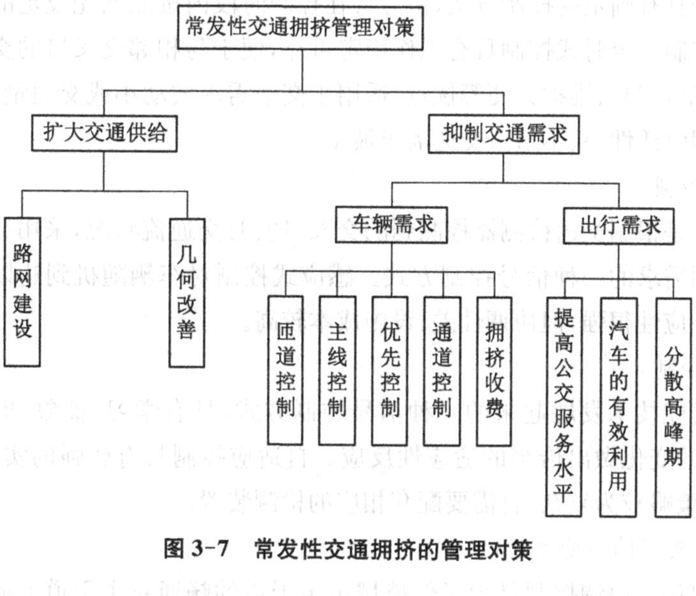

图 3-7　常发性交通拥挤的管理对策

(2) 偶发性交通拥挤的控制和管理策略

偶发性交通拥挤要比常发性交通拥挤更难控制一些,这是因为它们发生的位置和时间是不可预测的。对于引起延误的交通事件,它所造成的延误大小取决于事件处理过程、发现事件时间、对事件的反应时间以及排除事件的时间。交通事件处理时间越短,它对高速干道交通流的影响就越小。因此,在这种情况下,要求消除引起事件的原因,管理好事件邻近路段的交通需求,并使高速干道尽快恢复到正常服务的交通量,对这些问题的控制和管理需要一个综合的系统,包括监视、服务和信息子系统。

(3) 高速干道交通控制措施

为使高速干道的车流能畅通流动，充分发挥高速干道的功能，通常对高速干道采取如下交通控制措施：①日常为预防车辆阻塞及超过道路通行能力，可实行不准(或限制)汽车驶入高速干道的措施；②当发生事故等紧急情况时，为迅速排除因事故而引起的交通堵塞，实行控制驶出和禁止驶入。

目前高速干道上常用的控制方式主要包括主线控制、通道控制、匝道控制和汇合控制等。

2) 城市道路信号控制

(1) 单点交叉口信号控制

单点交叉口信号控制是指利用交通信号灯，对交叉口运行的车辆和行人进行通行权的分配。单点交叉口信号控制以交通信号控制模型为基础，通过合理控制交叉口信号灯的灯色变化，以达到减少交通拥堵、保证城市道路畅通和避免发生交通事故等目的，是城市道路交通信号控制的基本形式。单点交叉口信号控制根据控制方式的不同主要可以分为定时式控制、感应式控制以及自适应控制。

① 定时式控制

交叉口信号具有确定的控制方案，信号灯在控制时段内按照预先设定的控制方案周期式地进行信号控制。定时式控制具有工作稳定可靠，便于与相邻交叉口的交通信号进行协调，设施成本较低，安装、维护方便等优点，适用于交通需求波动小或交通量较大(接近饱和状态)的情况，但灵活性差、不适应交通需求波动。

② 感应式控制

交通信号灯是根据交通检测器检测到的交叉口实时交通流状况，采用适当的信号显示时间以适应交通需求的一种信号控制方式。感应式控制对车辆随机到达以及交通需求波动较大的情况适应性很强，但协调性差、设施成本较高。

③ 自适应控制

基于人工智能技术发展起来的一种信号控制方式，具有学习、抽象、推理和决策等功能，能根据环境的变化做出恰当的适应性反应。自适应控制具有较强的实时性、鲁棒性和独立性，但控制策略较为复杂，且需要配套相应的检测装置。

(2) 干线交叉口信号协调控制

干线交叉口信号协调控制是为了保持城市主干道的畅通对主干道上的信号控制交叉口采取协调控制。单向行驶道路的协调控制方式主要包括：简单协调(前向协调)、可变协调、逆向协调、同步协调。

(3) 区域交叉口信号协调控制

区域交叉口信号控制(简称面控制)系统的控制对象是城市或某个区域中所有交叉口的交通信号。目前国内外普遍使用的控制系统主要有交通网络研究工具系统(Traffic Network Study Tool，TRANSYT 系统)、悉尼自适应交通控制系统(Sydney Coordinated Adaptive Traffic System，SCATS 系统)、绿信比-周期长-相位差优化技术系统(Split Cycle Offset Optimizing Technique，SCOOT 系统)、先进控制和交通响应算法系统(Advanced

Control & Traffic Responsive Algorithm，ACTRA 系统）。

（4）基于全息检测的交通信号智能控制系统

基于全息检测的交通信号智能控制系统是基于静态的交叉口渠化数据，加上动态的数据，包括信号控制系统提供的信号放行数据以及检测设备提供的断面过车数据、车道排队数据，将信号数据与检测数据相结合，形成更丰富的交警数据。交警数据与关键技术，形成城市路网交通信号决策服务与智能控制系统。基于全息检测的交通信号智能控制系统能够优化城市交叉口通行能力，提高信号控制使用效能，使交叉口信号控制参数进一步满足交通流通行需求，提升交通信号的智能化、精细化管理水平。

（5）新一代国家交通控制网

新一代国家交通控制网是由道路基础设施、车辆和支撑运行与服务系统组成的一个边界开放的复杂系统，各单元、各部分、各子系统间可实时交换数据，系统、子系统和车载系统可以根据实时交通状态、气象条件、客流趋势进行各种调节，如控制策略、限制和诱导措施、运行方式、服务协调等，使交通运输系统处在依据实时数据的动态调整和寻优的过程中，并具有较高的可靠性、应变性和安全性，它可以支撑实现路网承载能力和交通出行需求之间的平衡，实现对整体路网各层级交通流的调度或控制，最大限度发挥路网使用功能和运输系统的服务功能。

复习思考题

3-1　简述道路交通运输系统的分类及特点。

3-2　简述交通流三要素的关系。

3-3　简述汽车的主要性能指标。

3-4　简述公路通行能力与服务水平的定义及关系。

3-5　比较公路客运站与货运站的选址原则。

3-6　简述城市道路的分类及主要功能。

3-7　简述常规公交网络的布局结构。

3-8　道路行车组织管理的主要措施有哪些？

参考文献

[1] 沈志云，邓学钧.交通运输工程学[M].2 版.北京：人民交通出版社，2003.

[2] 邓学钧，刘建新.交通运输工程导论[M].北京：清华大学出版社，2009.

[3] 王炜，过秀成，等.交通工程学[M].2 版.南京：东南大学出版社，2011.

[4] 徐吉谦，陈学武.交通工程总论[M].4 版.北京：人民交通出版社股份有限公司，2015.

[5] 胡思继.交通运输学[M].北京：人民交通出版社，2011.

[6] 于英.交通运输工程学[M].北京：北京大学出版社，2011.

[7] 刘舒燕.交通运输系统工程[M].2 版.北京：人民交通出版社，2006.

[8] 陈大伟，李旭宏.运输工程[M].2版.北京：人民交通出版社，2014.
[9] 顾保南，赵鸿铎.交通运输工程导论[M].3版.北京：人民交通出版社股份有限公司，2014.
[10] 中华人民共和国住房和城乡建设部.城市道路工程设计规范：CJJ 37—2012[S].北京：中国建筑工业出版社，2012.
[11] 中华人民共和国住房和城乡建设部.城市道路交叉口规划规范：GB 50647—2011[S].北京：中国计划出版社，2012.
[12] 中华人民共和国住房和城乡建设部.城市道路公共交通站、场、厂工程设计规范：CJJ/T 15—2011[S].北京：中国建筑工业出版社，2012.
[13] 中华人民共和国交通运输部.公路工程技术标准：JTG B01—2014[S].北京：人民交通出版社股份有限公司，2015.
[14] 中华人民共和国国家质量监督检验检疫总局.汽车和挂车类型的术语和定义：GB/T 3730.1—2001[S].北京：中国标准出版社，2004.
[15] 中华人民共和国交通运输部.公路货运站站级标准及建设要求：JT/T 402—2016[S].北京：人民交通出版社股份有限公司，2017.
[16] 中华人民共和国交通运输部.公路路线设计规范：JTG D20—2017[S].北京：人民交通出版社股份有限公司，2018.
[17] 过秀成. 公路建设项目可行性研究[M].北京：人民交通出版社，2007.
[18] 陈宽民，严宝杰.道路通行能力分析[M].2版.北京：人民交通出版社，2011.
[19] 黄晓明.路基路面工程[M].6版.北京：人民交通出版社股份有限公司，2019.
[20] 姚荣涵.交通流理论[M].北京：人民交通出版社股份有限公司，2019.
[21] 吴兵，李晔.交通管理与控制[M].6版.北京：人民交通出版社股份有限公司，2020.
[22] 蒋贤才.道路交通控制理论与方法[M].北京：中国建筑工业出版社，2016.

第 4 章　轨道交通运输系统

4.1　轨道交通运输系统概述

4.1.1　轨道交通内涵与特征

轨道交通是指运营车辆需要在特定轨道上行驶的一类载运工具或交通运输系统。最典型的轨道交通即由传统列车和标准铁路所组成的铁路系统，随着列车和铁路技术的多元化发展，轨道交通呈现越来越多的类型。

轨道交通普遍具有运输成本低、运输速度快、运输频率高、安全性高、可靠性好等优点，同时也伴随着较高的前期投资、技术要求、维护成本和占地空间等弱势。不同类型轨道交通的技术性能（速度、运输能力等）、对地理环境的适应程度和经济指标（能源和材料消耗、建设成本、环境影响等）是不同的。各种轨道交通运输方式的技术经济特征如表 4-1 所示。

表 4-1　轨道交通各运输方式技术经济特征

	运营速度（km/h）	运输能力（万人次/h）	建设成本	技术经济特征
普通铁路	≤200	3～4	较高	运量大，适合中长距离运输，对环境影响小，建设成本较高，建设周期长
高速铁路	250～350	0.6～1	高	运行速度快，运量大，安全性高，污染小
城市轨道	60～130	3～8	高	运量大，速度快，可靠性强，安全性高，污染小，舒适性强，建设成本高，建设周期长
轻轨	35～110	1～3	低	造价低，建设周期短，适应性强，一般车站设施比较简单
现代有轨电车	70～80	0.6～1	低	造价低，建设周期短，环境适应性强，运量中等
单轨交通	20～25	0.5～3	低	行驶速度快，运量较大，乘坐舒适，对沿线居民的生活干扰小，有粉尘污染，能耗大
磁悬浮交通	100～500	1.5～3	高	速度快，节能，安全性高，冲击小，振动小，噪声低，造价高
自动导向交通	25～30	0.5～1.5	较低	速度不快，运量较小，耗能大，但建设费用较低，噪声低，安全性高

4.1.2 轨道交通分类与组成

1) 轨道交通分类

随着轨道交通技术的不断进步和发展，出现了许多新的轨道交通形式，按运输能力范围、车辆类型及主要技术特征等，轨道交通一般分为普通铁路、高速铁路、城市轨道交通、现代有轨电车、单轨交通、磁悬浮交通、自动导向交通等形式。根据不同标准也可以分为以下几种类型：

（1）按运能分类

线路运能是指单向每小时的断面最大的乘客通过量。按照运能，轨道交通可分为高运量轨道交通、中运量轨道交通和低运量轨道交通。高运量轨道交通要求高峰小时单向运输能力达到3万人次以上，如普通铁路、高速铁路、地铁等；中运量轨道交通要求高峰小时单向运输能力为1.5～3万人次，如微型地铁、高技术标准的轻轨和单轨；低运量轨道交通要求高峰小时单向运输能力为0.5～1.5万人次，如低技术标准的轻轨、自动导向交通和现代有轨电车。

（2）按敷设方式分类

根据不同的敷设方式，轨道交通可分为地下（隧道）、高架和地面三种形式。高运量轨道交通在较为繁忙的地区多采用隧道和高架形式，在城际、市郊可采用全封闭的地面形式；中运量轨道交通可兼有三种敷设形式，且通常不与机动车混行；低运量轨道交通一般采用地面形式，可与机动车混行。

（3）按路权分类

路权是指轨道交通系统运行线路与其他交通的兼容程度。根据路权，轨道交通可分为独立路权、半独立路权和共有路权三种基本形式。独立路权的轨道交通系统与其他交通完全隔离，不受平交道路与人车的干扰，一般用于1.6万人次/h以上运量的轨道交通系统；半独立路权的轨道交通系统沿行车路线采用缘石、隔离栅等措施与其他交通实体隔离，但在交叉路口仍与横向的人车平交混行，受信号系统控制，一般用于1.6万人次/h以下的中等运量轨道交通系统；共有路权的轨道交通系统代表地面混合交通，不具有实体分割，轨道交通与其他交通混合出行，在路口按照规定驾停。

（4）按导向方式分类

根据导向方式，轨道交通可分为轮轨导向与导向轮导向。轮轨导向由钢轮轮缘和钢轨之间的作用力来提供导向力，包括钢轨钢轮系统（地铁、轻轨、有轨电车），启动较快；导向轮导向包括单轨及自动导向交通系统等胶轮车辆，具有耐磨性好、使用寿命长等优点。

（5）按轮轨支撑形式分类

轮轨支撑形式，即车辆与转移车道表面之间的垂直接触方式与运行方式。按照轮轨支撑形式，轨道交通系统可分为钢轮钢轨系统、胶轮混凝土轨系统以及特殊系统三种形式。钢轮钢轨系统包括普通铁路、高速铁路、地铁、轻轨、有轨电车；胶轮混凝土轨系统主要是指单轨及自动导向交通系统；而特殊系统则包括支撑面置于车辆之上的悬挂式单轨系统、磁浮式轨道交通系统等。

2）轨道交通运输系统组成

轨道交通运输系统主要由线路、车辆、枢纽场站、交通控制与管理系统、设施管理系统以及信息管理系统等一系列设施组成，如图4-1所示。

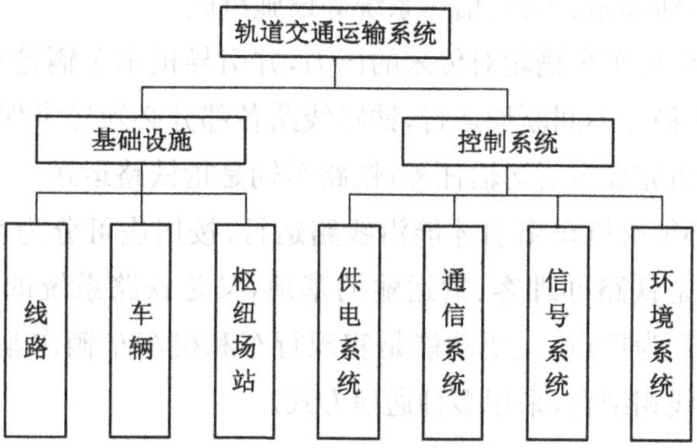

图4-1 轨道交通运输系统组成

轨道交通运输系统的基础设施涵盖线路、车辆和枢纽场站部分。线路是轨道交通基础设施的主体部分，是机车与车辆运行的基础，由路基、轨道和桥隧建筑物组成；车辆是轨道交通系统中最重要的组成部分，也是技术含量较高的机电设备；枢纽场站是交通运输的基本生产单位，场站的设计要保证乘客使用安全、方便，并具有良好的内部和外部环境条件。

轨道交通的控制系统涵盖供电系统、通信系统、信号系统和环境系统。供电系统负责提供车辆及设备运行的动力能源；通信系统是指列车运行、组织运输生产及进行公务联络的重要手段；轨道交通信号设备是轨道交通的主要技术装备，它担负着指挥列车运行、保证列车运行安全和提高线路通过能力的重要任务；环境控制系统的任务是创造满足一定要求的空气环境，包括空气的温度、湿度、空气流动速度和空气质量。

各轨道交通运输方式的比较情况如表4-2所示。

表4-2 各轨道交通运输方式比较

形式	运能等级	线路		车辆	
		线路空间位置	路权形式	支撑导向	车厢编组数
普通铁路	高运量	地面线路	全封闭	钢轮双轨	18～20节
高速铁路	高运量	地面线路	全封闭	钢轮双轨	8～10节
城市轨道	高运量	地下线路为主	全封闭	钢轮双轨	6～10节
现代有轨电车	低运量	地面线路	半封闭	钢轮双轨	1节或铰接
单轨交通	中运量	地面或高架线路	全封闭	胶轮单轨	2～6节
磁悬浮交通	中运量	地面或高架线路	全封闭	常导、超导	4～6节
自动导向交通	低运量	地面或高架线路	全封闭	胶轮导轨	1～6节

4.2 铁路运输系统与设施

铁路运输是指以铁路轨道为运输通道，以机车牵引车辆运输工具进行的运输。铁路运输系统主要由线路、枢纽场站、车辆、信号系统等设施组成。

铁路线路承受着由机车车辆轮对传来的压力，并引导机车车辆轮对运行。为了确保列车按规定速度安全、平稳和不间断地运行，铁路线路各部分必须经常保持完好状态，以保证铁路运输部门能够优质完成客货运输任务；铁路车辆是指铁路运送旅客和货物的设备。它一般没有动力装置，必须由机车牵引才能沿线路运行，按用途可分为客运列车和货运列车两大类。铁路场站既是铁路办理客、货运输的基地，又是铁路系统的一个基层生产单位。铁路通信是以运输生产为重点，主要功能是实现行车和机车车辆作业的统一调度与指挥，铁路通信由有线和无线相结合，采用多种通信方式。

4.2.1 铁路线路

铁路线路是机车车辆运行的基础，兼有承载和导向之功能，由轨道、路基、桥隧建筑物以及沿线设施组成。

1）路基

路基工程主要由路基本体、路基防护和加固建筑物、路基排水设备三部分建筑物组成。最常见的路基基本断面为路堤和路堑，另外还有半路堤、半路堑、半路堤半路堑或不填不挖路基。

（1）路堤

当铺设轨道的路基面高于自然地面，经填筑而形成的路基。路堤路基的组成包括路基面、边坡、护道、取土坑或纵向排水沟等。

（2）路堑

当铺设轨道的路基面低于自然地面，经开挖而形成的路基。路堑路基的组成包括路基面、侧沟、边坡、弃堆和截水沟等。

2）桥隧建筑物

当铁路线路要通过江河、溪沟、谷地、山岭等天然障碍，或要跨越公路、铁路时，就需要修建桥隧建筑物，以使铁路线路得以继续向前延伸。桥隧建筑物包括桥梁、涵洞和隧道等。

桥梁主要由桥面、桥跨结构、墩台三部分组成。桥面是桥梁上铺设的轨道及人行道和护栏部分；桥跨结构就是桥梁承受荷载、跨越障碍的部分；墩台则是桥跨结构的支承体，即桥梁的支座部分，其中设于桥梁中部的支座称为桥墩，设于桥梁两端的支座叫做桥台，桥墩与桥台的底部称为基础。

隧道是铁路线路越过山岭时，为避免开挖深路堑或修建很长的迂回线，而修建的建筑物。此外，还有各种水底隧道以及大中城市的地下铁道。隧道的两端应修筑洞门，以便保持洞口上方仰坡和两侧边坡的稳定，并将雨水引离隧道；隧道内部一般都要用混凝土等材料进行衬砌，以防止四周岩层塌落、变形及渗水；为了保证入洞进行线路养护的线路维修人员的人身安全，在隧道内洞身两侧还要修建避车洞。

3) 轨道

轨道是列车运行的基础，引导列车行驶方向，承受机车车辆的压力，并把压力扩散到路基或桥隧结构上。轨道主要由钢轨、轨枕、道床、联结零件以及道岔等组成。

(1) 钢轨

钢轨的作用是引导车轮的运行方向，直接承受车轮的作用力并将其传递给轨枕。在电气化铁路或自动闭塞区段，钢轨还兼作轨道电路之用。因此钢轨应具有足够的强度、韧性和耐磨性。钢轨断面形状采用具有最佳抗弯性能的工字形断面，由轨头、轨腰、轨底三部分组成。

(2) 轨枕

轨枕的作用是支承钢轨，并将钢轨传来的压力均匀地传递给道床，保持钢轨应有的位置和轨距。轨枕应具有必要的坚固性、弹性和耐久性，并且造价低廉、制作简单、铺设及养护方便。轨枕按其制作材料的不同，主要有木枕和钢筋混凝土枕两种。木枕具有弹性好、易加工、重量轻、易铺设、易更换等优点。其缺点就是木材消耗量大、使用寿命较短。钢筋混凝土枕使用寿命长、稳定性能好，可提高轨道的强度和稳定性，减少线路的养护工作量，其材料来源较广，还可大量节省木材等，是我国铁路主要使用的轨枕。

(3) 道床

道床是铺设在路基面上的石碴(道砟)层。其主要作用是支承轨枕，把从轨枕传来的压力均匀地传递给路基；固定轨枕的位置，阻止轨枕纵向和横向移动；缓和机车车辆轮对钢轨的冲击；调整线路的平面和纵断面。道床的材料应当具有坚硬，不易风化，富有弹性，并有利于排水的特点。常用的材料有碎石、粗砂等，粗砂在非渗水土路基道床中作垫层。

(4) 联结零件

联结零件包括接头联结零件和中间联结零件(亦称钢轨扣件)两类。接头联结零件是用来联结钢轨与钢轨间接头的零件，它包括夹板、螺栓、螺帽和弹性垫圈等。

(5) 道岔

把两条或两条以上的轨道，在平面上进行相互连接或交叉的设备称为道岔。其作用是使机车车辆由一条轨道转入或越过另一条轨道，以满足铁路运输中的各种作业需要。道岔因其构造不同而形式多样，最常见的是普通单开道岔。

4.2.2 铁路车辆

铁路车辆是铁路运送旅客和货物的设备。它一般没有动力装置，必须由机车牵引才能沿线路运行。铁路车辆种类繁多，但其结构大致相似。一般由车体、走行部、制动装置、车钩缓冲装置、车内设备等五个基本部分组成。

车体是旅客乘坐或装载货物的部分，车体一般和车底架构成一个整体，其结构与车辆的用途有关。货车车体是供装载货物的部分，一般包括底架、侧墙、端墙、车顶等；客车车体采用薄壁筒形结构，由底架、侧墙、车顶、外端墙和内端墙、门窗等组成。

走行部位置介于车体与轨道之间，引导车辆沿钢轨行驶和承受来自车体及线路的载荷并缓和动作用力，它应保证车辆以最小的阻力在轨道上运行，并顺利地通过曲线。走行部能否保持良好的状态，对于车辆的安全、平稳和高速运行有很大的影响。

制动装置是保证列车准确停车及安全运行所必不可少的装置。由于整个列车的惯性很大，不仅要在机车上设制动装置，还必须在每辆车上也设制动装置，这样才能使运行中的车辆按需要减速或在规定的距离内停车。车辆上常见的制动装置是通过列车主管中空气压力的变化而使制动装置产生相应的动作。此外，车辆上还设有手制动装置，货车在编组、吊车作业中常要用到它，其他车辆的手制动装置作为一种辅助装置以备急需。

车钩缓冲装置是使机车和车辆或车辆之间连挂一起，并且传递牵引力和制动力，缓和列车运行或调车作业时所产生的冲击力的装置。车钩缓冲装置包括车钩、缓冲器两部分，安装在车底架中梁的两端。车钩缓冲装置无论是承受牵引力，还是冲击力，都要经过缓冲器将力传递给牵引梁，这样就有可能使车辆间的纵向冲击振动得到缓和消减，从而改善了运行条件，保护车辆及货物不受损坏。

车辆内部设备是一些能良好地为运输对象服务而设于车体内的固定附属装置。如客车上的电气、给水、空调、座位、行李架等。

4.2.3 铁路枢纽场站

1) 枢纽

枢纽站是指在铁路网节点或网端，由客运站、编组站或其他车站，以及各种为运输服务的设施和连接线等组成的整体运输设施。它沟通纵横交错的轨道线，主要任务是承担客、货流的集散和中转，包括办理各种列车的到发、通过和改编，车流的交换，旅客乘降和换乘，以及货物的承运、交付、中转和换装等作业。

铁路枢纽按其在路网中的地位与作用可以分为三类：路网性铁路枢纽、区域性铁路枢纽和地方性铁路枢纽。铁路枢纽按其区域内场站结构布置可以分为以下八种类型：一站枢纽（如图 4-2）、三角形枢纽（如图 4-3）、十字形枢纽（如图 4-4）、顺列式枢纽（如图 4-5）、并列式枢纽（如图 4-6）、环形枢纽（如图 4-7）、尽端式枢纽（如图 4-8）、混合式枢纽（如图 4-9）。

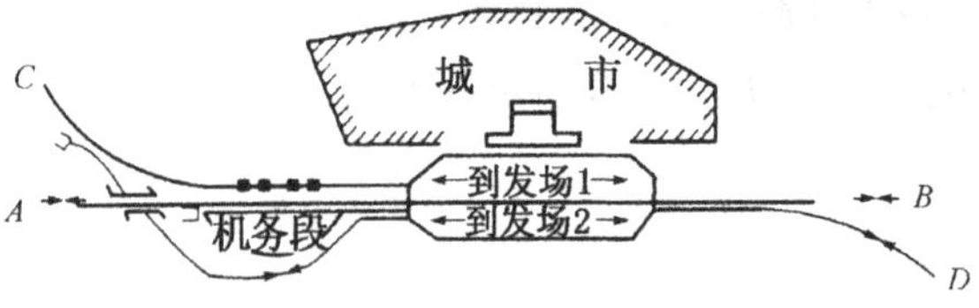

图 4-2　一站枢纽布置

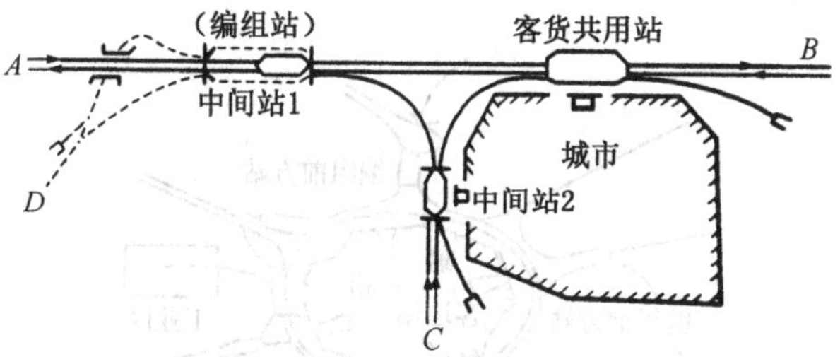

图 4-3　三角形枢纽布置

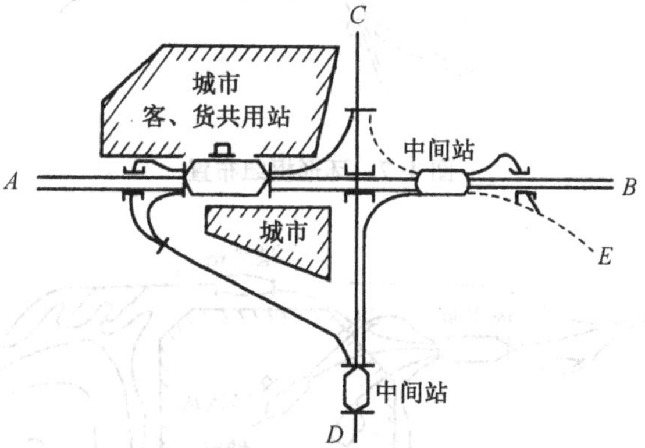

图 4-4　十字形枢纽布置

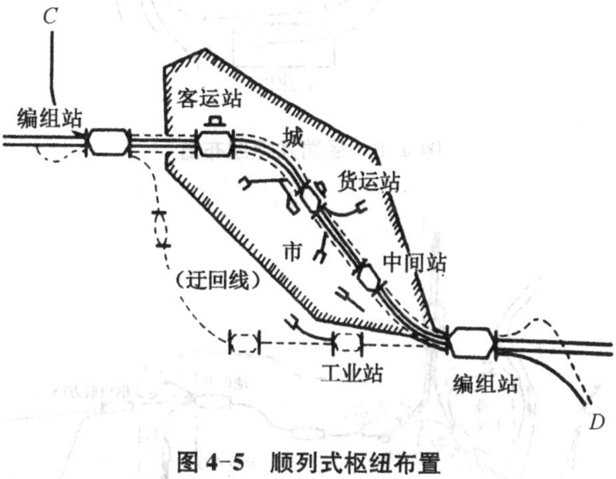

图 4-5　顺列式枢纽布置

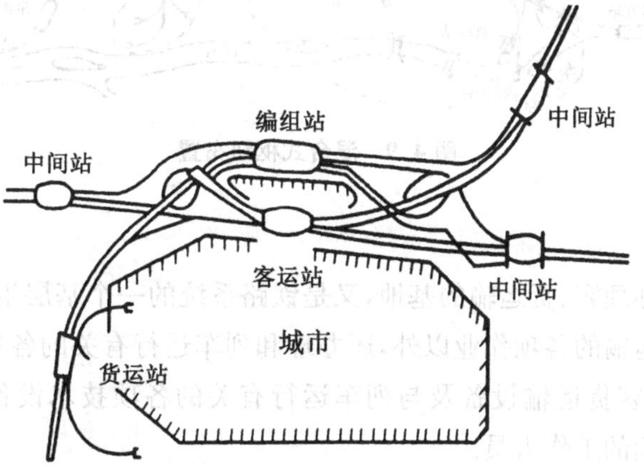

图 4-6　并列式枢纽布置

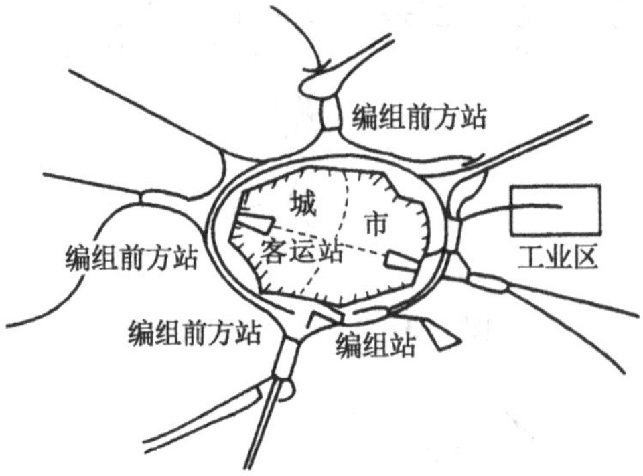

图 4-7　环形枢纽布置

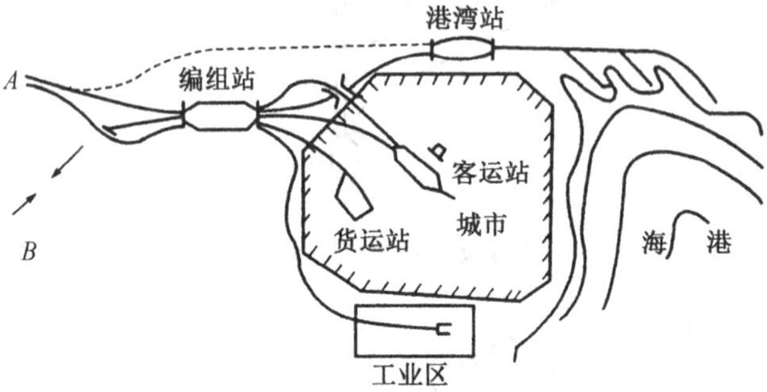

图 4-8　尽端式枢纽布置

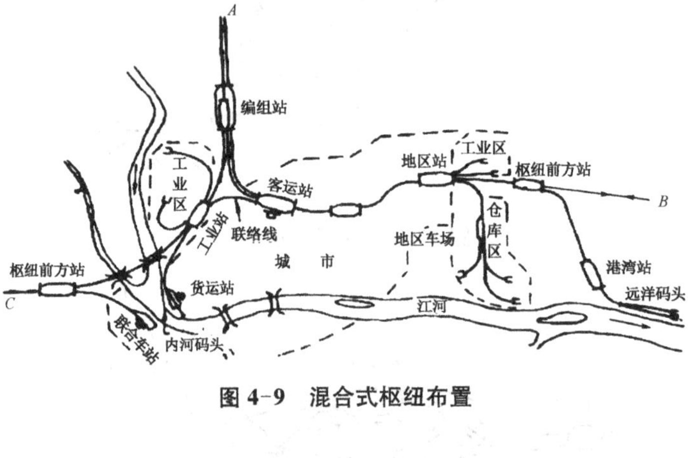

图 4-9　混合式枢纽布置

2）场站

场站既是铁路办理客、货运输的基地，又是铁路系统的一个基层生产单位。在场站上，除办理旅客和货物运输的各项作业以外，还办理和列车运行有关的各项作业。为了完成上述作业，场站上设有客货运输设备及与列车运行有关的各项技术设备，还配备了客运、货运、行车、装卸等方面的工作人员。

场站按技术作业分为中间站、区段站和编组站。区段站和编组站统称为技术站。中间站设置在技术站之间的区段内，它的主要工作是办理列车的接发、会让和通过作业，摘挂列车的调车和装卸作业；区段站设置在划分货物列车牵引区段或区段车流集散的地点，它的主要工作是办理货物列车的中转作业，解体与编组区段、摘挂列车，更换货运机车和乘务人员，进行车辆技术检修和货运检查整理；编组站设置在大量车流集散的地点，它的主要工作是担当大量货物列车的解编作业，编组直达、直通、区段、摘挂列车，更换货运机车和乘务人员，进行车辆技术检修和货运检查整理。

4.2.4　铁路信号与其他设备系统

除线路、车辆、枢纽场站设施外，铁路运输系统设施设备还包括信号系统、通信系统、牵引系统、供电系统、环境系统等。下面主要介绍信号系统和通信系统。

1）信号系统

铁路运输信号设施的作用是保证列车运行与调车作业安全，有效提高铁路运输生产的效率，降低运输成本，改善行车人员的劳动条件。铁路运输信号设施包括铁路信号、联锁、闭塞、机车信号等设备。

铁路信号用于指示列车运行及调车工作的命令，有关行车人员必须严格执行；联锁在铁路车站上，为了保证机车车辆和列车在进路上的安全，有效利用站内线路，高效率地指挥行车和调车，改善行车人员的劳动条件，利用机械、电气自动控制和远程控制、计算机等技术和设备，使车站范围内的信号机、进路和进路上的道岔相互具有制约关系；闭塞设备是用来保证列车在区间内运行安全和提高区间通过能力的区间信号设备；机车信号是将地面信号机的显示及各种条件信息，连续不断地传递到机车上，并控制机车信号机显示的设备。

2）通信系统

铁路运输生产必须实行高度集中，为了可靠地指挥列车运行，组织运输生产及各部门工作间的互相联系，必须设置性能完善的铁路通信系统，构成完整的通信网。铁路通信系统是铁路实现统一指挥、组织、管理运输生产的重要工具。

按传输方式分为有线通信和无线通信；按服务区域分为长途通信、地区通信、区段通信和站场通信等；按业务性质分为公用通信、专用通信和数据通信。铁路专用通信一般是指用于组织、指挥铁路运输生产的专用通信设备，由区段通信、站场通信、电视电话会议通信等组成，包括调度电话、站间电话、区间电话、站内通信、无线扩音对讲系统等通信设备。

4.3　高速铁路系统与设施

高速铁路是指设计开行速度 250 km/h 以上（含预留），并且初期运营速度 200 km/h 以上的客运列车专线铁路。高速铁路运输系统主要由线路、车站、车辆与信号系统四部分组成，具有速度快、运输量大、准确率高、占用土地少、能源消耗低、对环境污染小、安全可靠、社会经济效益良好等优点。

高速铁路线路的功能与普通铁路相同,不同的是高速列车在高速条件下行驶,既要为高速运行的机车车辆提供高平顺性和高稳定性的轨面条件,又要保证线路各组成部分具有一定的强度与耐久度。高速铁路车辆是高铁的标志性装备,轻量化的车体、良好的动力学性能、安全可靠的制动系统等都能保证高速列车在高速下安全平稳的运行。与常规铁路客站相比,高速铁路车站具有客流到发密集、旅客集散顺畅、服务功能完善多样、内外交通衔接便捷、活动环境整洁舒适等特点。

高速铁路信号系统由综合调度系统、列控系统、计算机联锁系统等几个部分组成,各部分之间通过具有保护功能的广域网连接,并传输信息。高速铁路运输系统还包括牵引供电系统和通信系统等。其中牵引供电系统负责不间断地向机车(或动车组)供电,牵引供电系统主要由牵引变电所和牵引网组成。通信系统主要是实现铁路专用通信业务,可分为有线通信和无线通信。

4.3.1 高速铁路线路

高速铁路轨道结构与普通铁路轨道结构一样,是由钢轨、轨枕、扣件、道床、岔道等部件组成。目前应用在高速铁路上的轨道结构可分为有砟轨道和无砟轨道。有砟轨道即所谓常规轨道,弹性条件好,具有较好的轮轨接触效应,维修较方便,造价相对较低,但线路状态保持能力较差,在列车动载荷作用下,有砟轨道养护维修工作量较大。无砟轨道是用耐久性好、塑性变形小的材料代替道砟材料的一种新型轨道结构,与有砟轨道相比,无砟轨道结构具有稳定性好、平顺性高、轨道状态可以长期保持、维修工作量可以大幅度减少等特点。在保证路基、桥梁、隧道等线下基础稳定的条件下,设计速度 300 km/h 及以上线路可采用无砟轨道。

4.3.2 高速铁路车辆

高速铁路车辆是当今世界高新技术的集成,是高铁的标志性装备。轻量化的车体、良好的动力学性能、安全可靠的制动系统、舒适安静的环境是高铁客车的发展趋势。

高速铁路车辆根据列车动力配置的不同可将高速列车分为动力分散型和动力集中型。动力分散型列车是指把由电机驱动的动力轮对分散在编组内全部或部分车辆的多组轮对上,同时将主要电气机械设备集中吊装在车辆下部,列车的全部车辆都可以载客;动力集中型列车是将电气和动力设备集中安装在位于列车两端的动力车(即机车)上,仅有动力车的轮对是受电机驱动的动力轮对,动力车不载客,只有中间拖车载客。

按照列车各车辆之间的连接方式的不同可以将高速列车分独立(转向架)式和铰接(转向架)式。独立式列车的每节车辆都置于两台转向架上,车辆与车辆之间用密接式车钩缓冲装置进行连接,每节车辆从列车上解挂之后可以独立行走;铰接式列车是将车辆之间用弹性铰相连接,两相邻车体的连接处放置一个公用转向架,因此每节车辆不能从列车中解开成为一个可独立行走的车辆。

4.3.3　高速铁路场站

高速铁路场站是高速铁路重要的基础设施，大型客站既是国家或地区重要交通枢纽，也是所在城市的重要地标和公众活动中心。与常规铁路客站相比，高速铁路车站具有客流到发密集、旅客集散顺畅、服务功能完善多样、内外交通衔接便捷、活动环境整洁舒适等特点。根据技术作业性质不同，高速铁路的场站可划分为三种类型，即中间站，始发、终到站以及通过兼始发、终到站。

1）中间站

中间站布置有对应式和岛式两种。对应式中间站如图 4-10 的两个站台夹四条线，考虑到办理四交会的可能，故设两条停车待避用的到发线。这种布置图的优点是站台不靠近正线，高速列车自正线通过时，不影响站台上旅客的安全，站台安全退避距离不必加宽。岛式中间站的中间站台靠近正线，为便于高速列车动车组停留折返，有少量动车组折返停留作业的中间站，宜采用图 4-11 所示布置图，折返用到发线应以折返列车到达时不切正线为原则。

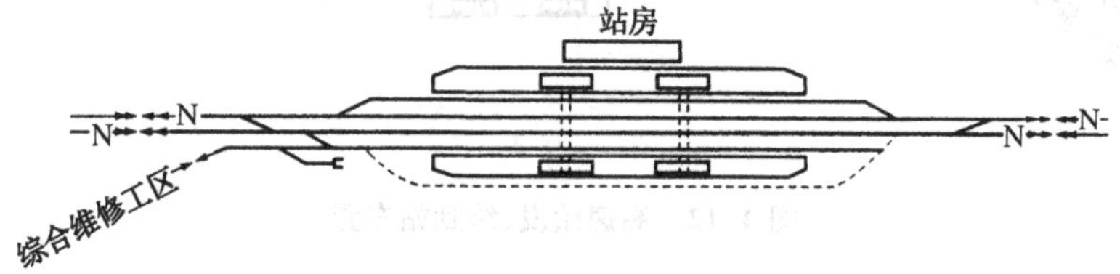

图 4-10　高速列车通过的对应式中间站布置

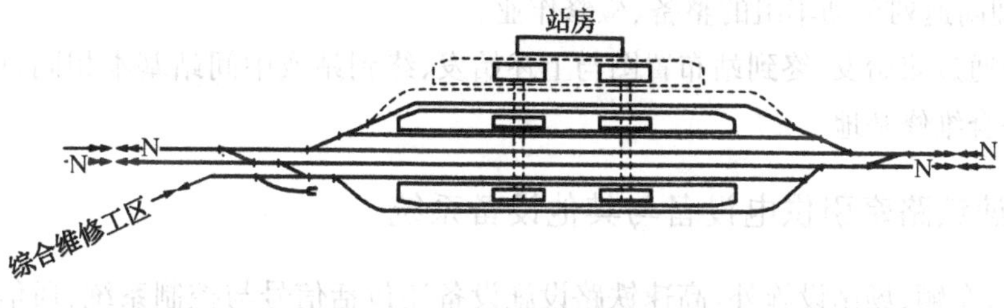

图 4-11　有折返作业的岛式中间站布置

2）始发、终到站

这类场站设置在高速铁路的起点和终点，位于特大城市的铁路枢纽，主要办理始发、终到高速列车的作业。新建的高速始发、终到站布置图，如图 4-12(a)所示；若基本上没有不停站通过列车，正线与到发线间可设中间站台，见图 4-12(b)。

3）通过兼始发、终到站

这类场站设在高速铁路沿线大、中城市的铁路枢纽，一般都与普通铁路干支线接轨，以办理通过的高速、跨线旅客列车作业为主，兼办部分始发、终到的高速列车。

新建的通过兼始发、终到站办理以下作业：

① 办理高速、跨线旅客列车的客运业务和旅客换乘；

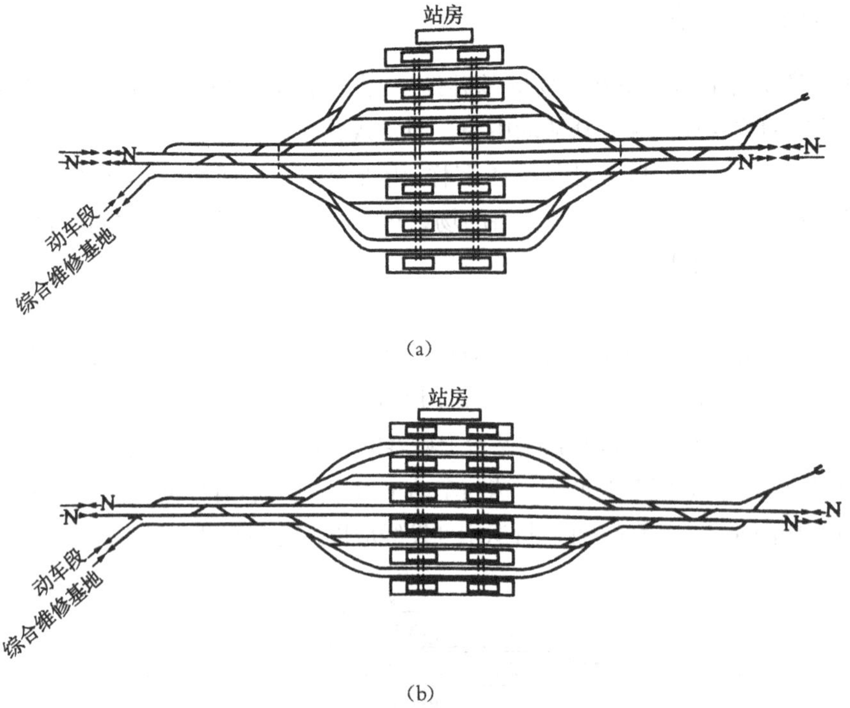

图 4-12　高速始发、终到站布置

② 办理停站、不停站的高速、跨线旅客列车通过作业；

③ 办理部分始发、终到高速旅客列车的始发、终到作业；

④ 办理高速列车动车组的整备、检修作业。

新建的通过兼始发、终到站布置图与上述始发、终到站或中间站基本相同，可设有动车段(所)或综合维修基地。

4.3.4　高速铁路牵引供电设备与其他设备系统

除线路、车辆、场站设施外，高速铁路设施设备还包括信号与控制系统、通信系统、牵引供电系统、环境系统等。下面主要介绍牵引供电系统、信号与控制系统和通信系统。

1) 牵引供电系统

将电能从电力系统传送到电力机车的电力设备总称为电气化铁道的牵引供电系统。其基本供电流程是：发电厂发出的电能，需要在升压变压站进行升压，变成高压电能后，再通过高压输电线送到铁路沿线的牵引变电所，在牵引变电所里将电流变化成所要求的电流或电压后，再转送到邻近区间和站场线路的接触网上供电力机车使用。

高速铁路牵引供电系统主要包括牵引变电所和牵引网两部分，如图 4-13 所示。牵引变电所是电气化铁路供电系统的心脏牵引，主要任务是将电力系统输送来的 110 kV 三相交流电变换为 27.5 kV(或 55 kV)单相电，然后以单相供电方式经馈电线送至接触网上，电压变化由牵引变压器完成。牵引网由馈电线、接触网、轨道回路和回流线组成。牵引供电系统要保证质量良好并不间断地向机车(或动车组)供应电能。电流从牵引变电所馈出,经馈电线送到接触网,然后通过电力机车(或动车组),再经由轨道回路和回流线流回到牵引变电所。

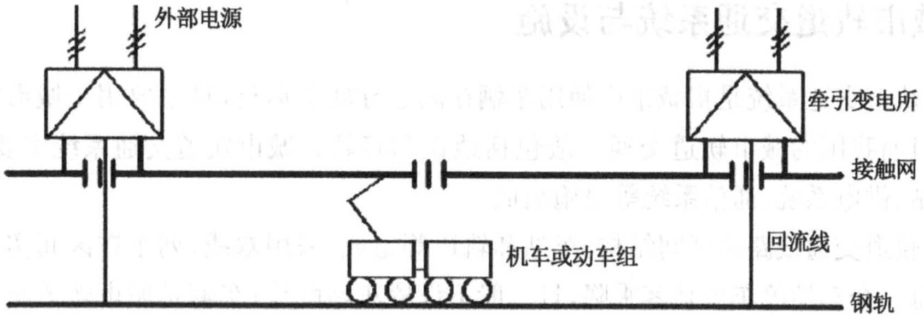

图 4-13　牵引供电系统示意图

2) 信号与控制系统

高速铁路信号与控制系统是集计算机技术、通信技术和控制技术于一体的行车指挥、列车运行控制和管理自动化系统,是指挥高速列车运行、保证列车安全、提高运输效率的主要技术设备。高速铁路信号与控制系统主要由计算机联锁子系统、列车运行控制子系统和调度集中子系统组成。计算机联锁子系统根据计划实时建立各列车安全进路,为列车提供进、出站及站内行车的安全进路;列车运行控制子系统根据车站进路、前行列车的位置、安全追踪间隔等向后续列车提供行车许可、速度目标值等信息,由车载列控设备对列车运行速度实施监督和控制;调度集中子系统根据列车基本运行图所制订的日、班计划和列车运行正、晚点情况,编制各阶段计划,并下达给各个计算机联锁系统。

3) 通信系统

高速铁路运输是一个完整的大系统,它的各个部分都离不开通信。通信在铁路运输中起着神经系统和网络的作用,主要完成以下三个方面任务:①保证指挥列车运行的各种调度指挥命令信息的传输;②为旅客提供各种服务的通信;③为设备维修及运营管理提供通信条件。

铁路综合数字移动通信系统(GSM-R)是专门为铁路通信设计的专用数字移动通信系统,主要提供无线列调、编组吊车通信、区段养护维修作业通信、应急通信、隧道通信等语音通信功能,可为列车自动控制与检测信息提供数据传输通道,并可提供列车自动寻址和旅客服务。GSM-R 由 GSM-R 陆地移动网络、固定用户接入交换机网络(Fixed Users Acess Switching, FAS)固

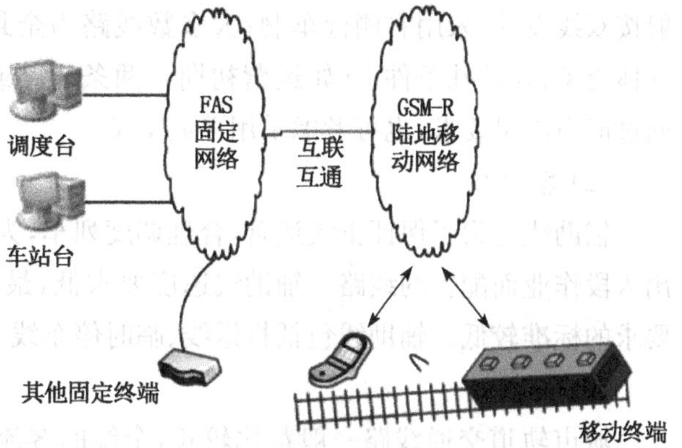

图 4-14　GSM-R 组成示意图

定网络、移动终端和固定终端组成，如图 4-14 所示。

4.4 城市轨道交通系统与设施

城市轨道交通系统是指城市中使用车辆在固定导轨上运行，且主要用于城市客运的交通系统，目前我国的城市轨道交通一般包括地铁和轻轨。城市轨道交通系统主要由线路、车辆、车站、供电系统、通信系统等设施组成。

城市轨道交通线路由区间结构、车站和轨道等组成，采用双线，列车在区间实行追踪运行，并在每一个车站停车供乘客乘降，且一般不设置车站配线；车辆是城市轨道交通系统中最重要的设备，也是技术含量较高的机电设备，应满足容量大、安全、快速、舒适、美观和节能的要求；车站是城市轨道交通的重要组成部分，客流的集散场所，具有供旅客乘降、换乘的功能，某些车站还必须提供折返、停车检修、临时待避功能；供电系统在整个城市轨道交通系统工程中为其他系统提供供电服务；通信系统是指挥列车运行、组织运输生产及进行公务联络的重要手段，包括光纤数字传输系统、电话交换系统、闭路电视监控系统、无线通信系统及车站广播系统等部分。

4.4.1 城市轨道交通线路

1）城市轨道交通线路分类

考虑到乘客出行方便、土地充分利用、节约建设费用等因素，轨道交通线路的走向一般选择易于施工和客流相对比较集中的地区。城市轨道交通线路按其在运营中的地位和作用，可分为正线、辅助线和车场线。

（1）正线

正线是贯穿所有车站和区间供车辆载客运营的线路。正线行车速度高、密度大，要保证行车安全和乘坐舒适，线路要求的标准较高。

城市轨道交通正线一般为地下隧道、高架和有护栏的地面专用道的独立运行线路，一般按双线设计，采用右侧行车制；大多数线路为全封闭；与其他交通线路相交处，一般采用立体交叉；在特殊条件下（如运营初期），两条线路或交通方式的运量均较小时，经过计算，通过能力满足要求，也可考虑采用平面交叉。

（2）辅助线

辅助线是为了保证正线运营，合理调度列车，为空载列车提供折返、停放、检查、转线及出入段作业而配置的线路。辅助线速度要求低，最高运行速度限制在 35 km/h 以内，线路要求的标准较低。辅助线包括折返线、临时停车线、渡线、车辆段出入线、联络线等。

① 折返线

城市轨道交通线路一般都比较长，全线的客流分布可能会不太均匀，这时可组织区段运营。区段运营是指列车根据运行交路的要求，在端点站与中间站或中间站与中间站之间进行列车折返。因此，在这些提供折返作业的中间站上，需要为列车设置折返线，专供到车折返掉头。折返线形式很多，有环行折线、尽端折线等，折返线的形式应能满足折返能力的要求。常见形式如图 4-15 所示。

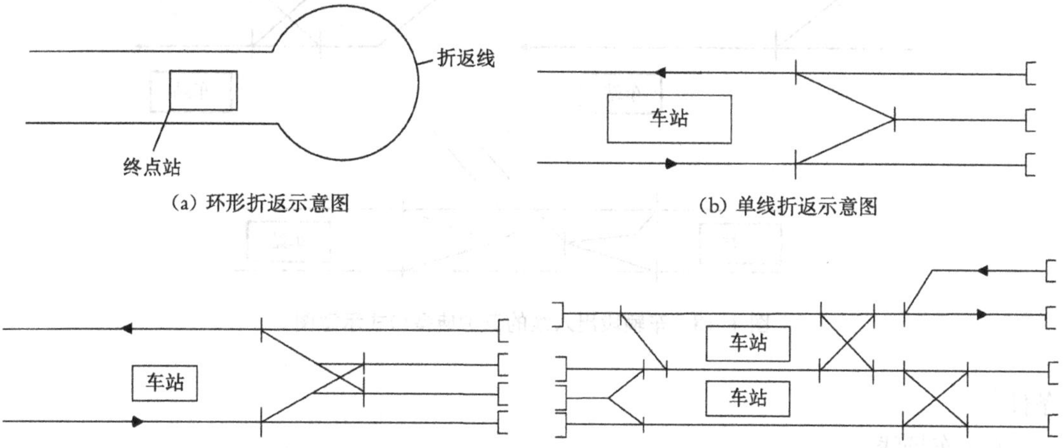

(a) 环形折返示意图　(b) 单线折返示意图
(c) 双线折返示意图　(d) 多线折返示意图

图 4-15　折返线形式

② 临时停车线及渡线

城市轨道交通线路由于运输量大，列车运行间隔一般较密。而在运营过程中，在线运营列车可能会发生故障。为不影响后续列车运行，设计上应使故障列车能及时退出运营正线。一般说来，在轨道交通线路沿线每隔 3～5 个车站的站端应加设渡线或车辆停放线。渡线的作用是使离开车辆段的故障列车能及时调头返回车辆段，停车线的作用则是临时停放事故列车。用道岔将上行线、下行线及折返线连接起来的线路，又分为单渡线和交叉渡线，如图 4-16 和图 4-17 所示。渡线单独设置时，用来临时折返列车，增加运营列车调度的灵活性；在与其他辅助线合用时，完成并增强其他辅助线功能。

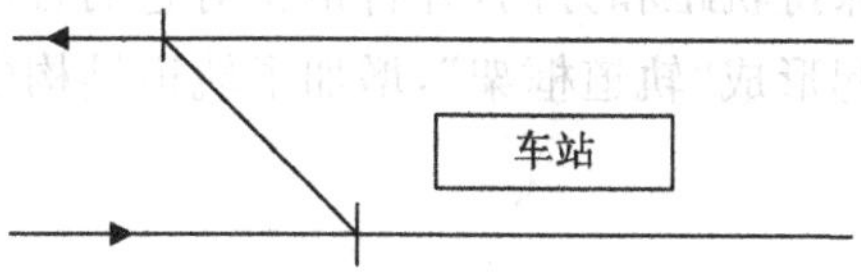

图 4-16　站后单渡线示意图

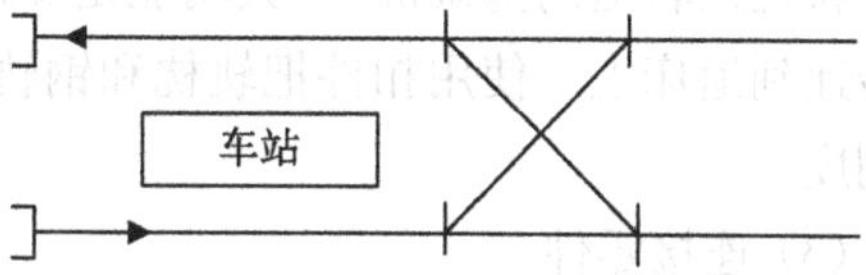

图 4-17　站前交叉渡线示意图

③ 车辆段出入线

为保证运行列车的停放和检修，在轨道交通沿线适当的位置应设置车辆段，车辆段与正线连接的线路为车辆段出入线，是车辆段与正线之间的联络通道。出入线可以设计为双线或单线，与城市道路或其他方式的交叉处可采用平交或立交，具体方案要根据远期线路通过能力来确定。图 4-18 为车辆段出入线的三种典型形式。

④ 联络线

联络线是为沟通两条单独运营线路而设置的连接线，为两线车辆过线服务。联络线的位置应在路网规划中确定，先期修建线路应根据规划要求为后建线路预留联络线的设置

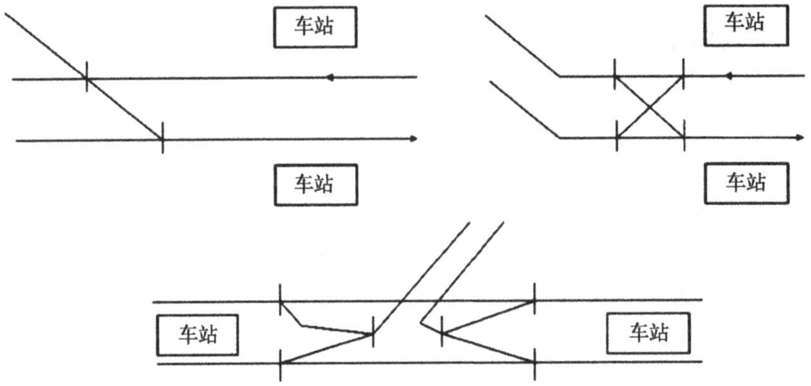

图 4-18　车辆段出入线的三种典型形式示意图

条件。

(3) 车场线

车场线是车辆检修作业用的线路，行车速度较低，线路标准只要满足场区作业要求即可。

2) 轨道

轨道一般由钢轨、扣件、轨枕、道床、道岔及附属设施等组成。轨道给行驶的车辆提供了承载和导向作用。

(1) 钢轨

钢轨是轨道的主要部件，直接承受轨道交通列车荷载，并传递到扣件、轨枕、道床和结构底板(路基或桥梁)，依靠钢轨的头部内侧和列车轮缘的相互作用，引导列车前进。其断面形状主要为工字形，由轨头、轨腰、轨底三部分组成。

(2) 轨枕

轨枕是轨道的基础部件，其功能是支撑钢轨，保持轨距和方向，并将钢轨对它的各向压力传递到道床上。使用扣件把轨枕和钢轨连在一起形成“轨道框架”，增加了轨道结构的横向刚度。

(3) 连接零件

连接零件用于联结钢轨与轨枕，其作用是将钢轨固定在轨枕上，保持轨距并阻止钢轨的横向和纵向移动，防止钢轨倾斜，并能提供适当的弹性，将钢轨承受的力传递给轨枕或道床承轨台。接头连接零件分为中间连接和接头连接。

(4) 道床

道床是指路基之上、轨枕之下的部分。用碎石、卵石或砂等材料组成的轨道基础，用以将轨枕的荷载均匀地传布到路基上，防止轨枕的纵向和横向移动。同时，为轨道提供良好的排水、通风条件，以保持轨道干燥，使轨道具有足够的弹性。

4.4.2　城市轨道交通车辆

城市轨道交通车辆是技术含量较高的机电设备。车辆除了满足运输容量大、安全快速、舒适美观和节能等基本要求外，还应满足其他多方面的性能要求，如需要配备较大驱动功率和效率较高的制动系统，车辆的设计应遵循轻量化原则等。

1）车辆分类

按车辆牵引动力配置分为以下两类。

(1) 动车

车辆自身具有动力装置，具有牵引与载客双重功能，又可分为带有受电弓的动车和不带有受电弓的动车。

(2) 拖车

车辆不装备动力装置，需动车牵引拖带，仅有载客功能，可设置驾驶室，也可带受电弓。

按车辆规格分类可分为 A、B、C 三类车型，主要技术规格如表 4-3 所示。

表 4-3　不同类型车辆的技术参数

项目名称		A 型车	B 型车	C 型车		
		4 轴车	4 轴车	4 轴车	6 轴车	8 轴车
车辆基本长度(m)		22	19	18.9	22.3	29.5
车辆基本宽度(m)		3.0	2.8	2.8/2.6		
车高(m)	受流器车(m)	3.8		3.7/3.25		
	受电弓车落弓高度(m)	3.81～3.89		3.7		
	受电弓工作高度(m)	3.98～5.41		3.9～5.6		
车内净高(m)		≥2.1		≥2.15		
地板面高(m)		1.13	1.1	0.95		
车辆轴重(t)		≤16	≤14	≤11		
车辆定距(m)		15.7	12.6	11	7.2	
固定轴距(m)		2.2～2.5	2.0～2.3	1.8～1.9		
车轮直径(mm)		840		760		
车门数(每侧)(个)		4～5	3～4	4	4	5
车门宽度(m)		≥1.3				
车门高度(m)		≥1.8				
最高运行速度(km/h)		≥80		≥70		
起动平均加速度(m/s²)		≥0.83		≥0.85		
常用制动减速度(m/s²)		1.0		1.1		
紧急制动减速度(m/s²)		1.2		1.3		

注：车辆详细技术条件，可参照《地铁车辆通用技术条件》(GB/T 7928—2003)和《轻轨交通车辆通用技术条件》(CJ/T 5021—1995)。C 型车未包括低地板车。

2）车辆基本构成

城市轨道交通车辆一般由以下七个部分组成：

(1) 车体

车体是容纳乘客和司机的地方,又是安装与连接其他设备的基础。车体一般分为底架、端墙、侧墙和车顶等部分。

(2) 转向架

设置于车体与轨道之间,是车辆的走行部分。转向架可分为动力转向架和非动力转向架。

(3) 牵引缓冲连接装置

车辆的连接是通过车钩实现的,车钩后部一般需要装设缓冲装置,缓和列车冲动和撞击。

(4) 制动系统

制动系统是保证运行中的列车按需要减速或在规定的距离内停车,包括制动控制系统和制动执行系统两部分。

(5) 受流装置

其作用是从接触导线(接触网)或导电轨(第三轨)将电流引入动车,通常称受流器。受流装置按其受流方式可分为以下五种形式:杆型受流器、弓型受流器、侧面受流器、轨道式受流器、受电弓受流器。城市轨道交通常用的是轨道式受流器和受电弓受流器。

(6) 车辆内部设备

包括服务于乘客的固定附属装置(座椅、扶手、照明、空调、通风、取暖等)和服务于车辆运行的设备装置(蓄电池、继电器箱、主控制器箱、电动空压机单元、牵引箱、电阻箱及各类电器开关等)。

(7) 车辆电气系统

车辆电气系统是指车辆上的各种电气设备及其控制电路,包括主电路、控制与信息监控电路、辅助电路、门控电路。

4.4.3 城市轨道交通车站

城市轨道交通车站是客流的集散场所,具有乘降、换乘及候车的功能,某些车站还提供折返、停车检修、临时待避等功能。

1) 车站分类

(1) 车站相对于地面道路的位置关系可以分为地面站、高架站及地下站。

(2) 根据其运营性质不同,可分为中间站、换乘站、折返站、联运站以及终点站。

① 中间站(即一般站)

仅供乘客上、下车,功能单一,线路中数量最多的车站。

② 换乘站

位于两条及两条以上线路交叉点上的车站。除了具备中间站的功能,更主要的是还可以从一条线上的车站通过换乘设施转换到另一条线路上的车站。

③ 折返站

设在两种不同行车密度交界处的车站,设有折返线和设备,兼有中间站的功能。

④ 联运站

设有两种不同性质的列车线路进行联运及客流换乘，具有中间站及换乘站的双重功能。

⑤ 终点站

设在线路两端的车站，可供列车折返或临时停留检修。

(3) 按车站站台形式可以将车站分为岛式车站、侧式车站及岛、侧混合式车站，如图 4-19 所示。不同站台形式比较如表 4-4 所示。

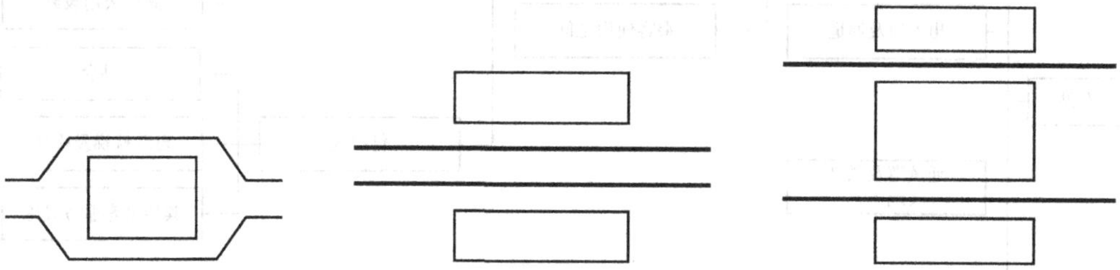

(a) 岛式站台　　(b) 侧式站台　　(c) 岛、侧混合式站台

图 4-19　车站站台形式

表 4-4　车站站台形式比较

站台形式	岛式站台	侧式站台
优点	站台面积得到充分利用，利用效率高；乘客换乘方便；管理集中；车站结构紧凑，设备使用效率高	上下行客流可避免相互干扰；正线和站线间不设"喇叭口"；易改建；造价低
缺点	双向乘客上下车对流干扰大；车站两端线路可能产生"喇叭口"，运行状态差；扩建延长站台长度困难；造价高	站台利用率低；乘客换乘不方便，需经过连接通道才能折返；管理分散
适用范围	常用于流量较大的车站	多用于两个方向客流量较均匀或不大的车站

2) 车站组成

城市轨道交通运输系统的车站一般由四部分组成：车站大厅及广场；售票大厅，为乘客出售列车客票；站台，直接供乘客降车使用；旅客不经常到达的地方，如车站办公室、仓库、维修设施及铁路股道等。图 4-20 为一般车站设施组成示意图。

(1) 车站主体是列车的停车点，它不仅要供乘客上、下车，集散，候车，一般还要办理运营业务和运营设备设置。车站主体根据功能可分为两大部分：非付费区和付费区。

(2) 出入口及通道是乘客进出入站厅的通道。

(3) 通风道及风亭(地下)保证地下车站有一个良好的空气质量。

(4) 车站用房包括运营管理用房(包括站长室、行车值班室、业务室、广播室、会议室和公安保卫室等)、设备用房(包括通风与空调房、变电所、控制室等)和辅助用房(包括卫生间、茶水间等)。

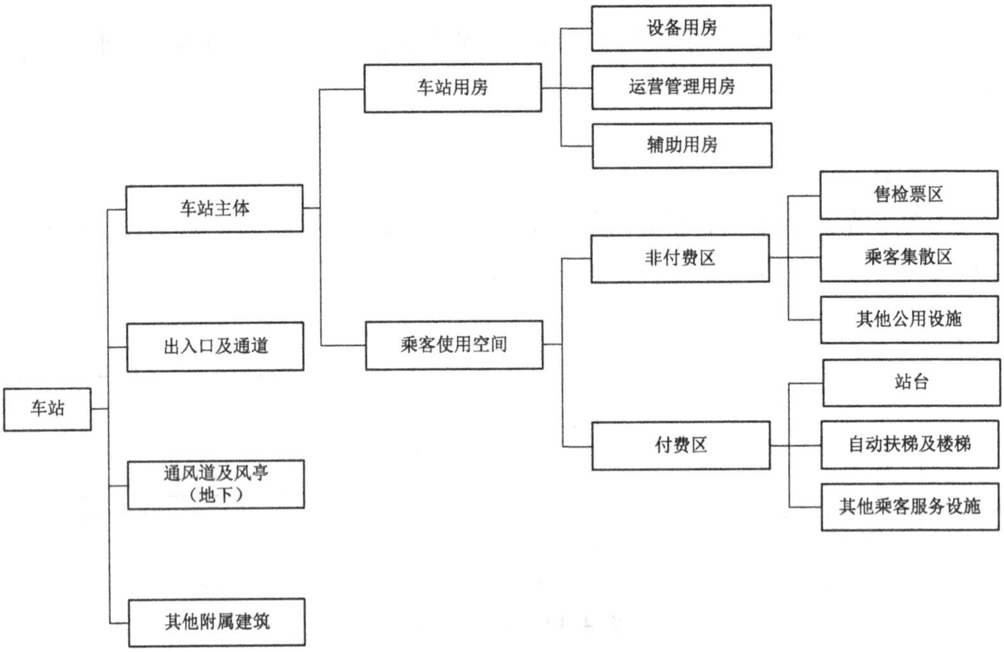

图 4-20　车站设施组成示意图

4.4.4　城市轨道交通供电系统与其他设备系统

除线路、车辆、枢纽场站设施外，城市轨道交通设施设备还包括供电系统、通信系统、信号系统、环控系统、防灾系统、售检票系统等。下面主要介绍供电系统、通信系统、信号系统和环控系统。

1）供电系统

城市轨道交通的供电系统在整个城市轨道交通系统中为其他系统提供供电服务，高度安全、可靠和经济合理地供给电力是城市轨道交通正常运营的重要保障和前提。

城市轨道交通的供电系统可以分成外部电源、主变电所、中压供电网络、牵引供电系统、动力照明供电系统、电力监控与数字采集系统（SCADA）等七个子系统。其中，牵引供电系统可分为牵引变电所和牵引网系统；动力照明供电系统可分为降压变电所和动力照明低压配电系统。

（1）主变电所

为轨道交通建设的专用变电所，只有集中式供电方式才设置，专为轨道交通牵引供电系统和动力照明配电系统供电。主变电所一般沿轨道线路靠近车站的位置建设。

（2）中压供电网络

纵向把主变电所和牵引变电所、降压变电所连接起来；横向把全线的各个牵引变电所、降压变电所连接起来，一般采用环网供电方式。

（3）牵引供电系统

专为轨道交通车辆供电，包括牵引变电所和沿线敷设的牵引网。牵引网由馈电线、接触网、轨道回路及回流线组成。

(4) 动力照明供电系统

专为轨道车辆以外的动力照明负荷供电，由降压变电所和动力照明低压配电系统组成。

(5) 电力监控与数字采集系统

电力监控系统(SCADA)的作用是保证控制中心对供电系统的主变电所、牵引变电所、降压变电所的供电设备的运行状态进行监视、控制及数据采集。它由三部分组成，即设在控制中心的主机、设在各变电所的远程控制终端以及连接终端与中心的通信网络。

2) 通信系统

轨道交通的通信系统是指挥列车运行、组织运输生产及进行公务联络的重要手段，轨道交通的特点是客流密集、运输繁忙，为了保证行车安全和实现快速、高效、准时的优质服务，必须设置功能完善、可靠的内部专用通信系统。

轨道交通的通信系统由光纤数字传输系统、电话交换系统、闭路电视监控系统、无线通信系统及车站广播系统等组成。具体来说，它们共同为轨道交通系统的列车运行调度指挥、无线通信、公务通信、旅客信息广播、系统运行状况监视等提供手段。

3) 信号系统

城市轨道交通的信号系统是保证列车运行安全和提高通过能力的重要设施。列车自动控制系统(ATC)是城市轨道交通信号系统的最重要组成部分，实现行车指挥和列车运行自动化，能最大限度地保证行车安全，提高运输效率，减轻运营人员的劳动强度，提高城市轨道交通的通行能力。其系统构成如图 4-21 所示。

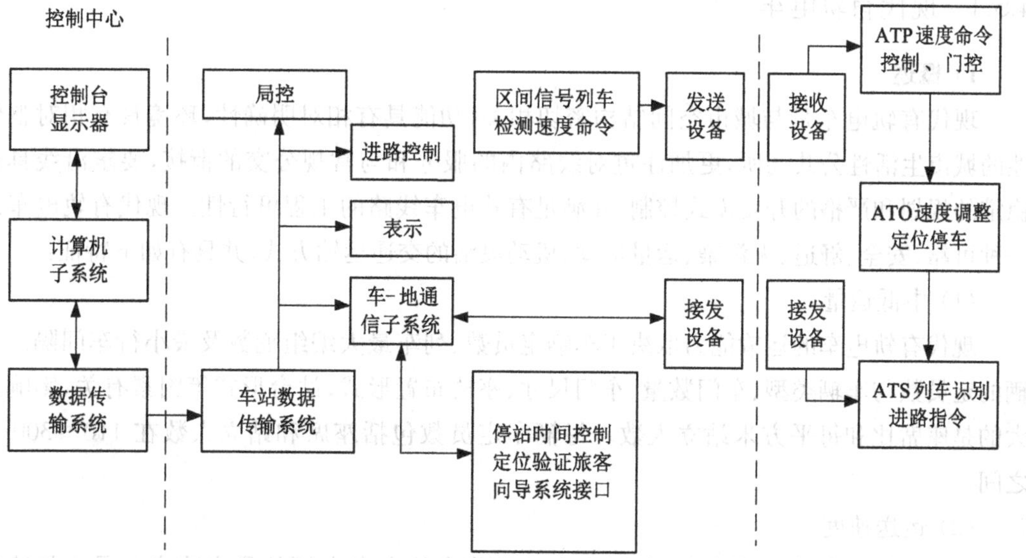

图 4-21　ATC 系统构成

ATC系统由列车自动监控系统(ATS)、列车自动防护系统(ATP)、列车自动运行系统(ATO)和计算机连锁系统(CI)构成,各子系统既相互独立又相互联系,完整的ATC系统能确保列车安全、快速、短间隔地有序运行。

列车自动监控系统是实现对列车运行的监督,辅助行车调度人员对全线列车运行进行管理,它可以显示全线列车运行状态,监督和记录运行图的执行情况,为行车调度人员的调度指挥和运行调整提供依据;列车自动防护系统主要用于对列车驾驶进行防护,对与安全有关的设备或系统实行监控,实现列车间隔保护、超速防护等功能;列车自动运行系统是列车运行自动化系统中的高层次环节,主要用于实现"地对车控制",即用地面信息实现对列车驱动、制动的控制。列车自动运行系统在列车自动防护系统和列车自动监控系统基础上工作,接受来自列车自动防护系统的速度命令和列车自动监控系统的列车运行等级信息,对提高列车运行效率、完成运行自动调整、实现列车经济运行等具有重要作用。

4) 环控系统

城市轨道交通的地下车站和地下区间隧道除出入口等极少部分与外界相连外,基本上与外界隔绝,只有用人工气候环境才能满足乘客的需求。通风、空调的任务是采用人工的方法,创造和满足一定要求的空气环境。它包括空气的温度、湿度、空气流动速度和空气质量。当列车阻塞在区间隧道时,能维持车厢内乘客短时间能够接受的环境条件;当发生火灾事故时,能提供有效的排烟手段,给乘客和消防人员输送足够的新鲜空气,形成一定的风速,引导乘客迅速撤离现场。

4.5 其他轨道交通系统与设施

4.5.1 现代有轨电车

1) 概述

现代有轨电车是与城市空间结构密切相关,功能具有相对明确性,环境具有相对整体性的城市生活性公共场所,更加注重对线路内的服务和与常规公交的衔接,要求沿线具备稳定的规划和严格的开发模式控制,并满足有轨电车线路的工程可行性。现代有轨电车是一种可靠、安全、舒适、无污染、运量适度、机动灵活的交通运输方式,并具有如下特征:

(1) 中低运量

现代有轨电车的运输能力取决于车辆定员数、列车最大编组辆数及最小行车间隔。车辆的定员数与车辆类型、车门数量、车门尺寸、座椅布置形式、站台形式等因素有关,影响最大的是座席比和每平方米站立人数。每辆车定员数包括座席和站立人数在110～300人之间。

(2) 运送速度

现代有轨电车的运送速度,主要取决于现代有轨电车车辆的最高速度及最大加速能力、线路特征、站间距离及停站时间等因素。现代有轨电车的平均运行速度在20 km/h左右，采用低地板设计车辆能够减少车辆在车站的停站时间，提高运送速度。

(3) 运能灵活性

运量调节的幅度大，可根据客流的需要情况，采用不同的车型，如四轴车、六轴车、六轴铰节车、八轴铰节车及不同的编组形式，有着较大的适应范围。

(4) 高服务质量

现代有轨电车交通系统在轨道上行驶，运行平稳，具有比较高的服务质量，特别是现代低地板有轨电车的成功运用，便于残疾人乘坐；同时，与其他交通运输方式互不影响或影响较少，减少交通堵塞，可以保持较高的准时性；并且由于使用自动控制行车速度的各种信号装置，现代有轨电车交通系统还具有较高的行车安全性及可靠性。

现代有轨电车不足之处在于灵活机动性较差、建设工程复杂、对道路路面结构的整体性和强度不利、架空线对景观有一定的影响等。

2) 现代有轨电车系统设施

(1) 现代有轨电车线路

现代有轨电车线路设置要和城市总体规划相结合，考虑最大客流方向和主要客流集散点，以及住宅区、购物中心。考虑同大容量的轨道交通线路协调，以及为其驳送客流，方便居民出行。

在平交道口，必须设置控制信号，以保证现代有轨电车优先通过。在交通量大，干扰比较严重的交叉口，可以考虑采用隧道或者高架桥的方式，并且尽量减少长度，降低造价。

线路按其作用可分为正线、辅助线和车场线，根据需要设置过渡线、折返线及联络线。

(2) 现代有轨电车车辆

现代有轨电车车辆是现代有轨电车系统运载乘客的工具，是系统中最重要的技术设备。车辆直接为乘客服务，现代有轨电车系统中的一切设施都是保证车辆正常运行而设计的。现代有轨电车车辆关系到供电、轨道、车站、信号、运营等相关内容，具有安全、经济、先进的特征。

安全性：现代有轨电车作为中低运量的城市轨道交通运输系统，具有运输效率高、行车间隔小的特点。车辆及设备技术成熟、可靠。

经济性：经济性不仅仅体现在车辆造价上，应综合考虑运用和检修的问题。由于现代有轨电车车辆技术在国内得到了很大的提高，许多关键部件已经实现了国产化，降低了其运营成本和维修支出。

先进性：随着近年来国外城市轨道交通车辆技术的发展，尤其是电气元件的改进，现代有轨电车车辆技术已经得到了极大提高，低地板、低噪声等新型车辆技术都已经非常的成熟。

(3) 现代有轨电车场站

现代有轨电车车站是乘客候车和乘降的场所，同时车站也是多条交通运输线路停靠站的集合，具备各种特定设施为乘客和运营服务，因此，也具有与其他载运工具换乘的功能。

车站选址应该以能吸引到更多的乘客、方便乘客为原则，适当考虑技术经济上的合理性。车站注重运营组织，便于疏导客流，地面车站应与环境相协调。

为了乘客上下车方便和安全，有条件的车站均应设置站台。车站雨棚的大小应该根据乘客聚集人数来适当确定。

(4) 现代有轨电车其他设备系统

除线路、车辆、枢纽场站设施外，现代有轨电车设施设备还包括供电系统、通信信号系统、运营控制系统、售检票系统等。

3) 现代有轨电车适用性

作为介于大容量轨道交通和常规公交之间的中低运量轨道交通运输方式，现代有轨电车在不同城市有着不同的功能与作用，其功能定位主要分为以下五种：

(1) 中小城市的快速公交骨干

对于没有大容量快速轨道交通的中小城市，现代有轨电车作为城市公交系统的骨干，承担城市的主要客流需求，和常规公交相结合，支撑整个城市的公共交通系统。

(2) 作为大中运量城市轨道交通的延伸和补充

现代有轨电车线路布设在城市主要或者次要的客流走廊上，与城市轨道交通等大中运量公交方式衔接，作为其延伸线或者补充线，其自身并未形成网络化，仅承担接驳快速轨道交通的功能。

(3) 作为大中运量轨道交通运输网络的加密线

该类型的现代有轨电车线路一般布设在城市近郊且线路较为分散，主要用于串联地铁线路，能够与地铁系统进行方便换乘，该类线路适用于地铁换乘车站换乘客流需求适中的情况。

(4) 服务于大城市外围及开发区内部的公共交通骨干

大城市外围的新区、卫星城以及开发区类似于独立的中小型城市，客运需求量相对较小，采用现代有轨电车来承担区内的交通需求，将其定位为区内的城市公交系统骨干。

(5) 特殊功能

现代有轨电车还适用于一些特殊地区以提供特殊的运输服务，如作为串联各个旅游景点供游客观光的公共交通方式，利用原有货运铁路设施将有轨电车服务范围扩大至郊区，与国铁线路共线运营的现代有轨电车系统等。

4.5.2 单轨交通

1) 概述

单轨交通又称为独轨交通，是指车辆在一根轨道上运行的一种轨道交通系统。按车辆跨坐于其上或悬挂于其下行驶分为跨座式单轨和悬挂式单轨两种类型。跨座式单轨系统是指车辆骑行于轨道梁的上方，车辆除底部的行走轮外，在车体的两侧下垂部分尚有水平安装的导向轮和稳定轮，夹行于轨道梁的两侧，保证车辆沿轨道安全平稳地行驶。悬挂式单轨交通指车辆悬挂于轨道梁下方行驶，轨道梁为下部开口的箱形钢梁，车辆走形轮与导向轮均置于箱形梁内，沿梁内设置的轨道行驶。单轨交通是一种安全、可靠、中运量、建设适应性较强的交通方式，并具有以下特点：

(1) 占用空间小

单轨铁路多数以高架兴建，一般利用城市道路中央隔离带设置结构墩柱，柱径一般在1.0～1.5 m，适于建筑物密度大的狭窄街区。不单是所占的地面面积小，垂直空间亦较小。单轨铁路所需的宽度主要由车辆的宽度决定，与轨距无关，跨座式独轨约为 5 m，悬挂式单轨约为 7 m，而地铁和轻轨则分别为 8.5～9.0 m 及 8.0～8.5 m。

(2) 乘坐舒适，对沿线居民的生活干扰小

单轨使用橡胶轮胎在混凝土或者在钢轨上行走，使得列车运行平稳，噪声污染小。再加上空调等现代化设备的装设，乘客乘坐环境舒适，视野开阔，眺望条件好，在城市运行可兼有游览观光的作用。同时列车起到遮挡阳光、电磁波、夜间头灯强光、噪声等作用，减少了对沿线居民生活的干扰。

(3) 爬坡能力强，拐弯半径小，适合复杂地形

单轨使用橡胶轮胎，具有较强的爬坡能力和在小半径曲线上行驶的能力。因此，单独轨道交通在大坡道和小半径曲线的区段能发挥它的优势，可以适应复杂地形的要求，适宜在狭窄街道的上空穿行。

单轨交通的不足之处主要是跨座式单轨的道岔结构复杂，限制了列车的最短运行间隔；走行轮胎和轨道梁之间的摩擦系数较大，因而能源消耗较大，胶轮寿命短；事故救援困难；有粉尘污染等。

2) 单轨交通系统设施

(1) 单轨交通线路

单轨交通线路基本置于既有道路之上，单轨轨道梁不仅是车辆的承重结构，同时是车辆运行的导向轨道，考虑城市道路、两侧建筑、地形等因素制约，原则上线路半径不小于50 m、线路坡度不大于 60‰。

(2) 单轨交通车辆

单轨列车是适用于城区地上空间的中运量轨道交通系统，采用胶轮走行，爬坡能力强，转弯半径小，噪声与振动能够被周边居民所接受。单轨系统的列车，通常为 4～6 辆编组，相应列车长度在 60～85 m 之间，运能可达 1 万～3 万人次/h。单轨交通是立体型交通，不会受到其他载运工具及行人的干扰，最高速度 90 km/h，平均运达速度一般在 30～40 km/h。

(3) 单轨交通车站

单轨交通车站在使用功能上与地铁和轻轨交通车站无异，线路的站间距离视城市具体情况而定，通常站间距离为 0.6～1.5 km。由于单轨交通线路的复杂性，原则上车站设于直线、平坡线路上。车站布置，与周边地形和环境密切配合，形式灵活多样，站台应考虑设置自动屏蔽门或安全门，高架车站应设置自动扶梯和垂直升降电梯。

(4) 单轨交通其他设备系统

除线路、车辆、车站设施外，单轨交通系统还包括供电系统、信号和通信系统、环控系统、售票系统等。

3）单轨交通适用性

（1）在大城市承担快速轨道交通加密与补充功能

对于人口众多、客流规模庞大的特大城市、大城市，快速轨道交通系统是该类城市中心区的交通主骨干；单轨交通由于造价相对较低且拥有中等运量的特点，可以承担中心城区轨道交通线网加密和补充的功能，以实现与快速轨道交通之间的良好衔接，提高中心城区的公共交通整体服务水平。

（2）在城市外围承担快速轨道交通的延伸功能

对于特大城市、大城市的外围区域，以及快速轨道交通系统的外围延伸线路，由于沿线人口岗位比较分散，客流规模不大，从客流适应性和经济合理性等方面考虑，可选择单轨交通作为轨道交通的接驳线，保证客流需求和服务水平的同时，节约工程投资和运营成本，提高网络整体效益。

（3）在城市新区或中小城市承担区域内部公交主骨干功能

在我国大部分城市新区，由于开发强度和人口密集度尚未达到一定水平，考虑投资与运营效率，在城市新区修建单轨交通，并使之达到一定的网络规模，发挥其在城市新区内部公共交通骨干作用，既可以解决地区内部的交通出行问题，也可以与市郊轨道接驳，沟通城市中心市区，能够有效缓解城市开发需求与供给之间的矛盾，体现交通引导开发的功能。

对不具备城市快速轨道交通建设的中小城市，单轨交通可作为第一层次的骨干公交方式，分布在城市主要客流走廊上，与对外交通枢纽形成综合换乘体系，与常规公交共同组成一体化公共交通系统。

（4）在有特殊要求的区域承担旅游交通功能

在景观要求高或有特殊要求的地区，如旅游景点、影视基地等，作为特色交通运输方式，承担景点之间及其与外围主要的客流集散点之间的交通联系。

（5）特殊地区城市承担客运通道功能

老城区街道比较狭窄，可占用路面空间少，如果客流达不到建设地铁的标准，可选择占用空间小、对沿线居民的生活干扰小、中运量的单轨交通；对一些地势起伏较大、道路狭窄的城市，由于受河流、山脉、沟渠等地形影响，用地比较困难，此时可选用单轨交通，可以充分发挥爬坡能力较强、能通过较小半径的曲线、线路容易规划等方面的优势。

4.5.3 磁悬浮交通

1）概述

磁悬浮交通是一种依靠电磁吸力或电动斥力将列车悬浮于轨面上，实现列车与地面轨道间的无机械接触，再利用直线电机驱动列车运行的新型轨道交通运输方式。

磁悬浮列车是利用电磁铁产生的磁力浮起列车以及磁力推动列车前进的现代载运工具。电磁铁在通电时产生电磁性，当两块电磁铁的磁性相同时，它们之间产生斥力；当磁性相异时，则产生吸力。这种电磁力就是磁悬浮列车得以浮起的原动力。由于它运行时悬浮于轨道之上，因此，轮轨之间没有摩擦，这就能突破轮轨黏着极限速度的限制，有望创造出地面交通的最高速度。磁悬浮列车主要由悬浮系统、推进系统和导向系统三部分组成。尽管可以使用与磁力无关的推进系统，但在目前的绝大部分设计中，这三部分的功能均用电磁力来完成。磁悬浮交通还具有如下特点：

(1) 速度快

常导磁悬浮列车可达400～500 km/h，超导磁悬浮列车可达500～600 km/h。它的高速度使其在1 000～1 500 km之间的旅行距离中比乘坐飞机更优越。

(2) 能耗小

由于没有轮子、无摩擦等因素，它比目前最先进的高速火车少耗电30%。在500 km/h速度下，每座位公里的能耗仅为飞机的1/3至1/2，比汽车也少耗能30%。

(3) 舒适性好、噪声污染小

因无轮轨接触，振动小、舒适性较好，列车运行时不与轨道发生摩擦，发出的噪音较低。

(4) 造价高

磁悬浮交通在轨道、车辆等方面对技术要求高，建造和维护成本高。

2) 磁悬浮交通系统设施

(1) 磁悬浮交通线路

磁悬浮交通线路走向应符合城市综合交通体系规划、城市轨道交通线网规划要求，并应与其他交通系统有机衔接。

(2) 磁悬浮交通车辆

根据磁悬浮列车所采用的电磁铁种类可以分为常导吸引型和超导排斥型两大类。

常导吸引型磁悬浮列车是以常导磁铁和导轨作为导磁体，用气隙传感器来调节列车与线路之间的悬浮间隙大小，在一般情况下，其悬浮间隙大小在10 mm左右，这种磁悬浮列车的运行速度通常在300～500 km/h范围内，适合于城际及市郊的交通运输。

超导排斥型磁悬浮列车是利用超导磁铁和低温技术，来实现列车与线路之间悬浮运行，其悬浮间隙大小一般在100 mm左右，这种磁悬浮列车低速时并不悬浮，当速度达到100 km/h时才悬浮起来。它的最高运行速度可以达到1 000 km/h，其建造技术和成本要比常导吸引型磁悬浮列车高。

磁悬浮列车按悬浮方式有电磁吸引式悬浮、永磁力悬浮及感应斥力悬浮三种。

(3) 磁悬浮交通场站

磁悬浮交通场站与城市轨道交通其他场站形式无异，分布应根据城市布局、运输需求、功能定位、技术作业要求和工程条件等因素综合比选后确定。车辆基地的选址宜靠近始发和终到列车较多的车站，并根据远期要求确定。

(4) 磁悬浮交通其他设施

除线路、车辆、车站设施外，磁悬浮交通系统还包括供电系统、通信和信息系统、运行控制系统、环境设备监控系统、售票系统等。其中供电系统包括外部电源、主变电所、牵引系统、动力供电系统、电力监控系统等。

3）磁悬浮交通的适用性

高速磁浮交通的送达速度可达300～600 km/h，可在中长距离实现3 h舒适旅行，与高速铁路和民用航空互为补充、合理分工，在中长距离大城市之间实现快速联系，开行高密度、大编组、点对点直达列车，利用高速磁浮际线、高速公路、铁路等对枢纽范围内的中小城市辐射、集疏旅客。在城市群内部，适合作为城市群内主要节点城市之间的通勤交通，以城市群内特大城市为核心，集聚和辐射周边中小城市，形成0.5～1 h的商务、通勤、旅游为主目标的旅行圈，在枢纽-车站、车站-车站开行高密度、中小编组、点对点列车。

对中低速磁浮交通而言，其速度与城市轨道交通相当，但由于在噪声、振动等方面几乎不增加环境负担，在城市内部，中等运量的通道上可替代地铁；也可作为中心城与卫星城之间的主要交通运输方式。

复习思考题

4-1 轨道交通的主要形式有哪几种？比较各轨道交通的特点。

4-2 简述轨道交通系统的组成及作用。

4-3 结合铁路运输系统相关知识，试分析如何提高列车的运行效率。

4-4 简述高速铁路的定义及其优越性。

4-5 简述城市轨道交通线路可分为哪几类。

4-6 城市轨道交通车站按站台形式可分为哪几类？简述各类型的优缺点及适用范围。

4-7 简述单轨交通、磁悬浮交通和现代有轨电车的特点与适用性。

4-8 结合城市轨道交通车站相关知识，分析如何提高客流疏散的安全性。

参考文献

[1] 国家铁路局.铁路线路设计规范：TB 10098—2017[S].北京：中国铁道出版社，2017.

[2] 国家铁路局.铁路车站及枢纽设计规范：TB 10099—2017[S].北京：中国铁道出版社，2017.

[3] 国家铁路局.高速铁路设计规范：TB 10621—2014[S].北京：中国铁道出版社，2015.

[4] 中华人民共和国住房和城乡建设部.地铁设计规范：GB 50157—2013[S].北京：中国建筑工业出版社，2014.

[5] 中华人民共和国住房和城乡建设部.城市轨道交通技术规范：GB 50490—2009[S].北京：中国建筑工业出版社，2009.

[6] 中华人民共和国铁道部.铁路技术管理规程[M].10版.北京：中国铁道出版社，2006.

[7] 佟立本.铁道概论[M].8版.北京：中国铁道出版社，2020.

[8] 张晓东.铁道工程[M].北京：中国铁道出版社，2012.

[9] 佟立本.高速铁路概论[M].5版.北京：中国铁道出版社，2017.

[10] 李向国.高速铁路技术[M].2版.北京：中国铁道出版社，2008.

[11] 陈应先.高速铁路线路与车站设计[M].北京：中国铁道出版社，2001.
[12] 董锡明.现代高速列车技术[M].北京：中国铁道出版社，2006.
[13] 韩宝明，李学伟.高速铁路概论[M].北京：北京交通大学出版社，2008.
[14] 朱惠忠，张亚平，蒋笑冰.GSM-R 通信技术与应用[M].北京：中国铁道出版社，2005.
[15] 杨广庆，张保俭，赵玉.高速铁路路基设计与施工[M].2 版.北京：中国铁道出版社，2008.
[16] 过秀成，等.城市交通规划[M].2 版.南京：东南大学出版社，2017.
[17] 刁心宏，李明华.城市轨道交通概论[M].北京：中国铁道出版社，2009.
[18] 孙章，蒲琪.城市轨道交通概论[M].北京：人民交通出版社，2010.
[19] 朱顺应，郭志勇.城市轨道交通规划与管理[M].南京：东南大学出版社，2008.
[20] 过秀成，孔哲.城市轨道交通网络演变机理及生成方法[M].北京：科学出版社，2013.
[21] 周顺华.城市轨道交通设备系统[M].北京：人民交通出版社，2009.
[22] 吴胜权.城市现代有轨电车工程基础[M].北京：机械工业出版社，2016.
[23] 牟瑞芳，黄振晖.现代有轨电车概论[M].成都：西南交通大学出版社，2015.
[24] 贺观.跨座式单轨交通车辆[M].成都：西南交通大学出版社，2016.
[25] 中国城市轨道交通协会单轨分会.中国单轨交通发展研究报告：2018[M].北京：中国铁道出版社，2019.

第 5 章　水路运输系统

5.1　水路运输系统概述

5.1.1　水路运输系统构成

水路运输系统由港口、航道、船舶基础设施及管理控制系统组成。

为实现所承载的各项功能，港口必须拥有足够的水域、陆域和码头等设施。港口工程即新建、改建或扩建港口建筑物和设施的工程活动的总称，包括规划、勘测、设计、施工、检测、监理、科研、管理和维护。

航道是港口的重要组成部分。一般意义的航道是“以组织水路运输为目的，在江河湖海及港湾水库中可供规定尺寸的船舶航行的水域”。

船舶是水路运输的工具，是港口的主要服务对象之一，是水路运输的重要设施。

水运管理控制系统能够保障船舶在水域内的航行安全，提高航道的使用效率和船舶的航行效率，是水路运输系统高效运行的重要保障。

5.1.2　水路运输分类

水路运输类别可按如下方法划分。

1）按照航行区域

水路运输分为远洋运输、沿海运输、内河运输。远洋运输通常是指利用船舶从事跨越海洋运送货物和旅客的运输。沿海运输是指利用船舶在沿海区域各地之间的运输。内河运输是指利用船舶、排筏和其他浮运工具，在江、河、湖泊、水库及人工水道进行的运输。

2）按运输对象

水路运输分为旅客运输和货物运输。旅客运输包括单一客运（包括旅游）和客货兼运。货物运输包括散货运输、杂货运输和集装箱运输。散货运输指无包装的大宗货物，如石油、煤矿、矿砂等的运输；杂货运输指批量小、件数多或较零星的货物运输；集装箱运输现在是国际货物往来的主要交通运输方式。

3）按贸易种类

水路运输分为外贸运输和内贸运输。外贸运输指同其他国家和地区之间的贸易运输；内贸运输指国家内部各地区之间的贸易运输。

4）按船舶运营组织形式

水路运输分为定期船运输、不定期船运输和专用船运输。定期船运输是选配适合具体营运条件的船舶，在规定航线上，定期停靠若干固定港口的运输；不定期船运输指船舶的运行按照运输任务或者按租船合同组织运输；专用船运输指企业自置或租赁船舶从事本企业自有物资的运输。

5.1.3 港口分类与组成

1）港口分类

港口是指位于江、河、湖、海或水库等地，具有一定的设备和条件，供船舶安全进出和停泊，以进行客货运输和其他相关业务的区域。

港口因其服务对象和地理位置的不同，可以分成以下几类：

（1）按照规模分类

港口按规模可分为特大型港口（年吞吐量＞3 000 万 t）、大型港口（年吞吐量 1 000 万～3 000 万 t）、中型港口（年吞吐量 100 万～1 000 万 t）及小型港口（年吞吐量＜100 万 t）。

（2）按用途分类

① 商港：主要为旅客和内、外贸易货物流通服务的港口，可分为一般商港和专业商港。一般商港即为用于旅客运输和专业转运各种货物的港口；专业港是指专门进行某一种货物的装卸，或以此种货物为主的港口。

② 渔港：专为渔业生产服务的港口。渔船在这里停靠，并卸下捕获物冷藏加工，同时进行淡水、冰块、燃料及其他物资的补给。

③ 工业港：固定为某一大工业企业服务的港口，它专门负责该企业原料、产品及所需物资的装卸转运工作。

④ 军港：专供军用的港口。

⑤ 避风港：供大风情况下船舶临时避风的港口。

（3）按地理位置分类

① 海港：位于沿海、近海和海岛的港口。

② 河口港：位于江、河入海段，受潮汐影响的港口。一般有大城市作依托，水陆交通便利，内河水道往往深入内地广阔的经济腹地，承担大量的货流量。

③ 河港：位于江、河沿岸的港口。

④ 湖港与水库港：位于湖泊和水库库区的港口。

（4）按照地位分类

港口按地位可分为国际性港、国家性港、地区性港等。

① 国际性港：靠泊来自世界各国船舶的港口，如我国的上海港和香港港等、国外的鹿特丹和伦敦港等。

② 国家性港：靠泊往来于国内港口船舶的港口。

③ 地区性港：靠泊往来于国内某一地区港口船舶的港口。

2）港口组成

港口主要设施包括港口水域设施、码头及港口陆域设施。

（1）港口水域是指航道、锚地、港池、泊位等与船舶进出、停靠及作业相关的一定范围的水上区域。其主要设施包括进出港航道、锚地、船舶回旋水域、码头前水域（港池）、防波堤、护岸以及港口导航设施等。

（2）码头是指供船舶停靠、装卸货物或上下旅客的水工建筑物、设施和停泊水域，由一个或者多个泊位组成。码头前沿线通常即为港口的生产线，也是港口水域和陆域的交接线。其主要设施包括码头岸线、主体结构物、系船设备（系船、防冲、安全等设施）、码头前沿装卸作业设备等。

（3）港口陆域是指港口装卸作业区、堆场、港区道路等提供与港口功能相关服务的、与码头前沿相连的一定范围的陆上区域。其主要设施包括堆场和仓库及其集疏运通道（铁路、道路），客运站，以及给排水、供电、通信和辅助生产设施等。

图 5-1 为港口总平面布置示意图。

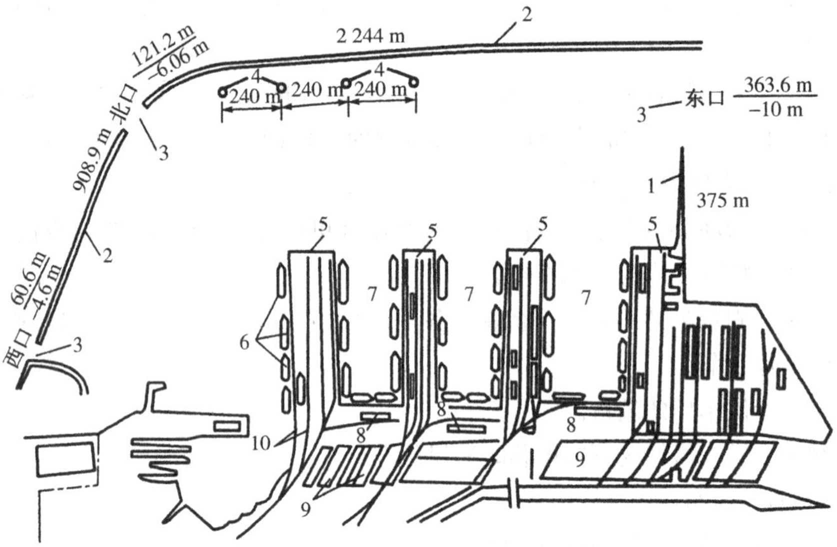

1—防波堤（突堤）；2—防波堤（导堤）；3—口门；4—浮筒；5—码头；
6—泊位；7—港池；8—一线库场；9—二线库场；10—铁路装卸线。

图 5-1　港口总平面布置示意图

5.1.4　航道分类与分级

航道是指沿海、江河、湖泊、水库、渠道和运河内可供船舶、排筏在不同水位期通航的水域。

1）航道分类

航道可以按照多种方法分类。按照形成的因素划分为天然航道、人工航道、渠化航道;按照通航时间长短划分为常年通航航道、季节通航航道;按照限制条件划分为单行航道、双行航道、限制性航道;按照通航船舶的类型划分为内河船航道、海轮进江航道;按照管理属性划分为国家航道、地方航道、专用航道;按照航道所处的区域划分为内河航道、沿海航道。

(1) 沿海航道

沿海航道是指位于海岸线附近、具有一定边界、可供海船航行的航道。沿海航道属自然水道,其通过能力几乎不受限制,每一海区的地理、水文情况都反映在该区的海图上。随着船舶吨位的增加,一些海峡或狭窄水道会对通航船舶产生一些限制条件。

(2) 内河航道

内河航道是指河流、湖泊、水库内的航道,以及运河和通航渠道的总称。内河航道大部分是利用天然水道加上引航的航标设施构成的。内河航道与海上航道相比,其通行条件是有很大差别的,反映在通航水深、通航时间(部分内河航道不能夜行)和通航方式(如单向过船)等。大多数内河自然水道还须考虑航运、发电、灌溉、防洪和渔业的综合利用与开发。

2) 航道分级

内河航道应按可通航内河船舶的吨级划分为七级,具体如表 5-1。

表 5-1 内河航道等级划分

航道等级	Ⅰ	Ⅱ	Ⅲ	Ⅳ	Ⅴ	Ⅵ	Ⅶ
船舶吨级(t)	3 000	2 000	1 000	500	300	100	50

摘自:《内河通航标准》(GB 50139—2014)。

5.2 船舶

5.2.1 船舶尺度

船舶是能航行或停泊于水域内,用以执行作战、运输、作业等任务的运载工具,是各类船、舰、舢板、筏及水上作业平台等的统称。

1) 船舶的主尺度

船舶主尺度是表示船体外形大小的主要尺度,通常包括船长、船宽、型深、吃水和干舷(图 5-2)。船舶主尺度是计算船舶各种性能参数、衡量船舶大小、核收各种费用以及检查船舶能否通过船闸、运河等限制航道、停靠泊位的依据。根据用途,船舶主尺度分为船型尺度、实际尺度。船型尺度一般均从船壳板内侧的表面丈量,它主要用于船舶性能的计算和研究;实际尺度又称结构尺度,一般是从船体外缘丈量,主要用于船舶建造和运行,是港口、航道和船闸的设计依据。

2) 设计船型尺度

设计船型是指设计时所采用的某种尺度和吨位的船型,用于确定航道、码头或港池的尺度，按其确定的尺度能够保证所有使用该航道、码头或港池的船舶在给定的条件下都能安全操作，包括总长、型宽、型深和满载吃水。

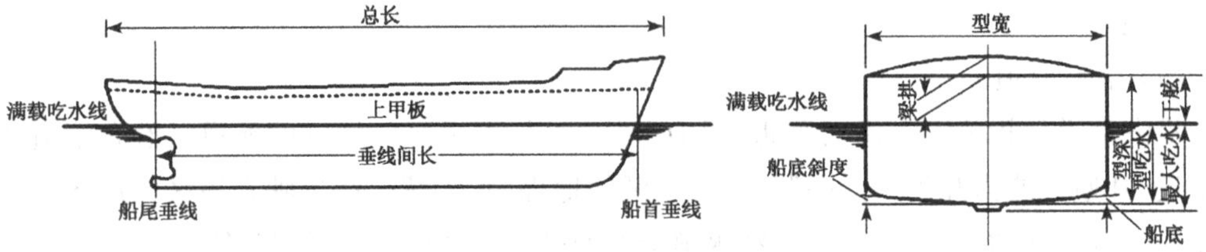

图 5-2　船舶基本尺度示意图

5.2.2　船舶结构

船舶被强力甲板划分成主体和上层建筑两部分，船舶首部两侧设有锚、锚链、锚链筒和锚链舱等，如图 5-3 所示。

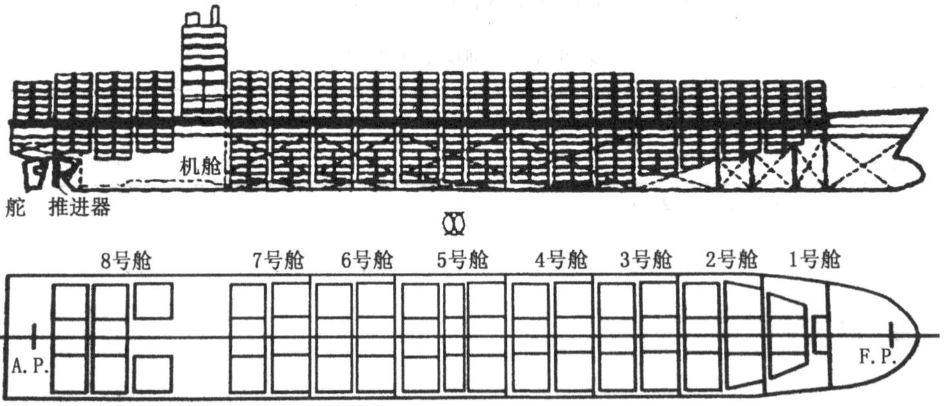

图 5-3　集装箱船舶结构

1) 船舶主体

船舶主体是船体的主要部分，通常是指强力甲板(主甲板)以下的船体。船体内部空间，沿船深方向由甲板来划分，沿船长及船宽方向则分别由横舱及纵舱壁来划分，由此形成船舶的各个舱室。

2) 上层建筑

在主甲板以上的各种围蔽建筑，统称为上层建筑。两侧延伸至船的两舷或至舷边的距离小于 4%船宽的，称为船楼。位于船艏、船舯、船艉的船楼，分别称为船楼、桥楼和艉楼，船楼以外的上层建筑，称为甲板室。

为满足船舶安全营运和船员、乘客生活需要，船上设有导航系统、供电系统、供水系统、通风系统、冷暖系统、舱底水排泄系统、灭火系统和救生装置等。

5.2.3 船舶技术营运性能

1) 船舶航行性能

船舶为了完成运输生产任务，经常在风浪、急流、险滩等航行条件极为复杂的情况下工作。因此，要求船舶必须具有良好的抗风浪能力及有效控制船舶的航行性能。其航行性能主要包括：

(1) 浮性

船舶在各种装载情况下，保持一定浮态，漂浮于水面一定位置的性能。

(2) 稳性

船舶受外力作用离开原来平衡位置而发生倾斜，当外力消除后，仍能回到原平衡位置的能力。

(3) 抗沉性

船舶在一舱或数舱破损浸水后仍能漂浮于水面，并保持一定浮态和稳性的能力。

(4) 快速性

船舶的快速性，就是指对一定排水量的船舶，主机以较小的功率消耗而得到较高航速的性能。

(5) 适航性

船舶在多变的海况中的运动性能。

(6) 操纵性

船舶在航行时能按照驾驶员意图保持或改变航速和航向的性能。其中，船舶保持其航速航向不变的能力，称为航向稳定性；船舶能够按照驾驶员意图改变其航速航向的能力，称为回转性或回转灵敏性。

2) 船舶重量性能

船舶的重量性能包括船舶的排水量和载重量，计量单位以"t"表示。

(1) 排水量

无航速的船舶在静水中处于自由漂浮状态时，船体所排开相同体积的水的重量，即船舶在该吃水下的总重量。排水量又可根据不同装载状态分为空载排水量和满载排水量。

(2) 载重量

船舶所允许装载的重量。载重量有总载重量和净载重量之分。总载重量(简称 DWT)是指船舶所能装载的最大限度重量，船舶净载重量等于船舶总载重量减去燃料、淡水、粮食和供应品、船用备品、船员和行李以及船舶常数后的重量。

3) 船舶容积性能

船舶容积性能包括货舱容积和船舶登记吨位。货舱容积是指船舶货舱实际能够容纳货物的空间，它的计量单位以立方米或立方英尺表示。

船舶登记吨位是指按吨位丈量规范所核定的吨位，计量单位是以立方米或立方英尺折算的“登记吨”表示。船舶登记吨位分为总吨位和净吨位两种。总吨位(GT)，主要用于表示船舶大小、国家统计船舶数量的单位、计算造船以及买卖船舶和租船费用、计算海损事故赔偿的基准以及计算净吨位的依据等。净吨位(NT)，主要用作计算船舶向港口交纳各种费用和税收(如停泊费、引航费、拖带费及海关税等)的依据。

5.2.4 船舶种类与特征

船舶可以按用途、航行区域、航行状态、推进方式、动力装置和船体材料及船体数目等进行分类。按用途可以分为货船、客船和客货船三类。

1) 货船

货船是运输货物船舶的统称，一般不载旅客，若载旅客，不超过12人。货船又可细分为杂货船、散货船、集装箱船、油船、驳船、拖船和推船等船舶。

(1) 杂货船

杂货船是指载运各种包装或成件货物的船舶，分为普通型杂货船与多用途杂货船。普通型杂货船主要用于装载经过包装、袋装、箱装和桶装的一般货物。多用途杂货船，既可装杂货，又可装散货、集装箱，甚至滚装货，以提高揽货能力与装卸效率，提高营运经济性。

(2) 散货船

散货船是专门运输谷物、矿砂、煤炭及散装水泥等大宗散装货物的船舶。散货船运货量大，运价低，单层甲板，尾机型，船体肥胖，航速较低(11～18 n mile/h，其中1 n mile/h = 1.852 km/h)，船上一般不设装卸货设备，散货船载重吨位为3万t左右。

(3) 集装箱船

集装箱船是载运集装箱的专用船舶。集装箱船又分为全集装箱船和半集装箱船两种。全集装箱船是将全部货舱及上甲板都用于装载集装箱。半集装箱船是只有部分舱室用于装载集装箱，其余货舱则用来装运件杂货。

集装箱船的特点是船型方形系数小，航速高(20～37 n mile/h)，舱口尺寸大，占船宽的70%～80%，便于装卸。机舱及上层建筑位于船位，以便有更多的甲板和货舱面积用于堆放集装箱，主甲板之下的船舱可堆码3～9层集装箱，而主甲板之上则可堆码2～4层集装箱。通常船上无装卸设备，由码头装卸，以提高装卸效率。舷边双层壳舱可分上下两层，供压载用。由于甲板上装集装箱，船舶重心高，受风面积大，常需压载，以确保足够稳性。

(4) 油船

油船一般只设一层甲板，油船没有大货舱口，只有油气膨胀舱口，并设有水密舱口盖。石油是通过油泵和输油管进行装卸的，因此油船上不设吊货杆等装卸设备。油船载重吨位是各类船舶中最大的，一般在20万～30万t，最大的油轮可达70万t，装原油的载重吨位一般比装成品油的大。沿海油轮航速一般为12～15 n mile/h，远洋油轮航速为15～17 n mile/h。

(5) 驳船

驳船是指自身没有动力推进装置，靠机动船(拖船或推船)带动的单甲板船。驳船可以单只或编列长队由拖船拖带或由推船顶推航行。驳船没有锚、舵等设备，也不设装卸机械和上层建筑，主要用于沿海、内河或港内驳运货物，往往用于转驳那些因吃水大不便进港靠泊的大型船舶的货物，或组成驳船队运输货物。驳船具有结构简单，造价低廉，管理维护费用低，可航行于浅狭水道，编组灵活等特点。驳船载重量可从数百 t 到 6 万 t。

(6) 拖船、推船

拖船和推船是专门用于拖拽或顶推其他船舶、驳船队、木排或浮动建筑物的机动船。它本身不载旅客和货物，是一种多用途的工作船，被称为水上的"火车头"。

2) 客船及客货船

客船是指专门用于载运旅客及其行李和邮件的运输船舶。客货船是指以载运旅客为主，兼运一定数量货物的运输船舶。

为保证旅行安全和满足旅客在旅途中文化生活的需要，客船必须具有良好的航行性能，以及为旅客提供舒适的居住和生活条件。客船均设置了一定数量、若干等级的旅客住舱，并配有足够数量的盥洗室和浴室，设置公共娱乐、休息、就餐等厅室。客船的长度比一般同吨位货船长，上层建筑庞大，甲板层数较多，一般有 8～9 层，最多可达十几层。住舱内备有良好的照明、空气调节等设备。为保证旅客安全，客船具有良好的稳性、抗沉性，且船体结构必须设置双层底，同时还应设有足够数量的消防、通信、救生等设备；为满足旅客舒适性要求，客船具备较好的耐波性，其在减摇、避震、隔声等方面的设计标准较高；为旅行需要，客船一般有较高的航速和较大的功率储备。

客船按航行区域可分为海洋客船和内河客船。客船按照功能服务可分为旅游船、汽车客船和小型高速客船等。

(1) 海洋客船

海洋客船主要包括远洋客船、近海客船与沿海客船几种形式。远洋客船的吨位一般在 2 万～3 万 t，最大的可达 7 万 t，航速较高，约 29 n mile/h，最高可达 36 n mile/h。近海、沿海客船的吨位在 1 万 t 左右，航速为 18～20 n mile/h。

(2) 内河客船

内河客船指运行在江河湖泊上的客船，其载客量小速度较低，设备也较海洋客船简单。

(3) 旅游船

旅游船是供旅游者旅游、游览之用，其船型与海洋客船相似，但吨位较小。船上设备齐全，能为游客提供疗养、娱乐、休闲等综合服务。

(4) 汽车客船

汽车客船是除载客外，还能同时载运一定数量的旅客自备汽车的客船。这种客船在船艄或船艉设置跳板，以供旅客自备的小型客车驶进船上的车库。

(5) 小型高速客船

小型高速客船主要有水翼船和气垫船，多用于沿海及内河的短途航行。

水翼船是指船体下装有水翼、航行时靠水翼产生的升力支持船体全部或部分升离水面而高速行驶的船舶。

气垫船是利用高压空气在船底与水面间形成气垫，使船体部分或全部垫升而实现高速航行的船舶。气垫船的航速为 60～100 n mile/h，最大可达 130 n mile/h，客位 100～200 个。

5.3 航道设施

航道设施主要包括通航建筑物、助航设施、航道整治建筑物和其他设施。

5.3.1 通航建筑物

为帮助船舶(队)克服航道上下游集中水位落差，顺利通过河道上的闸、坝，必须修建通航建筑物。通航建筑物在内河航道上常见，海上应用较少，主要有船闸和升船机两类。

1) 船闸

(1) 船闸组成

船闸是用水力直接提升船舶过坝以克服航道上的集中水位差而设置的一种通航建筑物，主要由闸首、闸室、输水系统、引航道、口门区、连接段、锚泊地等组成。

(2) 船闸工作原理

船闸的工作原理如图 5-4 所示。假定船舶(队)从下游驶向上游，闸室内水位与下游水位齐平，下闸门开启，上闸门及上游输水阀门关闭。首先将船舶(队)从下游引航道内驶向闸室，关闭下闸门及下游输水阀门，然后打开上游输水阀门给闸室灌水，等闸室内水位与上游水位齐平后，打开上闸门，船舶(队)驶出闸室，而进入上游引航道。从上游驶向下游其过闸程序与此相反。

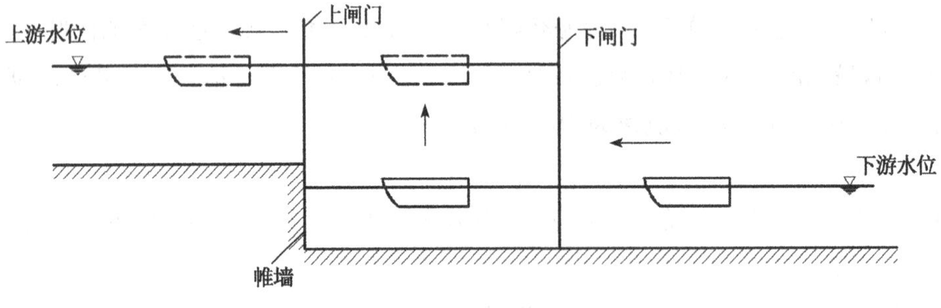

图 5-4 船闸工作原理

(3) 船闸分类

① 按船闸级数分类

a. 单级船闸

在同一座枢纽的顺水流方向上只设一级闸室的船闸称为单级船闸。这种形式船闸的过闸时间短、船舶(队)周转快、通过能力较大、建筑物及设备集中、管理方便。

b. 多级船闸

在同一座枢纽的顺水流方向上，连续或分开设置的两级或两级以上闸室的船闸称为多级船闸。当水头较高时，若仍采用单级船闸，不仅过闸用水量大，灌、泄水时进入闸室或引航道的水流流速较高，对船舶（队）停泊及输水系统的工作条件不利，而且将使闸室及闸门的结构复杂化。为此，可沿船闸轴线将水头分为若干级，建造多级船闸。我国三峡水利枢纽（图 5-5），上下游总水头高达 113 m，采用的是五级船闸。

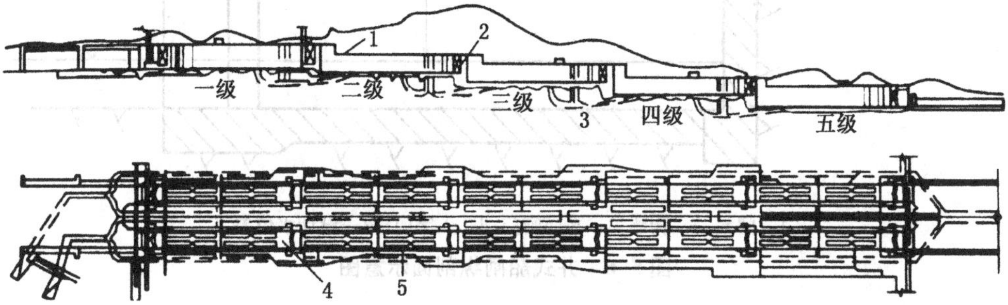

1—闸墙顶；2—闸门；3—帷墙；4—闸首；5—闸室。

图 5-5 三峡工程双线五级船闸布置

② 按船闸线数分类

a. 单线船闸

在一个枢纽内只有一条通航线路的船闸称为单线船闸，实际工程中大多采用这种形式。

b. 多线船闸

在一个枢纽内建有两条或两条以上通航线路的船闸称为多线船闸。当货运量较大而单线船闸的通过能力无法满足要求，或不允许因船闸检修而停航时，需要修建多线船闸。我国三峡和葛洲坝水利枢纽分别采用的是双线和三线船闸。三峡工程双线五级船闸的年单向通过能力为 5 000 万 t，一次通过时间约为 2 h 40 min。

③ 按闸室形式分类

a. 广室船闸

闸室宽度大于闸首进口宽度的船闸。一般船闸的平面形状均为正方形，闸首口门的宽度与闸室宽度相等，适用于小河及支流以上的小型船闸中，以通行小型船舶为主。

b. 井式船闸

在下闸门上部建有胸墙与闸门共同挡水的船闸（图 5-6）。对于水头较大的单级船闸，为了减小下游闸门的高度，常采用井式船闸。

c. 省水船闸

省水船闸指的是闸外侧建有蓄水池，可储存船闸泄放的部分水体作补充下一闸次灌水之用的船闸。

(4) 船闸通过能力

① 船闸通过能力计算方法

船闸通过能力是指单位时间内船闸能通过的货物总吨数（过货能力）或船舶总数（过船能力），是船闸的一项重要经济技术指标。一般情况下，船闸通过能力应计算设计水平年内

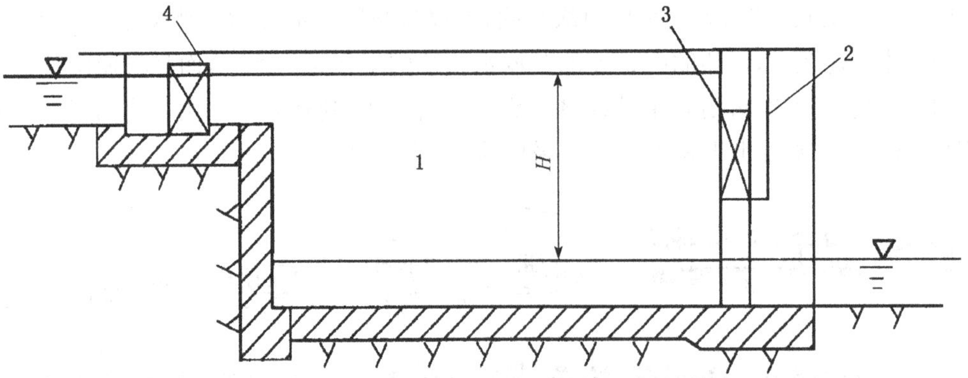

1—闸室；2—胸墙；3—平面闸门；4—人字门；H—设计水位差。

图 5-6　井式船闸纵剖面示意图

近期、中期、远期通过客(货)运量能力和船舶总吨位能力，并以单向年通过能力表示。过闸船舶包括客船货物、工程船、服务船等，而货船中又有满载、非满载和空载的区别，因此过船能力相同的船闸，通过的货量并不能完全相同。

考虑到货流受季节及运输组织、气候的影响，船闸的通过能力 P 用公式(5-1)或式(5-2)计算。

a. 单向年过闸船舶总载重吨位

$$P_1 = nNG/2 \tag{5-1}$$

式中：P_1——单向年过闸船舶总载重吨位(t)；

n——日平均过闸次数；

N——船闸年通航天数(d)；

G——一次过闸平均载重吨位(t)。

b. 单向年过闸客、货运量

$$P_2 = \alpha NG(n - n_0)/(2\beta) \tag{5-2}$$

式中：P_2——单向年过闸客、货运量(t)；

n_0——日非运客、货船过闸次数；

α——船舶装载系数；

β——运量不均衡系数。

要提高船闸的通过能力，必须力求减少货物不均衡系数和增大船舶载重利用系数，每次过闸都应尽量利用闸室的有效面积，做到满室过闸，同时应发挥船闸设备的潜在能力，尽量延长船闸作业时间和缩短每次过闸时间。

② 影响船闸通过能力的因素

a. 船闸技术水平

船闸技术水平影响因素：船闸设计总水头和船闸级数；船闸线数和布置，船闸输水系统和灌泄水时间；闸门形式；启闭设备的先进性、可靠性及启闭时间；闸室有效尺度；引航道尺度和布置条件等。

b. 外部条件

过闸船型船队的类型和组成；各类船舶的尺度、载重量和技术条件；过闸货物的品种、批量、流向及不均匀性；上下游航道尺度、滩险情况、水流条件、跨河建筑物净空、两岸堤防情况；上下游港口的能力及对到闸船舶均衡性的影响。

c. 船闸管理水平

管理人员的技术水平、熟练程度、工作效率、通信联络、控制系统的灵敏性、事故处理及检修能力等。

2）升船机

（1）升船机组成

升船机是利用机械力将船舶提升过坝的通航建筑物，由以下几个主要部分组成：

① 承船厢：用于装载船舶，其上下游端部均设有厢门。

② 支承结构或斜坡道：前者用于垂直升船机的支撑并起导向作用，后者是用于斜面升船机的运行轨道。

③ 闸首：用于衔接承船厢与上下游引航道，闸首内设有工作闸门和拉紧（将承船厢与闸首锁紧）、密封等装置。

④ 机械传动机构：用于驱动承船厢升降和启闭承船厢的厢门。

⑤ 事故装置：当发生事故时，用于制动并固定承船厢。

⑥ 电气控制系统：用于操纵升船机的运行。

（2）升船机工作原理

船舶通过升船机的程序与其通过船闸的程序基本相同（图 5-7）。当船舶驶向上游时，先将承船厢停靠在厢内水位与下游水位齐平的位置上，操纵承船厢与闸首间的拉紧、密封装置和冲灌缝隙水，开启下闸首的工作闸门及承船厢下游端的厢门，船舶驶入承船厢。然后将下闸首的工作闸门和承船厢下游端的厢门关闭，泄去缝隙水，松开拉紧和密封装置，将承船厢提升至厢内水位与上游水位齐平的位置，待完成承船厢与上闸首之间的拉紧、密封和充灌缝隙水等操作后，开启上闸首的工作闸门和承船厢上游端的厢门，船舶即可驶入上游。船舶自上游驶向下游，按上述程序反向进行。

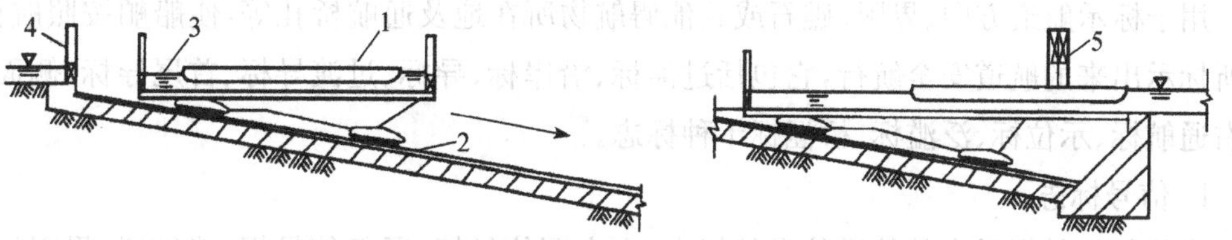

1—船舶；2—轨道；3—承船厢；4—上闸首；5—下闸首。

图 5-7 斜面升船机示意图

5.3.2 助航设施

1）助航设施功能

助航设施即航标，是为帮助船舶安全、经济和便利航行而设置的视觉、音响和无线电的设施。为了保证进出口船舶的航行安全，每个港口、航线附近的海岸均有各种助航设施。航标具有以下的主要功能：

（1）定位

为航行船舶提供定位信息。

（2）警告

提供碍航物及其他航行警告信息。

（3）交通指示

根据交通规则指示航行方向。

（4）指示特殊区域

如锚地、测量作业区、禁区等。

永久性航标的位置、特征、灯质（灯火的颜色、高度、射程、闪频等）、信号等已载入各国出版的航标和海图。

2）航标分类

（1）按照设置地点，航标可分为海区航标与内河航标

① 海区航标

在海上的某些岛屿、沿岸及港内重要地点所设的航标。海区航标建立在沿海和河口地段，引导船舶沿海航行及进出港口。它分为固定航标和水上浮动航标两种。固定航标设在岛屿、礁石、海岸，包括灯塔、灯桩、立标；水上浮动航标是浮在水面上，用锚或沉锤、链牢固地系留在预定海床上的标志，包括灯船与浮标。

② 内河航标

设在江、河、湖泊、水库航道上的助航标志，用以标示内河航道的方向、界限与碍航物，为船舶航行指示安全航道。

内河航标按功能分航行标志、信号标志和专用标志三类。

a. 航行标志

用于标示航道方向、界限、礁石或其他碍航物所在地及通航桥孔等，使船舶按照航行标志所标示出来的航道安全航行，它包括过河标、沿岸标、导标、过渡导标、首尾导标、侧面标、左右通航标、示位标、泛滥标、桥涵标十种标志。

b. 信号标志

为航行船舶提示有关航道信息的标志，有水深信号标、通行信号标、鸣笛标、界限标、电缆标、横流浮标、风讯信号标等七种。

c. 专用标志

用于标示与船舶航行有关的某一特定水域或建筑物特征的助航标志，设置在内河的专用标志有管线标和专用标两种。

内河航标的其他详细规定参见原中华人民共和国交通部颁布的《内河助航标志》(GB 5863—1993)。

(2) 航标按工作原理分类，有视觉航标、音响航标和无线电航标三类

① 视觉航标

以形状、颜色和灯光为特征，供船舶驾驶人员直观识别的固定式或浮动式的助航标志。视觉航标通常包括灯塔、立标、导标、灯船、浮标、日标牌和交通信号。

② 音响航标

能够发出音响，以引起航行人员注意的助航设施。音响航标包括气雾号、电雾号以及雾情探测器等。

③ 无线电航标

以无线电波传送信息，供船舶接收以测定船位的助航设施。利用无线电技术对运载体运动进行引导，称为无线电导航。

5.3.3 整治建筑物

为改善航行条件、提高尺度，所采取的炸礁、疏浚和构筑整治建筑物等工程措施称之为航道整治。整治建筑物是用于整治航道的束水、导流、导沙、固滩和护岸等作用的建筑物。

1) 整治建筑物分类

整治建筑物大多修建在河底或与岸坡相接的坡面上，具有水工建筑物受力复杂，施工影响因素多，工程量大的特点。整治建筑物种类繁多，形式多样，其结构和建筑材料均有不同，总体上可分为重型和轻型两大类别的整治建筑物。

重型整治建筑物主要由土、石料、混凝土、钢板桩、土工织物等构筑。重型整治建筑物用得较多的是抛石结构整治建筑物。抛石结构整治建筑物靠自重稳定，适应性强，具有施工简单、维修方便、容易就地取材的特点，是当前国内外普遍采用的一种形式。

轻型整治建筑物是采用竹、木、梢料、橡胶等材料构成的整治建筑物。轻型整治建筑物结构简单，施工期短，工程费用小；但强度小，使用期限不长。轻型整治建筑物使用较少，用它作为沉排护底居多。在沙质易冲的河床上筑坝，常需要沉排护底，常见的沉排包括柴排、化纤织物软体排、沙袋排等。

常用的整治建筑物有丁坝、锁坝、顺坝、潜坝、洲头分流坝、洲尾导流坝、护岸、格坝、底墙、转流建筑物等。图 5-8 为航道整治建筑物布置示意图。

2) 整治建筑物设计原则

航道整治应根据水资源综合利用的原则和河床演变规律，进行全河段总体规划，局部滩险整治应服从全局。

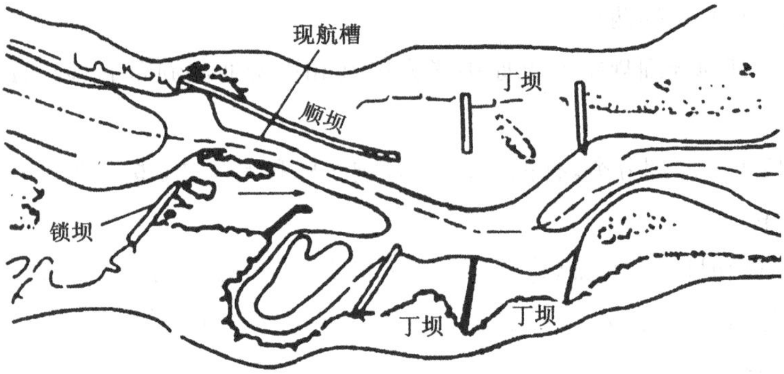

图 5-8 航道整治建筑物布置示意图

(1) 整治建筑物应根据航道整治工程设计中的平面布置、整治水位、材料状况、水流、风浪和河床地质等自然条件及其他技术要求,进行结构设计。

(2) 整治建筑物应经济实用,宜就地取材,便于施工和维修,建筑物的外观宜与当地环境相协调。

(3) 受力复杂、河床松软或工程量大的整治建筑物,应进行稳定计算和地基沉降计算。

5.3.4 航道其他设施

为了综合利用水资源,航道中通常需要建造其他的水工建筑物。包括挡水建筑物和泄水建筑物、水电站、坝岸连接建筑物、过木建筑物、过鱼建筑物、航道服务区等。各建筑物的形式,应根据各建筑物的使用要求和所在河段的地形、地质、水文及泥沙等自然条件和施工条件综合考虑确定。

1) 挡水建筑物和泄水建筑物

挡水建筑物的作用是拦截江河,抬高上游水位。泄水建筑物的作用就在于把超过水库调蓄能力的洪水泄放到下游,限制库水位不超过规定的高程,以确保大坝及其他挡水建筑物的安全,主要包括重力坝、拱坝、土石坝和水闸。

2) 水电站

水电站是利用水能资源发电的场所,是水、机、电的综合体。其中为了实现水力发电,用来控制水流的建筑物称为水电站建筑物。

3) 坝岸连接建筑物

挡水、泄水建筑物、通航建筑物、水电站等与河岸或堤坝连接时,需设置岸墙和翼墙(有时还有防渗墙)等专门的连接建筑物。

4) 过木建筑物

在有运送木材任务的河道上为解决木材过坝问题,需要在枢纽中修建过木建筑物。常用的过木建筑物有筏道、漂木道和过木机。

5) 过鱼建筑物

为鱼类通过拦河闸坝抵达产卵或培育场所设置的结构物和机械设置。国内外的过鱼设施主要有鱼道、鱼闸、机械升鱼机等。

6) 航道服务区

航道服务区是布置在航道沿线的通航配套设施，为了保障水路运输安全，改善船员在航生活质量，主要为过往船舶和船员提供锚泊或生活生产补给服务，是综合服务区和一般服务区的总称。综合服务区指布置在航道沿线，规模较大，服务功能相对齐全的水域、场所和建筑等设施；一般服务区指布置在航道沿线，规模适中，满足用户基本服务需求的水域、场所和建筑等设施。

5.3.5 航道通过能力

航道通过能力是指对于确定港区的给定航道和一定的到港船型组合，在港口正常生产作业状态下，基于一定的港口服务水平，一年期内通过该航道的船舶数量（艘）或船舶载货吨。影响航道航行条件的主要因素有：航道通航尺度（深度、宽度、弯曲半径）、水流速度、气象条件、河床边界条件和航道设施状况等。航道设计基本尺度如图 5-9 所示。

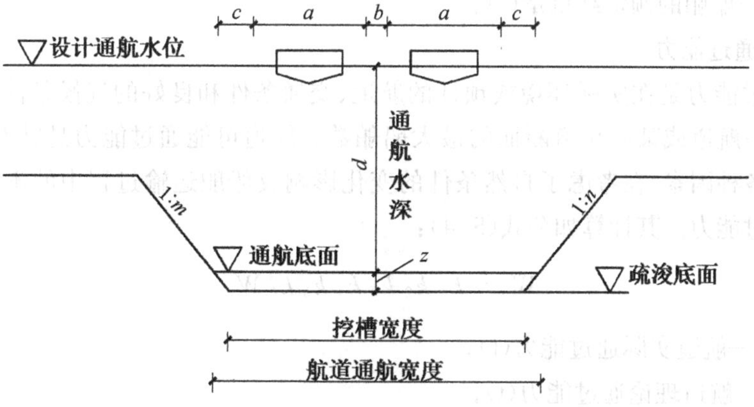

a—航迹带宽度；b—船舶间错船富余间距；c—船舶与航道侧壁间富余间距；
d—通航水深；z—备淤富余深度；m、n—疏浚边坡比。

图 5-9 航道设计基本尺度图

影响航道通过能力的因素包括航道的等级和标准、通航船舶的规模和尺度、全年可通航天数、载重吨位和货运量等。航道通过能力主要分为理论通过能力、可能通过能力和实际通过能力三种类型。

1) 理论通过能力

航道理论通过能力是按最大设计船型、船舶满载，以连续、不间断的理想船舶流条件下计算的单位时间内通过某航道的船舶艘数或载重吨位。

其计算假定：

(1) 在通航期内的水文、气象条件稳定，通航尺度达到或者超过等级标准，能保持船舶畅通。

(2) 货物来源充分,保证上下水船舶满载。

(3) 港口具有较强的集疏运能力,并能及时发船,船舶到达均衡。

(4) 通航建筑物工作始终正常。

(5) 其有足够的港口泊位、锚地。

(6) 运行的船舶、船队完全符合航道等级标准,技术状态好,保持一定间距、正常转速运行中互无干扰等。

在理想条件下所得的最大航道通过量,即为理论通过能力,其计算如公式(5-3):

$$W_c = 24n \times 1\,000vTS\,Q_c/(m+1)\,L_c \tag{5-3}$$

式中:W_c——航道年上、下行理论通过能力(t);

n——航道每天工作系数,$n = t/24$,t 为日通航小时数;

v——船舶额定航速(km/h);

T——年通航天数(d);

S——同时处于某一航道断面的船舶数(艘);

m——船舶之间纵向安全间距系数,上水 $m=1$,下水 $m=2\sim5$,视流速大小而定;

L_c——船舶长度(m);

Q_c——船舶的额定载重量(t)。

2) 可能通过能力

可能通过能力是在实际环境或预计的航道、交通条件和良好的气候条件下,在单位时间内通过某一航道或某一航道断面的最大船舶数。航道可能通过能力是针对理论通过能力中假定的各种因素,在考虑了自然条件的变化影响及船舶运输过程中的不均衡性后,计算的航道通过能力。其计算如公式(5-4):

$$W_m = k_1\,k_2\,k_3\,k_4\,k_5\,k_6\,W_c \tag{5-4}$$

式中:W_m——航道实际通过能力(t);

W_c——航道理论通过能力(t);

k_1——通航期保证率修正系数;

k_2——船舶流模式修正系数;

k_3——船舶航行速度修正系数;

k_4——运行船舶及船队的构成不规则修正系数;

k_5——非货运船影响修正系数;

k_6——大型船舶修正系数。

可能通过能力与理论通过能力的根本不同在于考虑了航道宽度、货流均衡度、运行船舶、航道设施等修正后的实际通过能力。

3) 实际通过能力

实际通过能力是指通过某一区段航道中的实际货运船舶数量或载重量,是结合船舶调度部门以及航道管理部门的资料进行加工整理得出。

综上所述，航道理论通过能力比可能通过能力大，可能通过能力比实际通过能力大，原则上应该着重对可能通过能力进行研究，也就是对影响通过能力的各项因素进行调查分析。

5.4 港口设施

5.4.1 港口水域设施

1）进港航道

进港航道是由海上航线或内河主航道通向港内水域的连接航道。为保证安全通航，必须有足够的水深与宽度，不能弯曲度过大。港区进港航道与主航道连接段的布置应该符合下列规定：

（1）进港航道与主航道连接处应考虑通视条件，满足船舶安全操纵的要求。

（2）连接段形式与尺度应根据设计船型、通航密度、水流和泥沙条件等因素确定。

（3）多个分叉支航道与主航道连接时，交叉点的布置不宜过于集中。

2）锚地

锚地是专供船舶或船队在水上停泊、避风、应急、联检、编解队、水上过驳以及进行各种作业的水域。锚地要求有足够的水深，使抛锚船舶即使由于较大风浪引起升沉与摇摆时仍有足够的富余水深。

锚地位置应选择在靠近港口、天然水深适宜、海底平坦、锚抓力好、水域开阔、风、浪和水流较小水域，便于船舶进出航道。有条件时，宜选在航道进港方向的右侧，远离礁石、浅滩以及具有良好定位条件的水域，并应符合下列规定：

（1）有足够的水域供船舶抛锚和起锚操作，不得妨碍其他船舶航行。

（2）锚地内水流流向宜相对稳定且无回流现象。

（3）锚地应优先选择泥质底质的水域，也可选择砂泥质底质的水域，应避免在硬黏土、硬砂土、多礁石和抛石地区设置锚地。

船舶停泊所需的水域面积，同要求停泊的船舶的最大数量、船舶的尺寸、系泊的方式、船舶的操作要求、锚地的地形条件等因素有关。

3）回旋水域

回旋水域是指为船舶靠离码头、进出港口时转头或改换航向而设的水域。其水域可以同航行水域共用并有相同的水深，所需的面积随当地的风、浪、水流等条件和港作拖轮的配备情况而异（图5-10）。

4）港池

港池是指码头前供船舶停泊和进行装卸作业，保证满载船舶安全停泊的水域，也叫码头前沿水域。港池设计既要使船舶能安全停靠，又要方便货物装卸。港池的布置形式与码头岸线的布置形式相同，可采用三种方案（图5-11）：顺岸式、突堤式和挖入式。

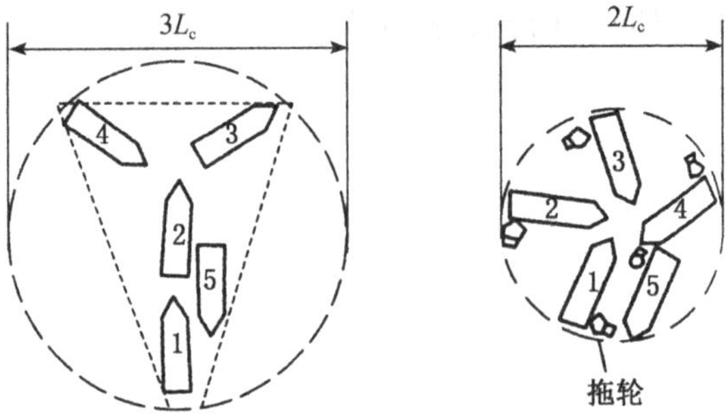

图 5-10　回旋池船舶掉头所需水域面积示意图（L_c 为船长）

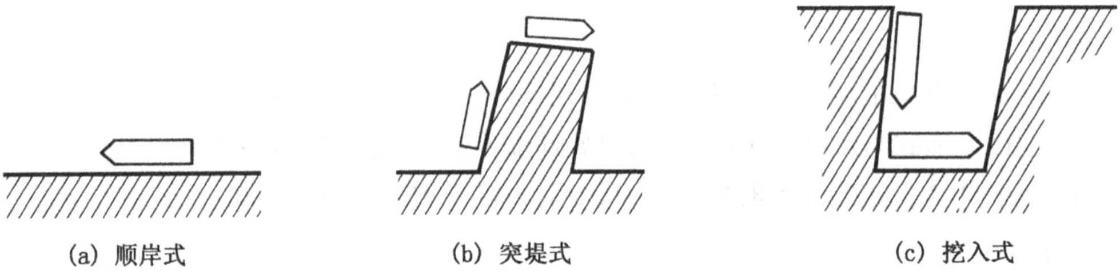

图 5-11　港池布置形式示意图

5）防波堤

防波堤是指防御风浪侵袭港口水域，保证港内水域平稳的水工建筑物。

防波堤按其布置的平面位置，可分为突堤和岛堤两种。突堤一端（堤根）同岸相连接，另一端（堤头）伸向海中，组成港的口门。由于突堤的一端同岸相连，可在堤上铺设地面运输线路，连接岸上库场，有时将突堤内侧的部分长度兼作码头用。岛堤则两端均不同岸连接，位于离岸一定距离处，有两个堤头而无堤根。

防波堤按其结构特点可分为三种形式：斜坡式、直立式和混合式（图 5-12）。

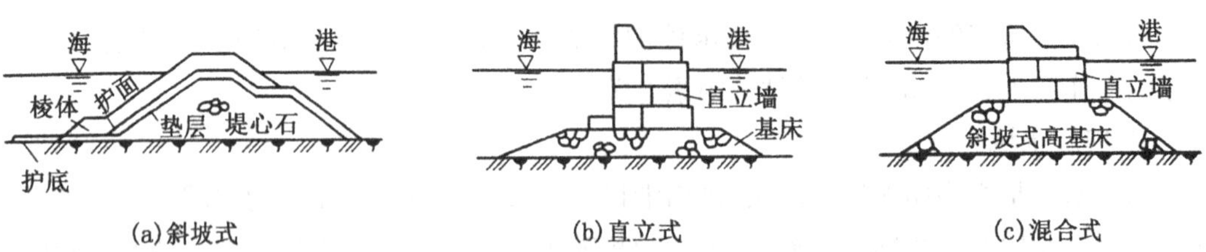

图 5-12　防波堤类型示意图

防波堤轴线的线形，宜采用直线、向海方向的平顺凸曲线或折线。防波堤的轴线位置，宜选在地质条件好、水深较浅的地方，有条件时可利用礁石、浅滩及岛屿。防波堤所包围的水域，应有足够的面积和深度，以便船舶在港内航行、调头、停泊以及布置码头岸线。防波堤和口门的布置应使港内有足够的水域、良好的掩护条件、适应远期船型发展、减少泥沙淤积及有利于减轻冰凌影响，并应减小防波堤的长度。港口水域设施的布置图如图 5-13 所示。

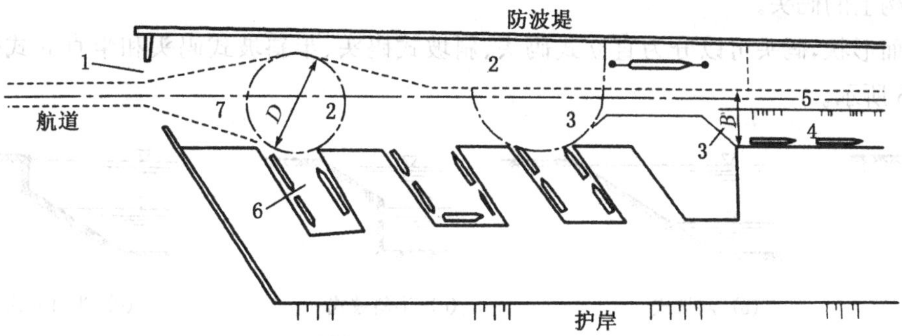

1—口门；2—回旋水域；3—连接水域；4—泊位前停泊水域；5—顺岸码头前船舶操作水域；6—港池；7—制动水域；D—回旋水域直径；B—港池宽度。

图 5-13 港口水域设施的布置图

5.4.2 码头建筑物

1) 码头的结构和分类

码头的典型样式(图 5-14)由主体结构和附属设施两部分组成：主体结构上部有胸墙、梁、靠船构件等，下部有墙身、基础或板桩、桩基等。码头附属设施用于船舶系靠、装卸作业、人员上下和安全保护等设施。

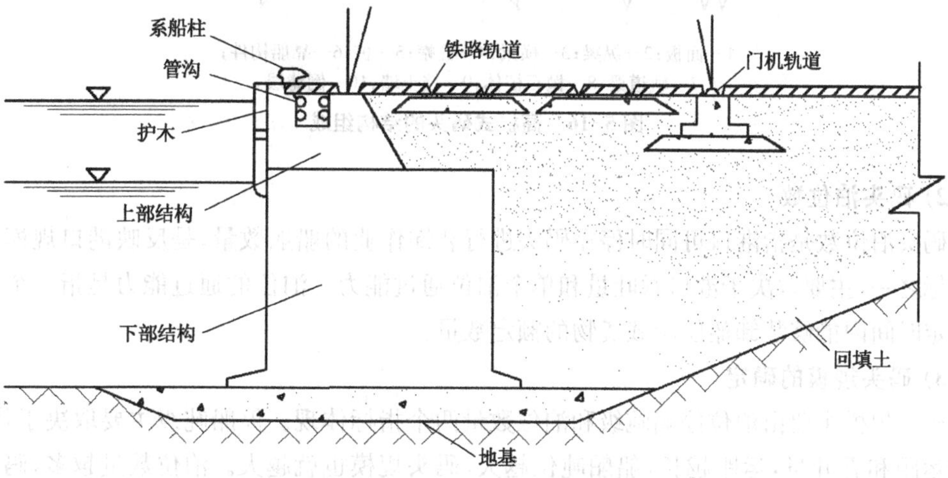

图 5-14 码头结构形式示意图

按掩护条件，码头可分为有掩护码头与无掩护码头。

(1) 有掩护码头

建在有掩护港口水域内。

(2) 无掩护码头

又称开敞式码头，位于开敞海域，无天然地形或人工建筑物掩护，外海波浪可直接作用在码头结构上的码头。

按断面形状，码头可以分为直立式码头、斜坡式码头、半斜坡式码头和半直立式码头，如图 5-15 所示。

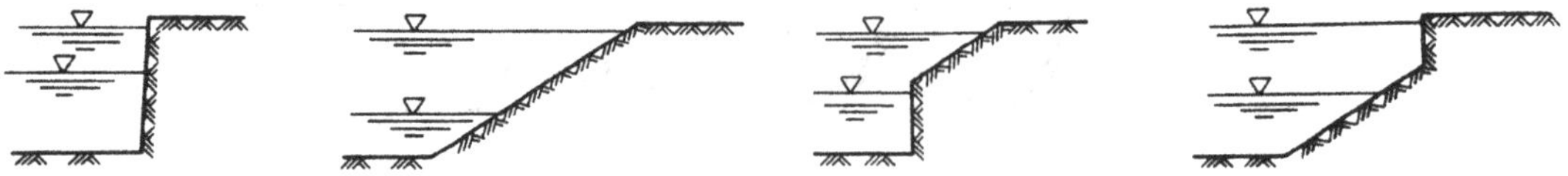

(a) 直立式　(b) 斜坡式　(c) 半斜坡式　(d) 半直立式

图 5-15　码头断面形式示意图

按结构形式，码头分为重力式码头、高桩式码头(图 5-16)、板桩式码头和其他形式等。

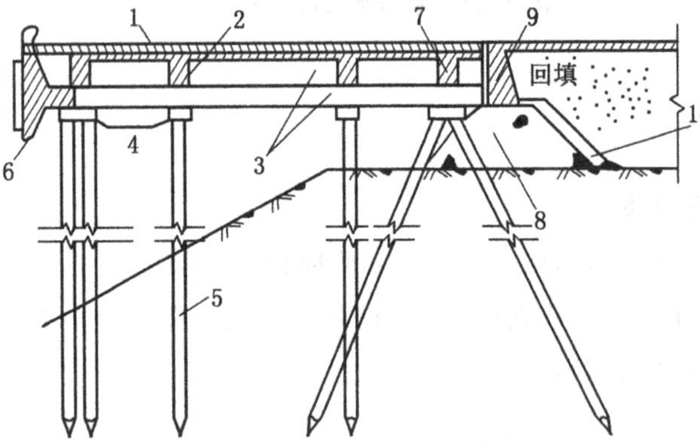

1—面板；2—纵梁；3—横梁；4—桩帽；5—桩；6—靠船构件；
7—轨道梁；8—抛石棱体；9—挡土墙；10—倒滤层。

图 5-16　高桩式码头的结构组成

2) 码头泊位数

码头泊位数是指港口可同时停靠码头进行装卸作业的船舶数量，是反映港口规模的重要指标之一，主要取决于港口吞吐量和单个泊位通过能力。泊位的通过能力是指一个泊位在一定时间内能够装卸船舶所载货物的额定数量。

3) 码头规模的确定

码头规模主要由泊位停船吨级和泊位数量两个指标体现。停船吨级主要取决于货种、航线运距和吞吐量，运距越长，船舶吨位越大，码头规模也就越大。泊位数量越多，码头规模越大。

5.4.3　港口陆域设施

港口陆域是自码头岸线边缘至后方交通线之间的范围，承担货物装卸、储存和集疏运的任务。它可分为码头前沿作业地带、仓库和堆场、集疏运设施、辅助生产作业设施、客运站等。图 5-17 为港口陆域布置示意图。

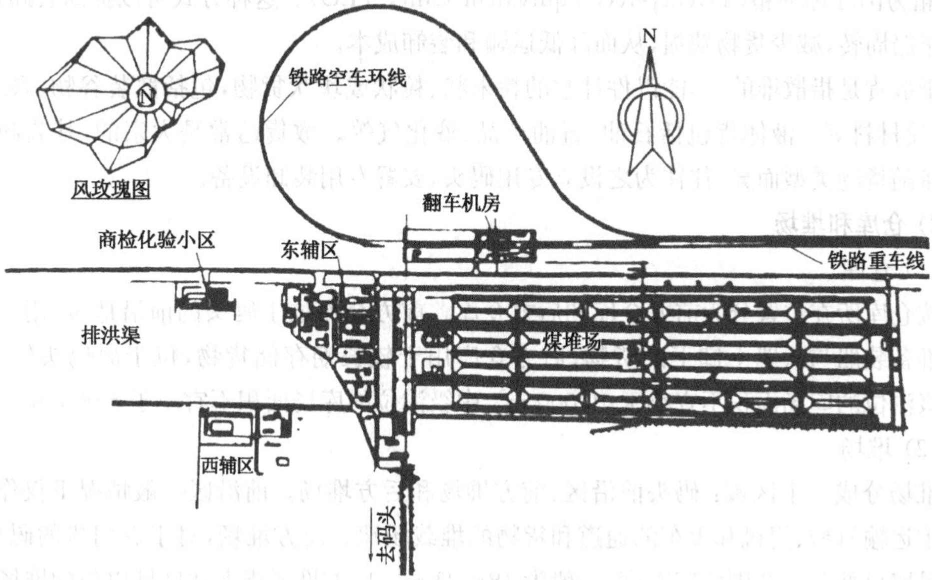

图 5-17　港口陆域布置示意图

1）码头前沿作业地带

码头前沿作业地带是指从码头前沿线至一线仓库或堆场之间主要供装卸船作业的场地。地带内根据货物种类的不同要求，布置各种类型的装卸机械，并安排一定面积的待运货物临时堆场和前沿运输通道，以完成船舶的货物装卸操作。合理布置作业地带，安排足够的地带宽度，有助于加快货物的装卸，缩短船舶的停靠时间。

一般可将港口分为普通件杂货区、集装箱区、散货区、液体货区或者能同时装卸集装箱和普通件杂货的多用途码头。

普通件杂货是指成件运输和保管的货物。这类货物通常采用门座起重机装卸（图 5-18）。

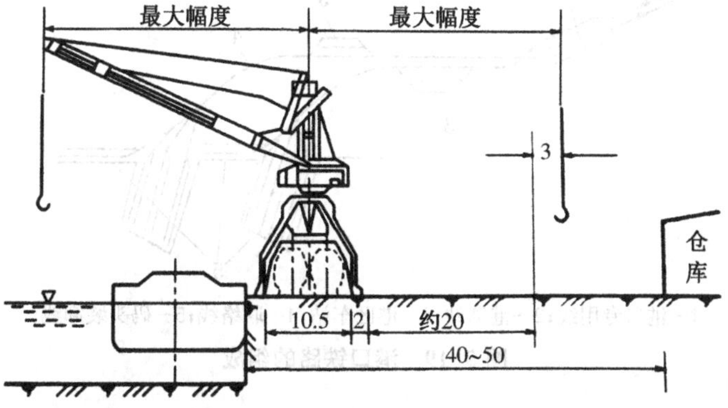

图 5-18　由门座起重机装卸的普通件杂货码头(单位：m)

集装箱运输采用集装箱把品种繁杂、单元小的件杂货装成规格化的箱件。集装箱采用20 ft箱为国际标准箱(Twenty-feet Equivalent Unit，TEU)。这种方式可以提高装卸效率，加快车船周转，减少货物缺损，从而降低运输和装卸成本。

干散货是指散堆的、不能以件计数的粉末状、粒状或块状货物，包括散装谷物、煤炭、矿石、矿建材料等。液体货包括石油、石油产品、液化气等。散货通常是大宗的，其装卸工艺和设备随货物类型而异，往往为之设立专用码头，安置专用装卸设备。

2) 仓库和堆场

(1) 仓库

按仓库所在位置分为前方仓库和后方仓库。前方仓库位于码头的前沿地带，用于临时存储准备装船与从船上卸下的货物；后方仓库用于较长期存储货物，位于离码头较远处。万吨级泊位的库场面积不宜小于10 000 m^2，中级泊位的库场面积不宜小于5 000 m^2。

(2) 堆场

堆场分成三个区域：码头前沿区、前方堆场和后方堆场。前沿区一般情况下仅作为流动起重运输机械、门机和火车的通道和货物的堆载场地。前方堆场，对于有门机的码头，按门机吊臂可伸到的范围确定宽度，一般为18～23 m。后方堆场指上述区域以外的堆场。

3) 集疏运设施

港口货物的集疏运设施，主要是指港口铁路和港口道路。

(1) 港口铁路

港口铁路由港外线和港内线组成。港外线包括专用线和港湾站，港内线包括车场、联络线、装卸线等(图5-19)。完整的港口铁路应包括港口车站、分区车场、码头和库场的装卸线，以及连接各部分的港口铁路区间正线、联络线和连接线等。港口车站负责港口列车到发、交接、编解集结；分区车场负责管辖范围内码头、库场的车组到发、编组及取送；港口铁路区间正线用于连接铁路网接轨站与港口车站；装卸线承担货物的装卸作业；联络线连接分区车场与港口车站；连接线连接分车场与装卸线。

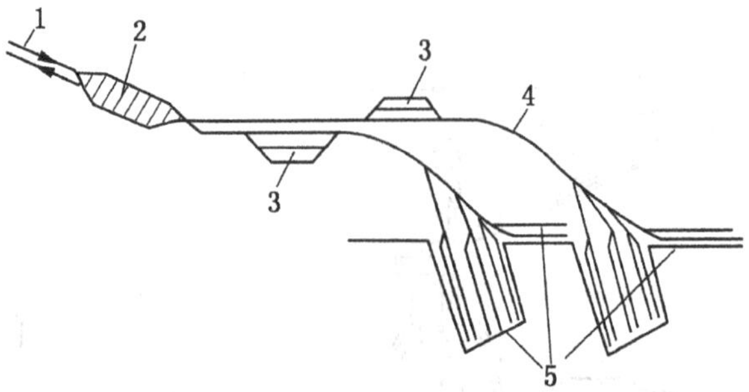

1—港口专用线；2—港湾站；3—港区车站；4—联络线；5—码头装卸线。

图5-19 港口铁路的组成

(2) 港口道路

港口道路可分为港内道路与港外道路。港内道路要通行载货汽车与流动机械，对道路的轮压、车宽、纵坡与转弯半径等方面都有特殊要求。港内道路行车速度较低，一般为 15 km/h 左右。港外道路是港区与城市道路、公路连接的通道，其功能及技术条件与普通道路相同。

5.4.4 港口吞吐量与通过能力

1) 港口吞吐量定义

港口吞吐量即一年间经水运输出、输入港区并经过装卸作业的货物总量。港口吞吐量是衡量港口规模的最重要的指标，对港口规模起决定性作用，吞吐量越大，港口规模越大。

2) 港口吞吐量计算方法

港口吞吐量是反映港口生产经营活动成果的重要数量指标，反映在一定的技术装备和劳动组织条件下，一定时间内港口为船舶装卸货物的数量，以吨数来表示。

港口吞吐量一般按照如下方法计算：

(1) 由水路运进港口卸下的货物，计算一次进港吞吐量；自本港装船运出港口的货物，计算一次出港吞吐量。

(2) 由水路运进港口，经装卸又从水路运出港口的转口货物，分别按进港和出港各计算一次吞吐量。

(3) 货物吞吐量必须以该船在本港装卸的货物全部装卸完毕，并且办理交接手续后一次进行计算。

(4) 牲畜、家禽等无法取得实际重量的货物重量按系数进行换算。

3) 港口通过能力定义

港口通过能力是指港口所有泊位通过能力与过驳能力之和。港口通过能力是在外部环境条件为一定时，港口各项生产要素和经营管理条件综合作用的结果。

4) 港口通过能力分类

港口通过能力分为理论通过能力、营运通过能力和后备通过能力。

(1) 理论通过能力

理论通过能力是港口最大的通过能力，是指港口在一定时期（通常是一年）内，在港口设施和劳动力一定时，在一定的组织管理条件下，最大限度地利用港口各生产要素所能装卸一定结构的货物的自然吨数。

(2) 营运通过能力

港口营运通过能力是港口的实际通过能力，是指港口在一定时期（通常是一年）内，在港口设施和劳动力一定时，在一定的组织管理条件下，港口各生产要素在得到合理利用时所能装卸的一定结构的货物吨数。它是港口编制年度生产计划和短期作业计划的基础。它与理论通过能力的区别在于生产要素的利用程度不同。

(3) 后备通过能力

后备通过能力是指应付运输工具或货物密集到港时的那部分生产能力，在非高峰时则以闲置状态存在。

5.5 水运交通管理

为保障船舶在水域内的航行安全，特别在水域有限或拥挤的情况下，如出入港口或在江河上航行时，提高航道的使用效率和船舶的航行效率，必须对水运实施管理与控制。在水运管理控制过程中，要综合考虑水运的各个环节与其他交通运输方式的协调配合，体现出水路运输对国民经济发展的重要作用。

5.5.1 船舶运行管理

船舶的运行管理，是指航运企业根据已揽取到或即将揽取到的运输对象和航运企业控制的运力情况，综合考虑船舶生产过程中各个环节及与其他交通运输方式的协调配合，对船舶生产活动所作出的全面计划与安排。基本要求是强调运输经济性、及时性、协调性和安全性。

船舶的运行管理主要包括规划航线系统，为航线选配适当的船舶或船队，协调各环节的工作，确定推(拖)船与驳船工作配合方式，以及制定船舶运行时刻表。

船舶运输管理是以实现运输对象的流向、流量、时间、质量要求为目的，以船舶运行环境为客观约束条件。船舶运行的主要环境参数包括：

(1) 船线总距离和港口间各区段的距离(单位：海上运输用 n mile，内河运输采用 km)；

(2) 各港平均装卸定额，反映航线上各港口的平均装卸效率和管理水平；

(3) 航线沿途水文气象条件及适航性，如风浪参数、海况、航道尺度等。

这些环境参数对船舶运行管理有着直接的影响，做船舶运行计划前应充分分析研究，在船舶运行中也要密切关注其变化，适时做出必要调整。

5.5.2 航次与航线形式

1) 航次

航次是指船舶从事货物或旅客运输的一个完整运输生产过程(即一个生产周期)。根据船舶运输生产组织的特征，航次可分为简单航次、复杂航次和往返航次。简单航次是指船舶在两个港口间完成一次货物(旅客)运输完整过程的航次。复杂航次是指船舶在多个港口间完成的航次，即船舶不仅运输从始发港到终点港的货物(旅客)，还在中途一个或几个港口装、卸部分货物(或上、下旅客)或加、减驳船。往返航次是指船舶在两个或两个以上港口间从事客、货运输，船舶到达终点港卸完货或下完客以后又重返回始发港的航次。

航次时间是由航行时间、停泊时间以及其他时间组成。航次时间内要完成基本作业和辅助作业两类作业。装卸货物、上下旅客、船舶航行属于基本作业；装卸货准备、办理船货进出港手续和燃物料、淡水供应等属于辅助作业。分析航次中各项作业的协调性、经济性和安全性，合理安排各个环节是提高运输效率，保证水路运输质量的关键。

2）航次形式

航次形式是指船舶的运行没有固定的出发港和终点港，船舶仅为完成某一项运输任务，按照航次计划运行的船舶运行组织形式。采用航次形式时，船舶完成一个航次后，便可用于它到达的任一港口，开始另一个航次。航次形式、船舶使用性质、运输货种、数量、发送港和发送期限及船舶运行方向等，主要取决于货主的具体运输申请书。航次形式的缺点是经常会造成船舶空驶，使船舶使用效率降低。加强货源组织工作，加强领导监督，对充分利用航次航行船舶尤为重要。

3）航线形式

航线形式是指在固定的港口之间，为完成一定的运输任务，选配适合具体条件的一定数量的船舶，并按一定的工艺过程组织船舶生产活动的船舶运行组织形式。航线形式成为一种独立的组织形式，是由航次形式在具有稳定运输需要的航区形成和发展起来的。

航线形式的主要优点是：货物（旅客）能够定期送达，有利于吸收和组织货源；有利于各生产环节协调配合并有节奏地工作，保持正常、稳定的生产秩序，有利于缩短船舶泊港时间，提高运输效率；为组成几种交通运输方式协调工作的联合运输创造了条件；有利于加强人员熟悉航行条件，有助于安全航行和缩短时间；有利于对船舶的调度领导和管理；有利于船员安排生活。

5.5.3　船舶进出港口管理

1）船舶签证管理

船舶签证是指海事管理机构根据船舶或者经营人的申请，经依法审查，对符合船舶签证条件的，准予其航行的行政许可行为。

2）国际航行船舶进出口岸检查

负责船舶进出口岸实施检查的机关（以下简称检查机关）包括港务监督机构、海关、边防检查机关、国境卫生检疫机关、动植物检疫机关。凡进出口岸（指国家批准可以进出国际航行船舶的港口）的外国籍船舶和航行国际航线的本国籍船舶（即国际航行船舶）及其所载船员、旅客、货物和其他物品，除非另有规定，均应由检查机关依法实施检查。检查机关通常不登船检查，港务监督机构负责召集有关口岸检查的联席会议。

5.5.4　船舶交通管理

船舶交通管理系统（Vessel Traffic Service，VTS）是集导航技术、通信技术、计算机网络技术、信息处理技术和航海技术为一体的交通管理系统，会大幅度提高海事系统内信息交流和共享的程度，增强水运交通的管制能力。

1）VTS 功能与组成

VTS 的功能包括数据收集、数据评估、信息服务、助航服务、交通组织服务与支持联合行动。VTS 由 VTS 机构、使用 VTS 的船舶与通信三部分组成，VTS 功能如图 5-20 所示。

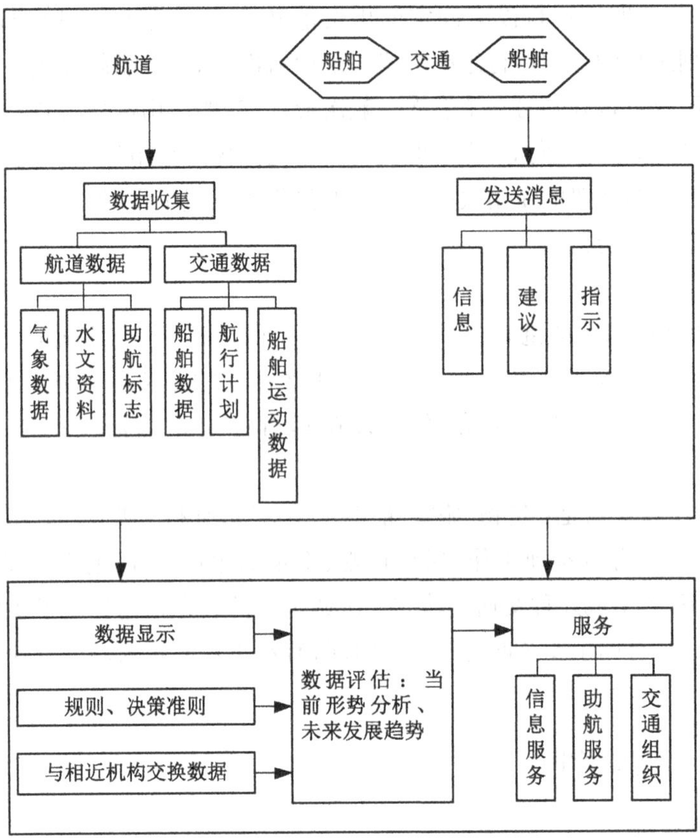

图 5-20　VTS 功能框图

2）VTS 工作原理

VTS 的信息主要来自各种传感器，一般包括雷达、闭路电视（CCTV）、船舶自动识别系统（AIS）、甚高频（VHF）、气象仪、电子海图显示与信息系统（ECDIS）等。通过信息采集及处理，VTS 在其覆盖的水域中主要得到两方面数据：一方面是航路的气象、水文数据及助航标志的工作情况；另一方面是航路的交通形势。收集到数据以后，再用适当的方式显示这些数据，并进行数据评估，即根据国际及当地的船舶交通规则和有关的决策准则，对交通形势现状与发展趋势进行分析。

VTS 通过发布消息的方式提供服务，发布的消息分三类：

（1）信息

在固定时刻，或在 VTS 中心认为必要的时刻，或应船舶要求而播发的。它包括有关船舶动态、能见度与他船意图；航行通告、助航设施状况、气象与水文资料；各航行区域的交通状况、各种碍航船舶与障碍物警告，并提供可选择的航线。

（2）建议

VTS 通过咨询服务发出的消息，它包括以专门方式影响交通或个别船舶行为的意图。

(3) 指示

为交通控制目的而以命令方式发布的消息，它包含了控制交通或个别船舶行为的意图。

3) VTS 对船舶的服务和监督

根据国际海事组织规定，凡使用 VTS 的船舶应符合《海上人命安全公约》要求，到达实施 VTS 港口之前应注意到以下几点：

(1) 仔细阅读 VTS 主管机关印发的出版物，了解当地水运交通规则及其他有关规定；

(2) 保证船舶助航与通信设备处于正常工作状态；

(3) 注意按照规定收听 VTS 中心发布的有关消息；

(4) 按照 VTS 主管机关的规定，正确、及时地向 VTS 中心报告有关信息；

(5) 一般不改变船舶与 VTS 中心双方同意的航行计划；

(6) 迅速、准确地向 VTS 中心报告意外情况；

(7) 当到达或离开 VTS 区域时向 VTS 中心进行到达与最终报告。

复习思考题

5-1 水路运输系统由哪些部分构成？各部分的基本组成是什么？

5-2 表征港口规模的指标有哪些？是如何起作用的？

5-3 港口水域设施有哪些？

5-4 按结构形式码头分为哪几类？

5-5 简述航道基本设施的内容及其基本功能。

5-6 影响航道通过能力的因素是什么？

5-7 简述船舶技术营运性能的主要内容。

5-8 如何提高水运交通与其他交通运输方式衔接的协调性？

5-9 结合船舶交通管理相关知识，分析如何提高水路运输的管理效率？

参考文献

[1] 中华人民共和国住房和城乡建设部.港口工程基本术语标准：GB/T 50186—2013[S].北京：中国计划出版社，2014.

[2] 中华人民共和国交通运输部.海港总体设计规范：JTS 165—2013[S].北京：人民交通出版社，2014.

[3] 中华人民共和国交通运输部.河港总体设计规范：JTS 166—2020[S].北京：人民交通出版社股份有限公司，2020.

[4] 中华人民共和国交通运输部.航道工程设计规范：JTS 181—2016[S].北京：人民交通出版社股份有限公司，2017.

[5] 中华人民共和国交通运输部.航道工程基本术语标准：JTS/T 103-2—2021[S].北京：人民交通出版社股份有限公司，2021.

[6] 中华人民共和国住房和城乡建设部.内河通航标准：GB 50139—2014[S].北京：中国计划出版社,2015.
[7] 中华人民共和国交通部.船闸总体设计规范：JTJ 305—2001[S].北京：人民交通出版社,2002.
[8] 李炎保,蒋学炼.港口航道工程导论[M].北京：人民交通出版社,2010.
[9] 郭子坚.港口规划与布置[M].3 版.北京：人民交通出版社,2011.
[10] 陈家源.港口通过能力理论与计算方法[M].大连：大连海事大学出版社,2003.
[11] 交通部第一航务工程勘察设计院.海港工程设计手册.上册[M].北京：人民交通出版社,2001.
[12] 徐金环.航道整治[M].北京：人民交通出版社,2011.
[13] 周素真.港口航道工程学[M].北京：中国水利水电出版社,2000.
[14] 王元战.港口与海岸水工建筑物[M].北京：人民交通出版社,2013.
[15] 交通运输部工程质量监督局.公路水运工程施工安全标准化指南[M].北京：人民交通出版社,2013.

第6章 航空运输系统

6.1 航空运输系统概述

6.1.1 航空运输特征

航空运输是使用航空器运送人员、货物、邮件的一种运输方式,具有快速、机动的特点。航空运输是现代旅客运输,尤其是现代远程旅客运输、贵重物品、鲜活货物和精密仪器运输的重要方式。

1) 航空运输的优点

(1) 安全

运输方式的安全性是旅客最为关注的。对民航客机适航性严格的要求,各种航空设施水平的提高,以及事故应急措施的日臻完善,航空的安全性已经比以往大幅提高。人们对飞行过程中的意外袭击的防范意识增强,并采取了一系列预防和紧急应对措施,如为客机加固驾驶舱门,为飞行员配备武器,以及为航班配置航空警察等。

(2) 速度快

速度快是航空运输的最大特点和优势。现代化的喷气式客机,平均巡航速度为900 km/h。距离越长,航空运输所能够节省的时间越多,快速的特点也越显著。

(3) 舒适

在万米高空飞行的客机,飞行不受低空气流的影响,平稳舒适。民航的舒适性,也刺激了其他运输方式向高服务标准发展。

(4) 机动性大

与道路交通运输、轨道交通运输分别受到道路条件和固定运输线路等多方面的限制相比,航空运输受航线条件的限制程度相对较小。它可以将地面上任意距离的两个地方连接起来,可以定期或不定期飞行,可以选择特定飞行高度和航线,具有很大的机动性。

(5) 基础设施建设简单

航空运输要求的基础设施建设只是建设机场以及其周边设施,投资相对较少且收效快;而修建公路和铁路,则需要进行复杂的设计选线和较长的建设周期,占地面积也相对较大。

2) 航空运输的缺点

(1) 受气象条件的影响大

大多数空难都是由于气象因素造成的。因此，为了确保飞机的着陆和起飞的安全，每个机场都有自己的最低大气标准，通常用云高和能见度来衡量。同时为了防止受到侧向风对起降的影响，每种飞机都有自己的最大侧风限制。由于气象条件的不可控性，航空运输的准点性也常常受到影响。

(2) 运输能力小

飞机机舱容积和载重量较小，限制了其运载大宗货物的能力，运输成本也较高。所以，航空运输比较适合 800 km 以上的长途客运，以及时效性强的鲜活易腐和价值高的货物的中短途运输。

6.1.2 民用航空定义与构成

民用航空是指使用航空器从事除了国防、警察和海关等国家航空活动以外的航空活动，民用航空活动是航空活动的一部分。在第二次世界大战以后，民用航空快速发展成为一个庞大的行业，它是交通运输业的一个重要组成部分，对国民经济发展有着重大的贡献。

1) 民用航空的构成

民用航空包括运输航空和通用航空。

(1) 运输航空

运输航空是使用民用航空器进行经营性质的客、货、邮等航空运输活动。运输航空首先是一种公共航空运输活动，面向公众提供运输服务，因而安全性和准时性是其基本要求。其次，运输航空还是一种商业活动，以盈利为目的，因而又称为商业航空，运输的效率和效益是运输航空组织管理的重要目标。它又是运输活动，是交通运输的一个组成部门。尽管运输航空在运输量方面和其他交通运输方式比是较少的，由于在快速、远距离运输方面的优势，运输航空在经济全球化的浪潮中和国际交往上发挥着不可替代、越来越大的作用。

(2) 通用航空

世界各国对通用航空的定义不尽相同。我国的通用航空是指使用民用航空器从事公共航空运输以外的民用航空活动，包括从事工业、农业、林业、渔业和建筑业的作业飞行以及医疗卫生、抢险救灾、气象探测、海洋监测、科学实验、教育训练、文化体育等方面的飞行活动。国际民用航空组织（以下简称国际民航组织）(International Civil Aviation Organization, ICAO)定义的通用航空划分为航空作业和其他类通用航空两个部分。有些国家把航空作业单独作为一类航空，其他称之为通用航空。美国和英国则将定期航班之外的其他民用航空活动归入通用航空范畴。通用航空活动相比于运输航空更广泛，其面临的管理难题也最多。特别是随着私人航空、无人机和通勤航空的兴起，原有通用航空的定义已不足以应对航空管理领域面临的诸多难题，需要重新对通用航空进行科学定义和分类。

2) 民航运输系统的构成

民航运输系统包括机场、航线、航空器和空中交通管理四个有机组成部分。以空中交通管理为纽带，相互联系，分工协作，共同完成航空运输的各项活动。机场是航空运输系统中运输网络(航线)的交会点，是旅客和货物由地面转向空中和由空中转向地面的接口。航线是由空管部门设定飞机从一个机场飞抵另一个机场的空中通道。航空器是航空运输的主要载运工具。按国际民航组织的定义,航空器是指可以从空气的反作用(但不包括从空气对地球表面的反作用)中取得支撑力的机器。空中交通管理的任务是有效地维护和促进空中交通安全,维护空中交通秩序,保障空中交通畅通。机场、航线和飞机,在空中交通管理系统的协调控制和管理下分工协作,构成了一个基本的航空运输系统。

6.2 民用航空器

6.2.1 航空器分类

任何由人制造、能飞离地面,在空间进行由人来控制飞行的物体称为飞行器。在大气层中进行飞行的飞行器称为航空器,而飞到大气层之外的飞行器则称为航天器。航空器根据获得升力方式的不同分为两大类。一类由于总体的比重轻于空气,依靠空气的浮力而飘浮于空中的称为轻于空气的航空器。在这一类中又分为气球和飞艇,气球和飞艇的主要区别在于气球上不装有动力,它的飞行方向不由本身控制;而飞艇上装有动力,它可用本身的动力控制飞行的方向。另一类航空器则本身重于空气,它的升空依靠自身与空气之间的相对运动产生的空气动力克服重力而升空。这类航空器分为非动力驱动和动力驱动两类,非动力驱动有滑翔机和风筝,动力驱动分为飞机(或称固定翼航空器)、旋翼航空器和扑翼机三类。

国际民航组织对航空器的分类如图 6-1 所示。

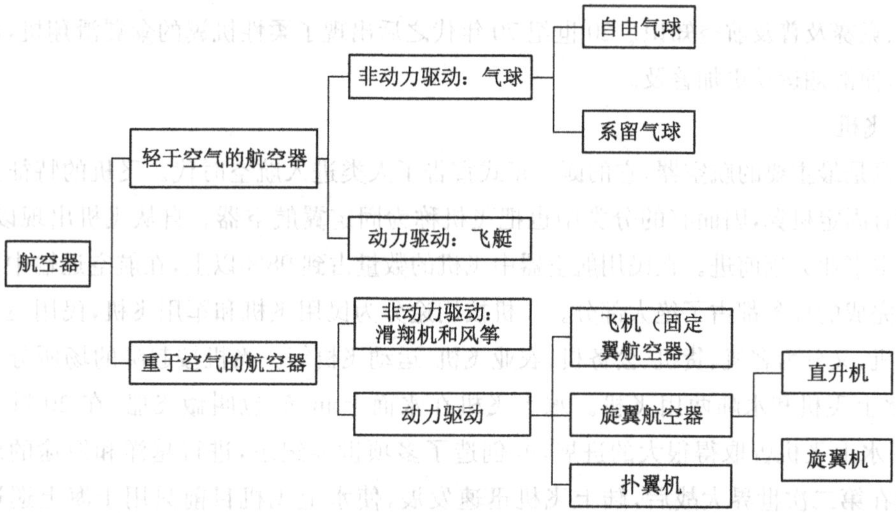

图 6-1 航空器分类

1) 气球

气球的升力来自一个巨大的气囊,大多数为球形。囊中充满密度比空气小的气体,使用热空气的气球称为热气球，另一类使用氢或氦。气球上没有动力装置，因此它不能控制自己的飞行方向，自由气球随风的方向而飘移，系留气球则由绳索系留在地面。目前，热气球作为一项航空体育活动在世界上有大量的爱好者，其他类型的气球用于气象、探空等科学研究和文娱庆典活动。

2）飞艇

飞艇升空原理与气球相同，但带有动力装置，它可以依靠自身动力飞向预定的目的地。由于它要长时间安全运行，因此多数飞艇使用的气体是氦气，而不使用易燃的氢气和升力小的热空气。从20世纪初到30年代，飞艇曾在航空运输中起过重要作用，特别是德国人齐柏林制造的齐柏林飞艇，在1909年开辟了汉堡到柏林的航线，是世界上最早的空运旅客的航线。飞艇有体积大、速度慢、不灵活、易失火等缺点，在1936年之后大型飞艇不断失事，加上飞机的迅速发展，飞艇在第二次世界大战之前便退出了航空运输领域。但它有留空时间长、飞行成本低、垂直起落、噪声小等优点，使它在民用航空中仍占有一席之地，20世纪70年代后，不少国家又在开始发展飞艇，主要用于巡逻、摄影、吊装大型设备及空中广告等方面。

3）滑翔机

滑翔机是没有动力驱动的带有固定机翼的重于空气的航空器，它的起飞要靠其他动力器械（飞机或汽车、绞盘等）的拖曳或是靠从高地上下滑来实现，在空中靠下滑时与空气的相对运动得到空中动力或是依靠上升气流在空中飞行。滑翔机是在飞机出现前唯一可操纵的重于空气的飞行器。航空界的先驱，如英国的凯利和德国的李林塔尔都是利用滑翔机奠定现代飞机的飞行、操纵理论和实际构造的基础。现代的滑翔机主要用于体育运动，用于训练、竞赛及普及航空知识。20世纪70年代之后出现了柔性机翼的伞翼滑翔机，由于造价低廉，使滑翔运动更加普及。

4）飞机

飞机是最主要的航空器，它的诞生正式宣告了人类进入航空时代。飞机的特征是带有动力和有固定机翼，因而有的分类中也把飞机称为固定翼航空器。自从飞机出现以来，人类的航空事业大幅前进。在民用航空器中飞机的数量占到98%以上，在航空运输中飞机的数量和完成的任务都占了绝大部分。飞机按用途分为民用飞机和军用飞机，民用飞机也称民航飞机，又分为客机、货机、公务机、农业飞机、运动飞机等。飞机按起降的场所分为陆上飞机、水上飞机和水陆两用飞机。水上飞机在水面上起降，也叫做飞船，在20世纪的前40年中水上飞机曾取得很大的进展，并创造了多项世界纪录，进行越洋和短途的旅客运输。但在第二次世界大战后，陆上飞机迅速发展，使水上飞机目前只用于海上巡逻和救火。民航客机按航程的远近可以分为远程客机、中程客机和短程客机，按国际上通常的标准，航程在3 000 km以下者为短程客机，3 000～8 000 km为中程客机，在8 000 km以上为远程客机。由于这个界定并不明确，有时把航程在5 000 km以内的飞机称为中短程客机，5 000 km以上者称为中远程客机。一般来说飞机航程越远，起飞重量越大，设备也越先进。

5）直升机

直升机是旋翼航空器的一种，以机身上的动力驱动旋翼旋转而取得升力，能垂直起飞和降落，它的航行方向由旋翼向某个方向的倾斜来控制。直升机的概念出现得比较早，我国的玩具竹蜻蜓可算作直升机的雏形，意大利的达·芬奇在15世纪就设想并画出了直升机的设计草图，但真正投入使用的直升机出现在1936年的德国，1942年在美国进行了批量生产直升机可以垂直起飞降落，不需要很大的场地，并可在空中悬停，这种特有的灵活性使直升机在通用航空中得到了广泛的应用。直升机用于短距离的繁忙地区之间和无路到达地形险峻的地区之间的运输，用于医疗救护、地质勘探农业飞行、森林防火、海上采油、吊装设备各方面。但和飞机相比，直升机航程短、飞行速度慢、使用费用高、振动和噪声大、载荷小，因而它只能用于某些特定用途，作为飞机的补充而不能成为民用航空的主力机种。

6）旋翼机

旋翼机在机身上方有一个旋翼，同时前方装有螺旋桨，它和直升机最主要的区别在于它的动力驱动螺旋桨推动机身向前运动。由于旋翼和迎面来的气流的相互作用使旋翼机产生了升力，升上天空。旋翼机出现在1923年，由于其不能垂直起落，与飞机相比有较短的起降距离，在其他性能上和固定翼的飞机相距甚远，因此在20世纪30年代之后就没有什么发展，目前只用于体育活动。

7）扑翼机

扑翼机是人类仿造鸟类飞行而制造的机翼可以上下扑动的航空器，它只是在试验的样机中出现过，由于控制、材料、结构方面遇到的各种困难，目前扑翼机只能是一种处在研制试飞阶段的机种。

航空器在民用航空中主要使用的是飞机，只有很小一部分使用直升机，其他种类的航空器可以略而不论，民用飞机和直升机统称为民用机。

6.2.2 飞机基本构成

飞机基本部分可以分为机身、机翼、尾翼、起落架、动力装置和仪表设备等几个大部分，通常把机身、机翼、尾翼、起落架这几个构成飞机外部形状的部分合称为机体。它们的尺寸大小及位置变化影响着飞机的使用性能及运行效率。

1）机身

机身是飞机的主要部分，机身呈现长筒形状，把机翼、尾翼和起落架连在一起，它的前头部分即机头，装置驾驶舱用来控制整个飞机，中部是客舱和货运舱（用来装载货物、燃油及各种必需的设备）。机身后部与尾翼相连。

机翼用来产生支持飞机重量的升力，使飞机能在空中飞行。尾翼用来操纵飞机俯仰或偏转，并保证飞机能平稳地飞行。机身用来装载人员、物资和各种设备。起落架用于起飞、着陆滑跑和滑行，停放时支撑飞机。动力装置用来产生推力或者拉力，使飞机前进。

机身设计时要考虑三方面的因素：①载人载物；②连接飞机其他部位的作用；③在空气中受到的阻力必须尽量小。从空气动力学的角度出发，要同时满足这些条件，机身的形状必须是长筒形，为了减少阻力，机身前端要缩小，呈流线型；为了防止在起飞抬头时机尾擦地，机尾就要向上翘起并且缩小。典型的机身都是一个中间粗两头小的长筒。

2）机翼

机翼是飞机的重要部分，机翼一般分为左右两个翼面，机翼除了提供升力外，还作为油箱和起落架的安放位置，机翼的翼尖两点之间的距离称为翼展，机翼的剖面称为翼型，翼型要符合飞机飞行速度范围并产生足够升力。机翼内部的空间除了安装机翼表面各种附加翼面的操纵装置外，主要部分是用来存储燃油的油箱，机翼上的燃油载量大约占全机燃油的 1/4；机翼的主要功能是产生升力，以支持飞机在空中飞行，同时也起到一定的稳定和操纵作用。在机翼上一般安装有副翼、襟翼和扰流板。操纵副翼可使飞机滚转，收放襟翼可使机翼面积改变。机翼上还可安装发动机、起落架和油箱等。不同用途的飞机其机翼形状、大小也各不相同。机翼还用来安放起落架舱。

3）尾翼

飞机尾翼包括水平尾翼和垂直尾翼。水平尾翼由固定的水平安定面和可动的升降舵组成，有的高速飞机将水平安定面和升降舵合为一体成为全动平尾。垂直尾翼包括固定的垂直安定面和可动的方向舵。尾翼的作用是操纵飞机俯仰和水平方向偏转，保证飞机能平稳飞行，所以尾翼是飞机必不可少的部分。

4）起落架

起落架是航空器下部用于起飞降落或地面（或水面）滑行时支撑航空器并用于地面（或水面）移动的附件装置。起落架是唯一一种支撑整架飞机的部件，因此它是飞机不可或缺的一部分。

5）动力装置

飞机的动力装置是飞机的重要组成部分，包括航空发动机、螺旋桨、动力辅助装置，其中最主要的是航空发动机，它构造复杂，自成体系，相对独立。

发动机由发动机及其启动系统、操纵系统、固定装置、燃油系统、滑油系统等组成。

6）仪表设备

飞机的电子仪表系统是飞机感知和处理外部情况并且控制飞机飞行状态的核心，相当于人的大脑及精神系统，对保障飞机安全、改善飞行性能起着至关重要的作用。飞机可依靠电子设备和地面导航系统的帮助，在远距离的航线上，能自动辨别航向，适应各种各样的气象条件，并且能在能见度很低（50～100 m）的情况下着陆，能选择最佳航线、最佳飞行状态，使飞机性能有很大的提高，并且能够给乘客提供机上视听娱乐和电话服务。

飞机的电子仪表系统可分为四部分：通信系统、导航系统、飞机控制仪表系统和飞机电子综合仪表系统。

6.3 航空器活动环境与空中导航

6.3.1 大气层

大气层是各种航空器活动的舞台，大气层中的各种现象和空气运动对航空器的活动有重要影响，因此我们要对大气层的性质和它内部产生的各种现象有基本了解。

大气层紧紧包围着地球，厚度大约在1 000 km以上，但没明显的界限。由地面到60 km高度，大气主要由中性气体组成，称中性层；60～1 000 km的大气层由于紫外线和X射线的影响而发生电离，产生大量的离子和自由电子，称为电离层；高频通信就是依靠电离层反射高频电磁波把信息传播到很远的距离。

按大气温度随高度的分布特征，把大气层分为对流层、平流层、中间层、热层和外逸层。

6.3.2 航线与航路

航线是指飞机飞行的路线，航线确定了飞机飞行的具体方向、起讫和经停地点。

空中航路是指根据地面导航设施建立的供飞机作航线飞行之用的具有一定宽度的空域。该空域以连接各导航设施的直线为中心线，规定有上限和下限的高度和宽度。

航路和航线最简单的区别就在于，航路是有宽度的空域，而航线是空中的一条线。航线设施一般指航路设施。

民航航路由民航主管当局批准建立的一条由导航系统划定空域构成的空中通道，在这个通路上空中交通管理机构要提供必要的空中交通管制和航行情报服务。

航路的宽度取决于飞机能保持按指定航迹飞行的准确度、飞机飞越导航设施的准确度、飞机在不同高度和速度飞行的转弯半径，并需增加必要的缓冲区。因此空中航路的宽度不是固定不变的。按《国际民用航空公约》规定，当两个全向信标台之间的航段距离在50 n mile(92.6 km)以内时，航路的基本宽度为航路中心线两侧各4 n mile(约7.4 km)；如果距离在50 n mile以上时，根据导航设施提供飞机航迹引导的准确度进行计算，可以扩大航路宽度。

对在空中航路内飞行的飞机必须实施空中交通管制。为便于驾驶员和空中交通管制部门工作，空中航路具有明确的名称代号。国际民航组织规定航路的基本代号由一个拉丁字母和1～999的数字组成。A、B、G、R用于表示国际民航组织划分的地区航路网的航路，H、J、V、W为不属于地区航路网的航路。对于规定高度范围的航路或供特定的飞机飞行的航路，则在基本代号之前增加一个拉丁字母，如用K表示直升机使用的低空航路，U表示高空航路，S表示超音速飞机用于加速、减速和超音速飞行的航路。航路的设施包括航管雷达、航路甚高频和航路全向信标等。

6.3.3 空中导航

空中导航是利用导航设备接收和处理导航信息，确定飞机的位置、航向和飞行时间，引导飞机沿着预定的航线从地球表面上一点准确、准时、安全地飞往地球表面上预定点的过程。导航要解决的问题是在哪里、去哪里、向哪走，即定位、定向和确定行进时间。

自从人类出现并有最初的政治、经济和军事活动以来，便有了对导航的要求，而导航的发展又是以人类的各种活动为基础的。当人类的经济和军事活动还比较简单时，用地形地物作为参照或者通过观察太阳、星体灯光就可以到达目的地。这便是最初的天文导航和目视导航。到20世纪20年代随着人类航空运输事业的兴起和发展，开始出现无方向性信标以及一些原始的推测导航仪器，人类航空开始了最初的无线电导航。第二次世界大战期间，导航已经发展成为一项专门的技术，航空无线电导航在这一阶段取得了迅速发展。在这一时期，无线电高度表、气压高度表、精密进场雷达、多普勒导航系统、仪表着陆系统（ILS）、甚高频全向信标（VOR）、测距机（DME）、塔康（TACAN）等无线电设备相继出现并得到了广泛的应用，无线电导航逐步发展成为占支配地位的导航方式。20世纪70年代，随着惯性基准系统、卫星导航系统以及飞行管理系统的出现，现代导航系统逐渐发展成为以飞行管理系统（FMS）为核心，综合多源导航数据的区域导航，传统的以设备为中心的导航概念也被以导航规范为中心基于性能的导航概念所替代。

1）无线电导航

（1）自动定向机

自动定向机（Automatic Direction Finder，ADF）是最早应用的无线电导航系统，它与地面无方向信标台（Nondirection Beacon，NDB）导航台配合，组成一种近程测角系统。自动定向机依靠机上环形天线的方向特性来测定电台相对方位，典型设备的工作频率为190～1 750 kHz；自动定向机具有结构简单、使用维护方便、价格低廉等优点，它还可以利用众多的民用广播电台为飞机定向，目前仍然是一种常用的导航系统。

在飞机导航中完成自动定向功能的整个系统包括地面设备和机载定向机两部分。地面设备主要是地面导航台，它由中波导航机（发射机）、发射天线及一些辅助设备组成。安装在每个航站和航线中，不断向空间发射一个无方向性的无线电信号，因此称为无方向性信标。机载定向设备一般包括自动定向接收机、控制盒、方位指示器、环形天线和垂直天线或组合式环形/垂直天线环形天线和垂直天线联合接收地面NDB台的无方向性信号，送入定向接收机进行处理，并将处理后的方位信息送至方位指示器显示，分离出来的地面NDB导航台的音频识别信号送至飞机音频系统。

（2）甚高频全向信标

甚高频全向信标（VHF Omnidirectional Range，VOR）系统，是一种近程无线电测角导航系统。它是第二次世界大战末期由美国发展起来的，1946年成为美国航空标准导航设备，1949年被国际民航组织采用，正式作为国际标准的无线电导航系统。

VOR系统属于他备式导航系统，由地面发射台和机械设备组成，工作在108～118 MHz频段。地面发射台通过天线发射含有方位信息的电参量，机载设备由接收到的电参量解算出方位信息，并通过有关的指示器指示相应的方位信息，引导飞机完成导航任务。机载VOR设备包括控制盒、天线、甚高频(VHF)接收机和指示器,尽管有多种型号的机载设备,处理方位信息方法不同,但它们的基本功能相似,都是通过天线接收地面VOR台的无线电信号,甚高频接收机进行处理,将处理后的方位信息送至方位指示器显示,并可与预选的航路(道)比较,得到航道偏差信号去驱动航道偏离指示,同时将分离出来的地面VOR台的音频识别信号送至飞机音频系统进行识别。

(3) 测距机

测距机(Distance Measuring Equipment, DME)系统是一种能够测量由询问器到某个固定应答器(地面台)距离的二次雷达系统。测距机是在第二次世界大战期间由英国发明的。DME系统由机载设备和地面信标设备组成,工作频率为962～1 213 MHz之间,相邻波道间隔为1 MHz。DME系统属于询问—回答式脉冲测距系统,首先由机载询问器向地面信标台发射询问脉冲对,地面信标台接收这些询问脉冲对,延迟50 μs然后给询问发射回答脉冲对。机载询问距离计算机按照发射询问脉冲对和接收回答脉冲对之间所经过的时间计算出飞机到地面台的斜距。

测距机是民用飞机普遍装备的一种无线电导航系统,它与VOR台常安装在一起,可用于飞机定位、测高、等待飞行、进近着陆、航路间隔、避开保护空域及计算地速等。

(4) 仪表着陆系统

仪表着陆系统(Instrument Landing System, ILS)又称盲降系统,1949年ICAO将其确定为标准进近和着陆引导设备,也是目前应用最为广泛的飞机精密进近和着陆引导系统,能够在复杂气象条件下为航空器着陆提供航向引导和垂直引导。

仪表着陆系统的作用是由地面发射的两束无线电信号实现航向道和下滑道指引,建立一条由跑道指向空中的虚拟路径,飞机通过机载接收设备,确定自身与该路径的相对位置,使飞机沿正确方向飞向跑道并且平稳下降高度,最终实现安全着陆。

2) 惯性导航

惯性导航系统(Inertial Navigation, IN)是利用陀螺仪和加速度计这两种惯性敏感器,通过测量线性加速度和角加速度而实现的远程自主式导航方法。

惯性导航系统根据牛顿定律,利用一组加速度计连续地进行测量,而后从中提取飞机相对某一选定的导航坐标系的加速度信息;通过一次积分运算(飞机初始速度已知)便得到飞机相对导航坐标系的即时速度信息;再通过一次积分运算得到飞机的位移信息,在飞机初始位置已知的情况下,便又得到飞机相对导航坐标系的即时位置信息。即利用三组加速度计连续地进行测量,而后分别通过两次积分运算获得飞机的即时位置信息。惯性导航系统属于一种推算导航方式,即从一已知点的位置根据连续测得的飞机航向角和速度推算出其下一点的位置,因而可连续测出运动体的当前位置。

惯性导航利用惯性敏感元件测量飞机相对于惯性空间的线运动和角运动参数,在给定运动初始条件下,由计算机计算出飞机的经纬度位置、真/磁航向、姿态、升降速度和地速等信息,并将这些信息传送给飞行仪表系统、飞行管理系统和自动飞行系统等。

惯性导航系统有如下主要优点:

① 由于它是不依赖于任何外部信息，也不向外部辐射能量的自主式系统，受外界电磁干扰的影响小；

② 可全天候全球、全时间地工作于空中、地球表面乃至水下；

③ 能提供位置、速度、航向和姿态角数据所产生的导航信息，连续性好而且噪声低；

④ 数据更新率高、短期精度和稳定性好。

惯性导航系统有如下主要缺点：

① 由于导航信息经过积分而产生，定位误差随时间产生积累误差；

② 每次使用之前需要较长的初始对准时间，以求得初始数据；

③ 设备的价格较昂贵；

④ 不能给出时间信息。

3）卫星导航

卫星导航（Satellite Navigation，SN）系统自 20 世纪 80 年代末以来迅速发展起来。其基本原理是利用已建立的导航卫星系统由飞机上接收机接收导航卫星发射的无线电信号，求出飞机相对卫星的位置再根据已知的卫星相对地面的位置，计算并确定飞机在地球上位置的技术。

目前使用最多的是美国的全球定位系统（Global Positioning System，GPS），它是由美国军方在 20 世纪 80 年代初建成的卫星定位系统，在地球轨道上一共有 24 颗卫星，其中三颗卫星是备用。除此之外还有俄罗斯的全球卫星导航系统格洛纳斯（Global Navigation Satellite System，GLONASS）、欧洲的伽利略卫星导航系统（Galileo Satellite Navigation System，GALILEO）以及我国的北斗卫星导航系统（BeiDou Navigation Satellite System，BDS）。卫星导航系统由导航卫星、地面台站和用户定位设备三个部分组成。

6.4 机场

6.4.1 机场基本概念与构成

1）机场基本概念

国际民航组织将机场定义为供航空器起飞、降落和地面活动而划定的一块地域或水域，包括域内的各种建筑物和设备装置，主要由飞行区、旅客航站区、货运区、机务维修设施、供油设施、空中交通管制设施、安全保卫设施、救援和消防设施、行政办公区、生活区、后勤保障设施、地面交通设施及机场空域等组成。

（1）机场的主要功能

① 保证飞机安全、及时起飞和降落；

② 安排旅客和货物准时、舒适地上下飞机；

③ 提供方便、快捷的地面交通连接市区。

（2）机场的基本服务

① 基本营运服务和设施

保障飞机和机场用户的安全，包括空中交通管制、飞机进近和着陆、气象服务、通信、警察和保安、消防和急救（包括搜寻和救援）、跑道和房屋的维护。

② 处理交通流量服务

与飞机相关的活动，如清洁、动力的提供、行李/货物的装卸，这些活动有时候也称作地面作业。有的活动直接和交通量有关，包含旅客、行李或货物运输。

③ 商业活动

通常包括经营商店、饭店、酒吧、便利店、报摊、停车场、电影院、超市、会议中心和宾馆等，还包括候机楼和机场的土地。

2）机场等级

（1）飞行区等级

跑道的性能及相应的设施决定了什么等级的飞机可以使用这个机场，机场按这种能力的分类，称为飞行区等级。

国际民航组织规定，飞行区等级代码（Aerodrome Reference Code，ARC）（如表 6-1 所示）由第一要素代码（即根据飞机基准飞行场地长度而确定的代码，等级指标为Ⅰ）和第二要素代字（即根据飞机翼展和主起落架外轮间距而确定的代字，等级指标为Ⅱ）的基准代号划分。

表 6-1 中的代字表示飞机基准飞行场地长度。它是指某种型号的飞机以最大批准起飞质量，在海平面、标准大气条件（15 ℃，1 个大气压）、无风、无坡度情况下起飞所需的最小飞行场地长度。飞行场地长度也表示在飞机中止起飞时所要求的跑道长度，因而也称为平衡跑道长度。飞行场地长度是对飞机的要求来说的，与机场跑道的实际距离没有直接的关系。表中的代字应选择翼展或主起落架外轮外侧之间距两者中要求较高者。与飞行区等级代码匹配的飞机类型如表 6-2 所示。

表 6-1　飞行区等级代码

指标Ⅰ		指标Ⅱ		
数码	基准场地长度(m)	代字	翼展(m)	主起落架外轮外侧边间距(m)
1	＜800	A	＜15	＜4.5
2	800～＜1 200	B	15～＜24	4.5～＜6
3	1 200～＜1 800	C	24～＜36	6～＜9
4	≥1 800	E	36～＜52	9～＜14
		E	52～＜65	9～＜14
		F	65～80	14～16

表 6-2 与飞行区等级代码匹配的飞机类型

飞行区等级代码	飞机类型
Code 4F	A380
Code 4E	B747，B777，A330，A340
Code 4D	B767，A300，A310，MDH
Code 4C	A320，B737，B727

(2) 跑道导航设施等级

跑道导航设施等级按配置的导航设施能提供飞机以何种进近程序飞行来划分。

① 非仪表跑道

供飞机用目视进近程序飞行的跑道，代字为 V。

② 仪表跑道

供飞机用仪表进近程序飞行的跑道，可分为以下四类：

a. 非精密进近跑道

装备相应的目视助航设备和非目视助航设备的仪表跑道，足以对直接进近提供方向性引导，代字为 NP。

b. Ⅰ类精密进近跑道

装备仪表着陆系统和(或)微波着陆系统以及目视助航设备，能供飞机在决断高度低至 60 m 和跑道视程低至 800 m 时着陆的仪表跑道，代字为 CATⅠ。

c. Ⅱ类精密进近跑道

装备仪表着陆系统和(或)微波着陆系统以及目视助航设备，能供飞机在决断高度低至 30 m 和跑道视程低至 400 m 时着陆的仪表跑道，代字为 CATⅡ。

d. Ⅲ类精密进近跑道

装备仪表着陆系统和(或)微波着陆系统的仪表跑道，可引导飞机直至跑道，并沿道面着陆及滑跑。根据对目视助航设备的需要程度又可分为三类，分别以 CATⅢA、CATⅢB 和 CATⅢC 为代字。

(3) 航站业务量规模等级

按照航站的年旅客吞吐量或货物(及邮件)运输吞吐量来划分机场等级(如表 6-3 所示)。业务量的大小与航站规模及其设施有关，也反映了机场繁忙程度及经济效益。若年旅客吞吐量与年货邮吞吐量不属于同一等级时，可按较高者定级。

表 6-3 航站业务量规模分级标准

航站业务量规模等级	年旅客吞吐量(万人次)	年货邮吞吐量(kt)
小型	<10	<2
中小型	10～<50	2～<12.5
中型	50～<300	12.5～<100
大型	300～<1 000	100～<500
特大型	≥1 000	≥500

(4) 民航运输机场规划等级

以上三种划分等级的标准从不同的侧面反映了机场的状态：能接收机型的大小、保证飞行安全和航班正常率的导航设施的完善程度、客货运量的大小。在综合上述三个标准的基础上，提出了按民航运输机场规划分级的方案。当三项等级不属于同一级别时，可根据机场的发展和当前的具体情况，确定机场规划等级（如表 6-4 所示）。

表 6-4 民航运输机场规划等级

机场规划等级	飞行区等级	跑道导航设施等级	航站业务量规模等级
四级	3B、2C 及以下	V、NP	小型
三级	3C、3D	NP、CAT Ⅰ	中小型
二级	4C	CAT Ⅰ	中型
一级	4D、4E	CAT Ⅰ、CAT Ⅱ	大型
特级	4E 及以上	CAT Ⅱ 及以上	特大型

(5) 机场的救援和消防等级

救援和消防勤务主要是保障机场运营安全。为了保障救援和消防，机场必须有足够的手段和物质保障。其中包括必要的器材（如灭火剂）、设备、车辆和设施（如应急通道）等。这些物质保障的配备是以该机场使用的飞机外形尺寸（飞机机身全长和最大机身宽度）为依据，由此划分机场的救援和消防等级，可分为 1～10 级。机场使用的飞机外形尺寸越大，级别数越大。

3) 机场系统的构成

机场系统的组成可简单地划分为供飞机活动的空侧部分及供旅客和货物转入或转出空侧的陆侧部分，如图 6-2 所示。空侧部分包括供飞机起飞和降落的航站区空域及供飞机在地面上运行的飞行区两部分。陆侧部分包括供旅客和货物办理手续和上下飞机的航站楼、各种附属设施及出入机场的地面交通设施三部分。

机场系统也可以分为空域和地域两部分。空域即为航站区空域，供进出机场的飞机起飞和降落，而地域由飞行区、航站区和进出机场的地面交通三部分组成。

6.4.2 机场净空区

飞机在机场起飞和降落必须按规定的起落航线飞行。机场能否安全有效地运行，与场址内外的地形和人工构筑物密切相关。它们可能使可用的起飞或降落距离缩短，并使可以进行起降的气象条件范围受到限制。因此，必须对机场附近沿起降航线一定范围内的空域（即在跑道两端和两侧上空为飞机起飞爬升、降落下滑和目视盘旋需要所规定的空域）提出要求，也就是净空要求，保证在飞机的起飞和降落的低高度飞行时不能有地面的障碍物来妨碍导航和飞行，这个区域称为机场净空区或进近区，它也是机场的重要组成部分。机场净空区的地面和空域要按照一定标准来控制，机场净空条件的好坏，直接关系到旅客生命财产的安危。

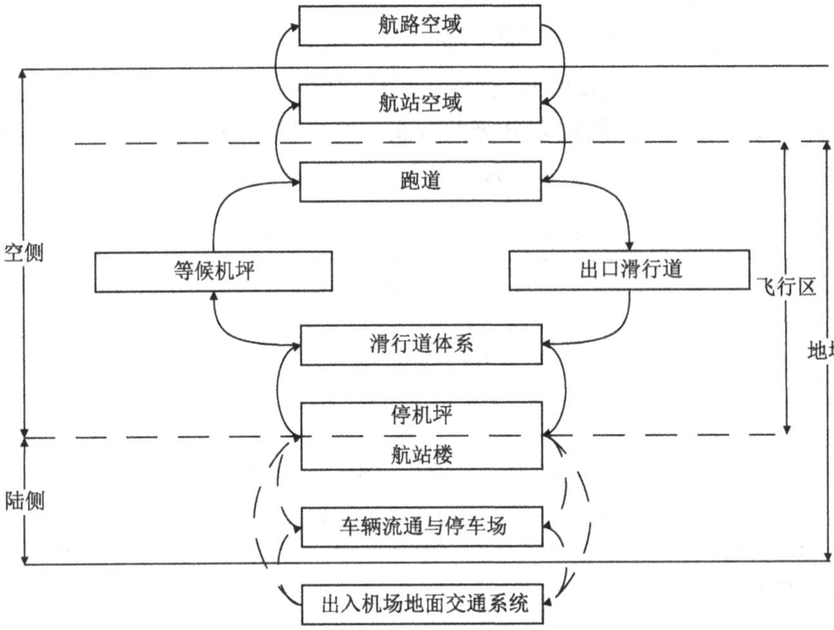

图 6-2　机场系统构成

机场条件的破坏通常是由超高障碍物引起的，空中飘浮物或烟雾、粉尘也会引起。为此，必须规定一些假想的平面或斜面作为净空障碍物限制面，即净空面（如图 6-3 所示），用以限制机场周围地形及人工构筑物的高度。机场净空区的地面区域称为基本区面，在跑道周围 60 m 的地面上空由障碍物限制面构成。

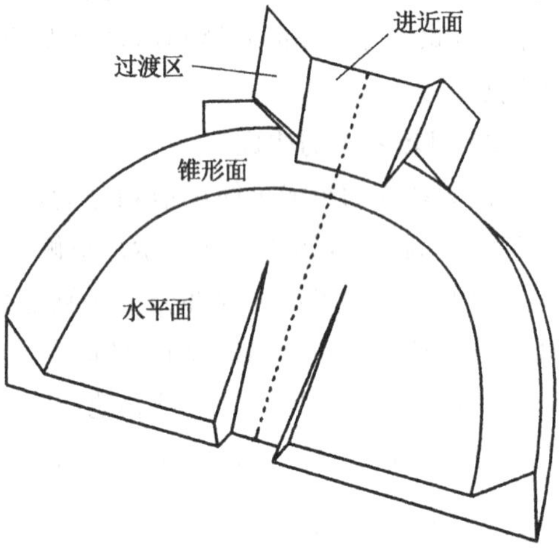

图 6-3　净空障碍物限制面

由这些平面构成的空间，是飞机起降时使用的空间，由空港当局负责控制管理，保证地面的建筑（楼房、天线等）不能伸入这个区域。凡超过假想面之上的部分应除去或移走，以便达到净空标准。空中的其他飞行物（飞鸟、风筝等）也不得妨碍飞机的正常运行。

导航设施等级不同的跑道对净空面的要求不同。所有净空面都按机场规划设计而设置，为扩建保持最大的主动权。

航空无线电导航是以各种地面和机载无线电导航设备，向飞机提供准确可靠的方向、距离及位置信息。来自非航空导航业务的各类无线电设备，高压输电线，电气化铁路，工业、科学及医疗设备等引起的有源干扰及导航台周围地形地物的反射或再辐射，可能会对导航信息造成不良影响，对机场周围的一定范围内，还必须提出电磁环境的净空要求。

6.4.3 飞行区设施

1) 跑道

跑道是机场工程的主体。机场的构形主要取决于跑道数目、方位以及跑道与航站区的相对位置。跑道是供飞机起降的一块长方形区域。它提供飞机起飞、降落、滑跑以及起飞滑跑前(和降落滑跑后)运转的场地。因此，跑道必须有足够的长度、宽度、强度、粗糙度、平整度以及规定的坡度。跑道数目取决于航空运输量的大小。跑道的方位主要与当地风向有关。

(1) 跑道的基本参数

① 方位

跑道方位即跑道走向。飞机最好是逆风起降，而且过大的侧风将妨碍飞机起降。因此，跑道的方位应尽量与当地常年主导风向一致。跑道方位还受周围地形、机场发展规划、可用面积大小以及相邻机场状况的影响。跑道方位以跑道磁方向角度表示，由北顺时针转动为正。

② 数量

跑道数量主要取决于航空运输量。运输不繁忙，且常年风向相对集中的机场，只需单条跑道。运输非常繁忙的机场，则需要两条或多条跑道。其基本构形可以是平行、交叉或开口 V 形。非平行跑道可以避开过大的侧风。平行跑道的间距、交叉跑道交叉点的位置对跑道容量(单位时间内可能容纳的最大飞机运行次数)是有影响的。

③ 长度

跑道长度是机场的关键参数，是机场规模的重要标志，它直接与飞机起降安全有关。设计跑道长度主要是依据预计使用该机场飞机的起降特性(特别是要求跑道最长的那种机型的构形和性能特点)。此外，跑道长度还与下列因素有关：飞机起降质量与速度，飞机起飞(或降落)质量越大，离地速度(或接地速度)越大，滑跑距离就越长；跑道条件，如表面状况、湿度和纵向坡度等；机场所在环境，如机场的标高和地形；气象条件，特别是地面风力、风向和气温等。当海拔高度高，空气稀薄，地面温度高时，发动机的功率就会下降，因而都需要加长跑道。拉萨贡嘎国际机场的跑道，是我国对外开放的机场中最长的。

④ 宽度

飞机在跑道上滑跑、起飞、降落不可能总是沿着中心线，可能会有偏离，有时还要掉头。因此，跑道应有足够的宽度，但也不宜过宽，以免浪费土地。跑道的宽度取决于飞机的翼展和主起落架的轮距，一般不超过 60 m。

⑤ 坡度

跑道是没有纵向坡度的，这主要是为了保证飞机起飞、降落和滑跑的安全。应尽量避免沿跑道的纵向坡度(简称纵坡)及坡度的变化。当无法避免时，其最大值应尽量减小，且变坡间距离不应小于要求的值。

⑥ 道面

通常跑道道面是指结构道面，可分为水泥混凝土、沥青混凝土、碎石、草皮和土质等若干种。

跑道道面分为刚性道面和非刚性道面。刚性道面由混凝土筑成，能把飞机的载荷承担在较大的面积上，承载能力强，在一般中型以上的空港都使用刚性道面。我国几乎所有民用机场跑道均属此类。非刚性道面有草坪、碎石、沥青等各类道面，这类道面只能抗压不能抗弯，因而承载能力小，只能用于中小型飞机起降的机场。

⑦ 强度

对于起飞重量超过 5 700 kg 的飞机，为了准确地表示飞机轮胎对地面压强和跑道强度之间的关系，国际民用航空组织规定使用飞机等级序号（Aircraft Classification Number，ACN）和道面等级序号（Pavement Classification Number，PCN）方法来决定该型飞机是否可以在指定的跑道上起降。

（2）跑道附属区域

跑道附属区域构成如图 6-4 所示。

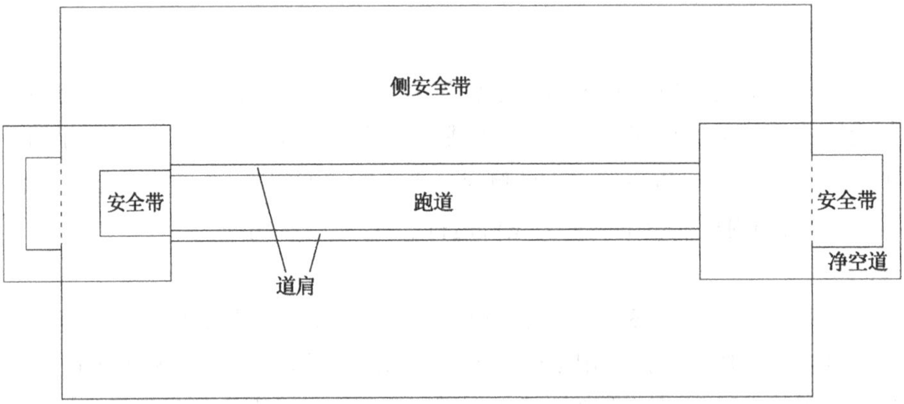

图 6-4　跑道附属区域

① 跑道道肩

跑道道肩是在跑道纵向侧边和相接的土地之间有一段隔离的地段，这样可以在飞机因侧风偏离跑道中心线时，不致引起损害。大型飞机很多采用翼吊布局的发动机，外侧的发动机在飞机运动时有可能伸出跑道，这时发动机的喷气会吹起地面的泥土或砂石，使发动机受损，有了道肩会减少这类事故。有的机场在道肩之外还要放置水泥制的防灼块，防止发动机的喷气流冲击土壤。

跑道道肩一般每侧宽度为 1.5 m，道肩的路面要有足够强度，以备在出现事故时，使飞机不致遭受结构性损坏。

② 跑道安全带

跑道安全带的作用是在跑道的四周划出一定的区域来保障飞机在意外情况下冲出跑道时的安全，分为侧安全带和道端安全带。

侧安全带：由跑道中心线向外延伸一定距离的区域，对于大型机场这个距离应不小于

150 m，在这个区域内要求地面平坦，不允许有任何障碍物。在紧急情况下，可允许起落架无法放下的飞机在此地带实施硬着陆。

道端安全带：由跑道端至少向外延伸 60 m 的区域，建立道端安全带的目的是为了减少由于起飞和降落时冲出跑道的危险。

在道端安全带中有的跑道还有安全停止道，简称安全道。安全道的宽度不小于跑道，一般和跑道等宽，它由跑道端延伸，它的长度视机场的需要而定，它的强度要足以支持飞机中止起飞时的质量。

③ 净空道

净空道是指跑道端之外的地面和向上延伸的空域。它的宽度为 150 m，在跑道中心延长线的两侧对称分布，在这个区域内除了有跑道灯之外不能有任何障碍物，但对地面没有要求，可以是地面，也可以是水面。净空道的作用在于飞机可在其上空进行一部分起始爬升，并达到安全高度（10.7 m）。

(3) 跑道的布置形式

跑道的布置形式取决于跑道的数量和方位。跑道的数量主要取决于航空交通量的大小。跑道的方位主要取决于风向、场地及周围环境条件。在航空交通量小、常年风向相对集中时，只需单条跑道；在航空交通量大时，则需设置两条或多条跑道。跑道的布置形式由单条跑道、平行跑道、交叉跑道和开口 V 形跑道等基本构形组成。

① 单条跑道

单条跑道是最简单的一种布置形式，如图 6-5(a)所示。单条跑道在目视飞行规则(VFR)情况下每小时的容量为 50～100 架次；而在仪表飞行规则(IFR)情况下，根据不同的飞机组合情况和具备的助航设备，其容量减至每小时 50～70 架次。

② 平行跑道

通常为两条和四条平行跑道，如图 6-5(b)～图 6-5(d)所示。多于四条平行跑道时，会使空中交通管制变得很困难。

平行跑道的容量，在很大程度上取决于跑道的数目和跑道间的间距。平行跑道之间的间距，差别可以很大。为便于讨论，可将间距分为近距、中距和远距三种。近距平行跑道之间的间距为 213.4～761.7 m，在 IFR 情况下，一条跑道上的运行同在另一条跑道上的运行是相互制约的，每小时容量为 50～60 架次；中距平行跑道之间的间距为 762～1 310.3 m，在 IFR 情况下，一条跑道上的着陆同另一条跑道上的起飞无关，容量为每小时 60～70 架次；远距平行跑道之间的间距为 1 310.3 m 以上，在 IFR 情况下，两条跑道能独立地进行着陆和起飞，容量为 100～125 架次。在 VFR 情况下，近距、中距和远距平行跑道的每小时容量为 100～200 架次，间距对容量无影响，容量取决于飞机组合情况。

③ 交叉跑道

两条或更多方向不同的相互交叉的跑道，称作交叉跑道，如图 6-5(e)、图 6-5(f)、图 6-5(g)所示。当机场所在地区相对强烈的风向在一个以上时，如果只有一条跑道，就会造成过大的侧风，因此就要求有方向不同的交叉跑道。在风力强烈时，一对交叉跑道中，只能使用其中一条跑道，这就使飞行区的容量显著减少。如果风力相对较弱，两条跑道则可同时使用。交叉跑道的容量，在很大程度上取决于交叉点的位置(例如是在中间还是接近端部)和跑道的使用方式(例如是起飞还是着陆)。交叉点离跑道的起飞端和着陆入口越远，容量就越低[图 6-5(g)]；交叉点接近于起飞端和着陆入口，容量就最大[见图 6-5(e)]，此时，交叉跑道的每小时容量为 60～70 架次(IFR)或 70～175 架次(VFR)。由于交叉跑道的相互干扰大，容量偏低，因此应尽量避免采用。

④ 开口 V 形跑道

两条跑道散开而不交叉时，称为开口 V 形跑道，如图 6-5(h)、图 6-5(i)所示。与交叉跑道一样，当某个方向的风力强烈时，只能使用一条跑道；当风力微弱时，两条跑道可以同时使用。

从跑道的容量和空中交通管制的难易情况来看，单向跑道是最可取的。因为，在其他条件相同时，单向跑道的容量比别的跑道要大。对空中交通管制来说，引导飞机在单方向运行不像多方向运行那样复杂。随着对常年风向的准确掌握和飞机侧风降落能力的加强，新的大型多跑道空港都采用平行跑道布局。就交叉跑道与开口 V 形跑道比较，后者更为可取。

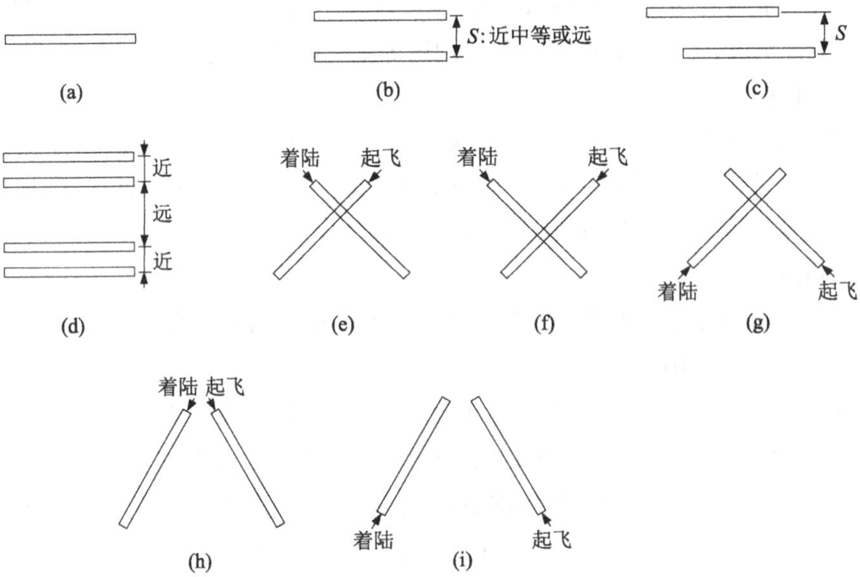

图 6-5　跑道的布置形式

(4) 跑道的道面标志

跑道的类别不同，它的道面标志也不同，目视跑道有下列基本标志：①中心线；②跑道号；③等待位置标志。非精密进近跑道要加上跑道端标志和定距离标志；精密进近跑道还要增加着陆区标志和跑道边线标志。各类跑道的标志线如图 6-6 所示。

跑道端标志表示跑道可用部分的开始，通常是由铺设道面的起点作为跑道端，但在有安全道或起降不能全部使用跑道时，跑道端就会移入跑道一定距离。

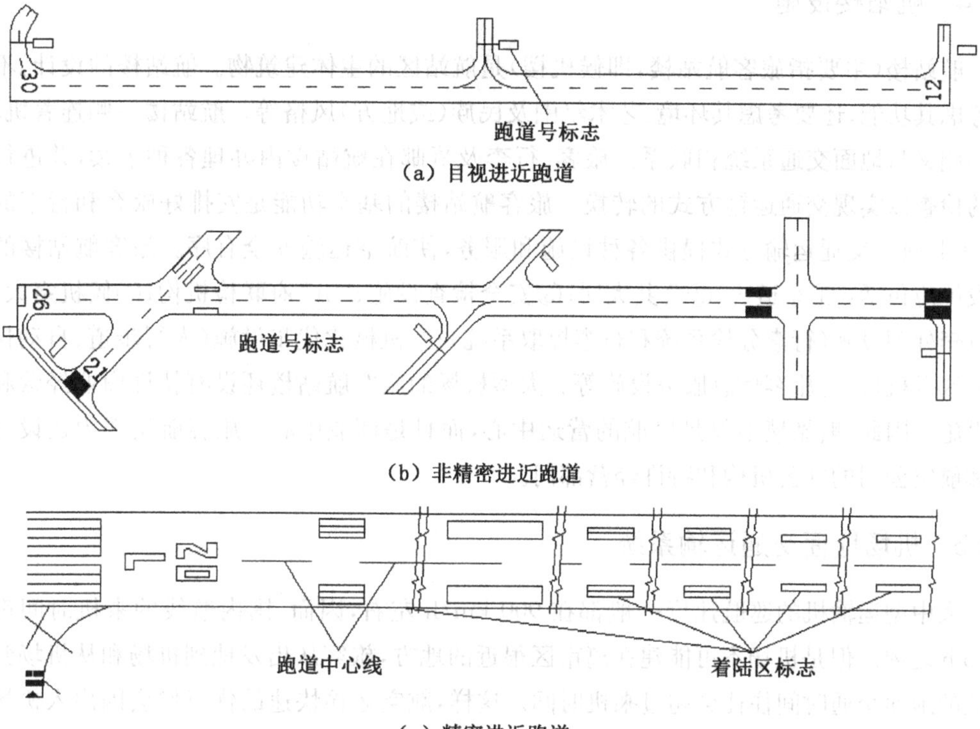

(a) 目视进近跑道

(b) 非精密进近跑道

(c) 精密进近跑道

图6-6 各种跑道标志

2) 滑行道

滑行道是机场内供飞机滑行的规定通道。滑行道的主要功能是提供从跑道到候机楼区的通道,使已着陆的飞机迅速离开跑道,不与起飞滑跑的飞机相干扰,并尽量避免延误随即到来的飞机着陆。此外,滑行道还提供了飞机由候机楼区进入跑道的通道。滑行道可将性质不同的各功能分区(飞行区、候机楼区、飞机停放区、维修区及供应区)连接起来,使机场最大限度地发挥其容量潜力并提高运行效率。滑行道应以实际可行最短距离连接各功能分区。

滑行道系统主要包括:主滑行道、进出滑行道、飞机机位滑行通道、机坪滑行道、辅助滑行道、滑行道道肩及滑行带。滑行道系统可以根据实际需要和可能,分阶段建设,逐步完善。避免一次建设费用过高,而利用率又过低。

3) 停机坪

停机坪也叫机坪,机坪是飞机停放和旅客登机的地方。停机坪的面积要足够大以保证进行上述活动的车辆和人员的行动,机坪上用漆标出运行线,使飞机按照一定线路进出滑行道。

机坪又分为停放机坪和登机机坪。飞机在登机机坪进行装卸货物、加油,在停放机坪过夜、维修和长时间停放。

6.4.4 航站楼设施

航站楼(主要指旅客航站楼,即候机楼)是航站区的主体建筑物。航站楼的设计,不仅要考虑其功能,还要考虑其环境、艺术氛围及民族(或地方)风格等。航站楼一侧连着机坪,另一侧又与地面交通系统相联系。旅客、行李及货邮在航站楼内办理各种手续,并进行必要的检查以实现交通运输方式的转换。旅客航站楼的基本功能是安排好旅客和行李的流程,为其改变交通运输方式提供各种设施和服务,使航空运输安全有序。旅客航站楼的基本设施应包括:①车道边;②公共大厅;③安全检查设施;④政府联检机构;⑤候机室大厅;⑥行李处理设施(行李分检系统和行李提取系统);⑦机械化代步设施(人行步道、自动扶梯等);⑧登机桥;⑨旅客信息服务设施等。大型机场的旅客航站楼还设有特许商业经营和服务设施。因此,航站楼不仅是民航的营运中心,而且是商业中心。旅客航站楼内还设有机场和航空公司的办公机构和特许经营部门。

6.4.5 机场地面交通运输系统

大中型运输机的巡航速度一般都在 900 km/h 左右,因而,国内航线的乘机时间都在 1~3 h 之内。但是机场不可能建在离市区很近的地方,旅客从出发地到机场和从机场到目的地的地面交通时间往往会超过乘机时间。这样,航空运输快速的优点便会因出入机场地面交通的阻滞而部分抵消。为此,机场要充分考虑到出入机场的地面交通。由于出入机场的人中,还有除了旅客之外的工作人员、访客、接送者等,因此,也要充分考虑到他们的需求。

出入机场地面交通运输方式主要有:小汽车、出租车、包租公共汽车、公共汽车、机场班车、火车、城市捷运公交系统、机场专用捷运系统和专用高速公路、直升机等。目前世界上大多数枢纽型机场都建设成了较为完整的地面交通运输系统。

6.5 空中交通管理

6.5.1 空中交通管理内涵

空中交通管理是为了有效地维护和促进空中交通安全,维护空中交通秩序,保障空中交通畅通,内容主要包括空中交通服务、空域管理、空中交通流量管理等。空中交通服务是空中交通管理的主要部分,包括空中交通管制服务、飞行(航行)情报服务和告警服务。

1) 空中交通服务

空中交通服务(Air Traffic Service, ATS)主要内容包括空中交通管制服务、飞行情报服务和告警服务。

(1) 空中交通管制服务

空中交通管制服务(Air Traffic Control, ATC)是指对飞行中的航空器提供交通管制服务，并实施有效的监督和管理。空中交通管制服务是空中交通管理核心内容，其任务是防止航空器与航空器相撞及在机动区内航空器与障碍物相撞，维护和加快空中交通的有序流动。

空中交通管制服务按照管制单位分为机场管制服务、进近管制服务和区域管制服务。按照管制手段分为程序管制和雷达管制。程序管制是依照空中交通管制规则、机场和航路的有关规定，依靠通信手段进行管制的方法。程序管制的主要职责是为飞机配备安全间隔。

(2) 飞行情报服务

飞行情报服务(Flight Information Service，FIS)是指提供规定区域内航行安全、正常和效率所必需的航行资料和数据的服务。其任务是向飞行中的航空器提供有助于安全和有效地实施飞行的建议和情报。

(3) 告警服务

告警服务(Alerting Service，ALS)是指向有关组织发出需要搜寻援救航空器和协助该组织而提供的服务。其任务是向有关组织发出需要搜寻援救航空器的通知，并根据需要协助该组织进行搜寻援救的服务。告警服务是为接受空中交通管制服务的航空器，以及在可能范围内，为一切其他航空器自动提供，也为已知或确信收到非法干扰的航空器提供的服务。总之，告警服务的作用就是使一切有关的援救和应急机构开始做工作，做好提供帮助的准备。

2) 空域管理

空域管理(Air Space Management，ASM)是指为维护国家安全，兼顾民用、军用航空的需要和公众利益，统一规划，合理、充分、有效地利用空域的管理工作，主要内容包括空域划分与空域规划。空域划分即飞行高度层规定和各种空中交通服务区域划分。空域规划是指对某一给定空域，通过对未来空中交通流量需求的预测，根据空中交通流的流向、大小与分布，对其按高度、方向和区域范围进行设计和规划，并加以实施和修正过程。空域管理的任务是依据既定空域结构条件，实现对空域的充分利用，尽可能满足空域用户使用空域的需求。

3) 空中交通流量管理

空中交通流量管理(Air Traffic Flow Management，ATFM)是指在空中交通流量接近或达到空中交通管制可用能力时，预先或适时采取适当措施，保证空中交通最佳地流入或者通过相应区域，尽可能提高机场、空域可用容量的利用率。其中空中交通流量管理分为先期流量管理(或战略流量管理)、飞行前流量管理(或战术流量管理)和实时流量管理(或动态流量管理)。

6.5.2 空中交通管理系统与设施

空中交通服务固定设施包括通信设施、导航设施、监视设施、气象设施、航行情报设施等。管制员使用的设施、设备应当按规定经民航局批准。

1）通信设施

（1）地空通信设施

空中交通管制使用的地空通信设施，应当是独立的无线电台并配备自动记录设施。

① 区域管制室使用的地空通信设施

区域管制室使用的地空通信设施应当能与在该管制区内飞行的并有相应装备的航空器进行直接、迅速、不间断和清晰的双向通信。

② 进近管制室使用的地空通信设施

进近管制室使用的地空通信设施应当是专用频道，并能与在其管制区内飞行并有相应装备的航空器进行直接、迅速、不间断和清晰的双向通信。如果进近管制服务的职能由区域管制室或塔台管制室兼任，也可以在兼任的管制室使用的通信频道上进行直接、迅速、不间断和清楚的双向通信。

③ 塔台管制室使用的地空通信设施

塔台管制室使用的地空通信设施，应当能使塔台管制室与在本机场管制范围内飞行的并有相应装备的航空器进行直接、迅速、不间断和清晰的双向通信。

为了管制机场机动区内车辆的运行，防止车辆与航空器相撞，应当根据需要设置单独的地面移动无线电话通信频道，建立塔台管制室与车辆之间的双向通信。

（2）航空固定通信设施

空中管制单位应当配备航空固定通信设施，包括报文通信和直通电话，用以交换和传递飞行计划和飞行动态，移交和协调空中交通管制。管制单位使用的报文通信设施应当满足交换和传递飞行计划和飞行动态的需要。

① 固定报文通信设施

区域管制室、进近管制室、塔台管制室以及机场空中交通服务报告室应当配备航空固定报文通信设施与空中交通管制单位进行通信联络。

② 直通电话通信设施

区域管制室、进近管制室、塔台管制室、机场空中交通服务报告室应当配备直通电话等通信设施与单位进行通信联络；总调度室与管理局调度室之间应当配备直通电话通信设施进行通信联络。

③ 航空固定通信设施的功能

空中交通管制单位之间的航空固定通信设施，应当具有下列功能：

a. 直通电话，用于雷达管制移交目的的，应当能够立即建立通信；用于其他通信的，应当在 15 s 之内建立。

b. 报文通信、报文传输时间不得超过 5 min。

2）导航设施

机场和航路应当根据空中交通管制和航空器运行的需要配备目视和非目视导航设施。

目视导航设施包括进近灯光系统、目视进近坡度指示系统、跑道灯光系统、滑行道灯光系统、机场灯标等。

非目视导航设施分为机场和航路非目视导航设施。机场非目视导航设施包括精密进近仪表着陆系统(ILS)、非精密进近仪表着陆系统(NDB)、指点标等;航路非目视导航设施包括全向信标台/测距仪(VOR/DME)、长波导航台(NDB)等。

3) 监视设施

空中交通管制单位通常应当配备相应的空管监视设备,以便监视和引导航空器在责任区内安全正常飞行。监视设施的要求如下:

① 完整、有效和可靠。

② 应当提供与安全有关的告警与警告显示。

③ 能够实现与相邻的空中交通服务单位的信息联网共享。

④ 空管监视设施数据应当配备自动记录系统,供调查飞行事故和飞行事故征候、搜寻援救以及空中交通管制和监视系统运行的评价与训练时使用。移动通信、固定通信和监视设施的自动记录系统应当处于统一的时钟控制之下,并能够同步播放。

⑤ 空管监视数据记录应当至少保存 30 d。如该记录与飞行事故或飞行事故征候有关,应当按照调查单位的要求长期保存,直至不需要为止。

4) 气象设施

(1) 气象设施的要求

民用航空气象(气象监视)台、站向空中交通管制单位提供服务的气象设施应具备如下功能:

① 提供其需要的最新的机场和航路天气预报与天气实况,以便履行空中交通管制职能;

② 提供的气象资料的格式,应当使空中交通管制人员易于理解,提供的次数应当满足空中交通管制需要;

③ 民用航空气象(气象监视)台、站,应当设置在空中交通管制单位附近,便于气象台、站人员和空中交通管制单位人员共同商讨气象情报服务;

④ 机场和航路上有危害航空器运行的天气现象时,民航气象(气象监视)台、站应当及时提供给空中交通管制单位,并详细注明天气现象的地点、范围、移动方向和速度;

⑤ 向空中交通管制单位提供的高空和中低空气象资料用数字形式并供空中交通管制计算机使用的,空中交通管制单位和民航气象(气象监视)台、站应当对内容、格式和传输方式进行协商,统一安排。

(2) 气象资料

民航气象(气象监视)台、站应当向飞行情报中心和区域管制室提供其所辖责任区内机场和航路的下列气象资料:

① 重要气象情报;

② 特殊空中气象报告;

③ 现行天气报告;

④ 天气预报(包括订正预报);

⑤ 按空中交通管制单位指定间隔时间提供指定地点的现行气压数据，以便拨正高度表。

民航气象（气象监视）台、站应当向进近管制室和塔台管制室提供其所辖责任区内机场和空域内的下列气象资料：

① 现行天气报告；

② 天气预报（包括订正预报）；

③ 特殊天气报告；

④ 按空中交通管制单位指定的间隔时间提供指定的机场和地点的现行气压数据，以便拨正高度表；

⑤ 如使用多个风力计，应当明确注明，以便识别每个风力计所监测的跑道和跑道地段。

进近管制室和塔台管制室应当配备地面风指示器，指示的风力数据应当与民航气象（气象监视）台、站的地面风指示器数据来自同一观测点和同一风力计。

6.6 通用航空管理

6.6.1 通用航空需求

通用航空需求可划分为经济建设服务类需求、航空消费类需求和社会公益服务类需求。

1) 经济建设服务类需求

主要有：①工业类，包括航空石油服务、电力作业、空中巡查、航空探矿、航空监测空中吊装、直升机外载荷飞行、航空摄影、空中拍照；②农林牧渔业类，包括航空喷洒、航空播种、航空护林、渔业飞行、人工降水、气象监测。

2) 航空消费类需求

主要有：①公务航空，商业公务飞行、公司公务飞行；②通勤航空；③培训教育；④个体航空和文化娱乐，航空表演飞行、航空竞技飞行、个人娱乐飞行、航空运动、航空旅游。

3) 社会公益服务类需求

主要包括国家重大救援、航空医疗救护、航空消防、交通救助。其中，农业航空、工业航空、通勤航空、驾驶员培训以及公务航空和个体航空是目前几种典型的经济建设和航空消费需求。

6.6.2 通用航空服务

1) 农业航空

航空为农业服务的历史可以上溯到1918年，从美国用飞机喷洒杀虫剂开始，但真正建立起农业航空产业则要从第二次世界大战结束之后算起，各类新的化学农药和肥料的出现及大量的剩余飞机，使农业航空迅速发展。20世纪50年代之后随着为农业用途设计的专业农业飞机的出现，直升机在农业上的使用以及新的喷洒设施的生产，完整的农业航空体系逐步建立起来。农业航空执行为农、林、牧、渔各行业服务的任务。

2) 工业航空

工业航空是一个不大确切的名称，它最初只限定在为工、矿企业的航空服务上，用来和农业航空区别。但随着航空服务内容的增加和不断扩大，单单以服务对象的行业区分航空的性质就显得不适用。目前一般按飞行作业的方式，把工业航空分为以下两类：

航空观察和探测：包括航空摄影、航空探矿、航空遥感和航空观察。

航空作业：包括航空救援、石油开发服务、空中吊装等。

3) 通勤航空

通勤航空是指航空承运人采用 60 座及其以下航空器，经营定期或不定期短途航班的航空运输服务。它最早诞生于美国，最初是为了解决小型社区的航空运输服务问题，日益增长的小型社区航空运输需求是通勤航空产生与发展的市场基础。在诞生初期，通勤航空是"无运输许可的非定期航班"，属于通用航空范畴。美国联邦航空法规对通勤航空运营标准进行了严格的规定，运营航空器为座位数低于 30 座的涡桨或涡扇飞机。在美国政府放松航空运输管制的背景下，政府的支持、航空技术的发展、市场的需求共同推动了美国通勤航空的蓬勃发展。从 20 世纪 70 年代开始，美国的通勤航空已有近 50 年的发展历史。

4) 驾驶员培训

培养民用航空驾驶员的训练飞行是通用航空中的一个重要组成部分，因为它的特殊地位，一般把它作为一个独立的系统来考虑。驾驶员是民用航空业中最重要的职位之一。近年来航空器可靠性大幅度提高，由设备故障造成的事故占整个事故的比例下降到了 10%以下，而人为事故上升到了 70%以上。驾驶员的素质成为飞行安全中的主要问题之一。随着航空技术的进步，对驾驶员的知识和能力的要求也在不断提高。驾驶员培训或训练飞行就成为通用航空中一个主要的内容，据统计，全世界的民用训练机为 3 万架左右，占整个民航飞机的 7%～8%，我国在用的教练机有 692 架(2018 年)，飞行人员的质量和数量的提高是保证民航事业顺利发展的必要前提条件。如何高效、低成本地培养合格的高质量的飞行人员是飞行培训机构的重要课题。

5) 公务航空和个体航空

在一些航空发达国家，通用航空的主流是公务航空和个体航空，在世界范围内通用航空飞机中公务机和私人飞机占大部分，美国的公务和个体航空的飞机数占通用航空飞机数的 90%以上。在这一领域我国还处于起步阶段，随着我国经济的发展，我国的公务航空和个体航空必将不断发展壮大。

6) 无人机

随着国民经济的发展以及科技的进步，近年来越来越多的无人机进入了人们的日常生活中以及农业、电力、石油、测绘等工业领域，成为经济发展的一个新的增长点。无人机是无人驾驶飞行器(Unmanned Aerial Vehicle，UAV)的简称，是利用无线电设备和程序控制装置操纵的不载人飞机。一个典型的无人机系统由飞行器平台、机载任务设备和地面控制系统等组成。

按机身构造，无人机可分为固定翼无人机、无人直升机以及多旋翼无人机等。固定翼无人机具有续航时间长、巡航高度高、载荷较大等优点，缺点是起降条件要求较高，灵活性较差等；无人直升机具有垂直起降、空中悬停、机动灵活等优点，并具备一定的装载能力；多旋翼无人机具备垂直起降、空中悬停、结构简单等优点，缺点是续航时间短，载荷较小。

按应用领域，无人机可分为军用无人机和民用无人机，民用无人机分为工业级无人机和消费级无人机。其中，工业级无人机主要用于完成各生产领域中对专业技能要求较高的特殊任务，例如农林植保、电力及石油管线巡查、警用巡逻、遥感测绘、缉毒缉私、物流运输等；而消费级无人机主要用于个人航拍和灯光表演等。

在农业领域，装载超声波、雷达及喷洒系统的无人机可对农作物实施精准而均匀的喷洒作业，装载影像采集系统的无人机可精确地监控农作物生长状况以及时采取有效的防治手段，装载播种系统的无人机可将种子及其生长所需的营养素一同播种。在能源领域，巡线作业无人机可以完成电力传输线路、油气输送管路等的巡查作业，极大提升了管线巡检的作业效率；装载任务设备的无人机还可以进行电信基站风力发电塔、太阳能发电站等的日常巡查作业。在警用领域，无人机通过装载影像采集设备实施空中监控，能够迅速扩大搜索范围，实时监控人员及车辆流向以辅助公安机关进行快速决策、快速调度，通过装载高空喊话器及催泪瓦斯发射装置，可对聚集人员进行有效处置。在物流运输领域，无人机配送可以摆脱传统配送中运输线路的局限，配送效率高，响应速度快，特别适用于小批量、高频次以及偏远地区运输。在日常生活中，消费者购买无人机的主要用途是航拍，目前消费级无人机大多具备自动起降、定点悬停、绕点飞行、智能避障、手势识别等功能，方便人们在各种应用场景中进行取景和拍摄。

随着行业相关法规和监管机制的完善，低空空域的逐步开放，无人机必将成为通用航空领域的一个重要组成部分。

6.6.3 通用航空的空域使用

1）通用航空使用的空域

我国执行 2003 年颁发的《通用航空飞行管制条例》的规定，凡是从事通用航空的空域都需要事先提出申请，由管制部门划定临时空域，批准后可在这一空域进行通航飞行。这种空域使用的最长时间是 12 个月，超过后再行申请。这一规定已经比以前的每次飞行需要申请放宽了很多，并且在执行中有一定的伸缩性。但是，对于通用航空的发展扶持力度不够，随着我国通航事业的发展，在空域的限制和使用上还需要进一步放宽。

在通用航空发达的国家，由于通用航空飞行的数量庞大，在空域使用上采取了不同的方法，其中在 5 400 m 高度以下、地面以上，除管制区域以外的非管制区是留给通用航空活动的空域，这样就给了通用航空广大的活动空域。

2）对通航飞行的空中交通管制服务

在划定的通航空域中的飞行活动，在我国需要提出飞行计划，申报被批准后才可飞行。在美国，由于在这一空域主要是目视飞行，因此只要提出飞行计划，经管制部门协调后备案即可飞行。“非管制区”并不意味着不实行任何管制，空管部门对在这个空域中飞行的航空器仍要提供通信、导航、雷达、气象、航行情报的服务，只是不像对在航线上飞行的航空器那样进行全程监控。

如果通航飞机使用航线和进入机场管制区，仍然需要和航线飞机一样每次飞行都要提供飞行计划，待批准后实行。

6.6.4 通用航空发展

通用航空的发展在20世纪末处于停滞状态，原因是购机成本高，对驾驶员的技术要求高，通航飞行极大地增加了航路拥挤，空管当局对其进行限制，这样使得通用航空不能像汽车和公路运输那样成为大众化的交通运输方式。

航空技术的进步使得飞机的成本下降，同时培训方法的改进使取得私人驾照的培训时间缩减到7～10 d，更重要的是在航线飞机上使用的精密电子仪表，即所谓的“玻璃驾驶舱”的价格降到了一般通航飞机使用者可以承担的程度。在这样的基础上，20世纪90年代美国提出了自由飞行设想和小型飞机运输系统（Small Aircraft Transportation System，SATS）计划，其目的是通过驾驶人在通航空域中“自由”飞行，把全美国现有的5 000多个通用航空机场连接成一个网络，使小型飞机使用者可以方便地出行。这样使私人飞机如同私人汽车一样，成为一种公众交通运输手段，从而充分利用了运输资源，并使其发挥出较大的经济效益。

复习思考题

6-1 航空运输的优点和缺点有哪些？

6-2 简述航空运输系统的组成。

6-3 简述机场的功能及主要组成部分。

6-4 出入机场地面交通运输方式有哪些？

6-5 航线和航路的主要区别是什么？

6-6 VOR系统的主要功能有哪些？

6-7 飞机的基本构成是什么？

6-8 简述空管导航设施的组成及其作用。

6-9 结合认识与理解，分析如何加快智慧民航建设？

6-10 试结合我国航空运输发展现状，分析未来航空运输发展趋势。

参考文献

[1] 中国民用航空局.民用机场工程项目建设标准：JB 105—2008[S].北京：中国民航出版社，2008.

[2] 朱金福，等.航空运输规划[M].西安：西北工业大学出版社，2009.

[3] 汪泓，周慧艳，石丽娜.机场运营管理[M].2 版.北京：清华大学出版社，2014.

[4] 谢进一，石丽娜.空中交通管理基础[M].北京：清华大学出版社，2012.

[5] 张军.现代空中交通管理[M].北京：北京航空航天大学出版社，2005.

[6] 潘卫军.空中交通管理基础[M].成都：西南交通大学出版社，2005.

[7] 王华伟，吴海桥.航空安全工程[M].北京：科学出版社，2014.

[8] 国家技术监督局.民用航空器飞行事故等级：GB 14648—1993[S].北京：中国标准出版社，1993.

[9] 谈至明，赵鸿铎，张兰芳.机场规划与设计[M].北京：人民交通出版社，2010.

[10] 汪瑜，贺镜帆，王雪.民航运输航线网络规划[M].成都：西南交通大学出版社，2020.

[11] 中国民航总局.民用航空运输机场选址规定：CCAR—170CA[S].北京：中国民航出版社，1997.

[12] 中国民航总局.民用机场建设管理规定：CCAR—158-R1[S].北京：中国民航出版社，2012.

[13] 中国民用航空局.民用机场飞行区技术标准：MH 5001—2013[S].北京：中国民航出版社有限公司，2013.

[14] 丁兴国，陈昌荣.民航运输机飞行性能与计划[M].北京：清华大学出版社，2012.

[15] 陈卓.航站楼旅客服务[M].北京：国防工业出版社，2014.

[16] 张荣娟，刘玉强.民用航空运输基础[M].长春：吉林人民出版社，2011.

[17] 李昂，降绍华，杨新湦.民航概论[M].4 版.北京：中国民航出版社，2020.

[18] 中国民航总局.民用航空通信导航监视设备飞行校验管理规则[S].北京：中国民航出版社，2021.

第7章 管道运输系统

7.1 管道运输概述

7.1.1 管道运输分类

管道运输是使用管道输送流体货物的一种交通运输方式，输送的货物主要是油品（原油和成品油）、天然气（包括油田伴生气）、煤浆以及其他矿浆。管道运输随石油、天然气等流体燃料的开发及大规模应用而兴起并随需求增长而发展。

运输管道常按所输送的物品不同分为输油管道、输气管道和固体料浆运输管道。

1）输油管道

输油管道分为原油管道和成品油管道两类。

（1）原油管道

原油一般具有比重大、黏稠和易于凝固等特性。用管道输送时，要针对所输原油的物性，采用不同的输送工艺。原油运输源自油田将原油输给炼油厂或转运原油的港口或铁路车站，或两者兼而有之。原油管道运输呈现输量大、运距长、收油点和交油点少等特点，世界上的原油约有85%以上是用管道输送的。

（2）成品油管道

成品油管道输送汽油、煤油、柴油、航空煤油和燃料油，以及从油气中分离出来的液化石油气等成品油（油品）。每种成品油在商业上有多种牌号，常采用在同一条管道中按一定顺序输送多种油品的工艺，这种工艺能保证油品的质量和准确地分批运到交油点。成品油管道的任务是将炼油厂生产的大宗成品油输送到各大城镇附近的成品油库，然后用油罐汽车转运给城镇的加油站或用户。有的燃料油直接用管道输送给大型电厂，或用铁路油槽车外运。成品油管道运输的特点是批量多、交油点多。因此，管道的起点段管径大，输油量大；经多处交油分输以后，输油量减少，管径亦随之变小，从而形成成品油管道多级变径的特点。

2）输气管道

输气管道是输送天然气、煤层气和煤制天然气的管道，包括集气管道、输气干线和供配气管道。就长距离运输而言，输气管道系指高压、大口径的输气干线。这种输气管道约占全世界管道总长的一半。

3）固体料浆管道

固体料浆管道发展于20世纪50年代中期，到20世纪70年代初已建成输送大量煤炭料浆管道。输送方法是将固体粉碎,掺水制成浆液,再用泵按液体管道输送工艺进行输送。

7.1.2 管道运输特征

管道作为一种运输手段而得到较快的发展,成为交通运输系统中的一个重要组成部分,是因为它具有独特的优点:①管道能够进行不间断地输送,运输连续性强,运输量大,不产生空驶,如管径 720 mm 的管道,年输送能力 2 000 万 t,而用车、船运送油品,一般回程放空不能利用,浪费运力;②管道可以实现密封输送,消除途中装卸、倒装和转运作业,把输送物资从产地直接送到消费地,因此,可使油品在运送途中的损耗减少到最低限度;③管道是埋在地下的,占用土地少,输送石油及其制品安全可靠;④管道运输适应性强,基本不受自然条件的限制,如不受气候影响,可全天全年运行,可穿越高山峡谷,河流沼泽,几乎不受地形影响;⑤管道基建投资少,燃料消耗少,经营管理简便,劳动生产率高,运输成本低,从而节省运输费用,运输效益大;⑥在同一条管道中可以输送多种油品,比较易于实现运输自动化管理,占用劳动力少。

管道运输作为一种专用交通运输方式,货种单一且管道运输弹性小,起运量与最高运输量间的幅度小。油田开发初期,难以采用管道输送,往往还要以道路、轨道或水运作为过渡。管道某处出现故障或事故,会影响全管路输油工作。

7.2 长距离输油管道

7.2.1 长距离输油方式

管道输送原油及其制品的方式一般有三种,即常温输送、加热输送、易燃原油的不加热输送。

1) 常温输送

输送轻质油或低凝点原油的管道不需加热,油品经一定距离后,管内油温等于管线埋深处的地温,这种管道称为常温输油管。它无须考虑管内油流与周围介质的热交换。原油或成品在大气温度下输送,多用于单一的成品油,如汽油、柴油、煤油或低黏度原油的输送。在输送过程中只有压能的消耗。设备、工艺简单、各站只要加压即可。

2) 加热输送

主要用于一些凝固点高、黏度大、含蜡高的原油。当油品黏度极高或其凝固点远高于管路周围环境温度时,每公里管道的压降将高达几个甚至几十个大气压,这种情况下,加热输送是最有效的办法。这种油的输送要测定黏度与温度的关系。在输送过程中,既要解决压能平衡,又要解决热能平衡,因而要设置泵站与加热站,组成热泵站。油输送管道要考虑摩阻的损失和散热损失,输送工艺更为复杂。

3) 易燃原油的不加热输送

主要包括热处理输送、乳化输送、水悬浮输送、内螺旋管输送和轻油稀释输送五种方式,各类输送方式的特点如表 7-1 所示。

表 7-1 易燃原油的不加热输送方式与特点

输送方式	特点
热处理输送	把油先加到一定温度,按要求的冷却速度冷却,改变蜡的结晶,从而改变与降低凝固点
乳化输送	在被输送油中加一些表面活性剂水溶液,在一定温度条件下,搅拌后形成一种水包油型乳状液,从而降低油的凝固点
水悬浮输送	利用水凝固点较高的特点,使油颗粒状混合输送,液体中含油量占 60%,这种输送要解决水源、脱水和水处理问题
内螺旋管输送	水、油混合输送,因离心力作用使水近壁,而油在中心进行输送
轻油稀释输送	用稀油与重黏度的油混合输送

7.2.2 长距离输油管道构成

长距离输油管道由输油站和输油管线两部分构成。

1) 输油站

输油站是管道运输的重要组成设备和环节,在管道运输过程中,通过输油站对被输送物资进行加压,克服运行过程中的摩擦阻力,使原油或其制品能通过管道由始发地运到目的地。输油站按其所在位置可以分为:

(1) 首输油站

多靠近矿场或工厂,收集沿输油管输送的原油及其制品,进行石油产品的接站、分类、计量和向下一站输油;要配有较多油罐和油泵。如果是热油输送还要配有加热设备。

(2) 中间输油站

担负把前一站输来的油转往下站的任务。如果是热油输送,则通过中间输油站加热,使油温大于环温,带有加热功能的叫热泵站。

(3) 终点基地

收受、计量、储藏由输油管输来的油,并分配到各消费单位,或转交其他运输工具。需要有大量油罐和输转设备。

输油站设有一系列复杂的构筑物,其中直接有关的主要设备如下:

(1) 泵房:其作用在于造成一定的压力,以便克服管道输送时所产生的阻力,把石油输往下一站。应根据压力大小在每一定间隔距离的线路上设置一个泵站。

(2) 油池:在矿场、炼油厂和各个输油站设有收油和发油的专用油池。运用管道从发油企业收油或从油池往外发油。

(3) 阀房:设有闸阀用以控制输油过程。

与输油过程不直接发生联系的辅助设施有变电所、冷却设备、锅炉房、机修车间、水塔、净化设备、阴极防护设施以及清管装置。

2）输油管线

输油管线按其作用分为三种：

（1）内部输油管式辅助输油管

炼油厂、石油基地中的各种线路系统，用于输送加工原油和灌注油罐车、内河及港内驳船、远洋油轮及油桶。

（2）局部性输油管

把石油从矿场输往石油基地与大型输油管首站的短距矿场管路。

（3）大型输油管或干线输油管

这种输油管自成系统，形成独立的企业单位。其线路可长达数百千米至数千千米。除必要的检修工作外，能全年不断地输送石油。

输油管线包括以下几部分设备：

（1）钢管：一般用焊接方式连接的无缝钢管，每根长 12.5 m。建设时是散管，焊接成 2 km 左右长、分段试压、缠上防腐层（沥青、玻璃皮等）后将管条连接起来，进行整体试压（试压压力为工作压力的 1.2 倍），再下沟与埋管。

（2）穿（跨）越工程。

（3）截断阀：在各站、穿（跨）越工程两端及管道沿线每隔一定距离都要设截断阀。

（4）通信系统：用来指挥生产，便于检修等工作。

3）管道与泵站的联系

管道与泵站的联系主要有通过式、旁通油罐式和密闭式，前两种方式均需在中间站安设一个油罐，仅是油罐安放的位置不同，各个泵站各自成为一个独立水力系统，罐为缓冲装置。密闭式联系中间泵站不设油罐，仅设有事故处理罐，平常处于封闭状态，全线形成一个统一的水力系统，各部分的参数变化将影响整体，这种联系方式可靠性要求高，通信、自动化水平要求高。

7.2.3 长距离输油管道运行控制

1）输油管道的水力特性

（1）输油管道的压能损失

流体受到压力而在管道中运输，在运输过程中存在压能的供给与损耗。输油管道的压能消耗主要有两部分：①部分压能转化为势能，用于克服地形高差，这部分压能损失与输油量无关；②部分压能被液体与管道间的摩擦消耗，包括油流通过直管段时的摩擦损失（简称沿程摩阻）和油流通过各种阀件、管件时的摩擦损失（简称局部摩阻）。长距离输油管道站间管道的摩擦损失主要是沿程摩阻，局部摩阻只占 1%～2%。

在额定输量下运行的原油管道一般处于水力光滑区，低输量的黏稠原油管道可能进入层流区。沿程摩阻与管道长度、输量及油品物性等相关，管道输量的增大将导致摩阻压降明显增大，而加大管径对于降低摩阻有非常显著的作用。

（2）泵站-管道系统的工作点

管道的工作特性表示输送一定油品时，管道能量消耗 H 随流量 Q 变化的关系，如图 7-1 的曲线 G(其中假设 $\Delta Z>0$)。一条管道输送一种油品时，有一特定的管道特性曲线。泵站的特性是指泵站的扬程(即泵站的能量供应)与排量的关系。离心泵泵站特性曲线如图7-1中的曲线 C。

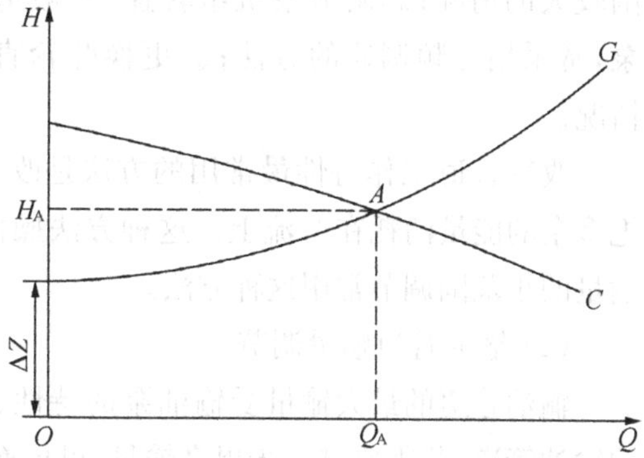

图 7-1 泵站-管道系统的工作点

在长距离输油管道中，泵站与管道组成了一个水力系统，管道所消耗的压能(包括终点所要求的剩余压力)等于泵站所提供的压能，即二者保持能量供求的平衡关系。泵站—管道系统的工作点是指在压力供需平衡的条件下，管道流量与泵站出站压力等参数之间的关系，通过泵站特性曲线与管道特性曲线的交点即可确定，如图 7-1 的点 A。

2) 输油管道热力特性

加热输送管道中油品温度高于环境温度，油品向环境散热而降温。油流在管道中的温降与输量、环境条件、管道散热条件、油温等因素有关。管道中油品温度随输送距离延长而下降。对输送某一油品的一定管道(即管径不变、管道总的传热系数基本不变)，输油量越小，温度下降越快。图 7-2 为固定加热站进站温度时，不同输量情况下的温降曲线。可见输量越小，要求上一加热站出站温度越高。原油的最高出站温度受沥青防腐层耐热性能、管道热应力、加热炉功率等的限制；原油最低进站温度则受原油流动性的限制(进站温度一般应高于原油凝点 3℃)。

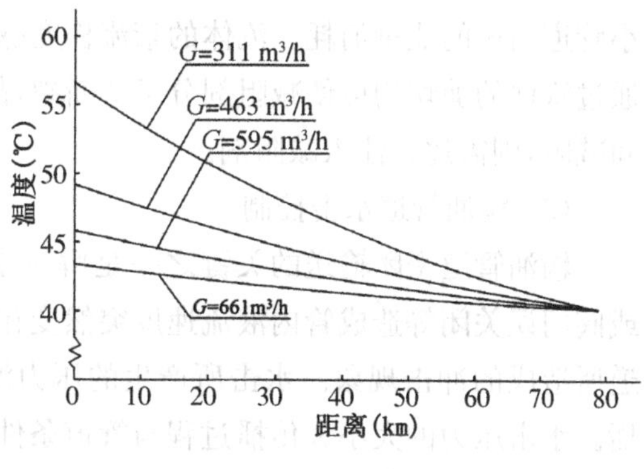

图 7-2 不同输量下输油管道降温曲线图

输油管道的水力、热力特性是相互影响的。管道输量变化时，油品的温降规律也要发生变化，而温度条件的变化反过来又影响管道的压降规律。

3) 输油管道运行控制措施

(1) 输油管道工况调节

泵站-管道系统的工作点由系统的能量供需关系决定。当管道的输量需要改变时，泵站-管道系统的能量供需关系也发生变化。输油管道的调节就是通过改变管道的能量供应(改变泵站特性)或改变管道的能量消耗(改变管道特性)，使之在给定的输量下达到新的能量供需平衡。

改变泵站特性的方法主要有：①改变运行的泵站数或泵机组数，适用于输量变化范围较大的情况;②调节泵机组转速,一般适用于小范围的调节,对于电动机驱动的离心泵,常采用变频调速的方法;③更换叶轮直径,主要适用于调节后输量稳定时间较长的情况。

改变管道工作特性最常用的方法是改变出站调节阀的开度,人为地改变局部阻力,即把多余的能量消耗在节流上。这种方法操作简单,但能源浪费大。当泵机组不能调速时,输量的小范围调节常用这种方法。

(2) 输油管道输量调节

输油管道的最大输量受输油泵的特性、管道强度、油品流动性质的限制。对于已建成的输油管道,若需要进一步提高输量,可更换更大输量的输油泵(必须重新校核管道强度),或在现有管道的两站之间增设泵站。这些都是永久性的措施。对于短期的或季节性的增输要求,则可采用添加紊流减阻剂的方法。

输油管道内油品的流动大多处于紊流流态。紊流流场中的漩涡消耗了大量能量,因此紊流的摩阻压降大于层流(层流时管道沿程摩阻压降与流量成正比,在紊流光滑区则与流量的 1.75 次方成正比)。

紊流减阻剂是一种长链结构的高分子烃类聚合物,其减阻原理是抑制紊流的漩涡,减小管道输送的能量消耗。流体的紊流程度越高,减阻剂效果越好。但过泵和阀门节流以及通过管件的剪切均可使减阻剂分子链断裂,故减阻剂必须在泵站出站处注入。如需多个站间减阻,则需逐站注入减阻剂。

(3) 输油管道水击控制

输油管道密闭输送的关键之一是解决水击问题。水击是由于突然停泵(停电或故障)或阀门误关闭等造成管内液流速度突然变化,引起管内压力的突然大幅度上升或下降对管道所造成的冲击现象。水击所产生的压力波在输油管道内以 1 000~1 200 m/s 的速度传播。水击压力的大小和传播过程与管道条件、引起流速变化的原因及过程、油品物性、管道正常运行时的流量及压力等有关(对于输油管道,管道中液流骤然停止引起的水击压力上升速率可达 1 MPa/s,水击压力上升幅度可达 3 MPa)。

水击对输油管道的直接危害有两种:①水击的增压波,有可能使管道压力超过允许的最大工作压力,使管道破裂;②减压波,有可能使稳态运行时压力较低的管段压力降至液体的饱和蒸汽压,引起液流分离,即在管道高点形成气泡区,液体在气泡下面流过。对于建有中间泵站的长距离管道,减压波还可能造成下游泵站进站压力过低,影响下游泵机组正常吸入。

解决水击问题通常采用泄放保护和超前保护两种方法。泄放保护是在管道上装有自动泄压阀系统,当水击增压波导致管内压力达到一定值时,通过阀门泄放出一定量的油品,从而削弱增压波。超前保护是在产生水击后,由管道控制中心迅速向有关泵站发出指令,各泵站采取相应的保护动作,以避免水击造成危害。

(4) 输油管道清管

清管是保证输油管道能够长期在设计输量下安全运行的基本措施之一。输油管道的清管，主要是清除输油过程中沉积在管内壁上的石蜡、油砂等凝聚物。管壁沉积物使管道的流通面积缩小，摩阻增加，增大了管输的动力消耗。

清管方法是向管内投放与管内壁紧密接触的清管器，其在油流的推动下顺着管壁前进，刮掉管壁上的沉积物。清管器有皮碗刮刀型、球型等多种，材质上有机械型和泡沫塑料型等。为了投放和取出清管器，需要在输油站上设置清管器收发装置。清管器同时还具有管内检测的功能，可检测管道的腐蚀、裂纹、变形等情况。

(5) 输油管道设计优化

管道线路的走向和管道的设计方案对其投资和运行成本有很大影响。例如，在一定任务输量下，提高管道运行压力可以减少中间泵站，节省泵站建设的投资，但这要求管道有更高的强度，以及需要更高扬程的泵，还涉及管道耐压和泵扬程等设备技术指标的约束，因而存在最优工作压力。对于加热输送管道，在一定任务输量下，提高加热温度可使油品黏度下降，从而减小输油泵的电能消耗，其代价是燃料油消耗上升；反之，降低输送温度可节省燃料油消耗，但导致耗电量增加。油温上限还受管道热应力、防腐层耐热性能等因素的约束，油温下限则受油品物性的约束，存在最优的运行温度和压力。

在等温输油管道的设计中，若把线路走向、管径、管材、管壁厚度、泵机组型号、运行参数等都作变量考虑，可能的设计方案数目非常多。对于加热输送管道，还涉及进出站温度、加热方式与设备、管道埋深的确定及管道保温的选择等。为了确定输油管道的最优设计参数，必须采用最优化的数学方法，借助计算机求取数值解。这是一个涉及非线性规划、动态规划、整数规划等的多目标综合性规划问题，有关的变量有连续变量、离散变量、整型变量，约束条件有等式及不等式，以及线性及非线性方程，衡量方案好坏的标准除了要求投资及经营费用低外，还要求施工期短、运行可靠性好、对环境的污染及危险小等。

7.3　长距离输气管道

长距离输气管线通常连接大产量天然气田或人工燃气与用气地区输气管线，其干管及支管的末端连接城镇或大型工业企业，作为该供气区的气源点。输气管道系统主要由矿场集气管网、干线输气管道网、城市配气管网以及与此相关的站、场等设备组成。这些设备从气田的井口装置开始，经矿场集气、净化及干线输送，再经配气管网送到用户，形成一个统一、密闭的输气系统。矿场输气管道输送未经处理的原料气，输送距离短、管径小、压力变化大。干线输气管道把经脱硫净化处理的天然气送到城市，输送距离长，管径大(400 mm 以上)，压力高(4.0 MPa 以上)，为天然气远距离输送的主要工具。城市输气管道为天然气的分配管网，遍布整个城市和近郊，一般呈环形布置且按压力严格区分。

7.3.1　长距离输气特点

长距离输气管道与压缩机站组成一个复杂的动力系统，由于其输送的气量大，常采用大口径、高压力的输送系统。其主要特点为：

(1) 长输管道是天然气长距离连续运输系统，可用自身运输的物质消耗克服摩擦阻力，迅速将天然气运到目的地。

(2) 长输管道属于输气系统的中间环节，要协调好上下游间的关系，其设计及操作管理较为复杂。

(3) 长输管道输送量大，涉及国计民生及千家万户，必须充分保证能安全、连续、可靠地供气。

(4) 采气生产的均衡性和用户用气的波动性，要求管道有一定的储气能力，以适应用气量的变化。

(5) 长输管道投产初期可充分利用地层压力进行输送，根据气田压力的变化逐步建增压站，可节约投资和经营费用。

(6) 长输管道要求有与之配套的附属设施，尤其是通信和自控系统。

7.3.2 长距离输气管道构成

长距离输气管道由矿场集气设备、输气站、干线输气管道、城市配气管网四部分构成。

1) 矿场集气设备

集气过程指从井口开始，经分离、计量、调压、净化和集中等一系列过程，到向干线输送为止。集气设备包括井场、集气管网、集气站、天然气处理厂、外输总站等。一般气田的集气有单井集气和多井集气两种流程。单井集气方式下的每一口井场除采气树外，还有一套独立完整的节流(加热)、调压、分离、计量等工艺设施和仪表设备。多井集气方式下，主要靠集气站对气体进行节流、调压、分离、计量和预处理等工作，井场只有采气树；气体经初步减压后送到集气站，每一个集气站可汇集不超过 10 口井的气体。集气站将气体通过集气管网集中于总站，外输至净化厂或干线。多井集气处理的气体质量好，劳动生产率高，易于实现管理自动化，多用于气田大规模开发阶段。单井集气与多井集气都可采用树枝形或环形集气管网。环形管网可靠性好，但投资较大。由于气井井口压力较高，集气管道工作压力一般可达 110 MPa 以上。

2) 输气站

输气站又称压气站，核心设备是压气机和压气机车间，任务是对气体进行调压、计量、净化、加压和冷却，使气体按要求沿着管道向前流动。由于长距离输气需要不断供给压力能，故沿途每隔一定距离(一般为 110～150 km)设置一座中间压气站(或称压缩机站)，首站也是第一个压气站，当地层压力大至可将气体送到第二站时，首站也可不设压气机车间。第二站开始称为压气站，最后一站即干线网的终点：城市配气站。压气站也可按作用分为压气站、调压计量站、储气库三类。调压计量站多设在输气管道的分输处或末站，其作用是调节气体压力、测量气体流量，为城市配气系统分配气量并分输到储气库；储气库则设于管道沿线或终点，用于解决管道均衡输气和气体消费的昼夜及季节不均衡问题。

压缩机(或称压气机)是提高气体压力以输送气体的机器。它分为容积型和速度型两大类。前者通过压缩体积、增大密度来提高气体压力；后者则通过提高气体速度并使其从很高的速度降低，使动能转化为压力能。输气管线上的压缩机主要是容积型的活塞式往复压缩机和速度型的离心式旋转压缩机。

(1) 活塞式往复压缩机的优点是排出气体的压力稳定，调节性能好，效率高，对压缩机制造材料要求不高，但结构复杂，易损件多，运转中振动、噪声较大，多适用于升压要求高、输气量低的线路。

(2) 离心式旋转压缩机的优点是结构紧凑，排气均匀、连续，可直接串联运行，振动与易损件小，机内无须润滑油，不污染输送气体，转速高，节能，维修工作量小，但难以满足流量小、压力要求高的输送要求，效率较低。

随着管径和流量不断增长，离心式旋转压缩机在输气干线上占据了绝对优势。活塞式往复压缩机中，活塞在汽缸中做往复运动对气体加压。离心式旋转压缩机中，气体从轴向进入高速旋转的叶轮并被离心力甩出进入扩压器。叶轮中速度高、动能大的气体进入断面渐大的扩压器后速度降低，部分动能便变为压力能。气体通过弯道和回流器被第二级吸入，进一步提高压力。依次逐级压缩，直至获得所需压力。每级叶轮中，排气压力与进气压力之比称为叶轮的压力比。干线输气管上一个站的压缩比大致在 1.2～1.5，必要时可采用多台压缩机串联使用。

压气站站址应选择地面平坦、有缓坡可排水、土壤承载能力不低于 0.12 MPa、地下水位低、土壤干燥的地方。

3) 干线输气管道

干线是指从矿场附近的输气首站开始到终点配气站为止。

由于输气管道输送的介质是可压缩的，其输量与流速、压力有关。压气站与管路是一个统一的动力系统。压气机的出站压力就是该站所属管路的起点压力，终点压力为下一个压气站的进站压力。一般地，输气管线可以有一个或多个压气站。

当只有一个压气站时，系统工作点可由压气站及全线管路的工作特性来确定。不过，系统工作点并非是一成不变的，而是随压气站与管路工作特性、输气管线工作条件（如地温）变化而变化的。输气管与压缩机的选用要考虑使系统工作点在压缩机的高效区内，且工作点压力不超过管道工作的最大压力。

当全线有多个压气站时，在确定工作点之前应确定压气站数和站间距离。在生产中，由于各压气站需要消耗一定数量的天然气（动力与生活用气），输气干线从起点到终点的压力是逐渐下降的。若沿线有分气或进气，则各压气站的流量也可能不同。全线所需要的压气站数和站间距应根据实际情况通过水力计算确定。压气站数可根据管线起终点最大供气量、压气站最大出站压力、全线管长、末段管线长度、压气机性能、输送介质等因素来初步确定，再根据地形、地质、水、电、交通等条件最终确定。一般在压气站数与站址确定后，压缩机与管路工作点即可确定，工作点的流量应大于或等于输气管的任务输量。

4) 城市配气管网

城市配气指从配气站(即干线终点)开始,通过各级配气管网和气体调压所按用户要求直接向用户供气的过程。配气站是干线的终点,也是城市配气的起点与枢纽。气体在配气站内经分离、调压、计量和添味后输入城市配气管网。城市配气管网形式分为树枝形和环形两类,按压力则分为高压、次高压、中压和低压四级。由于不同级别的管网上管道等设施的强度不同,上一级压力的管网必须调压后才能输向下一级管网。城市一般均设有储气库,可调节输气与供气间的不平衡。

7.3.3 长距离输气管道运行管理

1) 运行管理目标

输气管道运行管理的目标是尽可能保证按质、按量、按时向用户供气,同时做到安全可靠、高效运行,以使得输气企业获得最佳的经济与社会效益。要实现这些目标,应根据管道沿线气源的供气能力及用户要求的用气流量确定技术上可行、经济上合理的工艺运行方案,并在方案实施过程中根据管道的实际运行状态进行合理地控制与调节。

工艺运行方案主要包括每个压气站的压缩机开机方案、进/出站压力、进/出站温度等要素。对于稳态工况,工艺运行方案中的各要素是不随时间变化的;对于非稳态工况,这些要素则可能随时间改变。无论是稳态工况还是非稳态工况,一个技术上可行的运行方案必须满足管道终点及沿线各分气点的供气流量及最低供气压力要求。在这些要求为给定的前提下,一般需要通过稳态或非稳态工况模拟确定输气管道的具体运行方案。在大多数情况下可能同时存在多个技术上可行的工艺运行方案,可通过运行费用或能耗最低等优化目标进一步比选方案。

2) 压气站与管路的匹配

压气站与管路匹配就是压气站与其站间管路联合工作。从物理本质上看,匹配反映了输气管道系统的能量守恒规律,即压气站提供的能量刚好等于气体在管路中流动的能量损失加上气体本身增加的能量。假设一条输气管道处于稳态工况,且其每个压气站的压缩机开机方案及调节方案是确定的,则管道的输量将随之确定。一条输气管道的具体匹配情况可以用其全线各压气站的工艺运行参数来描述,它取决于全线每个压气站及每段管路工艺特性。

压气站的工艺特性取决于其运行压缩机组合以及该组合中每台压缩机的特性。压缩机的工艺特性包括压比-流量特性(或排出压力-流量特性)、压头-流量特性、效率-流量特性和功率-流量特性,最常用的是压比-流量特性(或排出压力-流量特性)。活塞式往复压缩机的排出压力-流量特性比较简单,可描述为:在吸入状态下的体积流量取决于转速,排出压力取决于其出口处管道的背压。

压气站的工艺特性是指将整个压气站作为一台等效压缩机看待时其所体现出的压比-流量特性。分析压气站的压缩机开机方案以及其中每台压缩机的压比-流量特性,可以确定该站的压比-流量特性。

管路的工艺特性包括水力特性和热力特性，与匹配有关的主要是水力特性。一段管路的水力特性是指该管路两端的压力与管路流量之间的关系。

3）干线输气管道的工况调节

由于用户用气流量的变化及其他原因，输气管道的工况经常需要调节，这种调节一般是在压气站上进行的。离心压气站常用的调节措施有：

① 改变压缩机转速。所有调节方法中最经济的，基本原理是通过改变转速来改变离心压缩机的压比-流量特性。②压气站出口节流。该方法操作简单，其物理本质是通过增大压气站出口调节阀的局部阻力损失来降低输量，故经济性差。③压气站进口节流调节。该方法简单易行且经济上优于出口节流。④进口导叶角度调节。要求在离心式旋转压缩机叶轮进口前设置一组气流导向叶片，因而使压缩机的内部结构复杂化。调节范围取决于叶轮内径与外径之比，该比值越小，调节范围就越小。经济性仅次于调节压缩机转速。⑤回流调节。此方法简单易行，但经济性最差。基本原理是让压气站出口的一部分气体通过站内循环管道返回进口，从而减少该压气站的有效流量。

7.4　固体料浆管道

7.4.1　固体料浆管道运输原理

用管道输送各种固体物质的基本措施是将待输送固体物质破碎为粉粒状，与适量的液体配制成可泵送的浆液，通过长输管道输送这些浆液到目的地后，再将固体与液体分离送给用户。浆液管道主要用于输送煤、铁矿石、磷矿石、铜矿石、铝矾土和石灰石等矿物，配制浆液主要用水，少数采用燃料油或甲醇等液体。固体料浆管道的基本组成部分与输气、输油管道大致相同，但还有一些制浆、脱水干燥设备。以煤浆管道为例，整个系统包括煤水供应系统、制浆厂、干线管道、中间加压泵站、终点脱水与干燥装置。

7.4.2　固体料浆管道构成

固体料浆管道由浆液制备系统、输送管道、中间泵站、后处理系统四部分构成。

1）浆液制备系统

以煤为例，煤浆制备过程包括洗煤、选煤、破碎、场内运输、浆化、储存等环节。为清除煤中所含硫及其他矿物杂质，一般要采用淘选、浮选法对煤进行精选，也可采用化学法或细菌生物法。

从煤堆场用皮带运输机将煤输送至储仓后，经振动筛粗选后进入球磨机进行初步破碎，再经第二级振动筛筛分后进入第二级棒磨机掺水细磨，所得粗浆液进入储浆槽，由提升泵送至安全筛筛分，最后进入稠浆储罐。在进行管输前，为保证颗粒级配和浓度符合质量要求，可用试验环管进行检验。不合格者可返回油罐重新处理。

煤浆管道首站一般与制浆厂合在一起，首站的增压泵从外输罐中抽出浆液，经加压后送入干线。

2）输送管道

在管道中流动浆液是流态多变的固液二相混合物，在一定的流速下浆液才能稳定流动。流量降低、流速减缓的情况下会出现多种不均质流态，甚至产生固体沉积现象。为保持浆液稳定流动，须确定合理的输送工艺，如筛选均质固体、确定合理破碎筛分、确定颗粒级配、配制适合浓度的浆液；还要根据年输送量选择适宜的管径、确定临界流速等。此外，在确定固体粒径和级配时，要考虑便于固液分离。

在固体管道中浆液的浓度受固体的重度、粒径等限制。管道输送工艺中应注意的问题有：

（1）浆液管道的流态

在相同的流速下，由于粒径级配不同形成三种基本流态：均质流态，在管道断面上颗粒均匀悬浮，各点的固体浓度相同；半均质流态，细颗粒均匀分布在管道全断面上部，但大颗粒则在下部运动，因此下部浓度大，上部浓度小，但不出现固体颗粒沉淀；非均质流态，全断面上浓度分布很不均匀，出现固体颗粒沉淀，并在管道底部出现沉淀层。严格地说，不存在纯均质的浆液流，同一种浆液当流速变化时，可以在均质流与半均质流或半均质流与非均质流之间转化。出现沉淀时的流速称为浆液的临界流速，这一流速是非均质流与半均质流的分界点。固体管道应在临界流速以上输送浆液。

（2）固体料粒径的选择

固体管道营运是否经济，与颗粒粒径的选择有密切关系。制浆和脱水费用主要由设备投资和运行费用这两项组成，而这两项费用都与颗粒粒径有关。粒径越小，需要破碎的设备就多，耗用动力大；脱水也难，脱水的设备多，时间长，能耗也多。粒径与输送费用的关系更为复杂。粒径越大，浆液流态不稳定，临界流速大，耗能也大；粒径小，流态稳定，临界流速低，但也有一定的限度。如粒径小于某一数值，则会使浆液的黏度增加，能耗上升，脱水更加困难，输送费用反而增加。粒径的选择又与固体的重度有关。根据黑梅萨煤浆管道的经验，煤浆管道中的全部颗粒粒径要小于 1.19 mm，其中 20%的粒径要小于 0.044 mm。当粒径小于 0.044 mm 的占 14%时，停输时会造成管道堵塞；后改为 16%通过粒径为 0.044 mm 的筛孔，仍有堵塞，但较易于启动；最后改为 19%的粒径小于 0.044 mm，再启动就比较容易。对不同的管道，上述条件还会改变。

（3）管道坡度

管道坡度是造成管道堵塞的因素之一，应严格限制管道坡度。固体料浆管道常用间歇输送来调节输量，停输后固体颗粒会沉淀。如果管道坡度大于沉淀物的自然安息角，沉淀物将向下滑动堆积，形成堵塞。若堵塞的长度较短，可在启动压力下恢复流动。若堆积长度过长，启动将会困难。煤浆管道的敷设坡度一般不大于 16°。

3）中间泵站

中间泵站的任务是为煤浆补充压力能。停运时则提供清水冲洗管道。输送煤浆的泵也可分容积式与离心式两种，其特性差异与输油泵大致相同。泵的选用要结合管径、壁厚、输量、泵站数等因素综合考虑。为了减少浆液对活塞泵缸体、活塞杆、密封圈的磨蚀，可采用油隔离泵方法，避免浆液进入活塞缸内，活塞只对隔离油加压并通过它将压力传给浆液。

4) 后处理系统

煤浆的后处理系统包括脱水、储存等部分。管输煤浆可脱水储存，也可直接储存。脱水的关键是控制煤表面的水含量，一般应保证在7%～11%。影响脱水的因素主要有浆液温度与细颗粒含量。浆液进入受浆罐或储存池后用泵输送到振动筛中区分为粗、细浆液。粗浆液进入离心脱水机，脱水后的煤粒可直接输送给用户，排出的废液输入浓缩池与细粒浆液一起，经浓缩后再经压滤机压滤脱水后输送给用户。

由于管道中流动的浆液是固液两相的混合物，其输送过程中除了要保证稳定流动外，还要考虑其沉淀的可能，尤其是在流速降低情况下。不同流速、不同固体粒径及浓度条件下，浆液管道中可能出现均质流、非均质流、半均质流三种流态。非均质流浓度分布不均，可能会出现沉淀，其摩阻高，输送费用大。

颗粒大小及浆液浓度影响后处理系统的经济性，细颗粒含量多时虽然可以降低管输费用，但制浆、脱水费用将会增加。

7.5 城镇燃气管道

7.5.1 城镇燃气管道分类

城镇燃气管道可按用途、敷设方式、设计压力、管网形状、管网压力级制等加以分类。

1) 按用途分类

(1) 分配管道

在供气地区将燃气分配给工业企业用户、商业用户和居民用户的管道，包括街区和庭院的燃气分配管道。

(2) 用户引入管

将燃气从分配管道引到用户室内引入口处总阀门前的管道。

(3) 室内燃气管道

通过用户管道引入口的总阀门将燃气引向室内，并分配到每个燃气用具的管道。

2) 按敷设方式分类

(1) 埋地管道

城市中燃气管道一般采用埋地敷设，有直接埋设及间接埋设两种，当燃气管段需要穿越铁路、公路时，有时需加设套管或管沟。

(2) 架空管道

工厂厂区内或管道跨越障碍物以及建筑物内的燃气管道时，常采用架空敷设。

3）按设计压力分类

燃气管道与其他管道相比，有特别严格的要求，因为管道漏气可能导致火灾、爆炸、中毒等事故。燃气管道中的压力越高，管道接头脱开、管道本身出现裂缝的可能性就越大。管道内燃气压力不同时，对管材、安装质量、检验标准及运行管理等要求也不相同。

我国城镇燃气管道按燃气设计压力 p（MPa）分为七级，如表 7-2 所示。

表 7-2　城镇燃气设计压力（表压）分级　　单位：MPa

名称		压力
高压燃气管道	A	$2.5<p\leqslant4.0$
	B	$1.6<p\leqslant2.5$
次高压燃气管道	A	$0.8<p\leqslant1.6$
	B	$0.4<p\leqslant0.8$
中压燃气管道	A	$0.2<p\leqslant0.4$
	B	$0.01\leqslant p\leqslant0.20$
低压燃气管道		$p<0.01$

燃气输配系统各种压力级制的燃气管道之间应通过调压装置相连。当有可能超过最大允许工作压力时，应设置防止管道超压的安全保护设备。

4）按管网形状分类

（1）环状管网

管段连成封闭的环状，输送至任一管段的燃气可以由一条或多条管道供气。环状管网是城镇输配管网的基本形式，在同一环中，输气压力处于同一级制。

（2）枝状管网

以干管为主管，分配管呈树枝状由主管引出。在城镇燃气管网中一般不单独使用。

（3）环枝状管网

环状与枝状混合使用的一种管网形式。

5）按管网压力级制分类

城镇燃气管网系统根据所采用的管网压力级制不同可分为：

（1）单级系统

仅有低压或中压一种压力级别的管网输配系统。

（2）二级管网系统

由具有两种压力级别的管网系统组成。

（3）三级管网系统

由低压、中压和次高压三种压力级别组成的管网系统。

（4）多级管网系统

由低压、中压、次高压和高压多种压力级别组成的管网系统。

7.5.2　城镇燃气管网系统选择

1）城镇燃气管网采用不同压力级制的原因

城镇燃气管网不仅应保证不间断地、可靠地给用户供气，保证系统运行管理安全，维修简便，而且应考虑在检修或发生故障时，关断某些部分管段而不致影响其他系统的工作。因此，在城镇燃气管网系统中，需要选择不同压力级制，具体原因如下：

（1）经济性

大部分燃气由较高压力的管道输送，可以缩小管径以节省管材。如由城市的某一地区输送大量燃气到另一地区，则应采用较高的压力比较经济合理。有时对城市里的大型工业企业用户，可敷设压力较高的专用输气管线。

（2）用户需求

居民用户和小型公共建筑用户需要低压燃气，而大多数工业企业则需要中压或次高压，甚至高压燃气。

（3）消防要求

在城市未改建的老区，建筑物比较密集，街道和人行道都比较狭窄，不宜敷设高压或中压 A 管道。考虑安全运行和方便管理，也不宜敷设高压或中压 A 管道，而只能敷设中压 B 和低压管道。同时大城市的燃气输配系统的建造、扩建和改建具有过程性，在城市老区原先设计的燃气管道的压力大都比近期建造的管道的压力低。

2）燃气管网系统的选择

城镇燃气输配系统压力级制的选择，应根据燃气供应来源、用户的用气量及其分布、地形地貌、管材设备供应条件、施工和运行等因素，经过多方案比较，择优选取技术经济合理、安全可靠的方案，主要考虑以下因素：

（1）气源情况。燃气的种类和性质、供气量和供气压力；燃气的净化程度和含混量；气源的发展或更换气源的规划情况。

（2）城市规模、远景规划情况、街区和道路的现状和规划以及用户的分布情况。

（3）原有的城市燃气供应设施情况。

（4）不同类型用户对燃气压力的要求。

（5）用气的工业企业的数量和特点。

（6）储气设备的类型。

（7）城市地理地形条件、地下管线和地下建筑物、构筑物的现状和改建、扩建规划。

3）城镇燃气管网系统的分类

（1）单级管网系统

只有一个压力级制，即仅用一级压力的管网输送、分配和供应燃气的系统。其优点是供应系统简单，维护管理方便且不需要压送设备，输配费用小；缺点是供气压力低，致使管道直径较大，一次投资费用较高且用户压力波动大。单级管网系统适用于用气量较小，供气范围为 2～3 km 的城镇和地区。当供应范围较大时，必须采用很大口径的管网，使输送单位体积燃气的投资和金属耗量急剧增加。

(2) 中—低压二级制管网系统

低压气源厂和储气罐供应的燃气经压缩机加至中压，由中压管网输气，再通过区域调压器调至低压，由低压管道供给燃气用户。在系统中设置储配站以调节小时用气不均匀性。

中—低压二级制管网系统的特点：因输气压力高于低压供气，输气能力较大，可用较小的管径输送较多数量的燃气，以减少管网的投资费用。只要合理设置中—低压调压器，就能维持比较稳定的供气压力。输配管网系统有中压和低压两种压力级别，而且设有压缩机和调压器，因而维护管理复杂，运行费用较高。由于压缩机运转需要动力，一旦储配站停电或其他事故，将会影响正常供气。因此，中压供气及二级制管网系统适用于供应区域较大、供气量也较大、采用低压供气方式不经济的中型城镇。

① 中压 B—低压二级管网系统

中压 B—低压二级管网系统的气源是人工燃气，用低压储气罐储气。从气源厂生产的低压燃气，经加压后送入中压管网，再经区域调压站调压后送入低压管网。设置在供气区的低压储气罐低压时由中压管网供气，高峰时，储气罐内的燃气输送给中压(经加压)或低压管网。该系统特点是供气范围比单级系统大，采用低压配气，庭院管道在低压下运行比较安全，但投资要比中压单级系统大。一般适用于人口密集、街道狭窄的老城区。

② 中压 A—低压二级管网系统

中压 A—低压二级管网系统的气源为天然气，用长输管线末端储气。天然气由长输管线经燃气分配站送入该市，中压 A 管道连成环网，通过区域调压站向低压管网供气，通过专用调压站向工业企业供气。低压管网根据地形条件可分成几个互不连通的区域管网。该系统特点是输气干管直径较小，比中压 B—低压二级管网系统节省投资。对于街道宽阔、建筑物密度较小的大中城市均可采用。

(3) 高—中—低压三级制管网系统

高(次高)压燃气从气源厂或城镇的天然气门站输出，由高压管网输气，经区域高—中压调压器调至中压，输入中压管网，再经区域中—低压调压器调成低压，由低压管网供应燃气用户。

高—中—低压三级制管网系统的特点：①三级系统通常含有中低压两级，另外一级管网是高压或次高压；②高(次高)压管道的输送能力较中压管道更大，所用管径更小，如果有高压气源，管网系统的投资和运行费用均较经济；③采用管道储气或高压储气罐，可保证在短期停电等事故时供应燃气；④三级制管网系统配置了多级管道和调压器，增加了系统运行维护的难度。如无高压气源，还需设置高压压缩机，压缩费用高。

高—中—低压三级制管网系统适用于供应范围大，供气量大，并需要较远距离输送燃气的场合，可节省管网系统的建设费用，对天然气或高压制气等高压气源较为经济，通常在大城市要求供气有充分保证时考虑选用。

(4) 多级管网系统

多级管网系统的气源是天然气，城市的供气系统可采用地下储气库、高压储气罐站以及长输管线储气。这种管网系统一般适用于居民人口众多的特大型城市。天然气由较高压力等级的管网经过调压站降压后进入较低压等级的管网。工业企业用户和大型公共建筑用户与中压B或中压A管网相连，居民用户和小型公共建筑用户则与低压管网相连。因为气源来自多个方向，主要管道均连成环网，运行管理安全灵活。平衡用户用气量的不均匀性可以由缓冲用户、地下储气库、高压储气罐以及长输管线储气协调解决。

对于新建城市天然气输配系统，多采用高—中压两级系统及中压单级输配管网。前者适用于较大城市，其中高压管道可兼作储气装置，而具有输、储双重功能。后者适用于中小城市。输配系统中的中压管道供气至小区调压装置(箱)或楼栋调压箱，天然气实现由中压至低压的调压后进入低压庭院管和室内管。各小区或楼栋设调压柜或设楼栋调压箱。也可由中压管道直接进入用户调压器调压，使用户燃具的压力更为稳定。

7.5.3 城镇燃气输配系统构成

城镇燃气门站、储配站和调压站是城镇燃气输配系统中的重要组成部分。门站接收长输管线来气并控制供气压力、计量，向城镇、居民点和工业区供应燃气。储配站具有储存燃气功能并控制供气压力。调压站具有控制燃气压力的功能，连接城镇燃气输配系统中不同压力级制的管网。

1）门站和储配站

城镇燃气门站是长距离输气干线或支线的终点站，城市、工业区管网的气源站。门站规模依据区域天然气规划确定。

储配站是城市燃气输配系统中储存和分配燃气的设施。其主要任务是使燃气输配管网达到所需压力和保持供气与需气之间的平衡。

气态储存是我国目前广泛用于调节用气不均匀性的储气方式，分低压储存和高压储存两种。当城镇采用低压气源，而且供气规模不大，燃气供应系统通常采用低压储气与其相适应，需建设低压储配站。低压储配站的作用是在用气低峰时将多余的燃气储存起来，在高峰用气时通过储配站的压缩机将燃气从低压储罐中抽出送到中压管网中，保证正常供气。

2）调压站

调压站设于城市配气管网系统中的不同压力级制的管道之间，或设于某些专门的用户之间，有地上式和地下式之分。根据压力等级、调压精度、附属配置等不同功能，分有楼栋调压箱、区域调压箱、高压调压站、城市门站、超高压调压站等。

站内主要设备是调压器，其任务是按照用户的需求，对管网中的天然气进行调压，以满足用户的需求。

调压站的个数、布置要考虑调压室的最佳作用半径，布设位置应选在负荷比较集中或大用户位置，以减少输配管网，避开繁华地段，远离火灾及一些重要的建筑物。

调压站是燃气输送管道的关键设备，需具备按运行要求和设计规定将输配管网的压力调配到下一级管网或用户所需的压力；当系统的负荷发生变化时，将调节后的压力保持稳定在运行或设计要求的范围之内以及控制燃气的流量等功能。

7.6 输油输气管道布局

7.6.1 管道布局原则

根据管道的特点及其在运输系统中的地位，对于管道布局，应遵循交通运输布局一般原则，并作以下具体考虑：

1) 因地制宜原则

管道的铺设及其能力规模与输送物资要求相协调，管道的发展和布局要适应石油、石油化工工业、天然气生产的发展和布局、炼油厂布局、换装港站布局以及石油消费地区分布，应符合石油的基本流向图，安排管道运输的布局，促使管道线网的合理化。

2) 各种交通运输方式协调发展原则

处理好管道运输与公路运输、铁路运输、水路运输的相互关系，各种交通运输方式合理分工，在管道运输经济合理的范围内发挥其优势。

3) 适应国民经济发展原则

管道设备能力和技术标准的选定，要通过可行性研究和技术经济比较，提高管道运输的经济效益。

管道布局由石油、石油制品、天然气的起运地和到达地决定。大多数大型管道是将石油、石油制品、天然气送到全国各地的运输干线，其建设应根据开采和炼油地区现有石油、石油产品、天然气的资源，计算从矿场到炼油厂及各消费地的近期和远期货流量。管线建设必须通过与其他交通运输方式投资费用、运营费用、金属消耗等进行技术经济的比较。管道管径大小的确定需要考虑近、远期输油任务。

7.6.2 输油管道布局

1) 线路选择

输油管道线路的选择，应根据工程建设的目的和资源、市场分布，结合沿线城镇、交通、水利、矿产资源和环境敏感区的现状与规划，以及沿途地区的地形、地貌、地质、水文、气象、地震自然条件，通过综合分析和多方案技术经济比较确定线路总体走向，还应具体考虑以下因素：

(1) 中间站场和大、中型穿跨越工程位置选择应符合线路总体走向，局部线路走向应根据中间站场和大、中型穿跨越位置进行调整；管道不应通过饮用水水源一级保护区、飞机场、火车站、海(河)港码头、军事禁区、国家重点文物保护范围、自然保护区的核心区。

(2) 输油管道应避开滑坡、崩塌、塌陷、泥石流、洪水严重侵蚀等地质灾害地段，宜避开矿山采空区、全新世活动断层。当受到条件限制必须通过上述区域时，应选择其危害程度较小的位置通过，并采取相应的防护措施。管道线路与已建管道路由走向大致相同时，宜利用已建管道走廊并行敷设。

(3) 埋地输油管道同地面建(构)筑物的最小间距应满足相关的规范要求。原油、成品油管道敷设需要考虑与城镇居民点、重要公共建筑、临近飞机场、海(河)港码头、大中型水库和水工建(构)筑物的安全距离;输油管道与铁路、公路并行敷设时,应敷设在相应交通用地范围边线以外。

(4) 同期建设的输油管道,宜采用同沟方式敷设;同期建设的油、气管道,受地形限制时局部地段可采用同沟敷设,管道同沟敷设时其最小净间距不应小于 0.5 m。管道与通信光缆同沟敷设时,其最小净距(指两断面垂直投影的净距)不应小于 0.3 m。

2) 管道标识

管道沿线应设置里程桩、标志桩、转角桩、阴极保护测试桩和警示牌等永久性标志,应满足以下要求:

(1) 里程桩应沿管道从起点至终点,每隔 1 km 至少设置 1 个。阴极保护测试桩可同里程桩合并设置。在管道平面改变方向时应设置水平转角桩。转角桩宜设置在折转管道中心线上方。

(2) 管道穿跨越人工或天然障碍物时,应在穿跨越处两侧及地下建(构)筑物附近设置标志桩。通航河流上的穿跨越工程,应在最高通航水位和常水位两岸岸边明显位置设置警示牌。

(3) 当管道采用地上敷设时,应在行人较多和易遭车辆碰撞的地方,设置标志并采取保护措施。标志应采用具有反光功能的涂料涂刷。埋地管道通过人口密集区,有工程建设活动可能和易遭受挖掘等第三方破坏地段应设置警示牌,宜在埋地管道上方埋设管道警示带。

3) 输油站设施

(1) 站场选址

输油站的设置应合理利用土地,并应符合当地国土空间规划。输油站位置选择需符合下列规定:

① 宜选定符合工程建设条件及生产生活较方便的地点。

② 应保持与附近城镇居民点、工矿企业、铁路、公路等的安全间距要求。

③ 站场位置选定应结合管道线路走向,满足工艺设计的要求,站场内应有足够的生产及施工操作场地。

④ 站场位置选定应避开存在崩塌、活动断层、滑坡、沼泽、流沙、泥石流、矿山采空区等不良地质的地段;蓄(滞)洪区及有内涝威胁的地段;易受洪水及泥石流影响的地段,窝风地段;在山地、丘陵地区采用开山填沟营造人工场地时,应避开山洪流经过的沟谷;水源保护区、自然保护区、风景名胜区和地下文物遗址。

⑤ 首、末站站址宜与上下游企业联合选定,并应使管道的进出线方便布设。

⑥ 区域布设的防火距离应符合现行国家标准《石油天然气工程设计防火规范》(GB 50183—2015)的相关规定。

(2) 站场总平面布置

站场总平面布置的防爆要求、防火间距、防火措施和雨水排放和收集方案应符合现行行业标准《石油设施电气设备安装区域一级、0区、1区和2区区域划分推荐作法》(SY/T 6671—2006)的相关规定。

7.6.3 输气管道布局

1) 线路选择

输气管道线路走向应根据工程建设目的和气源、市场分布,结合沿线城镇、交通、水利、矿产资源和环境敏感区的现状与规划,以及沿途地区的地形、地质、水文、气象、地震等自然条件,通过综合分析和多方案技术经济比较,确定线路总体走向,还应具体考虑以下因素:

(1) 与公路或铁路并行的管道路线宜在公路或铁路用地边界3 m以外。

(2) 线路宜避开环境敏感区,当需要通过环境敏感区时需采取保护措施。大中型穿(跨)越工程和压气站位置的选择,应符合线路总体走向。局部线路走向应根据大中型穿(跨)越工程和压气站的位置进行调整。

(3) 线路应避开军事禁区、飞机场、铁路及汽车客运站、海(河)港码头等区域。除为管道工程专门修建的隧道、桥梁外,不应在铁路或公路的隧道内及桥梁上敷设输气管道。输气管道从铁路或公路桥下交叉通过时,不应改变桥梁的水文条件。

(4) 线路宜避开城乡规划区,当受条件限制,需要在城乡规划区通过时,应采取安全保护措施。石方地段的线路需爆破挖沟时,应避免对公众及周围设施的安全造成影响。

(5) 线路宜避开高压直流换流站接地极、变电站等强干扰区域。埋地管道与建(构)筑物的间距应满足施工和运行管理需求,且管道中心线与建(构)筑物的最小距离不应小于5 m。

(6) 线路宜避开滑坡、崩塌、塌陷、泥石流、洪水严重侵蚀等地质灾害地段,矿山采空区及全新世活动断层。当受到条件限制必须通过上述区域时,应选择危害程度较小的位置通过,并采取相应的防护措施。

2) 管道标识

管道沿线应设置里程桩、转角桩、标志桩、交叉桩和警示牌等永久性标识,还应满足以下要求:

(1) 管径相同且并行净距小于6 m的埋地管道,以及管径相同共用隧道、涵洞或共用管桥跨越的管道,应有可明显区分识别的标识。

(2) 通过人口密集区、易受第三方损坏地段的埋地管道应加密设置标识桩和警示牌,并应在管顶上方连续埋设警示带。

(3) 平面改变方向依次转角大于5°时,应设置转角桩。平面上弹性敷设的管道,应在弹性敷设段设置加密标识桩。

(4) 地面敷设的管段应设警示牌并采取保护措施。

3) 输气站设置

(1) 站场选址

输气站的设置应符合目标市场、线路走向和输气工艺设计的要求，各类输气站宜联合建设。输气站位置选择应符合下列规定：

① 应满足地形平缓、地势相对较高及近远期扩建需求；

② 应满足供电、给水、排水、生活及交通方便的需求；

③ 应避开山洪、滑坡、地面沉降、风蚀沙埋等不良工程地质地段及其他不宜设站的地方；

④ 输气站的位置选择宜远离噪声敏感区；

⑤ 区域布设的防火距离应符合现行国家标准《石油天然气工程设计防火规范》(GB 50183—2015)的有关规定。

(2) 站场总平面布置

输气站内平面设施、防火安全、场内道路交通与外界公路的连接应符合国家现行标准《石油天然气工程设计防火规范》(GB 50183—2015)和《石油天然气工程总图设计规范》(SY/T 0048—2016)的有关规定。

7.6.4 我国中长期油气管网布局

结合国内石油、天然气消费需求增长，以及国家能源安全和公共安全的保障需求，2017 年国家发改委和能源局发布《中长期油气管网规划》，对我国油气管网布局作出明确规划。

1) 输油管道网布局

输油管道网布局分为原油和成品油管网布局，对原油管网布局规划要求形成西北与西南相连、东北与华东华北贯通、沿海向内陆适当延伸的“东西半环、海油登陆”的原油通道格局，其中西半环分为西北和西南方向，西北方向主要承接哈萨克斯坦和巴基斯坦原油管道，西南方向对接缅甸进口原油。东半环对接俄罗斯原油，向东北、华北以及华东输送。海油登陆主要通过推进沿海码头原油外输管道设施建设以及沿海向内陆辐射管网建设，满足沿海地区原油需求。

成品油管网布局规划要求进一步优化网络结构，增加覆盖城镇，完善跨区管道运输系统，形成“北油南运、沿海内送”的运输通道布局。其中，北油南运通道由东北南下通道、华北南下通道和西北南下通道组成，实现成品油向华北、中南、西南和华中地区输送。沿海内送通道由齐鲁西送通道、沿江输送通道和华南内送通道组成，实现向中部、西南以及华中地区的输送。此外，完善区域内支线管道建设，增加接入城市数量，提高城市间成品油管道运输比例。

2) 输气管道网布局

天然气需求广泛分布、点多面广、跨区调配要求高，对天然气管道网络布局要求坚持“西气东输、北气南下、海气登陆”的原则，形成“主干互联、区域成网”的全国天然气基础网络。其中西气东输重点满足中东部地区用气需求，北气南下将俄罗斯天然气资源引入华北、华东，海气登陆结合液化天然气(LNG)接收站建设，建设 LNG 外输管线。天然气管道网规划还要求实现全国主干管网全覆盖、全联通，区域管网与支线管网互联互通，对边缘地区燃气基础设施建设也有考虑。

复习思考题

7-1 管道运输按所输送的物品不同可分为哪几类？

7-2 简述管道运输与其他交通运输方式相比的特点。

7-3 长距离输油方式有哪些？简述输油管道与泵站的联系方式。

7-4 分析长距离输气特点与管道设备的构成。

7-5 简述城镇燃气管网系统选择的影响因素。

7-6 简述输油(气)管道布局的主要原则。

7-7 试分析我国管道运输发展趋势。

7-8 如何提高管道运输的安全性？

参考文献

[1] 中华人民共和国住房和城乡建设部.输油管道工程设计规范：GB 50253—2014[S].北京：中国计划出版社，2015.

[2] 中华人民共和国住房和城乡建设部.输气管道工程设计规范：GB 50251—2015[S].北京：中国计划出版社，2015.

[3] 中华人民共和国住房和城乡建设部，国家质量监督检验检疫总局.石油天然气工程设计防火规范：GB 50183—2015[S].北京：中国计划出版社，2016.

[4] 中华人民共和国国家发展和改革委员会.石油设施电气设备安装区域一级、0 区、1 区和 2 区区域划分推荐作法：SY/T 6671—2006[S].北京：石油工业出版社，2007

[5] 国家能源局.石油天然气工程总图设计规范：SY/T 0048—2016[S].北京：石油工业出版社，2017.

[6] 沈志云，邓学钧.交通运输工程学[M].2 版.北京：人民交通出版社，2003.

[7] 王绍周.管道运输工程[M].北京：机械工业出版社，2004.

[8] 过秀成.交通运输工程学[M].北京：人民交通出版社股份有限公司，2017.

[9] 黄春芳，梁建新，陈树东.石油管道输送技术[M].2 版.北京：中国石化出版社，2018.

[10] 孟江，龙学渊，黄茜.油气管道输送技术[M].2 版.北京：中国石化出版社，2021.

[11] 董绍华，段宇航，孙伟栋，等.中国海底管道完整性评价技术发展现状及展望[J].油气储运，2020，39(12)：1331-1336.

[12] 吴长春，左丽丽.关于中国智慧管道发展的认识与思考[J].油气储运，2020，39(4)：361-370.

第 8 章 交通运输规划

8.1 交通运输规划概述

8.1.1 交通运输规划目标与体系

交通运输规划是交通运输系统建设与管理科学化的重要环节，是国土空间规划的重要组成部分。交通运输规划属于发展布局规划，是制订交通运输系统建设中长期规划、编制五年建设计划、选择建设项目的主要依据，是确保交通运输系统建设合理布局，有序协调发展，防止建设决策与建设布局随意盲目的重要手段。

交通运输规划的目标是建立一个适应社会经济发展要求、满足客货运输量增长需求，其道路、轨道、水运、航空、管道各子系统既独立高效运转又协调配合的安全、便捷、高效、绿色、经济的现代化综合交通运输系统。交通运输规划流程是从总体设计出发，包括目标任务、规划原则、规划依据、规划期限、规划范围的确定；通过现状调查与分析，进行交通运输量发展预测；在预测基础上进行规划方案的设计、比选；最后对规划方案评价，制定实施方案与策略等。

交通运输规划体系一般包含五个层次，即战略规划、布局规划、发展规划、建设规划和项目计划。战略规划更偏向于交通发展战略的制度性或概念性设计；布局规划是指重要交通节点、交通运输线路和交通运输网络的空间分布在原理上的设计；发展规划是指在特定规划期内，根据交通需求状况所作的对布局规划的调整、补充以及该时期内应该建设的交通运输能力总量、规模、交通运输方式及其技术等级决策；建设规划则是指一定规划期内具体建设项目的确定、建设时序的安排；项目计划则是在布局规划、建设规划都已批准的情况下，对具体交通项目的实施与管理，更多的是计划与管理，并不属于规划。

8.1.2 交通运输规划分类

按照不同的标准，交通运输规划可以分为若干类，从规划时间段、规划空间范围、规划深度、规划对象特征上对交通运输规划进行分类。

1）按照规划时间段分类

交通运输规划按照时间可以分为执行层次的近期规划；战术层次的中期规划；战略层次的远期规划。近期以距基准年 1～5 年为宜，最长不超过 10 年；中期以距基准年 5～15 年为宜，最长不超过 20 年；远期以距基准年 15～30 年为宜，最长不超过 50 年。不同期限内影响交通运输的变量变化速度不同，决定了不同层次的交通运输规划的特点不同。

具体时间轴上交通运输规划层次如表 8-1 所示。

表 8-1　时间轴上交通运输规划层次

层次	决定要素	规划目标	规划特征
战略层次/远期规划	战略需求	发展战略、交通运输发展政策和规划布局	重视制度体系，设计全局性交通运输网络和枢纽布局
战术层次/中期规划	结构性需求	布局调整、合理的交通运输方式结构和等级结构	科学的设计与编制
执行层次/近期规划	总量需求	总量规模和时序安排	科学的设计与编制、制度的保障与评价并重

2）按照规划空间范围分类

按照规划的空间范围不同可以分为国家、区域和城市三个规划层次，如表 8-2 所示。

表 8-2　空间范围上交通运输规划层次

层次	规划目标	规划特征
国家	制定符合国家发展和安全战略，促进经济可持续性发展的交通发展政策和规划布局	战略性运输通道和枢纽布局 运输方式协调发展政策 交通可持续发展政策 交通技术发展政策
区域	促进区域经济联系和协调发展的综合交通运输系统	交通运输需求规模与结构 区域性通道和枢纽的布局 建设时序的安排 交通发展的区域化政策
城市	可达性和机动性良好的综合交通运输系统；衔接性良好的枢纽场站布局；时间和费用节约的可持续性	场站和枢纽的布局 一体化交通的政策

3）按照规划深度分类

交通运输规划按照规划的深度不同可以分为综合交通运输规划、专项交通运输规划。专项交通运输规划又可以分为区域交通运输规划和城市交通运输规划。区域专项交通运输规划又包括：公路交通规划、铁路运输规划、水路运输规划、航空运输规划和管道运输规划。专项交通运输规划必须以综合交通运输规划为依据，结合各种交通运输方式自身的特点进行制定。

4）按照规划对象特征分类

交通运输规划按照规划对象的特征不同可以分为交通运输线路规划、交通运输枢纽规划。交通运输线路可以分为运输通道、交通干线和交通支线；交通运输枢纽包括三个层次：国际性枢纽、全国性枢纽和区域性枢纽。

8.1.3　交通运输规划内容与原则

1）规划内容

无论是综合交通运输规划还是专项交通运输规划，规划的主要内容均包括：①交通运输系统现状调查；②交通运输系统存在问题诊断；③交通运输系统交通需求量发展预测；④交通运输规划方案设计与优化；⑤交通运输规划方案综合评价；⑥交通运输规划方案的分期实施计划编制；⑦交通运输系统规划的滚动。

2) 规划原则

要制定科学、合理的交通运输规划，必须遵循一定的原则，使其不但满足经济社会的服务需求，同时符合其自身发展规律。交通运输规划应遵循的原则如下：

(1) 国土空间开发可持续发展

我国资源分布、各个地区经济发展水平还很不均衡，为促进社会均衡发展必须构建环境友好型、土地利用效率高并适应我国能源结构的节约型交通运输系统，与国土空间开发保持战略一致。

(2) 继承优化与运输一体化

对现有资源充分整合、优化利用，充分发挥各种交通运输方式的优势与已有交通运输网络、运输通道、交通枢纽的作用，再根据交通运输需求变化构建结构合理的一体化综合交通运输系统。

(3) 局部服从整体

某一层次的交通运输规划必须服从上一层次交通运输总体布局的要求，省域公路网规划必须以国家干线网规划为前提，市域公路网规划必须以国家干线网、省域干线网规划为前提。

(4) 近期与远期相结合

交通运输建设是一个长期发展的过程，一个合理的交通运输系统建设规划应包括三个层次：远期发展战略规划、中期建设规划、近期项目建设计划。交通运输建设的长期性决定了交通运输规划必须具有"规划滚动"的可操作性，规划的滚动以规划的近远期相结合为前提。

(5) 理论与实践相结合

交通运输规划是复杂的系统工程问题，必须利用系统工程的理论方法对交通运输系统从相互协调关系上进行分析、预测、规划及评价，获得总体效益最佳的交通运输系统规划布局及建设方案。

8.1.4 交通运输规划基础理论

1) 四阶段法

四阶段法是一种基于交通流预测的交通规划方法，其主要思想是将交通流预测过程划分为相互联系且在时间上继承的四个阶段：交通生成、交通分布、交通方式划分和交通分配。对每个阶段应用不同的模型进行分析预测，预测结果作为下一阶段的输入数据，从而最终可以预测得到交通运输量，并依此决定运输线路的分布、网络规模。四阶段法中的其他模型包括出行终点选择模型、地区间模型、分担率曲线法、Probit模型和非集计模型等，实际规划时用哪种方法，取决于交通运输规划具体地域的出行特点。

2）总量控制法

总量控制法主要内容包括：既有路网现状分析与评价、规划期内社会经济发展预测、交通运输网络发展规模预测、交通运输网络布局设计和交通运输网络流量分配、建设序列安排和方案评价。该法充分利用现有交通运输统计资料，依据区域内的社会经济发展和社会生产力布局等特点，通过对交通运输需求、交通运输网络建设资金等多个总量指标的预测，来控制交通运输网络建设总规模，确定交通运输网络的总格局；然后综合考虑各节点政治、经济、文化、地理环境特点，按照政策、技术、经验相结合原则，将规划期网络流量分配至各运输线路并确定技术等级与建设时序。总量控制法注重交通运输的宏观成因，研究城镇的综合经济规模与交通运输需求的关系，并根据资金约束，进行网络优化与排序。

3）交通区位法

交通区位法是基于交通区位理论发展起来的，其核心是交通节点和运输线路的区位分析，本质上是一种长期交通运输网络布局理论。它按照系统论原理归纳出了分析、操作复杂系统的一般程序：①分层处理，将交通运输网络划分为几何联系特性、交通运输方式特性、技术特性等层次；②找出特性对应的主贡献因素，根据一种特性主要是由一种因素所贡献或支配的原理，找出影响每种特性的因素；③根据特性变化与对应主贡献因素变化的速度相等或近似的原理，分析每种特性、每种主贡献因素的变化速度，根据变化速度相近似进行配对（例如交通运输网络地理联系特性主要由地理因素贡献）；④找出影响系统行为的支配特性及其主贡献因素，支配系统行为的特性也只能是一个或极少数几个，并且是所有特性中变化速度最慢的，因而这种特性具有本体特征或内生属性。

8.2 综合交通运输规划

综合交通运输规划是支撑和约束国土空间使用、优化空间结构、协调空间组织、转变国土空间联系方式的重要手段和途径。综合交通运输规划主要包括综合交通枢纽规划、综合运输通道规划、综合交通运输网络规划。

8.2.1 综合交通枢纽规划

合理规划区域综合交通枢纽，统筹规划枢纽的线路、场站以及信息传输等设施，是保障多种交通运输方式、多种载运工具运作过程连续、方便、高效地实现旅客和货物的到发、通过、换乘与换装，提高综合交通运输网络运营效率和服务质量的前提和基础，也是保证各种交通运输方式紧密衔接，实现优化与协调的重要举措。

1）规划目标与原则

综合交通枢纽规划的目标是使各种交通运输方式在枢纽所依托的城市有机衔接，保证最方便快捷的换乘和换装，使之符合综合交通运输系统社会效益最大化的宏观目标，并且与综合交通枢纽所在城市的城市交通运输系统有机结合，使城市的对内、对外交通衔接流畅，保证城市基本功能的实现。综合交通枢纽的合理布局应遵循以下原则：①必须从国家综合交通运输系统的形成与发展来考虑综合交通枢纽的布局；②与城市建设和工业发展密切配合；③综合交通枢纽内部布局服从国家综合立体交通网规划，充分保证各种交通运输方式间协调。

2）规划流程

（1）研究经济社会及综合交通运输总体发展趋势

结合区域经济发展规划、城镇空间体系规划、区域综合交通运输规划确定综合交通枢纽规划的目标，制定规划总体方案、工作流程及实施计划。

（2）综合交通枢纽交通调查工作

包括现状交通运输系统调查、社会经济调查及乘客出行调查等。现状交通运输系统调查包括各交通运输方式的客、货运量调查及停车布局调查等；社会经济调查包括城市土地利用、产业结构布局、人口分布、就业岗位及经济发展程度调查等；乘客出行调查包括乘客个人信息及车辆保有量调查等。

（3）分析综合交通运输需求发展特征

结合交通运输系统与社会经济发展的相关性，运用四阶段法进行需求预测。

（4）确定综合交通枢纽布局研究思路

结合需求预测结果、城市总体规划，界定适宜该规划的综合交通枢纽分类，并进行布局影响因素分析。运用数学物理模型、运筹学原理等方法确定综合交通枢纽布局方案，再从社会、环境、经济等方面对现有规划方案进行综合评价，进行多方案比选。

3）规划的主要内容

（1）枢纽城市布局

综合交通枢纽城市是综合交通运输网络中的重要节点，具有良好的地理、交通区位等条件，有广大的吸引和辐射范围，对区域内交通运输的衔接顺畅和高效运行具有全局性的重要影响。根据枢纽城市的各种影响因素，将主要影响因素设置为一级指标，可以包括经济社会、交通运输发展的主要指标，对每一项指标进行细化，得出具体的二级指标。评价指标体系中既包括定量指标也包括定性指标，将所有指标进行标准化，全部转换成 0～1 之间的数值。

（2）枢纽场站选址

综合交通枢纽所在区域，由于受交通发生吸引源的分布、交通运输网络特点和自然环境等因素的影响，在同样的地域范围和同样的综合交通运输网络上，布局不同的枢纽场站，会导致不同的综合交通运输效率和经济社会效益。根据对经济社会发展和交通需求的预测结果，利用交通运输规划和网络优化理论和方法，综合考虑交通发生吸引源的分布情况、交通运输条件及自然环境等因素，对枢纽场站的数量、地理位置、规模和与其他枢纽的相互关系进行优化和调控，实现整个综合交通枢纽运输效率的最大化。

（3）枢纽场站布局规划

枢纽场站布局规划包括两个阶段：第一阶段是在综合交通枢纽服务范围内分别从其客货源出发，根据用户均衡原理，选择各自认为最优的路径到达客、货场站。这个过程是利用城市交通运输系统完成，采用交通运输规划的四阶段法来分析各场站在枢纽内部的分布状况和对路段的行走时间、交通运输成本的影响，从而初步确定枢纽场站的数量和位置。

第二阶段是旅客或货物到达枢纽的有关场站后，由运输企业根据本企业的运营管理情况，按一定的时间、线路和配载方法，把它们运到目的地。两个阶段的连接点就是综合交通枢纽的场站。由于规划者不能控制交通运输市场供需双方的微观行为，只能通过合理规划和布局枢纽的场站，来达到宏观引导需求者的选择和供给者的运营行为，使整个综合交通运输系统达到社会效益最大或者广义费用最小的目标。

(4) 枢纽规划方案评价

枢纽规划方案评价包括社会、环境、经济效益评价。社会评价包括枢纽城市空间发展及人口集聚程度、城市就业率提升与城市化水平等。环境评价包括生态环境改善、环境污染、城市噪声等。经济效益评价包括国内生产总值、城市财政收入、人均收入水平等。

8.2.2 综合运输通道规划

综合运输通道规划是在需求预测的基础上，结合系统的外部环境，对规划期内通道的类型、规模、构成、建设时序及内部运输方式的规模等进行规划，进而推动区域经济以“点—轴—带—网”的模式不断扩张，通过对综合运输通道的合理规划使其更好地服务于经济发展。

1) 规划目标与原则

综合运输通道规划的目标是在对现状综合运输通道形成过程及其缺陷分析的基础之上，从建设、使用角度出发，对综合运输通道的发展需求和硬件条件进行分析和明确，建立与交通运输业发展规律相协调、与社会经济发展需求相一致的综合运输通道格局，包括综合运输通道内不同运输线路走向、衔接方案的拟订与技术经济比较、优化工作。综合运输通道的布局应遵循以下原则：①服务于区域规划，加速推动区域一体化进程，为区域产业升级和转移提供有效支撑，根据区域规划发展要求，布局区域综合交通运输通道；②服务于产业发展及城镇体系规划，引导产业带和城镇轴的形成和发展，促进产业升级、加速城市化进程，在空间布局上予以有效支撑；③加强区域重点交通运输枢纽的联系，为区域经济社会发展服务；④有效扩大综合运输通道服务覆盖面，形成区域综合交通骨架网络，使得区域内更多地区享有更便捷、更多样、更低成本的运输服务。

2) 规划流程

综合运输通道规划方法主要以综合交通运输系统全局的视角，分析综合运输通道内城镇、产业、运输需求等特征，研究其对综合交通运输基础设施的要求。规划流程为：①结合国土空间总体规划、社会经济发展规划等，分析区域经济发展水平、产业发展特征、交通发展特征，确定综合运输通道研究的目标，制定规划总体方案与实施计划；②分析区域交通运输供求特征、现状综合运输通道适应性，总结综合运输通道内设施现状问题；③进行区域运输需求预测，分析区域客货流流向流量，运用重要度区位联合法等进行综合运输通道规划；④结合综合运输通道设施发展的模式选择分析，进行综合运输通道内部设施布局、方式协调等优化；⑤从社会、经济、环境等方面对规划方案进行综合评价，并给出规划网络分期实施方案。

3）规划的主要内容

（1）综合交通运输调查分析

综合运输通道规划的交通调查分为社会、经济环境调查及客、货运交通量调查等。重点应对通道沿线交通运输设施及社会经济发展的状况进行调查。通过综合交通调查分析既有交通系统存在问题并剖析其成因，标定运输通道模型的参数。

（2）交通运输需求预测

综合运输通道规划中的需求预测是对综合运输通道进行规划的基础，目的是根据对综合运输通道服务范围内的社会经济发展状况及历史数据的分析，预测未来的总需求及内部各种交通运输方式的交通运输需求，估计规划期内交通运输方式的分担率，从而对综合运输通道结构的优化提供参考。

（3）规划方案制定

综合运输通道规划的关键环节是综合运输通道布局规划。综合运输通道布局研究的内容包括以下方面：①综合运输通道的影响区、功能、地位分析；②综合运输通道节点与枢纽点分析；③综合运输通道区位线分析及其重要度分析；④综合运输通道路线布局规划方案拟订及衔接方案拟订；⑤综合运输通道方案比选、优化；⑥综合运输通道布局结果的确定及不同部分的功能定位；⑦综合运输通道布局结果的评价。

（4）规划方案评价

综合运输通道评价包括社会、环境、经济评价。社会评价主要从综合运输通道沿线人口集聚、城镇分布优化、教育水平提高、促进城镇就业、社会公平等方面展开。环境评价主要从生态保护程度、污染物和噪声的控制等方面展开。经济评价主要从综合运输通道沿线国内生产总值、人均收入、设施的投入产出比例等方面展开。

8.2.3 综合交通运输网络规划

综合交通运输网络规划是在考虑特定区域社会经济发展需求、环境、资源等因素的基础上，提出综合交通运输网络布局的规划方案，并对各方案进行比选，确定规划方案，对规划方案进行综合评价，制定分期实施的项目建设序列，提出规划实施的保障措施和建议。

1）规划目标与原则

综合交通运输网络规划的目标是在充分考虑国土利用规划、社会经济、交通运输需求、环境资源的外部要求基础上，通过对综合交通运输网络的节点、线路、通道和网络整体的设计与布局等，实现各个交通运输系统之间的协调合作和优势互补，以达到交通运输效率最大化，促进其与社会经济以及环境系统的协调与可持续发展。

综合交通运输网络规划应遵循以下原则：①适应区域发展战略和规划，统筹考虑经济布局、人口和资源分布等对交通运输的要求，并适度超前；②根据客货流的流量和流向，同时考虑与区域对外的经济联系和过境交通的需求规划综合交通运输网络；③充分考虑区域的自然地理条件和资源特点，因地制宜地发展各种交通运输方式；④体现以人为本，强化枢纽衔接和一体化运输设施配置，做到点（站、港、枢纽）、线（线路、航线）、面（交通运输网络）的协调，形成综合交通运输能力；⑤注重节约和集约利用土地，节能减排，整合既有资源，保护生态环境，构筑资源节约型、环境友好型的综合交通运输网络。

2）规划流程

综合交通运输网络规划除了要结合区域社会经济发展规划及国土利用总体规划之外，还要在规划过程中吸纳综合运输通道、枢纽布局的研究成果。区域综合交通运输网络规划流程包括：①结合区域国土利用总体规划、区域社会经济发展规划，确定区域综合交通运输网络规划的目标，制定规划总体方案与实施计划；②综合交通调查，主要包括交通运输基础设施、运输组织等资源分析，既有交通系统存在问题的剖析及成因分析，现状交通运输模型的参数标定；③结合交通运输发展与社会经济发展相关性分析，预测区域社会经济发展，研判交通运输发展趋势，综合运用四阶段法进行运输需求预测；④结合综合运输通道布局规划与综合交通枢纽布局规划成果形成的综合交通运输网络主骨架，拟订综合交通运输网络布局规划方案，并对布局规划方案进行优化比选；⑤从社会、经济、环境等方面对规划方案进行综合评价；⑥给出规划网络分期实施方案，并对近期建设项目进行排序。

3）规划的主要内容

（1）综合交通调查分析

① 进行区域社会经济发展现状调查，目的在于预测未来社会经济发展水平，预测社会经济对交通运输的需求。主要调查项目包括区域自然资源、旅游资源、矿产资源、人文资源等。

② 区域内交通运输状况的调查目的在于确定区域内交通特性。主要调查项目包括客货运量及周转量的历年统计资料，运量OD（即起终点间的交通出行量）及各节点货运转运状况调查等。

③ 区域交通运输网络的调查，其目的在于掌握网络及相关设施的基本情况和运营状况。其调查项目有交通运输网络的布局、线路等级等。

（2）交通运输需求分析

以区域中各城市为节点单位，运用数理统计方法，以单一出行、小区出行等作为统计单元，基于一定时空范围内系统平衡的考虑，从出行生成、出行分布、方式划分和交通分配等各环节对规划年的交通运输需求状态进行分析。

（3）规划方案制定

综合交通运输网络规划的主要环节分为三部分：运输通道的外部形态、内部线路总体走向、衔接系统布局。

综合交通运输网络布局规划采用分层次分方式的方法进行。在确定控制节点及枢纽的基础上，考虑区域对内对外经济发展和交通需求以及过境交通，进行交通运输网络布局。综合交通运输网络的规划布局需要反馈这些需求变化，对客货运输量、方式和路径选择、分担比率以及交通量分布需要重新进行调整分配，但对于运输总量应有控制。

综合交通运输网络的布局涉及多方面的因素和多方各个层次的利益及决策，通常采用建立双层或多层规划模型的方法进行分析。综合交通运输网络的布局优化是交通运输规划人员的宏观决策与客货交通运输的选择行为之间相互影响和作用的关系，是两者各自决策并相互影响的结果。

根据规划的层次和要求不同，对规划方案的技术性能评价从两个层次来分析。①综合交通运输网络总体性能评价是从交通运输网络整体出发，从区域发展远景角度分析评价综合交通运输网络的总体建设水平、综合交通运输网络布局水平、各种交通运输方式间衔接水平等；②线路节点性能的评价是分析综合交通枢纽可达性、运输线路服务水平等。

区域综合交通运输网络技术评价指标体系如图 8-1 所示。

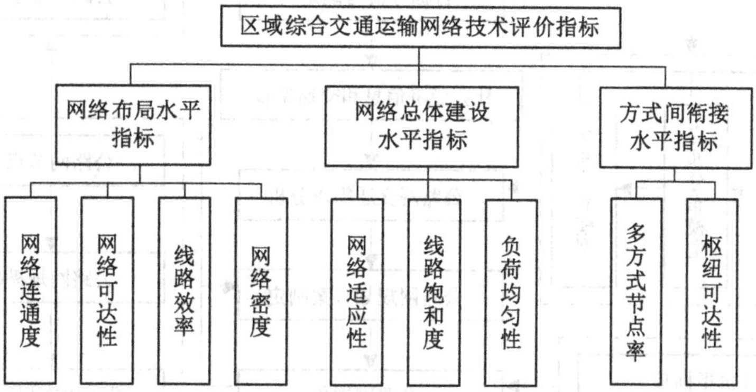

图 8-1　区域综合交通运输网络技术评价指标体系

（4）规划方案的评价

综合交通运输网络规划方案评价是规划过程的最后一个关键环节，包括社会、经济、环境评价。社会评价主要包括规划区域发展水平、人口集聚及沿线城镇就业率等。对综合交通运输网络规划方案的经济效益评价要通过两方面的核算才能完成，即成本和效益。无论是成本还是效益都有直接和间接之分。综合交通运输网络规划方案比选评估应从技术因素的角度分析综合交通运输网络的结构和特征，反映网络规划布局的综合水平和布局方案的合理性。区域内外的交通联系需要多种运输方式来共同完成，综合交通运输网络规划的技术评价应反映网络自身的技术水平，以及对交通运输需求的适应程度。

8.3 交通运输专项规划

8.3.1 道路交通运输规划

道路交通运输规划包括公路网规划与城市道路网规划。公路网规划就是将区域道路交通运输网络作为一个整体，通过对区域道路交通运输网络的现状进行分析和评价，以及对未来区域社会经济发展、客货运交通需求、道路建设投资进行预测，并以此拟订合理可行的公路网规划建设方案，确定区域道路网的规模、布局、建设时序及配套政策、措施等，以指导区域道路的建设和改造的过程。

1）规划流程

公路网规划是道路交通运输规划的一个重要组成部分，其规划程序如图 8-2 所示。

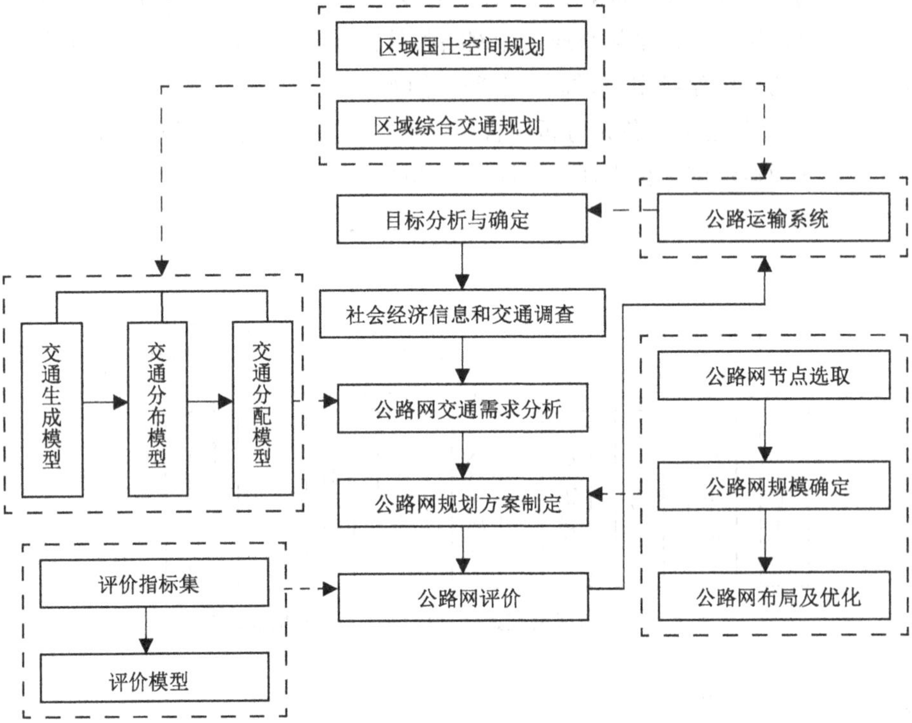

图 8-2　公路网规划程序

2）规划内容

（1）综合交通调查分析

① 社会经济信息

主要包括国家有关政策方针信息、资源环境信息、人口、经济及土地利用信息等。

② 公路交通运输基础设施信息

包括道路信息、道路交通运输站场信息和公路网结构信息等。

③ 综合交通运输信息

主要包括交通运输线路起讫点、主要经过点、里程、等级、通过能力、主要场站规模及适应状况、交通运输方式历年完成的客货运输量及周转量、交通运输方式的基年运输 OD 表、运输成本、平均速度、实载率（使用率）以及载运工具平均工作率、平均日行程、平均运距等。

（2）需求分析

综合交通调查结果，进行公路网的远景交通量预测。需求预测方法采用四阶段法。

（3）规划方案制定

公路网布局规划是指以一定的目标和条件为依据，采用适当的方法选择规划线路将选定的控制节点连接起来，形成未来公路网平面布局方案的过程。主要包括以下内容：

① 公路网节点的选择

在进行节点选择时，一般应根据公路网的特征、地位或层次、作用以及发展的战略目标，结合区域社会经济、政治、国防等发展的需要，选择合理范围的节点作为路网布局的控制点。

② 公路网合理发展规模的确定

公路网发展规模与区域经济发展状况、规划节点分布状况及交通发展状况有关。道路网合理发展规模的确定，是进行公路网规划的首要工作和前提。常用的表示方法是采用公路网密度、通达深度、网络等级结构、出行距离以及出行时间等来表示。

(4) 规划方案评价

公路网规划方案评价包括技术评价、经济评价、环境评价、社会评价。

公路网技术评价是从公路网的技术性能方面，分析其内部结构和功能，目的是揭示公路网使用质量，为编制公路网规划方案、验证方案的合理性并进行方案的优化和决策提供技术方面的依据。公路网的经济评价是指对公路网进行经济效益分析，主要是指经济指标方面的计算与分析，通过比较规划方案的建设、营运费用和效益，并结合规划期的未来资金预测，对方案的经济合理性进行分析论证。公路网环境评价是对公路网建设和运营给环境造成的正负影响及影响程度做出评价。公路网社会评价是分析公路网对规划区域的社会方面的作用和影响，包括对区域政治、经济和文化等方面的影响。

3) 城市道路网规划

(1) 规划流程

城市道路网规划工作流程如图 8-3 所示，具体分为三个阶段：①开展现状调查与资料收集、现状分析与问题诊断，并解读上位规划与相关专项规划，分析城市交通发展趋势；②建立城市交通模型，进行交通需求分析和预测，以交通需求为参考，制定城市道路网规划方案，包括道路功能分级体系、快速路系统、骨架路网布局、支路网控制性规划以及道路设施规划等方案；③利用交通模型对规划方案进行测试与评价，调整优化方案，并制定路网规划的近期实施方案。

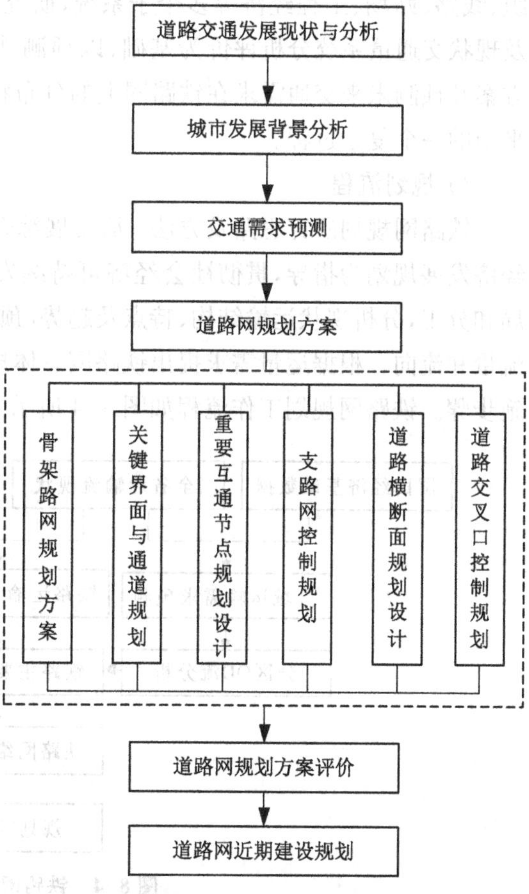

图 8-3　城市道路网规划工作流程图

(2) 规划的主要内容

城市道路网规划主要分为以下六个方面的内容：制定城市道路网的发展目标、发展策略，确定近远期道路网体系结构、布局和规模；确定城市骨架道路系统（由快速路、主干道、次干道组成），论证并确定道路等级、建设控制标准、道路红线、对应道路断面形式及交叉口形式与控制范围；确定支路的控制规模，设置标准、走向、控制要求；制定主要道路横断面推荐方案；确定互通立交的位置红线控制范围，提出初步规划方案，明确跨线桥的位置与用地控制范围；确定交通设施布设的位置、标准与控制要求。

道路网规划要满足主要内容研究深度的要求外，还需包括：在确定道路网络总体结构、道路网主骨架的情况下，对不同等级的道路进行使用功能划分；对干道网中每一条道路根据其等级及使用功能进行横断面设计；确定道路红线控制范围；提出快速路、干道之间交叉口的形式并对主要干道之间的平面交叉口进行规划设计；对支路系统提出改善方案，确定支路的使用功能、红线宽度、交通管理的要求。

8.3.2 轨道交通运输规划

轨道交通运输规划包括铁路网规划与城市轨道交通线网规划。铁路网规划就是将区域轨道交通运输网络作为一个整体。铁路网规划是一个系统工程，包括社会经济、行车组织、线路、站场、工程经济等多个子系统，研究理论涉及方方面面。它是以有关资料的调查及现状交通量系统分析评价为基础，以预测铁路交通 OD 量为依据，通过不断调整铁路网方案及预测未来交通需求在铁路网上的分布状况，来协调铁路网供给与未来交通需求之间平衡的一个复杂过程。

1) 规划流程

铁路网规划研究思路及方法：从发展综合交通运输体系观点出发，以国家及省市社会经济发展规划为指导，贯彻社会经济可持续发展为原则，充分考虑各交通运输方式合理布局和分工，分析现状运输结构、特点及趋势，预测研究年度各区全社会运输需求及铁路运输流量和流向。根据运量需求提出铁路网总体规模及布局方案，制订铁路分期发展计划和实施步骤。铁路网规划工作流程如图 8-4 所示。

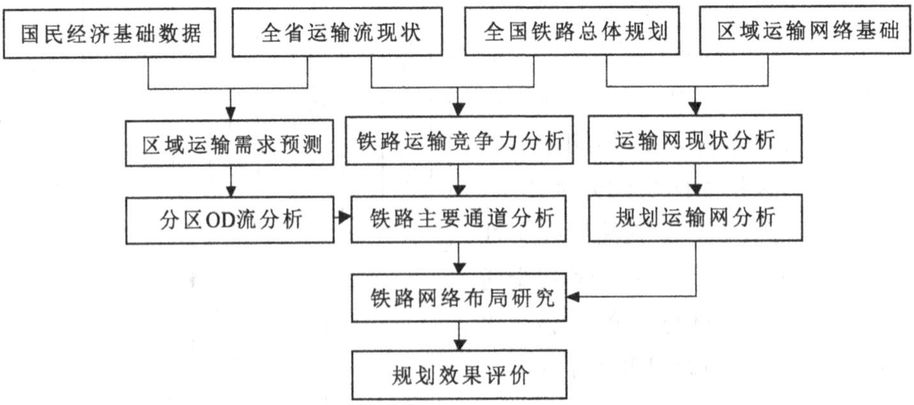

图 8-4 铁路网规划工作流程图

2）规划内容

（1）综合交通调查分析

铁路网规划的交通调查分为社会经济、城市调查、铁路交通运营调查三部分，其中，铁路交通运营调查包括以下三个方面内容：

① 全国铁路资料调查

全路运量历史及现状统计资料（包括发送量、周转量、省间交流、局间交接口运量），有关线路的运输人物和设计文件，有关线路的能力和运量。

② 铁路局、铁路分局调查

铁路局、铁路分局统计资料汇编，主要线路技术标准，输送能力、运量与运能的矛盾，铁路主要运输统计资料，铁路计划，客货运输设备资料，铁路运行图资料，机务资料，工务资料。

③ 铁路站、段调查与分析

站、段调查除核实铁路局、铁路分局有关调查资料外，还应详细分析调查以下资料：货场分区作业资料，主要货主货运量资料，货运资料台账，旅客发送、中转、客流不平衡程度等。

（2）交通需求分析

根据综合交通调查分析结果，进行铁路运输规划交通需求预测。具体步骤是：先对客货运交通生成、运输分布、列车方式进行预测，然后将客、货运列车方式预测的结果汇总进行铁路运输分配预测。

（3）规划方案制定

① 铁路交通运输网络规划

a. 铁路线网规模与等级

铁路网的规模取决于铁路运输承担的全社会的客货运输总量以及铁路的运营效率，同时与铁路网的间距等因素有关。

b. 铁路网布局

铁路网布局应着重分析宏观社会经济与铁路运输发展的关系，结合区域的地理特征和铁路运输现状，从战略角度出发，提出未来铁路网规划的战略指导方针。优先考虑国家确定的铁路运输主通道和连接临近区域的重要通道，从适应和促进全区域产业经济带的建立和完善区域综合运输网的功能出发，构筑铁路网布局。

② 铁路枢纽布局规划

a. 铁路枢纽布局规划与铁路网规划的配合

铁路网规划应明确枢纽分布和车流集散规律，指出枢纽的性质、规模、范围及它们之间的大致分工，在此基础上，结合城市规划和其他运输方式的要求以及枢纽所在地的地形、地质、水文等自然条件进行枢纽布局。

b. 铁路枢纽布局规划与城市规划的配合

直接与城市生产生活有密切关系的设备（客运站、综合性货运站及货场等），应按照其性质分布在城市市区范围内或接近城市中心或设置在城市外围且有市内干道连接的地区；

无直接关系的设备(编组站、客车整备所等),应尽可能布置在城市外围地区。

c. 铁路枢纽布局规划与自然条件的配合

铁路枢纽所在地区的地理位置和自然条件各不相同,因此铁路枢纽的总体布局规划必须从当地的地形、地质、水文等自然条件的实际情况出发,做出具体的规划方案。

(4) 规划方案评价

铁路网评价应对铁路交通运输网络及铁路枢纽具体评价。规划效果评价是区域铁路网规划的检验。选取合理的评价体系,对铁路网规划方案进行评价,再进行包括社会、环境、经济评价等内容综合评价。

3) 城市轨道线网规划

轨道线网规划应基本做到“三个稳定、两个落实、一个明确”。“三个稳定”即线路起终点(走向)稳定、线网换乘节点稳定、交通枢纽衔接点稳定;“两个落实”即车辆基地和联络线的位置及其规划用地落实;“一个明确”即各条线路的建设顺序和分期建设规划明确。

城市轨道交通线网规划研究分为三个阶段:基础研究、线网构架研究和实施规划研究。

(1) 基础研究阶段

该阶段主要对城市自然和人文背景加以研究,从中总结指导轨道交通线网规划的技术政策和规划原则。主要研究依据应是城市总体规划和综合交通规划等。具体研究内容包括城市现状与发展规划、城市交通现状与规划、城市工程地质分析、既有铁路利用分析和建设必要性论证等。

(2) 线网构架研究阶段

线网构架研究是线网规划的核心部分,主要是方案构思、交通模型测试和方案评价三个工序的循环过程,其目的是推荐优化的线网方案。这部分研究主要内容包括:合理规模的研究、线网方案的构思、线网方案客流测试、线网方案的综合评价。

(3) 实施规划研究阶段

实施规划是轨道交通是否具备可操作性的关键,集中体现轨道交通的专业性,主要研究内容是工程条件、建设顺序、附属设施的规划等。具体内容包括:车辆段及其基地的选址与规模研究、线路敷设方式及主要换乘节点方案研究、修建顺序规划研究、轨道交通线网的运营规划、联络线分布研究、轨道交通线网与城市的协调发展及环境要求、轨道交通和地面交通的衔接等。

城市轨道交通线网规划技术流程如图 8-5 所示。

8.3.3 水路运输规划

水路运输规划的任务是对现有水路资源进行调查分析,以对港口、航道以及现有水系资源整合利用为原则,分析水路运输系统存在的问题;分析预测规划区域未来水路运输系统的运输量,确立有效的水路运输发展运输量,解决航道、港口、船舶运行等子系统的规模、等级、实施序列等问题,为未来区域社会经济发展提供高效、合理、优质的水路运输服务。

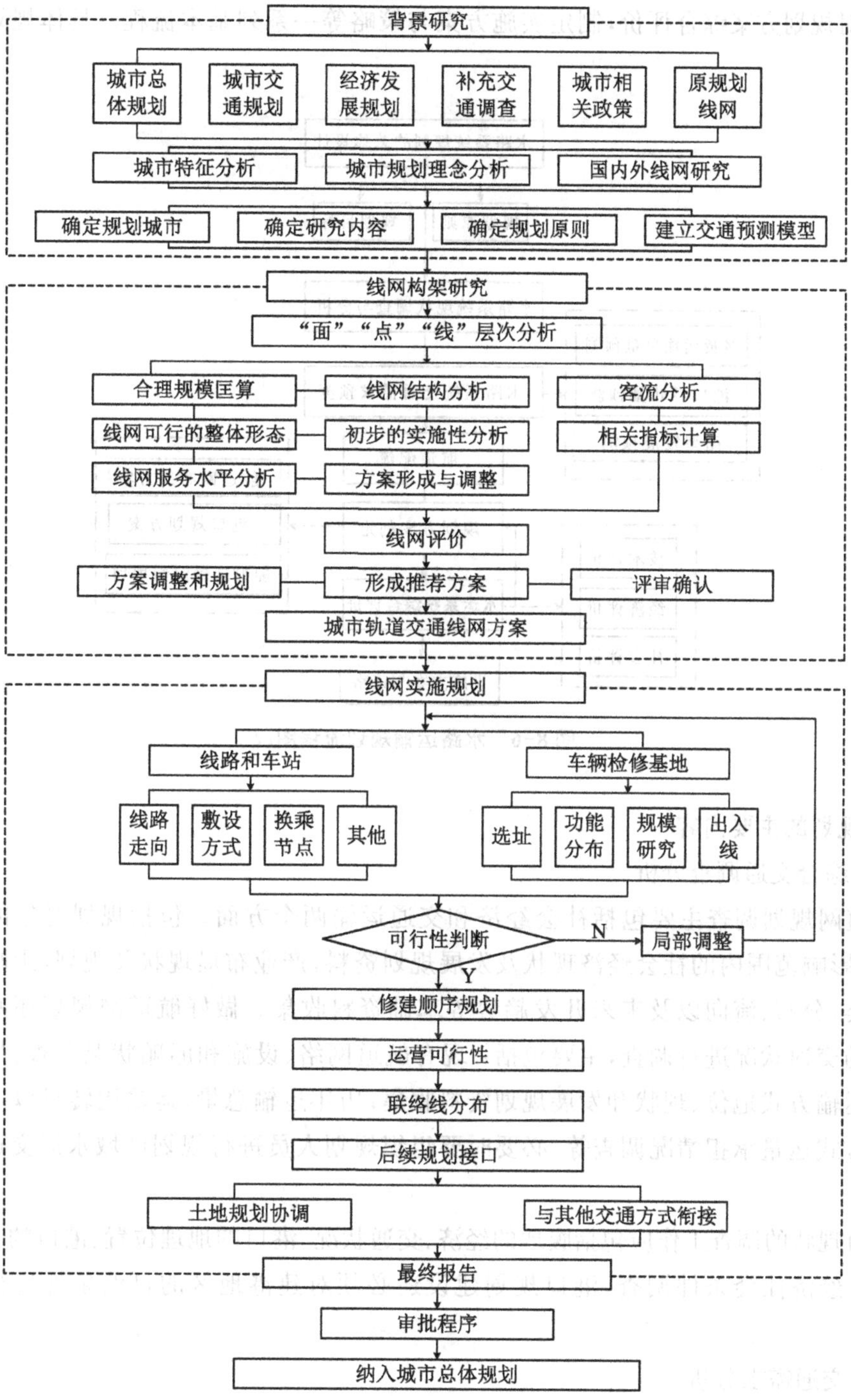

图 8-5　城市轨道交通线网规划技术流程图

1) 规划流程

水路运输规划必须从总体设计出发，包括目标任务的确定、规划原则的确定；然后通过现状调查与分析，进行水路交通运输量发展预测，在预测基础上进行方案的规划设计、比选;最后对规划方案综合评价,制定实施方案与策略等一系列基本流程。具体规划流程见图 8-6。

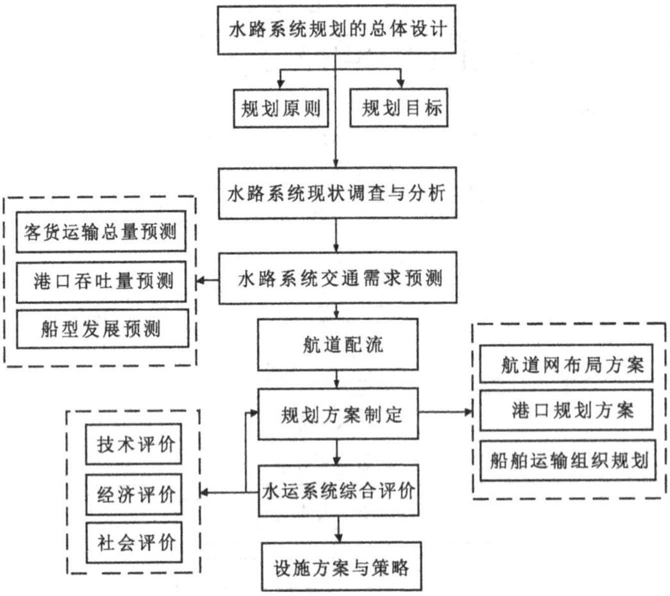

图 8-6　水路运输规划流程图

2) 规划的主要内容

(1) 综合交通调查分析

航道网规划调查主要包括社会经济和交通运输两个方面。包括规划对象的上位规划资料,影响范围内的社会经济现状及发展规划资料,产业布局现状及规划,影响范围内物资种类、分布、流向以及未来开发趋势等基础资料收集。做好航道网规划还必须对影响范围的交通状况进行调查,主要包括:现有航道网络、设施和船舶状况调查;规划范围内其他运输方式地位、现状和发展规划资料收集;历年运输总量、运输周转量以及各种交通运输方式运量承担情况调查等;必要时要组织规划人员进行规划区域水运交通 OD 分布调查。

港口现状的调查工作应包括腹地的经济、交通状况、港口的地理位置、港口的自然条件等。除了经济社会条件调查,港口规划建设还必须对建港地区的自然条件进行调查和分析。

(2) 交通需求分析

① 航道需求预测

通过对研究区域内各小区历史经济数据的回归分析,采用相关模型进行预测、分析社会经济指标与水运运量之间的相关性,预测出全区域各特征年的客货运总量及分货种运量,预测各小区的边际总量,包括进入总量和出发总量,预测各小区分货种的进入量和出发量以及市内各节点的进入量与出发量的总量和分货种运量,对外市小区各节点进行总量及分货种进入量、出发量预测、OD 运量分布预测、航道配流。

② 港口吞吐量预测方法

港口吞吐量也称为货物流量，是一年之中经由港口进行装卸的货物总量。吞吐量是确定港口规模的决定性指标，对于指导港口进行规划建设具有重要意义。除了传统的定性和定量预测方法外，近年来随着运筹学理论在水运行业中的应用，运量预测中的不确定性也日益被人们所认识和掌握。因此，运量预测中的不确定性分析(或称概率分析或风险分析)已作为运量预测的一个重要组成部分为人们所重视，并逐步由定性描述向定量发展。运量预测中的不确定性分析已成为主要方法。

(3) 规划方案制定

① 航道网布局规划

航道网划分为三个层次：第一个层次是干线航道网，一般由高等级航道组成，是整个航道网的主骨架；第二个层次是次干线，一般由四级和五级航道组成，次干线将主骨架航道网联络成网；第三个层次是支线，一般由六级和六级以下航道组成，支线是航道网的毛细血管，解决航道的可达性。

② 港口布局规划

a. 港口规模等级

根据我国港口的近年实绩，适当考虑远景，并参照世界港口的吞吐量状况，建议采用适当的级数与明显而有序的级差，以划分成六级为宜，即：特级港(特大港)，年换算吞吐量大于1亿 t；一级港(巨大港)，年换算吞吐量为0.5亿～1亿 t；二级港(大港)，年换算吞吐量为1 000万～5 000万 t；三级港(中港)，年换算吞吐量为100万～1 000万 t；四级港(小港)，年换算吞吐量为10万～100万 t；五级港(微型港)，年换算吞吐量小于10万 t。

b. 港口选址

具体港口选址遵循如下主要原则：选址阶段应对拟选地区的地形、地貌、地质、气象水文、地震等自然条件和城市依托、供电、供水、通信、施工条件以及社会、人文情况等进行调查分析和必要的勘测；对拟选港址的铁路、公路、水运现状和发展规划、集疏运方式和能力以及引接条件等，应进行充分的调查分析和比较，因地制宜地选择集疏运方式，优先考虑水运及原有集疏运设施，有条件时，可采用多种集疏运方式；老港改建、扩建时，应妥善处理同一地区新港与老港之间的关系，以及综合性港区与各种专业性港区或码头之间的关系；充分利用原有设施，并避免重复建设和互相之间的干扰；港址的天然水深应适当，不宜在地形、地质变化大和水深过深以及水文条件复杂的地段建造港工建筑物，也不宜在水深太浅而使疏浚和维护挖泥量过大的场所选址。

(4) 水路运输规划方案评价

水路运输规划评价包括技术评价及经济、社会、环境评价等内容。水路运输规划技术性能指标包括航速、载重量、载重量系数、海军部系数、横摇周期等。营运指标包括：①产量指标，年客货运量、客货运周转量、平均运输距离、载重量；②生产能力指标，船舶艘数、平均使用船舶数、载货量、载重量；③船舶使用效率指标，船舶营运率、航行率、载重量利用率、平均航行速度;④船舶生产效率指标,吨天生产量、每吨船生产量;⑤船员劳动生产率。

8.3.4 航空运输规划

航空运输规划是为实现航空运输系统的目标对系统的结构、规模、作用、市场等做出的计划。航空运输生产能力的安排应当与运输需求相适应,或两者应当尽可能保持平衡。

航空运输规划主要包括机场规划、航线规划及机队规划。

(1) 机场规划

① 综合交通调查

机场规划交通调查内容包括现有机场的规模和使用情况、空域结构和导航设施、机场周围的环境、已有的机场地面交通系统、城市发展规则、区域经济规划等,确定适应运输要求所需要的机场设施,预测包括年旅客量、年飞机运行次数、年货运量、机队组成、出入机场交通量等。进一步确定机场的跑道数、跑道长度、停机坪面积、航站楼面积、出入机场地面交通的类型、机场所需的土地面积等。

② 机场需求分析

航空业务量预测是机场规划的基础,预测方法主要有专家判断法、类比法、趋势外推法、计量经济法、市场分析法五种。

③ 方案制定

a. 机场规模确定

机场所需的发展规模取决于以下几个因素:预期使用该机场的飞机性能特性和大小、预测交通量、气象条件及机场场址的标高等。

b. 机场选址

新建机场的规划应包括机场选址的内容。机场选址是从环境、地理、经济和工程观点出发,寻找一块其尺寸足够容纳各项机场设施而且位置适当的场地。选址的场地最重要的一点是对各候选机场地址(包括现有机场的扩建)进行正确的评价。评价应考虑以下因素:可利用空域;在机场附近的空域内是否有障碍物,即所谓的净空要求;对周围环境和发展的影响;机场的物理特性,如地形、地基、气候等;接近航空业务需求点,例如接近城市中心等;现有出入机场的地面交通系统;土地价格。

(2) 航线布局规划

对客货运输的市场需求进行调查,掌握交通需求在空间上的发生量与吸收量,通过社会调查(SP 调查)分析,预测航空运输方式分担客货运量的比例。根据航空运输方式的分担运量的大小,研究航线对象城市机场的规模、跑道等级、通信导航能力、机队运输能力以及地面交通能力等因素。

(3) 机队规划

① 机队规模决策

主要应用载运率对指定时期的未来航空运输市场的潜在需求做出估计,当载运率达到一定水平时,就会发生客货溢出,此时航空交通需求大于航空公司的运力。载运率越高,潜在旅客需求量越大，这就意味着航空公司潜在收入的损失越多。因此，当有关指标相对偏高时，说明可供运力不能满足市场要求，此时应考虑增加运力，这是一种“指标警示”分析方法。这种方法既可以作为航空公司整体运力的需求分析，也可以用于某一航线运力需求分析。机队规模的宏观分析方法包括预测飞机需求总量、分析现有机队运力、确定新增飞机数量及调整总体运营规划等。

② 航班机型调配

从城市对角度出发，对已经开航或拟开航的各航线逐条进行预测，求得各个座级飞机的需求量。汇总各航线需求量，得到公司飞行需求总量。微观分析方法主要是以航线为出发点，以每一条航线甚至航班机型选择为基础，其解决问题的思路与宏观分析方法形成对比。

(4) 规划方案评价

航空运输规划评价包括技术评价及经济、社会、环境评价等内容。规划方案技术指标体系如表8-3 所示。

表 8-3　航空运输规划方案技术指标体系

一级指标	二级指标	三级指标
技术指标	环境可持续	能源消耗
		环境污染控制
		空域资源利用效率
	经济可持续	航空客运盈利水平
		航空货运盈利水平
		民航基础设施建设的资金充裕
	社会可持续	普遍服务程度
		民航职工的工作能力
		民航企事业单位健康发展
	布局协调	地区之间协调
		支线与干线协调
		与其他运输方式协调
	内部协调	国际航空运输与国内航空运输协调
		航空旅客运输与航空货物运输协调
		运输航空和通用航空的协调

复习思考题

8-1　简述交通运输规划总体思路。

8-2　简述交通运输规划分类。

8-3　简述交通运输规划内容与原则。

8-4　简述交通运输规划理论支持的基础理论。

8-5　简述交通运输规划方法的特点与适用范围。

8-6　简述综合交通枢纽规划的流程。

8-7　简述综合运输通道规划原则。

8-8　结合本章内容与政策文件，试从社会、经济、环境角度评价我国综合交通运输网络规划。

参考文献

[1] 国家发展改革委，交通运输部.长江三角洲地区交通运输更高质量一体化发展规划[EB/OL].(2020-04-29)[2022-03-08]. http://www.gov.cn/zhengce/zhengceku/2020-04/29/content_5507368.htm.

[2] 交通运输部，国家发展改革委等.关于稳步推进城乡交通运输一体化提升公共服务水平的指导意见[EB/OL].(2018-08-10)[2022-03-08]. https://www.mot.gov.cn/zhengcejiedu/sihaoncl/xiangguanzhengce/201808/t20180810_3056486.html.

[3] 过秀成，等.城市交通规划[M].2版.南京：东南大学出版社，2017.

[4] 吴兆麟.综合交通运输规划[M].北京：清华大学出版社，2009.

[5] 连义平.综合交通运输概论[M].3版.成都：西南交通大学出版社，2014.

[6] 刘冰.城市综合交通运输体系发展与规划[M].北京：中国建筑工业出版社，2019.

[7] 张迦南，赵鹏.综合运输通道规划方法研究[J].北京交通大学学报，2010，34(3)：142-147.

[8] 汪光焘.城市交通学导论[M].上海：同济大学出版社，2018.

[9] 邵春福.交通规划原理[M].北京：中国铁道出版社，2014.

[10] 王元庆，马书红.交通规划[M].西安：西安交通大学出版社，2018.

[11] 余沛，王晓梅，程嘉.城市群交通系统协调发展的理论与实证研究[M].北京：中国经济出版社，2017.

[12] 朱深海.城乡规划原理[M].北京：中国建材工业出版社，2019.

[13] 过秀成.城市客运枢纽规划与设计[M].北京：人民交通出版社股份有限公司，2018.

[14] 向红艳.公路运输枢纽规划与设计[M].北京：人民交通出版社股份有限公司，2015.

[15] 毛保华.城市轨道交通规划与设计[M].3版.北京：人民交通出版社股份有限公司，2020.

[16] 孔繁钰，翟长旭，刘海洲.大都市区市郊铁路规划方法与实践[M].成都：西南交通大学出版社，2017.

[17] 吴小萍.铁路规划与设计[M].北京：中国铁道出版社，2010.

[18] 唐琦，余维田，周晓晔.港口物流规划设计与优化调度[M].北京：中国经济出版社，2015.

[19] 张荣娟，刘玉强.民用航空运输基础[M].长春：吉林人民出版社，2011.

第 9 章 运 输 组 织

9.1 运输组织概述

9.1.1 运输组织概念与目标

1) 运输组织概念

运输组织是指在运输企业的生产和经营实践中发展起来的关于运输资源合理配置和利用的理论和技术。作为社会组织管理职能之一的运输组织,包括微观和宏观两个不同层面。

(1) 微观意义上的运输组织属于企业生产组织管理的范畴

从运输企业系统整体优化的目标出发,以生产过程的组织管理的最优化,实现资源投入的最小化和产品利润的最大化为运输组织之目的。不同的交通运输方式都有其特定的运输线路、载运工具,并形成各自的技术运营特点、经济性能和合理的使用范围,在运输生产组织中,应充分根据交通运输方式、企业运输服务的特点,合理配置载运工具、装卸设备以及其他辅助设施和设备等,科学组织交通运输作业流程。

(2) 宏观意义上的运输组织属于综合交通运输系统的运行组织与管理的范畴

交通运输系统由多种交通运输方式构成,一个完整的交通运输过程可能由一种交通运输方式完成,更可能需要多种交通运输方式联合完成。由多种交通运输方式相互协作配合完成运输过程,需要更高形式的运输组织模式。这种模式不仅要解决交通运输方式间旅客的换乘、货物的装卸和中转运输的技术问题,而且要克服不同交通运输方式间管理体制、规章制度和信息系统的各种障碍,建立统一的技术、组织和制度的保证。

2) 运输组织目标

正确处理交通运输安全与运输效率的关系,在保证安全的基础上提高运输效率,是运输组织的原则。运输效率的提高是需要考虑在一定条件下合理地规划和运用运输固定设备、活动设备和人力资源,是一个多目标综合优化问题。

(1) 载运工具运用方面,有车辆和船舶的货物配载问题,有特殊货物运输条件的确定和安全运输问题。

(2) 交通运输港站工作方面,有运输动力、线路、作业站台、仓库货位和装卸机械等设备配置问题与运输技术作业流程的组织管理问题。

(3) 交通运输网络运用和管理方面,有交通流的组织调整和动态监控、确保系统安全、畅通和交通高效有序的问题。

(4) 运输企业生产和经营方面,有运输市场调查、客流和货流组织以及运输产品设计的问题,运输设备综合运用和运输生产过程优化组织的问题。

(5) 综合交通运输系统方面,有各种交通运输方式的布局和运输协作配合问题等。需要载运工具及其运输能力符合要求,科学合理地规划运输固定设备、活动设备和运输管理系统的布局和建设,实现运输资源动态合理配置。

9.1.2 运输组织要素

运输活动主要由提供运输服务的专门的运输企业完成,运输过程主要包括两大组成部分:运输用户与运输企业之间的运输商务过程、运输企业运送旅客和货物的运输生产过程。

运输商务过程是由运输用户与运输企业之间,围绕运输服务需求和运输服务质量和价格,明确双方权利义务进行交易并最终形成契约关系、订立运输合同的过程。

运输生产过程是运输企业履行上述契约要求,提供相应的运输产品和服务,借助一定的载运工具,综合运用相关技术设备和人力资源,组织有关部门和环节的协调和配合,实现运输对象的运送过程及其相关的技术、经济和安全管理过程。

运输对象由旅客和货物构成。两者的运输需求有相同的方面:每一具体的运输需求都有其始发、终到地点构成位移需求;都有一定批量构成运输量的需求;都有一定的对运输过程的运输服务水平(例如安全性、快速性、方便性、经济性、舒适性等)的质量需求。因此,需要利用一定的载运工具和运输线路,在一定地点(港、场、站)完成一定的作业。

1) 旅客运输组织

按载运工具不同,有铁路、公路(包括城市道路)、航空和水运四种方式。按运程不同,有城际旅客运输和城市旅客运输。旅客运输服务对象的运输流程可以简单描述为:旅客获得乘坐载运工具的凭证;旅客从始发地港、站登乘载运工具开始运输;旅客在途中运输,包括中转和换乘;旅客到达目的地,离开载运工具,终止运输。客运站(港、机场)是旅客运输的起终点,旅客运输的组织与管理主要是在客运站(港、机场)内完成。其作业流程如图 9-1 所示。

为组织旅客运输过程,运输企业需要进行以下工作:

(1) 旅客运输市场调查和旅客运输需求预测分析,了解不同旅客群体(客流)的数量、流向、流程、流动时间、旅行服务需求及其变化,分析各种运输方式的市场占有率。

(2) 根据市场需求开发有竞争力的、满足不同层次需求的多样化旅客运输产品和运输服务,如各运输线路和方向的不同行程的铁路列车、飞行航班、公路班车等。

(3) 制订运输计划,合理运用运输技术设备、能源和人力资源。

(4) 提供方便的客票预订和发售服务,良好的候车(船、飞机)环境和旅客乘降服务,安全快速舒适的载运工具,旅行途中优质规范的餐饮、卫生和文娱服务,信息服务,各种延伸服务,旅客投诉和理赔服务。

(5) 运输过程的监控和调度指挥,保证旅客和行李包裹安全、迅速和方便的输送。

(6) 运营活动的安全、技术和经济考核、统计分析和管理。

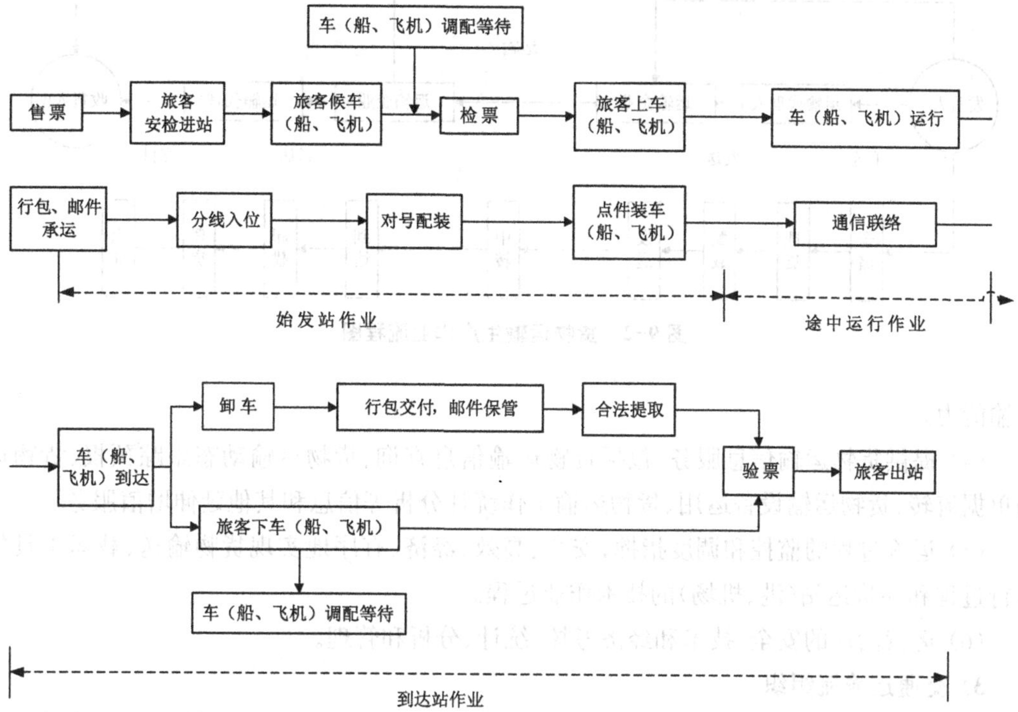

图 9-1　客运站(港、机场)作业流程图

2) 货物运输组织

货物运输按载运工具不同，有道路(包括城市道路)、轨道、水运、航空和管道五种方式。除管道运输是一种比较特殊的、运输线路和载运工具合一的专门运送石油及其制品、天然气等产品的运输方式外，其他四种交通运输方式都共同面临复杂、繁多的货物品类和批量的安全性、完整性运输需求。

货运组织过程主要包括组织货源、办理货物承运手续、货物保管、装卸、途中运送、到达卸车(船、飞机)、货物保管、交付、运输统计与结算等环节。货物运输生产主要包括发送作业、中转作业、运行作业、到达作业，其中发送作业、到达作业和中转作业由港站人员计划、安排与实施；运行作业则由承运人的生产管理部门计划、安排，由驾乘人员具体实施。其作业流程见图 9-2 所示。

为组织货物运输过程，运输企业需要进行以下工作：

(1) 货物运输市场调查和运输需求预测分析；了解本地区物资运输的品类、数量、流向、流程、各种季节性物资运输需求，分析各种运输方式的市场占有率。

(2) 根据市场需求开发有竞争力的优质货物运输产品和运输服务，如各运输线路和方向的、不同行程的道路货运班车、轨道货运班列等，保证货物运输的安全、快速、方便、准时、经济。

(3) 组织货源货流，制订运输生产计划和载运工具运用计划，合理运用运输技术设备的

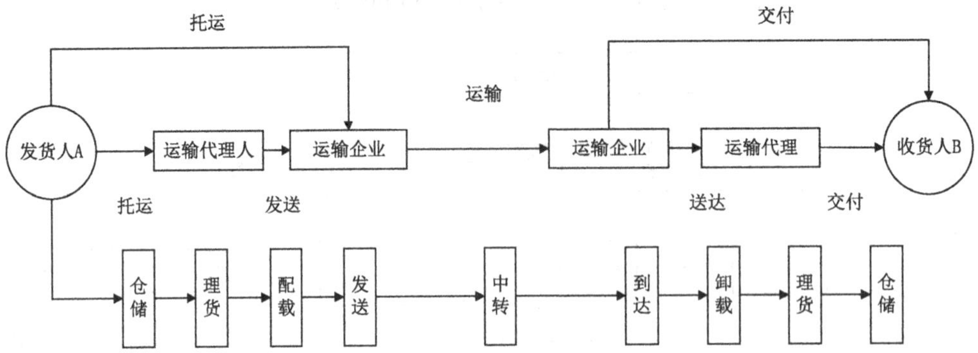

图 9-2　货物运输生产作业流程图

运输能力。

(4) 提供货物运输信息服务，包括货物运输信息查询、货物运输动态跟踪预报、货物运输单据流转、货物运输设备运用、货物运输工作统计分析等信息和其他延伸增值服务。

(5) 运输过程的监控和调度指挥，安全、高效、经济、有序地实现货物输送、载运工具的运行过程和在货运站(港、机场)的技术作业过程。

(6) 运营活动的安全、技术和经济考核、统计、分析和管理。

3) 交通运输流组织

客流与货流以载运工具为载体，实现有目的的位移，载运工具在运输线路上的移动便形成交通运输流。载运工具的运输组织方式多种多样，与道路交通运输和轨道交通运输相比，水路运输和航空运输的交通运输流是一种稀疏流，在运输线路上较少相互干扰和冲突，彼此表现出较强的独立性，通常只是在特定地段(如水运人工航道)和运输节点(水运港口或航空港)及其进出相邻区域才需要疏导和处理交通运输流。而道路交通运输和轨道交通运输的交通运输流，则不仅在节点上，而且在线路上均呈现较强的关联性。轨道交通运输的运载级别单元是车辆，但个别车辆一般不能单独发运，必须将相同去向或到站的车辆组成列车才能发运。列车运行需要严格规范其运行次序与运行速度，铁路车站便是列车产生、消失、途中停靠和运行次序调整的地点和场所。公路或城市道路以各种汽车为运载基本单元，速度不同的汽车在运输线路上的跟驰和超越关系常常发生变化，在平面交叉路口也要按不同运行方向确定通过交叉口的先后次序。为保证运输安全、畅通和良好的运输秩序，需要对交通运输流进行疏导、调节和管理，即交通运输流组织。

交通运输流组织主要内容：

(1) 管理、调节和控制交通运输需求，从时间和空间分布两个方面影响和促进交通运输流的适度生成和合理分布，制订运输计划，防止或缓解交通运输“瓶颈”的交通拥挤和阻塞。

(2) 调节控制交通运输线路上载运工具运行速度，实现较高的线路利用率和通行能力。

(3) 指定或规范载运工具的运行路径，提高载运工具的运输效率。

(4) 调整及控制载运工具运行的相互顺序关系，保证运输安全和良好的运输秩序。

(5) 组织交通运输场站作业过程，包括：旅客乘降、货物装卸，组织载运工具基本单元的分解、组合、中转、接续、技术检查、商务检查、货物及其票据交接等作业过程，保证作业过程的连续性、平行性、协调性、均衡性等方面的要求。

(6) 编制公共交通运输服务时刻表，协调和规范公共交通运输系统的运输组织工作。

4) 交通港站作业组织

交通港站是旅客和货物运输的始发、终到和中转地点。其生产过程包括：

(1) 生产准备过程

生产准备过程是指基本生产活动之前所进行的全部技术准备和组织准备工作，如编制旅客和货物运输计划、装卸作业计划，设计运输工作方案，确定作业地点、库场和接运工具，准备装卸机械和货运文件等。这些工作是确保基本生产过程得以顺利进行的前提。

(2) 基本生产过程

基本生产过程是指旅客在交通港站的乘降、行李包裹和货物的装卸、搬运以及载运工具进出场站和在场站内部的有目的的运输移动和技术作业，是运输对象和载运工具从进入港站到离开港站所进行的全部作业的总和。

(3) 辅助生产过程

辅助生产过程是保证基本生产过程正常进行所必需的各种辅助性生产活动，如运输机械、场库、站台(泊位)货位、信息通信、线路基础设施、电力供电和装卸机械等的维修、保养与管理。

(4) 生产服务过程

生产服务过程是为基本生产和辅助生产服务的各项活动，如为旅客运输提供的候车(船、飞机)、餐饮、娱乐、信息等服务，为货物运输提供的理货、仓储和计量等服务，为载运工具提供的技术整备、生活必需品供应、燃料和淡水供应服务、设备整备、清洁、检查、保养与维修，为货主提供的货物鉴定、检验、包装等服务。各种生产服务活动也是交通港站生产活动不可缺少的组成部分。

5) 运输生产的流程再造

运输生产过程是为实现人和物有目的的移动而进行的一系列逻辑相关活动的有序集合。运输企业有效运行的标志，是实现人流、物流、资金流和信息流的合理流动，按照一定的逻辑顺序，由一个阶段向另一个阶段转变，这种转变过程实际上是一种流动。因此，将运输生产过程及其管理过程称为运输流程。

运输生产流程再造是以信息社会下的业务流程再造理念为基础，为有效改善运输组织的绩效，对现有运输生产流程的重新分析、设计和改造。其中，电子商务所激发的运输流程再造已经影响到了运输组织的各个环节，而集装箱运输则是运输流程再造的典范。

集装箱运输组织形式克服了普通件杂货运输存在的装卸效率低、货损货差率高、包装要求高、货运手续繁杂、运输服务质量低等缺点。集装箱运输使流通过程中每一个环节都发生了根本性的变革，是一种高效率、高效益、高质量的运输组织方式。

(1) 高协作的运输方式

参与集装箱运输的环节和组织主要包括四方面：海运、陆运、空运、港口、货运站、堆场等运输环节；道路、轨道、水运、航空、管道运输公司；船舶代理公司、货运代理公司、集装箱租赁公司、公共承运人、海关、商检、安检、保险公司等相关部门；发货人、收货人。集装箱运输涉及面广、环节多，是一个复杂的交通运输系统工程，需要多方面的合作。

(2) 适于组织多式联运

多式联运能够把道路交通运输、轨道交通运输、水路运输、航空运输、管道运输有机结合起来，构成连贯运输，为货主提供经济、快速、安全、便捷的运输服务，而运输单元则是集装箱，集装箱运输的优势可以在多式联运中得到最充分的发挥和体现。

(3) 有利于提升运输服务质量

多式联运最显著的特征：一个多式联运合同；一个多式联运经营人，对全程运输负总责任；是至少两种不同交通运输方式的连贯运输；使用一份全程多式联运单据，对货主实现全程单一运费费率；另外，集装箱转运时只是箱体的装卸，不涉及箱内货物，货损、货差降低，运输服务质量明显提高；各运输环节和部门之间配合密切，分工明确，货物交接速度快，减少了货物停留时间，实现了安全、准确、及时运抵目的地的新型运输服务组织方式。

9.2 城际旅客运输组织

城际客流是由旅客在城市间流动形成的客流，主要包括类别、流量、流向、流动时间及运距五个要素。城际客运是指借助于客运工具实现旅客在城市间空间位移的过程。在旅客运输过程中，完成或需要完成的运送旅客人次数称为客运量(人次)；完成或需要完成的旅客运输工作量称为旅客周转量(人次·km)。客运量和旅客周转量统称为旅客运输量，用以衡量运输生产劳动量。城际客运可分为四种类型：道路客运、轨道客运、水路客运和航空客运。随着旅客多样化出行需求的增长，对联程运输的要求日益增加，多种运输方式间衔接换乘的便捷性不断提高。

9.2.1 道路客运

1) 营运方式类别

道路客运按营运方式可分为长途直达、城乡短途、旅游客运和包(租)车客运四种类型。

(1) 长途直达

即在某些较长的客运线路上，在起终点站之间不停靠，或仅在大站停靠的班车运输方式，主要用于跨省、跨区的长途干线上的旅客运输。一般情况下，当直达客流量大于客车定员的60%时，可考虑开行直达客车。

(2) 城乡短途

即开行在城乡线路上需要沿途各站频繁停靠的交通运输方式。其所配备的客车除提供一定数量的座椅外，还应保留一定站位和放置物品的空间。

(3) 旅游客运

指在游客较多的旅游线路上开设的旅客交通运输方式。通常配备舒适性较高的大、中、小型客车，以满足不同旅客的需要，同时还应配备导游人员。客车应根据旅客要求在风景点停靠，开行的方式可以采用定线、定班或根据游客要求定制等适当的形式。

(4) 包(租)车客运

其组织对象主要是机关、企事业单位集体外出学习、游览的职工。包(租)车可根据具体情况分为计时和计程两种。

2) 客运站站务作业

其主要内容有售票工作、行包托运与交付、候车室服务工作、组织乘车及发车、接车等。

3) 客车运行组织

其工作主要包括确定客运班次、编排行车路牌、编制单车运行作业计划和调度工作。

(1) 客运班次计划及编制

客运班次主要包括行车路线、发车时间、起讫站、途经站及停靠站等。客运班次的安排是车站提供旅客安排旅行的依据(旅客根据自己的需要，按照车站公布的客运班次，确定乘车路线，选择合适的班次购票)，也是车站完成旅客运输任务和企业据以安排运输生产计划的一项重要的基础工作。安排客运班次，必须深入进行客流调查，在掌握各线、各区段、区间旅客流量、流向、流动时间及其变化规律的基础上研究确定。

(2) 客车运行循环代号的编制

客运班次确定后，就要安排车辆如何运行，即编制客车运行循环代号。所谓一个循环代号是指一辆客车在一天内的具体运输任务，运行指定的一个或几个班次。通过合理编配，确定需要多少辆客运班车，即编出多少个循环代号(车辆运行路牌)。全部循环代号包括运输公司所有参与运营车辆的全部班次。循环代号的内容一般包括代号名称、班次的起讫站名称、开到时间、距离里程、车日行程等相关内容。

(3) 客车运行作业计划

客车运行周期循环表编好后，开始编制车辆运行作业计划。其编制步骤包括：确定相关数据资料，主要包括营运线路图、线路客运量(范围)、车日行程、车站作业时间、营运车辆类型、车辆数及车辆定额载客量、车辆工作率、实载率、营运速度、保修计划等信息资料；计算开行的客运班次数目确定班次时刻和路牌；编制月度客车运行作业计划表。

(4) 客运调度工作

客运调度室要根据循环代号，综合考虑企业保有客运车辆的实际情况，如车辆型号、技术性能、额定座位、完好率、工作率、平均车日行程、实载率，预估保留一定数量的机动运力，同时也要考虑和车辆的保修计划协调一致等。

客运调度的工作内容一般包括：做好运量与运力的平衡；监督客车运行作业计划的执行情况，合理调配车辆，确保运输生产按计划顺利进行；根据客流流量、流向、流动时间及其变化规律，及时调整运力，保证车辆运用效率得以充分发挥并能满足客运需要；参与班次时刻表和客车运行作业计划的编制，组织客车按计划运行；建立健全客运调度值班制度，做好日常调度工作；做好资料统计工作。

9.2.2 轨道客运

1) 营运方式类别

轨道客运按营运行程是否跨越铁路局管辖范围为界限，将铁路营运方式分为直通列车和管内列车两种类型。

直通列车，其行程跨及两个及以上铁路局。由于运输距离较长，要求列车中挂有卧车及餐车，对列车服务标准要求保证较高的舒适度。

管内列车，其行程在一个铁路局范围内。运输距离较短，列车服务标准更注重快捷准点。

2) 客运计划编制

旅客运输计划是确定旅客列车对数和客运机车、车辆需要数的基础，也是确定客运设备、客运机车、车辆修造计划及客运运营支出计划的重要依据。

(1) 运输计划分类

长远计划，一般为5年、10年或更长期的规划，是铁路客运的发展计划，主要制定旅客运输的发展方向、技术政策，旅客列车的速度、质量及有关的主要指标。

年度计划，依据长远计划，结合年度具体情况编制，是旅客运输的任务计划。它是确定旅客列车量和客运机车、车辆需要数以及客运设备改建、扩建的主要依据。

日常计划，根据年度计划任务，考虑季节性、假期及日常波动情况而编制，是指导日常旅客运输的工作计划。

(2) 编制旅客运输计划依据

客流调查是编制旅客运输计划的基础。根据客流调查，可以掌握客运量的变化和发展情况。对于大批团体客流和节假日、双休日客流，可通过专门的客流调查直接确定流量和流向，从而为制订运输计划提供可靠的资料。

(3) 客流计划编制过程

客流计划是实现旅客运输计划的技术计划，也是旅客运输能力的分配计划和旅客运输组织的工作计划。客流计划可一年编制一次，在国家铁路局集中统一领导下，根据客流资料，集中编制客流图和客流计划。

(4) 客流分配计划

客流分配计划又称票额分配计划，票额分配工作是在编制新运行图时进行的。在旅客列车对数、行驶区段和列车编组内容确定后，根据旅客列车运送能力以及编制新运行图所使用的客流图、客流计划资料，分不同车次、上下行、软(硬)座、软(硬)卧铺进行票额分配。

3) 客运列车运行组织

为满足旅客旅行要求，除了做好列车乘务工作，还应做好旅客列车的运行组织工作。

(1) 列车质量和速度的选择

由于列车的质量和速度决定机车的主要特征，对线路、列车制动以及站线和站台有效长度的要求，旅客列车的组成数量及旅客在途时间的消耗，直接影响到铁路的客运能力、服务质量和客运设备的使用效率。

(2) 列车运行区段和行车量确定

列车的运行区段和行车量，基本上取决于客流计划。客流图为划分各种列车的运行区段、确定列车种类及行车量的工作提供了有利的条件。

(3) 列车运行图的编制

在确定了旅客列车运行区段和行车量之后，需要确定各次列车的运行时刻，即编制旅客列车运行图。由于我国铁路是客、货列车共线运行，因此，列车运行图上同时辅画有客、货列车运行线。列车运行图规定了各种列车占有区间的次序，列车在每个车站的到达、出发或通过时刻，列车在各区间的运行时间，列车在车站的停站时间标准以及机车交路等。

(4) 列车车底数的确定

列车编组的客车车种、辆数、编挂顺序一般是固定的，并由旅客列车编组表加以规定。这种固定连挂在一起的列车，叫客车固定车底，它在固定的运行区段内来回行驶，平时不进行改编。车底在配属段所在站和折返段所在站之间往返一次所经过的全部时间，称为车底周转时间。周转时间的长短是决定某一对列车所需车底数目的依据。

9.2.3 水路客运

1) 营运方式类别

按航行区域分为远洋运输、沿海运输和内河运输。远洋运输是除沿海运输以外的所有的海上运输。沿海运输是利用船舶在我国沿海区域各港之间的运输。内河运输是利用船舶、排筏和其他浮运工具，在江、河、湖泊、水库及人工水道上从事的运输。

2) 客运航线规划

(1) 基本原则

① 最大限度地方便旅客，满足社会各阶层旅客的水运需要；

② 使船舶的利用率最高，经济效益好；

③ 能充分利用港口客运设施并尽量使港口工作均衡；

④ 客运航线能与其他交通运输方式合理衔接、协调配合。

(2) 规划步骤

规划客运航线时应从整个客运系统出发，其具体规划步骤大致如下：

① 分析现有客运航线的营运情况；

② 综合分析客运航线起讫港间的各种客运方式；

③ 分析航区经营环境的变化；

④ 分析旅客需求的变化；

⑤ 新航线的构想及航线多方案设计；

⑥ 对设计的方案进行分析和评价，并确定最终航线方案。

3) 客运船型选配

每一条客运航线都有其特点，在这些航线上经营的船舶必须符合航线的特征。因此，客船是专门为特定的航线设计建造的，属于专用型。客运航线选配船舶应注意以下几点：

(1) 同航线上船舶的性能应相同或力求一致，以保证船舶能按相同的规律而有节奏地运行。

(2) 航线配船时，应考虑航线上的发船密度与计划期发船次数，以满足航线上的运输要求，并使船舶得到最好的利用。

(3) 在长途客运航线上，应配置设备较完善、速度较高、配备有卧铺的船舶；在游览航线上的船舶，设备配置亦应完善，为便利旅客观看沿途风光，航速不能太快。

(4) 短途客运航线，特别是支农航线，应采用比较经济实惠的船型，不论舱室或走廊，均尽可能宽敞以便存放东西。

4) 客运船舶运行时刻表编制

为了使客运航线的船舶运行准确及时，并与航道、港口工作密切配合，要求船舶必须按照规定的运行时刻表运行，以提高船舶正点率，保证正点运行。运行时刻表规定了船舶各自航线上的始发港、中途港，终点港的到发时间和停泊时间以及各航段上的航行时间。在编制和确定船舶运行时刻表时，既要保证航行安全，又要最大限度地方便旅客。

5) 客运船舶生产调度

水上客运生产调度基本任务是以客运为中心，科学地组织船舶生产活动，编制和执行水上客运生产计划，经济合理地利用船舶和港口设备能力，加速船舶周转，提高运营管理水平。

(1) 港口船舶调度

港口船舶调度主要组织内港拖轮进行拖带作业。港口船舶调度应熟悉港作拖轮的性能，如吃水、抗风力、船体强度、驾驶台高度等，同时也要熟悉被拖船的性能。港口船舶调度工作主要根据指定的停靠码头，按计划派出适当的拖轮，将船舶或驳船拖带到指定的泊位进行作业，作业完毕应及时将其拖离，以免妨碍其他船只进入作业。

(2) 运行船舶调度

运行船舶调度主要负责选定船舶航线，决定船舶到港、离港时间，掌握船舶运行动态等。运行船舶调度需与航行中的船舶保持通信联系。船舶一般在每日 6 时、12 时、18 时、24 时分四次向运行船舶调度报告船名、船位、航向、速度、风浪状况、预计何时到达下一港口等相关内容。

9.2.4 航空客运

1) 营运方式类别

按行程是否跨越本国国境为界限，将航空客运营运方式分为国内航线和国际航线。

国内航线：线路起讫地点均在本国国境以内。

国际航线：线路跨越本国国境，通达其他国家。

2) 运输生产体系

航空运输生产可以分为五个生产体系，各生产体系分别由民航系统的有关部门负责管理和协调。

(1) 机场保障

机场是航空运输生产的必备基地。机场保障为空中运输的地面准备和空中飞行提供跑道、灯光、特种车辆、旅客候机场所和相关服务设施,并提供安全检查和紧急救援服务。在国际机场,还设有边检、海关、检疫等派出机构,为国际航班旅客运输提供必要的服务。

(2) 机务维修

机务维修是保证空中飞行安全的重要环节。其主要任务是维护航空器正常运行,施行对航空器、发动机、通信导航和驾驶控制等机械与电子电气设备的检测与维修,使航空器保持适航状态。

(3) 航行业务管理

航行业务管理主要负责航行调度、通信导航、气象信息、航行情报以及空勤人员管理等工作,为航空运输提供一个完整的空中飞行保障体系。

(4) 油料供应

油料供应体系主要为航空运输飞行提供航空燃油。我国民航系统成立了航油专业公司,负责航空运输必需的航空燃油的供应与管理。

(5) 运输服务

民航运输各部门的工作,始终围绕"安全正点、优质高效"这一宗旨,为运输生产服务。运输服务部门负责制订运输生产计划、组织客货运输、提供运输飞行、保证服务质量、开拓运输市场,以达到最佳经济效益。

3) 生产计划编制

航空运输生产计划,是贯彻实施企业发展目标和企业发展计划的具体生产部署,是制订企业其他计划的重要基础,包括航班计划、航线计划、飞行生产计划等。

(1) 计划编制准备工作

制订运输生产计划的准备工作包括：确立企业的阶段发展目标、生产任务和实施方针;评估企业发展的内部环境和外部环境;分析企业的生产形势,包括市场分析、营运分析、成本分析和收益分析;拟定符合企业发展的战略。

(2) 航班计划

航空运输有定期航班和不定期航班之分。定期航班飞行生产量一般占总量的九成之多。航班生产计划主要是针对定期航班制定。航空运输的计划部门根据企业的发展目标和市场要求,确定运输飞行航线、机型、航班班次、航班班期及航班时刻等,供生产部门安排和实施。

(3) 航线计划

航线计划是一项综合性计划,包括一系列生产的指标,如航空运输的生产量、生产能力、生产效益和生产质量等。不仅可以作为企业运输生产的指标,还可用于考核企业完成生产指标的情况。

(4) 飞行生产计划

飞行生产计划主要包括飞机利用计划、飞行需求计划、空勤人员飞行计划和飞机维修计划。制订计划时需要充分利用飞机潜力、最大限度发挥机队的作用，为企业创造更多的效益。

4）运输生产过程

航空旅客运输生产的任务是实施航班计划，将旅客和行李从始发机场安全地运送到目的地机场。机场保障部门、机务维修部门、航务管理部门、油料供应部门以及运输服务部门应在运输现场指挥部门的统一组织协调下，分工合作，共同完成生产任务。航空旅客运输生产过程，可分为四个阶段：

（1）航班计划阶段

航空公司根据公司的发展目标、航线计划、运力、人力资源以及资金等情况，在市场调查的基础上，进行航班安排，具体确定飞行班次、航班频率和经停机场，并制定航班时刻表。

（2）市场销售阶段

根据航班计划，航空公司市场销售部门以及销售代表，在公布的订座期限内，进行航班座位销售。

（3）旅客乘机阶段

航空公司根据航班时刻表，为旅客安排登机准备，接受旅客的行李交运。同时，机场有关部门对旅客和行李进行安全检查，提供候机服务和查询服务。

（4）运输飞行阶段

运输飞行通常由五个阶段构成：运输飞行预先准备阶段、运输飞行直接准备阶段、运输飞行实施阶段、运输飞行总结讲评阶段、旅客离港阶段。在飞机安全抵达目的地机场后，运输服务部门安排旅客下机，卸运行李；航空公司为旅客提供查询和领取行李服务。

9.2.5 旅客联程运输

1）旅客联程运输概念

旅客联程运输（简称旅客联运）是指通过两种或两种以上交通运输方式完成的旅客连续运输，其典型特征为由单一旅客联运承运人或代理人为旅客及其行李全程负责，并全程使用一张客票。旅客联程运输服务对象除旅客自身外也包括旅客的行李，根据其运输形式可分为直挂行李、托运行李和非托运行李。直挂行李是指在联运过程中，对于使用联程客票的境外始发或国内始发的旅客，在中转机场无须再办理下一站登机牌，也无须办理行李提取和托运手续，直接托运到最终目的地的行李。托运行李是指由联运旅客承运人负责转运的行李。非托运行李是指除旅客托运行李以外的由旅客自行携带的行李。

旅客联运承运人是指根据运输合同，完成旅客及其行李联运过程，并对其全程负责的运输企业、当事人。旅客联运代理人是指由承运人授权代办联运旅客客源组织、联运客票发售、联运客票检查、联运发车、联运运费结算等业务的自然人或代理机构。

2）旅客联程运输组织模式

旅客联程运输主要包括空铁联运、空巴联运、空海联运、公铁联运和第三方联运五种组织模式。

(1) 空铁联运

空铁联运是指将高速铁路运输与民航运输有效衔接,形成空铁一体化的运输链条,为旅客提供高效便捷的联运服务。空铁联运客票服务类型包括虚拟航班、空铁套票和系统对接三种,其中第二种模式较为普遍。全国开通空铁联运基础设施较好的机场如表 9-1 所示。

表 9-1 全国开通空铁联运基础设施较好的机场

序号	机场名称	衔接铁路	铁路设计速度(km/h)	衔接模式
1	北京大兴	京雄城际	350	站楼一体化
2	上海虹桥	京沪高铁	350	GTC模式
3	石家庄正定	京广高铁	300	接驳模式
4	太原武宿	石太客专	300	接驳模式
5	长春龙嘉	长吉城际	250	分离模式
6	郑州新郑	郑州城际	250	GTC模式
7	武汉天河	汉孝城际	200	GTC模式
8	海口美兰	海南环岛	250	分离模式
9	成都双流	成绵乐城际	250	接驳模式
10	贵阳龙洞堡	市域快铁	250	分离模式
11	兰州中川	兰中城际	160	分离模式
12	呼和浩特白塔	呼张高铁	250	接驳模式
13	银川河东	银兰高铁	250	接驳模式
14	吐鲁番交河	兰新高铁	250	接驳模式
15	三亚凤凰	环岛高铁	200	分离模式
16	揭阳潮汕	梅汕高铁	250	分离模式

注:GTC模式——地面交通中心(Ground Transportation Center,GTC)模式。

综上所述,空铁联运更加吸引看重时间成本的航空和高铁旅客,未来将成为先进高端联运服务的试验田,其商业附加价值也较为可观。

(2) 空巴联运

空巴联运按照运营主体不同可分为两种:机场主导型和航空公司/道路客运企业主导型。

机场主导型是指机场运营的机场大巴或空港快线承运旅客。航空公司/道路客运主导型是指由航空公司与道路客运企业合作开行班线承运旅客。机场主导型空巴联运在我国枢纽机场较为普遍,机场在市域或邻近地市建设城市候机楼并开通机场巴士,将值机、行李托运等服务延伸、前移,扩大辐射范围和旅客集输能力。

(3) 空海联运

空海联运服务对自然和服务设施条件要求较高，需要滨海滨河的大型机场来主导，客运码头和船舶公司配合，且有行李封闭运输装备技术、完善的通关流程和足够的客流作为支撑。比较典型的案例是天津滨海机场—天津邮轮母港推出的针对游轮旅客的空海联运产品，以及香港国际机场—深圳蛇口游轮中心针对由香港机场中转出入境的航空旅客的空海联运产品。

(4) 公铁联运

公铁联运是我国服务范围最广、服务人数最多的一种旅客联程运输方式。我国高速铁路的迅猛发展给公路客运行业带来了较大冲击，而发展公铁联运将成为公路客运行业转型升级的方向和重要抓手。与机场城市候机楼相似，有部分高铁站为了集疏运周边未通高铁县市的旅客，支持将当地公路客运站扩建为高铁无轨站，提供公路、铁路客票一站式销售服务，并开通直达高铁站的道路客运班线。

(5) 第三方联运

第三方服务主体提供的旅客联程运输服务主要包括一站式的票务服务、一体化的出行信息服务，以及酒店预订、旅游门票销售等运输周边服务。

第三方服务主体具有服务内容差异化、服务资源集中化、服务体验便捷化等特征，以及技术渠道和资源整合能力强、市场运营和产品设计能力强、善于发现和挖掘用户的需求等优势，可以弥补传统服务主体服务内容的盲点，是旅客联运服务体系的重要组成部分。

3) 旅客联程运输发展现状

我国旅客联程运输发展取得了显著的成绩，公铁、空铁、公空、空海等联运模式加速发展，高铁无轨站、异地候机楼、行李直挂运输等专业化服务不断完善，跨方式安检流程优化等工作深入推进。结合旅客和运输企业的问卷调查，交通运输部科学研究院综合运输服务创新团队发布《中国旅客联程运输发展报告(2020)》对我国旅客联程运输发展情况进行了全面总结。

(1) 行业体量潜力可观

全国各种运输方式的车(班)次和线路数量、旅客运量等发展基础较好，且一线城市和二线区域中心城市更为突出，西部城市发展基础较弱，各城市发展基础差距总体不大，体量和潜力十分可观；基础设施条件方面，机场通地铁、机场通铁路、城市候机楼建设的比例均未达到50%，民航与其他交通运输方式的衔接仍需加强，重要的铁路站也未全部通地铁，旅客联运发展的基础设施条件仍需进一步改善和提升；联运服务方面，行李直挂、联运票务、安检互认等几种主要的典型旅客联运服务内容在全国的普及率仍然较低。

综上所述，我国旅客运输发展基础好、潜力大，但存在基础设施统一规划和跨方式衔接不畅等问题，主要联运服务仍需积极培育，行业发展处在中早期。

(2) 公铁联运基础条件较好

公铁联运是服务范围最广、服务人数最多的一种旅客联程运输方式。旅客调查问卷显示，火车和大巴联程出行的旅客占比近60%，大部分旅客对公铁联运全天候、出行灵活、速度快、成本低的优势认可度较高，群众基础较好。

在公铁联运基础设施条件方面，经初步统计，全国 31 个省会城市(不含港、澳、台)和 5 个计划单列市共有 63 个铁路站在 1 km 范围配建了公路客运站，约占所有铁路站数量的 77%，公铁联运的基础设施条件整体较好。与机场城市候机楼相似，有部分高铁站为了集疏运周边未通高铁县市的旅客，支持将当地公路客运站扩建为高铁无轨站，提供公路、铁路票务服务，并开通直达高铁站的公路客运班线。

(3) 安检互认与“徒手旅行”需求迫切

跨交通运输方式安检互认是便捷旅客出行的重要举措，分为单向互认和双向互认。实现跨交通运输方式安检互认，需要客运枢纽设置换乘封闭通道或实行整体封闭管理、统一不同交通运输方式安检标准和禁限带品目录、明确双方责任划分。调查问卷显示，七成以上的运输企业认为“不同交通运输方式安检标准不统一”是制约旅客安检流程优化的主要因素，五成以上的运输企业认为“安检责任归属问题”是主要因素。

我国旅客行李直挂运输尚处在起步阶段，杭州萧山机场杭州东站城市候机楼、深圳宝安机场的部分城市候机楼结合公路航空联运进行了这方面的探索，旅客在城市候机楼托运完行李之后即可自由安排后续行程，行李通过机场大巴运送至机场后按有关规定安检后转入飞机货舱，旅客在目的地机场提取即可。

(4) 政策支持下标准体系逐渐完善

在政策方面，中央有关部门、一些地方政府相继出台了多份关于促进旅客联程运输发展的政策文件，为旅客联程运输发展创造了良好的政策环境，特别是 2019 年 9 月由中共中央、国务院印发的《交通强国建设纲要》，2017 年 2 月由国务院印发的《“十三五”现代综合交通运输体系发展规划》，2017 年 12 月由交通运输部等 7 部门共同印发的《关于加快推进旅客联程运输发展的指导意见》等。江苏、河北、天津、黑龙江、江西、湖北、四川、新疆、河南、青海、内蒙古等省(区、市)，还结合发展实际和需求出台了地方政策文件，指导当地旅客联程运输健康有序发展。2018 年 5 月 10 日，中国民用航空局与中国国家铁路集团有限公司签署推进空铁联运战略合作协议。

在标准方面，作为全国综合交通运输标准化技术委员会的秘书处单位，交通运输部科学研究院牵头制定了《旅客联运术语》《旅客联运服务质量要求　第 1 部分：空铁旅客联运》《旅客联运服务质量要求　第 2 部分：公路航空旅客联运》《综合交通电子客票信息系统互联互通技术规范》等多项技术标准，填补了旅客联程运输领域标准的空白，逐步完善了标准体系，有效促进了我国旅客联程运输规范有序发展。

9.3 城市旅客运输组织

城市旅客运输是指由城市公共交通提供的运输服务，狭义的公共交通是指在规定的线路上，按固定的时刻表，以公开的费率为城市公众提供短途客运服务的系统。本章讨论的城市公共交通系统是指广义的公共交通系统，主要包括城市地面公交系统和城市轨道交通系统两类。城市公共交通一体化服务的不断完善提高了城市居民出行的便捷性。

9.3.1 城市常规公交运输

1）车辆调度形式类型

车辆调度形式是指营运调度措施计划中所采取的运输组织形式。按车辆运行与停站方式，可分为全程车、区间车、快车、定班车、跨线车等。

全程车：车辆从线路起点发车直到终点站，必须在沿线各停车站依次停靠，按规定时间到达部分站点并驶满全程的一种基本调度形式。

区间车：车辆仅行驶线路上某一客流量集中的路段或区段的调度形式。

快车：为满足长距离乘车需求，采取的一种越站快速运行的调度形式，包括大站车（车辆仅在沿线乘客集散量较大的停车站停靠）与直达车（车辆仅在线路起讫站停靠）。

定班车：为接送职工上下班或学生上下学而组织的一种专线调度形式。

跨线车：为平衡相邻线路之间客流负荷，减少乘客转乘而组织的一种车辆跨线运行的调度形式。

2）行车时刻表类型

行车时刻表也叫行车计划，是根据主要运行参数数据资料排列各分段时间内、各车次（周转）的行车时刻序列。行车时刻表是组织和指导公交企业运营生产全过程的生产作业性计划，是公交运营调度的基础。

行车时刻表通常有车辆行车时刻表和车站行车时刻表两种形式。

车辆行车时刻表指按行车班次制定的车辆沿线路运行的时刻表。表内规定了该班次车辆的出场（库）时间、每周转（单程）中到达沿线各站时间与开出时间、在一个车班内（或一日的营业时间内）需完成的周转数以及回场时间等。

3）行车时刻表编制与调整

以客流的活动规律、公交企业的运输能力等为依据编制行车时刻表时需遵循以下原则：

(1) 确定各车辆行车班次序列（路牌）时，应与车辆在车场（库）的停车方式及行车人员的工作制度相适应。

(2) 根据客流时间分布的不均匀规律，进行增减车辆排列时间间隔，保持行车间隔均匀有序，以避免产生车时浪费或周转不及。

(3) 行车人员工作时间安排，既要服从客流变化需要，又应注意各行车班次车辆工作时间均衡；安排行车人员就餐时，综合考虑运输服务质量、车时利用、行车人员休息等因素。

(4) 行车时刻表的制定应与邻近线路或其他城市公共客运方式行车时刻表相协调。

4）行车现场调度方法

行车现场调度方法就是按照行车作业计划控制车辆运行，合理分布车辆行车间距，尽快恢复营运秩序，保证车辆均衡载客营运的方法。现场调度分为常规调度和异常调度。

当全线行车情况基本上符合行车作业计划方案，车辆处于正常运行时的调度工作称为常规调度。

当线路因各种原因造成行车秩序紊乱，车辆运行偏离行车作业计划时的调度工作称为异常调度。通常采用调整行车间距、越站停靠、调头填补空档、增加车辆、缩短周转时间、减少车辆、延长车辆周转时间、跨线、临时重新组织车辆车序号等基本调度方法消除其影响。

(1) 调距法

调整行车间距的调度方法。它是在一定时间内使用压缩或放宽行车间距或既压缩又放宽行车间距的调度方法。调距法说明在总体周转时间不变，车辆不增加的情况下，通过车间距的调整，可以增加发车密度，提高服务质量和劳动生产率。

(2) 放站法

营运车辆在路线上越站停靠的调度方法。需要采用放站法的情况包括：车辆到达始末站误点时间超过停站休息时间；在一定时间内，路线上有约 1/3 站点的集散量，达到线路客流量的 60%左右；路线较长且客流呈单向性。

客流重点在起点站时，一般应载客越站停靠。如客流重点不在起点站时，可留适量车辆在本站载客，其他车辆空放出站，以平衡乘客候车时间。如客流重点在高单向处，低单向处的部分车辆可越站停靠或空放，以加快车辆周转。

(3) 调头法

缩短原行驶路线用以减少周转时间的调度方法。需要采用调头法的情况包括：车辆到达始末站误点时间超过全程周转时间 1/3 左右时；增加某一区段的运能以提高营运效率；路线出现较大的行车间隔，需要车辆调头填补空档。

(4) 加车法

在原有行驶车辆中增加车辆的调度方法。需要采用加车法的情况包括客流突然增加；因故需放宽周转时间但又要保持原有车距。为使加入车辆后的车距均匀分布，首先应确定加车的数量、加入时间及其影响范围，然后对原有的车距进行计算调整。

(5) 缩时法

缩短周转时间的调度方法。需要采用缩时法的情况包括：道路交通条件有明显的改善，道路通行能力提高，车速加快；实际客流比计划下降较多，造成车辆中途上下客时间减少，车辆普遍提前到站；交通中断，临时缩短路线行驶等。

(6) 抽车法

在原有行驶车辆中减少车辆的调度方法。需要采用抽车法的情况包括：线路客流突然下降；路线发生车辆故障、肇事、纠纷；因客流需要支援其他路线等。为使抽出车辆后的车距均匀分布，首先应确定抽出车辆的数量、抽出时间及其影响范围，然后对原有的车距进行计算调整。

(7) 延时法

延长车辆周转时间的调度方法。需要采用延时法的情况包括：车辆运行过程中遭遇严重的交通堵塞和行车事故；客流增加，乘客上下车时间增多，营运主高峰时出现乘客滞站现象；冰、雷、雾、暴雨等恶劣天气导致车辆通行缓慢。延长车辆周转时间的限度，以该线驾驶水平较低的驾驶员为准。

(8) 跨线法

应用本线或它线车辆路线营运的调度方法。需要采用跨线法的情况包括：相邻路线高峰时段客流有较大的时间差异；本线全程与区间、大站之间的运能需要互补等。跨线法能对运能、工时起到充分利用的作用，既解决客流需求，又可降低营运成本。

(9) 调档法

将车辆的车序号临时重新组织调整的一种调度方法。调档法主要用于路线车辆故障抛锚、肇事、纠纷、换班、行车人员用餐等情况。车辆在出场或首末站发生故障，如能很快修复行驶的，可与后车倒换次序营运。高峰时，因营运需要将车辆的车序号临时调整的，一般先控制车距，在高峰之后再恢复行车次序。

9.3.2 城市轨道交通运输

1) 运输计划

城市轨道交通运输计划包括客流计划、列车运行组织方式、行车计划、车辆配备计划、列车交路计划以及人员配备计划等。

(1) 客流计划

客流计划的主要内容包括站间到发客流量，各站双向上下车人数，全日高峰小时、低峰小时断面客流量，全日分时最大断面客流量等。

(2) 运营方式

城市轨道交通应根据各条线路的不同特点、不同的实施阶段，选择合适的运营方式。轨道交通各线原则上应采用独立的运营方式，根据线路长短和客流分布情况采用分区运行。分段延伸运营方式是一种临时性、过渡性的运营方式。根据路网实施规划采用分期施工、分期运营时，可采用建成一段、运营一段，逐渐延伸的方法。

(3) 行车计划

行车计划是指营业时间各个小时开行的列车对数计划，是编制列车运行图、计算运营工作和确定车辆配备数量的基础。行车计划编制应以营业时间内各个小时的最大断面客流量、列车定员人数和车辆满载率以及希望达到的服务水平为依据。

(4) 车辆配备计划

车辆配备计划是指为了推算完成全日行车计划而制订的车辆保有数安排计划，包括运用车辆数、在修车辆数和备用车辆数。

(5) 列车交路计划

列车交路计划规定了列车的运行区段，折返车站和按不同列车交路运行的列车对数。在轨道交通线路的各个区段客流量不均匀的情况下，合理的列车交路计划既能提高列车的运用效率，降低运营成本，又能为乘客提供更好的服务。

(6) 列车折返方式

列车折返方式可分为站前折返和站后折返两种方式。站前折返方式是列车经由站前渡线折返。站前折返的优点是列车空车走行少，折返时间短，乘客能同时上、下车，缩短停站时间；缺点是出发、到达列车存在着进路交叉，影响行车安全和站台秩序。站后折返方式分为站后环形线折返、站后尽端折返线折返和站后渡线折返。站后折返的优点是列车出站速度高，有利于提高运行速度。

(7) 人员配备计划

轨道交通公司主要包括运营部门、设备部门以及辅助部门，其中运营部门人员主要是乘备员和站务工作人员；设备部门人员配备对象主要是车辆设备检修工作人员、变电站、触网、轨道等维护人员；辅助部门人员配备对象主要是从事信息、数据及研究工作的人员。

2) 列车运行图

列车运行图是列车运行的时间与空间关系的图解，它是表示列车在各区间运行及在各车站停车或通过状态的二维线条图。列车运行图规定了各次列车占用区间的次序，各次列车在区间的运行时间，在车站的到达、出发或通过的时刻，在车站的停站时间和在折返站的折返作业时间，以及列车交路和列车出入车辆段时刻等，能直观地显示出各次列车在时间上和空间上的相互位置和对应关系。

列车运行图是用坐标原理来表示列车运行的一种图解形式。列车运行图上用横坐标表示时间，纵坐标表示距离，水平线代表各车站中心线位置，斜线称为列车的运行线，其中上斜线代表上行列车，下斜线代表下行列车。列车运行线与水平线的交点，就是列车在每个车站到、发或通过的时刻。图 9-3 是列车运行图的一个示例。

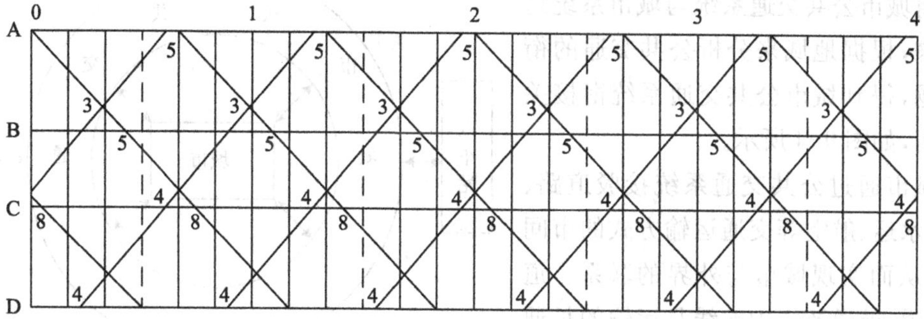

图 9-3 列车运行图

3) 线路运输能力

运输能力是通过能力和输送能力的总称。

线路的通过能力是指在采用一定的车辆类型、信号设备和行车组织方法的条件下，轨道交通系统线路的各项固定设备在单位时间内所能通过的列车数。输送能力是指在一定的车辆类型、信号设备、固定设备和行车组织方法的条件下，按照现有活动设备和乘务人员的数量，轨道交通系统在单位时间内所能运送的乘客人数。

4) 行车调度管理

城市轨道交通行车调度工作由调度中心实施，实行高度集中统一指挥，以使各个环节紧密配合，协调工作，保证列车安全、正点运行。

组织列车正点始发是保证列车正点运行和实现列车运行图的基础。对始发列车，行车调度员应具体掌握和组织列车出库、列车折返交路和客流情况等，保证正点发车。

在列车运行晚点时，行车调度员应根据列车运行的实际情况，按规定的列车等级顺序进行调整。对同一等级的旅客列车可根据列车的车次和乘客多少等情况进行调整。在抢险救灾的情况下，优先放行救援列车。列车运行调整应注意列车运行安全，做到恢复正点运行和行车安全兼顾，尽可能在最短时间内使列车恢复按图运行。

列车运行调整的主要方法包括：始发提前或推迟发出列车；组织列车加速运行，恢复正点；组织车站快速作业，压缩停站时间；组织列车通过某些车站；变更列车运行交路，组织列车在具备条件的中间站折返；组织列车反方向运行；调整列车运行时间间隔；停运列车。

9.3.3 城市公共交通一体化

1) 公共交通的组织协调

各种交通运输方式各自具有不同的特点，综合交通运输系统的高效运作有赖于各种交通运输方式的协调，因此很有必要做好城市公共交通系统各种交通运输方式之间的衔接。

(1) 城市间公共交通的衔接

城市的公共交通不仅仅为市内交通服务，同时还承担着接驳市间客运的任务。将城市公共交通系统与城市系统封装起来，根据地域来分析公共交通的衔接问题，得到城市公共交通系统衔接关系分析，如图 9-4 所示。

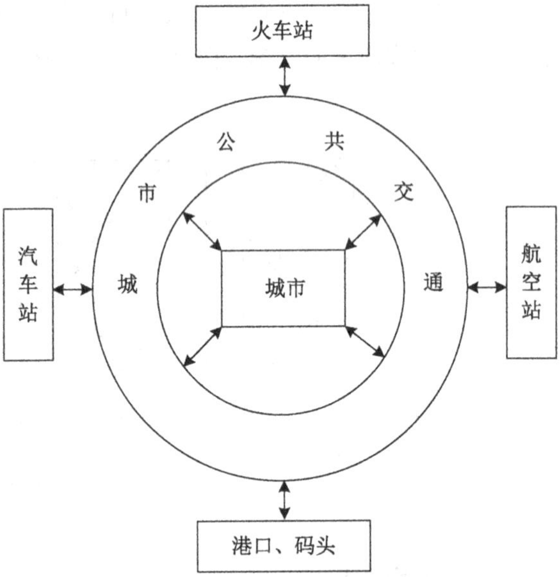

图 9-4　城市公共交通系统衔接关系分析

城市通过公共交通系统接驳道路、轨道、水运、航空等交通运输方式的市间旅客，从而实现城市与外界的联系。道路、轨道、航道及空中航线是运输的长通道。而火车站、港口码头、长途汽车客运站、航空港则是这些通道的衔接点。因此城市公共交通必须加强与上述衔接点的联系，以有效地衔接城市间客运。

(2) 市内公共交通的衔接

城市客运交通系统包括了公共交通运输方式和非公共交通运输方式。从可持续发展的角度来说，除了做好城市客运交通系统与城市大系统的协调，同时还应当做好城市交通系统内部各子系统之间的协调。这其中最主要的就是公共交通运输方式和非公共交通运输方式间的组织协调。

① 公共交通与自行车交通的衔接

自行车是一种经济、低碳的短距离出行方式。随着城市规模的不断扩大，人们出行距离的不断增加，自行车出行接驳城市公共交通将占有一定的比例。因此，必须考虑为自行车与公共交通提供便捷的衔接组织。

② 公共交通与小汽车交通的协调

小汽车交通是一种道路资源占用率高、燃油耗费大、污染排放高的一种交通方式。现状交通量增长与道路资源有限的矛盾愈加突出。为缓解这对矛盾，国家采取的策略是“不限制小汽车的拥有，但限制其使用”。这里所说的限制主要是针对交通供需矛盾突出的老城区或城市中心区而言。因此，应当为小汽车出行者提供进入城市中心区可选择的交通方式。

(3) 轨道交通与常规公交的衔接

随着轨道交通的快速发展，地铁与公交换乘难的矛盾日益突出。过去，各种原因造成两者之间的“脱节”，给市民的出行带来了极大的不便，也使城市立体交通运输网络的功能得不到充分发挥。因此，在常规公交站点及轨道交通站点布局时应当综合考虑。做好两者的衔接工作，有利于扩大轨道交通的服务范围，并最终形成以轨道交通、地面公共交通一体化的城市公共交通系统。

2) 换乘衔接组织

(1) 公共交通换乘衔接组织概念

交通换乘衔接组织是指交通管理部门为保证交通对象能够实现出行目的而协助其在不同交通运输方式或交通运输基础设施之间搭乘转换，以及在此过程中提供的载运接驳设施(如衔接通道及线路、换乘站厅等)等交通服务。公共交通换乘组织系统包括以下三个基本方面。

① 客运换乘枢纽基础设施建设

在枢纽换乘站设计中，交通运输方式间的转换空间、等候空间等基础设施要求同步规划与建设，这些空间应具有安全性、可识别性和方便性，设计中要求体现人性化设计思想，以方便不同交通运输方式的搭乘转换。

② 交通运输方式间运能衔接与组织

交通换乘枢纽中不同交通运输方式的运行时间要求进行统一协调，相互换乘的交通运输方式间要求运能匹配，运能低的载运工具能够快速地为运能高的载运工具进行客流集散，以避免换乘站的旅客滞留。

③ 换乘信息服务建设

一体化交通运输发展要求具备先进的客运换乘信息服务系统，换乘信息服务系统应能满足不同层次的需要，能及时准确地采集、处理、分析、存储、传输客流转换过程中所产生的各种信息，使乘客在出行中实时了解何种载运工具可乘和如何选择最佳的载运工具组合方式，为旅客提供合理的行车时间与路线，方便乘客换乘。

(2) 换乘枢纽组织的主要内容

各种交通运输方式的衔接最终将落实在公共交通换乘枢纽的组织上。主要包括枢纽站址的选取、枢纽规模的确定、交通运输方式的换乘设计及效果评价、换乘信息的提供和枢纽周围交通流的组织。在换乘枢纽的组织优化中主要考虑的因素有：与城市整体规划相协调；有效衔接城市不同的功能分区；保证交通连续，减少延误；换乘信息的提供和枢纽周围交通流的组织。

(3) 换乘衔接组织措施

枢纽换乘组织措施可分为系统措施和细化措施。系统措施主要从规划布局角度考虑；而细化措施主要从建设和运营体系来考虑。

系统措施主要包括：综合换乘枢纽的合理布局；公共交通线网的优化设计；公交车首末车站的合理布局；运输能力的合理配置；停车换乘系统的合理布局；小汽车和自行车停车场容量规模配置；公共交通站点的合理布局等。

细化措施主要包括：换乘联系通道的布置与建设；共用站厅站台与换乘联系通道的布置与建设；站前广场等换乘设施的建设；建立市内交通和对外交通联运体系，包括联运措施的建立、联运票价的制定、联运利益的合理分配方案；建立市内交通的通票体系，包括通票的发行、价格制定；停车优惠政策及安全管理措施等。

9.4 货物运输组织

9.4.1 道路货运

1) 道路货物运输类型

道路货物运输主要有以下类型：

按货运地区范围可分为城市货运和城际货运。

按运输距离可分为短途货运和长途货运。

按车辆从属关系可分为公用货运和自用货运。公用货运是由汽车运输企业进行组织，用来完成国民经济各部门的货运要求，并具有营利性质的货运类型。自用货运是由拥有自用车辆的各社会单位等自行组织，仅完成本部门内部货运任务并不具有营利性质的货运类型。

2) 道路货物运输组织形式

在道路货物运输中，合理地组织车辆运行方式可有效提高车辆利用率和运输生产率，其中可明显提高运行效率的公路运输服务形式主要有多(或双)班运输、定点运输、定时运输、甩挂运输、直达联合运输、集装箱运输、零担货物运输等。

(1) 多(或双)班运输

多班运输是指在昼夜时间内的车辆工作超时一个班以上的货运形式。双班运输是每辆汽车配备两名左右的驾驶员，分日、夜两班轮流行驶。

(2) 定点运输

定点运输是指按发货点固定车队、专门完成固定货运任务的运输组织形式。既适用于装卸地点较固定集中的货运任务,也适用于装货地点集中而卸货地点分散的固定性货运任务。

(3) 定时运输

定时运输是指运输车辆按运行作业计划拟定的行车时刻表进行工作。行车时刻表规定了运输车辆从车场开出的时间、每个运次到达和开出装卸地点的时间及装卸工作时间等。

(4) 甩挂运输

甩挂运输是指利用运输车辆列车甩挂挂车的方法,以减少车辆装卸停歇时间的一种拖挂运输形式。甩挂运输应适用于装卸能力不足、运距较短、装卸时间占汽车列车运行时间比重较大的运输条件下采用,并根据运输条件的不同而组织不同形式的甩挂运输。

(5) 直达联合运输

直达联合运输是指各种交通运输方式的直达联合运输,是以车站、港口或供需物资单位为中心,按照货物运输的全过程把供销部门、多种载运工具组织起来,将货物从生产地一直运输到消费地。

(6) 集装箱运输

集装箱运输是指把一定数量的货物集中于一个便于运输、搬运、装卸、储存的集装箱内以进行货物运输。公路集装箱运输多采用以下几种形式:公路集装箱直达运输;公路、铁路集装箱联运;公路、水路集装箱联运。

(7) 零担货物运输

凡一批货物托运的重量在 3 t 以下或不满一整车装运时,该批货物称为零担货物。一般采用定线定站式货运班车或客运班车捎带货物挂车的形式将沿线零担货物集中起来运输的货运形式。

3) 公路货物运输车辆运行与调度

公路货物运输车辆运行作业计划是运输生产计划的继续。其主要作用是将运输生产计划中规定的各项任务,按月、旬、日以至工作班,具体、合理地分配到各基层生产单位,以保证企业运输生产计划能够按质、按量、按期完成。

车辆运行作业计划有不同的形式,通常按其执行时间的长短分为以下几种:

(1) 长期运行作业计划

适用于经常性的运输任务,通常其运输线路、起讫地点、运输量及货物类型都比较固定。

(2) 短期运行作业计划

适应性较广,对于货运起讫地点较多、流向复杂、货种繁多的货运任务,可对其编制周期为三日、五日、十日等作业计划。

(3) 日运行作业计划

适用于货源多变、货源情况难以早期确定和临时性任务较多的情况。

(4) 运次运行作业计划

适用于临时性或季节性、起讫地点固定的短途大宗货运任务。

汽车运输生产活动是围绕着车辆运行进行的，为了完成计划所规定运输任务，企业必须进行一系列的日常运输工作组织，其中最为核心的部分就是车辆运行调度工作。车辆运行调度工作的任务是通过汽车运输企业所建立的各级调度机构，及时、全面地了解运输生产过程，并不间断地组织指挥和监督检查，正确处理运输生产中出现的各种问题，使各个生产环节和作业能协调地工作，保质保量地完成车辆运行作业计划。

9.4.2 轨道货运

1) 轨道运输货物运输方式

按照我国轨道运输行政管理特点以及铁路技术装备条件，现行货物运输方式有以下几类：

(1) 按货物运输范围划分

① 管内货物运输

在一个铁路局管辖范围内的运输。

② 直通货物运输

跨及两个或两个以上铁路局的运输，以上两种运输都属于铁路系统内部的运输，包括相同轨距和不同轨距间的铁路运输，当货物的运程，包括轨距不同的铁路区段时，在衔接地点必须进行换装并遵守有关的运输规定。

③ 水陆货物联运、公铁联运

以一份货运票据，在换装地点无须发货人重新办理托运，由铁路和水运或铁路和道路共同参与的运输。水陆联运、公铁联运都属于多式联运。

④ 国际铁路货物联运

在两个或两个以上国家之间进行铁路货物运输时，只使用一份统一的国际联运票据，由一国铁路向另一国铁路移交货物时，无须发、收货人参加，铁路当局对全程运输负连带责任的运输方式。

(2) 按轨道运输技术装备条件和运输组织方式划分

按轨道运输技术装备条件和运输组织方式，现行轨道运输货物运输分为整车、零担和集装箱货物运输。整车货物运输适用于大宗货物运输；零担货物运输适用于每批次量较小的零星货物运输；集装箱货物运输适用于精密、贵重、易损货物运输。轨道运输货物运输以批为单位，“批”是轨道运输承运货物、计收运费、交付货物和处理事故的单位。

① 整车货物运输

如果一批货物的重量、性质、体积、形状需要以一辆或一辆以上货车装运的，均按整车货物办理。另外，需要保温的货物、密封、不易计算件数的货物、规定必须按整车办理的危险货物、易于污染其他货物的污秽品、未装容器的活体动物、必须用罐车装运的液体货物，都必须按整车办理。

② 零担货物运输

按照货物重量、体积和形状，不需要以一辆单独货车运送，而且允许与其他货物配装的货物，可以按零担办理。

③ 集装箱货物运输

凡能装入集装箱，不会对集装箱造成损坏的货物及规定可按集装箱运输的危险货物均可按集装箱办理。集装箱以装运贵重、易碎和怕湿货物为主。

2) 轨道货物运输行车组织

轨道行车组织则是综合运用轨道运输技术设备(机车、车辆、线路、车站、通信、信号等)和统筹协调轨道运输有关专业部门(机务、车辆、工务、电务、运输等)，保证安全、准确、迅速、经济地实现铁路行车的工作。

轨道运输行车组织的功能在于把铁路运输的各种技术设备和各个专业部门协调有序地结合成一个大系统，精确而有节奏地正常运转。

轨道运输行车组织内容主要包括：车站行车作业、列车编组、列车运行、区段通过能力使用、机车车辆运用、日常运输组织及调度管理等。

(1) 车站行车作业

车站区分中间站、技术站，办理的技术作业内容也有所不同。

中间站办理的技术作业主要是接发列车作业、摘挂列车的摘挂调车作业和车辆取送作业，少数车站也办理机车给水、补机摘挂、列车技术检查、列车始发或终到作业。

技术站(区段站和编组站的总称)办理的技术作业，除接发列车作业外，主要与到发列车和车流的性质有关。

(2) 列车编组

旅客列车的编组是固定的，主要由乘坐旅客的车辆及服务性的非乘坐旅客的车辆两大基本部分组成。前者包括数量不等的硬座车、软座车、硬卧车、软卧车；后者包括行李车、餐车、乘务员宿营车、邮政车等。其编组在每次运行图实行期间，由中国国家铁路集团有限公司根据客流密度、列车种类、机车功率、列车重量、线路坡度、运行速度、站线长度和站台长度等因素予以确定，一般不变动。

(3) 列车运行

列车的运行主要是依靠编制列车运行图来实现。列车运行图是运用坐标原理描述列车运行的时间、空间关系，表示列车在铁路各区间运行时间及在各车站停车和通过时间的线条图。

列车运行图规定了列车占用区间的次序，列车在每一车站出发、到达或通过的时间，在区间的运行时分，在车站的停站时分，以及列车的重量和长度等。这样，列车运行图也就规定了铁路线路、站场、机车、车辆和通信信号等设备的运用，以及与行车有关各部门的工作。因此可以说，列车运行图是铁路运输工作的一个综合性的计划，铁路行车组织的基础，是协调铁路各部门和单位按一定程序进行生产活动的工具。

① 列车运行图分类

根据轨道运输线路的技术设备(如单线、复线)和列车运行速度、上下行方向的列车数量以及对各种列车的运行具有不同的要求,铁路上采用不同类型的运行图。

a. 按区间正线数目的不同有单线运行图和复线运行图

单线运行图的特点是上下行列车均在同一条正线上运行,从而列车的会让必须在车站上进行。复线运行图的特点在于上下行列车分别在各自的正线上运行,互不干扰,因而对向列车可以在区间内或车站上交会,但同方向列车的越行仍须在车站上进行。

b. 按各种列车运行速度的不同有平行运行图和非平行运行图

凡同一方向列车在同一区间内的运行速度都相同,因而其运行线互相平行,并在区段内没有列车越行的,称为平行运行图;凡具有不同种类和运行速度的列车运行图,同方向列车的运行线不相平行,称为非平行运行图。

c. 按上下行方向列车数目是否相同分为成对运行图和不成对运行图

成对运行图,同一区段内,上下行方向列车数目是相等的。不成对运行图,同一区段内,上下行方向的列车数目是不相等的。我国铁路大多数区段的上下行列车数是相等的,一般多采用成对运行图。只有在上下行方向运量不等的个别区段,行车量较大方向的能力不足时,才采用不成对运行图。

d. 按同方向列车是否追踪运行分为追踪运行图和非追踪运行图

在自动闭塞区段同方向列车允许以闭塞分区为间隔追踪运行,即采用追踪运行图;在非自动闭塞区段,同方向列车只允许以站间区间或所间区间为间隔连发运行,即一般情况下只能采用非追踪运行图(或称连发运行图)。

② 列车运行图编制

一般在统一领导部署下,每两年在全路定期编制一次列车运行图,由各铁路局负责各自管辖范围的编图具体工作。运输、机务、车辆、工务、电务、计划等有关部门负责人成立领导小组,负责编图的组织工作,确定编图的原则、任务和步骤,组织有关铁路局拟定全路跨局列车的运行方案,解决局间列车交接的有关问题,审查各局提报的编图资料和各局编制的列车运行图。各铁路局组织运输、客运、机务、车辆、工电等部门的有关人员成立编图小组,按照中国国家铁路集团有限公司统一部署,准备编图资料,负责完成本局的编图工作。

为加快编图进度,一般采取集中与分散相结合的办法:旅客列车运行图采取在中国国家铁路集团有限公司直接领导下集中编制的方法;货物列车运行图采取先集中、后分散的编制方法。列车运行线铺画原则上采取先客后货、先快后慢、先直通后管内、先编初步方案再具体铺画详图的方法。

(4) 线路通过能力

铁路线路通过能力是指某一铁路线、方向或区段,根据现有的固定技术设备,在一定类型的机车车辆和行车组织方法条件下,在单位时间内所能通过的规定重量的最大列车对数或列数。货运通过能力除用列数表示外,也可用车数或货物吨数表示。

按各种固定设备分别计算出来的通过能力,其中最小的一种能力就限制了整个线路、方向或区段的通过能力，该能力即为该线路、方向或区段的最终通过能力。铁路区段通过能力的提高，依靠提高货物列车重量标准及其载重系数和增加列车密度，或者两方面综合，实现列车重量、速度、密度的优化组配。

9.4.3 水路货运

1）水路货物运输分类

水路货物运输根据分析目的不同，可以有多种分类方法，见表9-2所示。

表9-2 水路货物运输种类

分类方法	运输方式	含义
按贸易种类	外贸运输	本国同其他国家和地区间的货物运输
	内贸运输	本国各地区间的货物运输
按航行区域分	远洋运输	船舶航行跨越大洋的运输航线
	近洋运输	本国各港口至邻近国家港口间的海上运输航线
	沿海运输	本国沿海各港口间的海上运输航线
	内河运输	在一条河流上（包括运河）上或通过几条河流的运输，一般为国内运输，但如属于经过多个国家的河流，例如欧洲的莱茵河、多瑙河等，在这种河流上也有国与国间的运输
	湖泊运输	一个湖区内的运输，大多属于国内运输，但在像美国、加拿大两国间的五大湖区内也有国与国间的国际运输
按船舶营运形式分	班轮运输	船舶在特定航线上和固定港口之间，按事先公布的船期表进行有规律的航行，以从事货物运输业务并按事先公布的费率收取运费的一种运输方式
	不定期船（租船）运输	与班轮运输相比，不定期船（租船）运输没有固定的航线、港口、船期和运价，是根据国际租船市场的行情和租船人的实际需要，船舶所有人出租整船或部分舱位给租船人使用，租船人按约定的运价或租金支付运费的商业行为

2）水路货物运输组织形式

水路货物运输服务是指从事水路运输的航运企业对运输船舶运行活动的合理安排。水路货物运输服务主要有班轮运输组织（即定期航线运输）、不定期船运输组织、轮驳船队运输组织三种，其中轮驳船队运输组织主要用于内河运输。

（1）班轮运输组织

① 班轮运输特点

班轮运输又称定期船运输，它是指固定船舶按照公布的船期表在固定航线和固定港口间运行的运输组织形式。从事班轮运输的船舶称之为班轮。班轮运输具有以下特点：

a.“四固定”的特点，即固定航线、固定港口、固定船期和相对固定的费率。

b. 班轮运价包括装卸费用，即货物由承运人配载装卸，承托双方不计滞期费和速遣费。

c. 承运人对货物负责的时段是从货物装上船起，到货物卸下船止。

d. 承运双方的权利义务和责任豁免以签发的提单为依据，并受统一的国际公约制约。

② 班轮航线设置

国际上班轮航线有许多种布局形式。最基本、最常见的有传统多港口挂靠航线、干线配支线船航线、多角航线、单向环球航线、小陆桥航线及大陆桥航线等。

③ 班轮船期表的编制

班轮船期表的编制主要计算往返航次时间、航线配船数、航线发船间隔、到发时间及调整。班轮船期表是以表格的形式反映船舶在位置和时间上运行程序的文件，其主要内容包括：船名，航次编号，始发港、中途港和终点港的港名，到达和驶离各港的时间。

④ 班轮公会

班轮运输的特点是航线垄断性很强，许多航线上都存在垄断组织班轮公会。它是由经营同一条航线的若干个航运公司为了限制互相竞争，并免受外来竞争，就航线经营的利益分配达成某种协议而形成的一种半垄断联合体。班轮公会的主要活动包括：

a. 制订防止内部竞争的措施：运费协定、运量分配、运费收入分配、吨位限制等。

b. 采取回扣制度对外竞争、取得货载。回扣有两种形式，即延期回扣和合同回扣。

(2) 不定期船运输组织

① 不定期船运输特点

不定期船业务是指以经营无固定船舶、航线、船期、运价、港口的海运业务而言。这种业务大多使用专用散装船为主要运送工具，并以散装货物(如煤、矿砂等)为主，所承运之货物有一定流向与季节性，且运价较定期船低。不定期船业务具有如下特点：

a. 货物上：以承运大宗的散装原料或半成品为主；托运者通常为特定货主，如电站、钢铁公司。需要大宗原料，以利生产作业；装、卸港口较少，通常 1～2 个，而且货物品类较少，一种或两种。

b. 船舶上：使用船舶为适于大宗货物装运的专用船。

c. 运营组织上：运送通常独立经营，组织规模比经营定期货运者小，其营运的船舶或自有或租用；通常由运送人与托运人签订租船契约，或包揽舱位的运输契约；货物装卸船费用均由货主自行负担。

② 航次租船

签订航次租船合同前，一般要根据货源情况和装卸港、航线情况进行航次估算。所谓航次估算是船舶经营者根据各待选航次货运量、运费率、挂靠港口、船舶特性及航线参数等有关资料，估算各航次的航次收入，航次成本和航次每天净收益，从而预知某个航次是否盈利。

③ 船舶期租

在期租过程中，通常船舶出租人负有保证船舶适航性的义务，并基于此收取一定的租金。因此，期租保本费率就是每一载重吨、每一个月分摊的船舶出租人为提供适航船舶和船员所发生的全年所有费用，也叫船舶期租租金基价。

④ 船舶闲置

在航运市场上，需求随着世界经济的发展和贸易量的变化经常发生变化，而作为供给的船舶吨位一旦形成，一般是比较稳定的。因此，在运输需求与实有运力之间常会出现不平衡的现象,导致运价上下波动。

9.4.4 航空货运

1) 航空货物运输经营方式

(1) 普通货物运输

普通货物指托运人没有特殊要求,承运人和民航当局没有特殊规定的货物,这类货物按一般运输程序处理,运价为基本价格的货物运输。

(2) 急件运输

急件运输是指必须在 24 h 之内发出,收货人急于得到的货物,急件货物运费率是普通货物运费率的 1.5 倍,航空公司要求优先安排舱位运输急件货物。

(3) 航空快递

由承运人组织专门人员,负责以最早的航班和最快的方式把快递件送交收货人的货运方式。快递的承运人可以是航空公司、航空货运代理公司或专门的快递公司。快递的方式有三种:一种是机场到机场,收货人在机场等候;第二种是"门到门"的快递服务,承运人从发货人处取货,并将货物在规定时间直接送到收货人所在地址;第三种是由快递人派专人随机送货。快递运输安全、快速、准确,目前已经成为航空货运中的一个重要部分,其中大部分的运量是以第二种方式进行的,运输的货物以文件、样品、小件包裹为主。快递的费用相对昂贵,一般按距离分档计价,除运费外还要加收中转费和地面运杂费。

(4) 特种运输

用空运运输一些在运输上有特殊要求的货物,称为特种运输或特种货物运输。

(5) 包机运输

包机运输是由租机人租用整架飞机或若干租机人联合包租一架飞机进行货运的方式。当货物批量较大,班机运输无法满足需要或发货人有特殊要求时,则需要选择包机运输。

2) 航空货物运输组织形式

航空货物运输服务方式有集中托运、陆空联运和海空联运、航空快递和邮件运输等形式。

(1) 集中托运

指航空货运代理公司将若干批单独发运到同一方向的货物,组成一整批向航空公司办理货运手续的运输组织方式。集中托运具有方便货主、运输成本低、便于提前结汇等优点。

(2) 陆空联运和海空联运

指陆路运输(道路与轨道运输)或水路运输与航空运输的联运。我国幅员辽阔,而国际航班较多的机场较少(仅位于北京、上海、广州等大城市),且运输费用较高,因此我国出口空运货物常采用陆空联运。

(3) 航空快递

指有独立法人资格的货运企业将进出境的货物从发货人所在地通过自身网络或代理的网络运达收货人的一种快速货运方式。它不同于航空邮寄和航空货运,而是由一个专门经营该业务的公司和航空公司合作,办理空运手续,或委托到达地的速递公司,或在到达地设立速递公司，或派专人随机送货，以最快的速度在货主、机场、用户之间运送货物。

（4）邮件运输

是邮政部门与航空公司以运输合同（或协议）方式合作组织的信件、包裹等小件物品的航空运输，在全部航空货运中占有比例较小，一般在10%左右。

9.4.5 管道运输

1）管道运输生产管理

管道运输生产管理是管道运行过程中利用技术手段对管道运输实行统一指挥和调度，以保证管道在最优化状态下长期安全而平稳地运行，从而获得最佳经济效益。它包括管道输送计划管理、管道输送技术管理、管道输送设备管理和管道线路管理。前两项又合称为管道运行管理，是生产管理的中心环节。

（1）管道输送计划管理

根据管道所承担的运输任务和管道设备状况编制合理的运行计划，以便有计划地进行生产。管道输送计划管理包括：①编制管道输送的年度计划，根据年度计划安排管道输送的月计划、批次计划、周期计划等；②根据这些计划安排管道全线的运行计划，编制管道站、库的输入和输出计划，以及分输和配气计划；③根据输送任务和管道设备状况，编制设备维护检修计划和辅助系统作业计划。

（2）管道输送技术管理

根据管道输送的货物特性，确定输送方式、工艺流程和管道运行的基本参数等，以实现管道生产的最优化。管道输送技术管理的内容包括随时检测管道运行状况参数，分析输送条件的变化，采取各种适当的控制和调节措施调整运行参数，以充分发挥输送设备的效能，尽可能地减少能耗。对输送过程中出现的技术问题，要随时予以解决。管道输送技术管理和管道输送计划管理都是通过管道的日常调度工作来实现的。

（3）管道输送设备管理

对管道站、库的设备进行维护和修理，以保证管道的正常运行。管理的内容主要包括：对设备状况进行分级，并进行登记；记录各种设备的运行状况；制订设备日常维修和大修计划；改造和更新陈旧、低效能的设备；保养在线设备。

（4）管道线路管理

对管道线路进行管理，以防止线路受到自然灾害或其他因素的破坏。管理内容主要包括：日常的巡线检查；线路构筑物和穿越、跨越工程设施的维修；管道防腐层的检漏和维修；管道的渗漏检查和维修；清管作业和管道沿线的放气、排液作业；管道线路设备的改造和更换；管道线路的抗震管理；管道紧急抢修工程的组织等。

2）管道运行管理

管道运行管理是用制订管道运行计划的方法，以及运用管道运行状况分析和调度等手段，充分发挥管道和设备的输送效率，实现管道安全、平稳、经济的最优化运行。

管道运行管理，需要能正确反映全线客观条件的资料，如全线及泵站的竣工图和竣工后的更改记录;需要先进、可靠的设备,如要有良好的调度设备和通信设备,以及显示各泵站运行参数及流程的电视屏幕,还要有电子输出设备以便随时记录各站的运行参数;需要训练有素的调度人员,他们对管道及各站的设备、流程要熟悉了解,具有掌握现代化设备的知识和能力,具有丰富的运行管理经验。

管道运行管理包括分析运行资料、编制运行计划和运行调度三个基本步骤。

(1) 分析运行资料

对委托管道承运的油品种类和数量,交付输送的时间和地点,油品的特性,以及对管线各泵站收、发油品应具备的条件等进行分析和研究,编制出年度轮廓计划,并做好完成管道年度任务的技术准备。

(2) 编制运行计划

在分析运行资料的基础上,编制出指令性强的全线运行计划和各站的运行计划。在编制成品油月或旬的全线运行计划时,要标明各批油品的名称、编号、特性和输量;标明各批油品到达各站的时间和进入的油罐;明确各批油品输送的顺序和分输时间、分输量;确定各批油品的运行参数;标明有无清管作业和计划性停输作业。在编制月或旬的各站运行计划时,要明确各站进油任务、倒罐流程:安排倒罐作业、启泵和停泵或倒换泵的作业、流量计标定和清管器接收与投入作业以及各旬的设备维修计划等。

(3) 运行调度

运行调度是指按运行计划进行全线指挥、调整、监管等工作,以保证运行计划完成输送任务。调度人员先对运行计划进行核对,并作适当修改,然后根据计划下达调度指令。全线运行情况均反映到调度室,以便调度室进行全面监视。顺序输送时跟踪各批油品界面的准确位置,预报分输站切换流程和分输的时间,跟踪清管器的运行位置等。一旦发生事故,调度人员应负责立即处理,采取措施,下达指令,更换运行参数,以减少事故对计划的影响。

9.4.6 货物多式联运

1) 多式联运概念

多式联运是由两种及其以上的载运工具相互衔接、转运而共同完成的交通运输过程统称为复合运输,我国习惯上称之为多式联运。《联合国国际货物多式联运公约》对国际多式联运所下的定义是:按照国际多式联运合同,以至少两种不同的运输方式,由多式联运经营人把货物从一国境内接管地点运至另一国境内指定交付地点的货物运输。而《中华人民共和国海商法》对于国内多式联运的规定是,必须有种方式是水路运输。多式联运具有以下特征:

(1) 根据多式联运的合同进行操作,运输全程中至少使用两种运输方式,而且是不同方式的连续运输。

(2) 多式联运的货物主要是集装箱货物,具有集装箱运输的特点。

(3) 多式联运是一票到底,实行单一运费率的运输。发货人只要订立一份合同一次付费,一次保险,通过一张单证即可完成全程运输。

(4) 多式联运是不同交通运输方式的综合组织，全程运输均是由多式联运经营人组织完成。无论涉及几种交通运输方式，分为几个运输区段，由多式联运经营人对货运全程负责。

2) 多式联运形式

(1) 法定联运

法定联运是与多式联运有关的运输单据、联运范围、联运受理的条件与程序、运输衔接、货物交付、货物索赔程序以及承运人之间的费用清算等均应符合有关国际公约和国家颁布的有关规章的规定，并实行计划运输。

法定联运最基本的特征在于其强制性，即承托双方并不需要对国际多式联运合同的条款予以协商，仅需要按照规定办理即可。法定联运实际上属于协作式联运，参与联运的承运人为共同承运人，对货主承担连带责任。这种多式联运形式有利于保护货主的权利及多式联运生产的顺利进行。

在国际多式联运中，一般不存在法定联运。但单一方式下的国际联运大多采用法定联运，如国际铁路联运即属于法定联运。国际铁路联运主要有两大体系：一是以《国际铁路货物运输公约》为依据进行的国际铁路联运；另一个是以《国际铁路货物联运协定》为依据所进行的国际铁路联运。

我国多式联运中，以《水路货物运输规则》和《铁路和水路货物联运规则》为依据，由各港航企业与港口、航运、铁路企业共同协作，完成货物的水水联运和水陆联运均属于法定联运。它主要适用于保证指令性计划的调拨物资、重点物资和国防、抢险、救灾等急需物资。

(2) 协议联运

协议联运是指法定联运以外的多式联运。其最基本的特征在于联运的非强制性。在协议联运形式下，联运采用的运输方式、运输衔接、货物交付、货物索赔程序以及承运人之间的利益分配与风险承担等均由双方通过协商而定。在实际业务中，货主往往处于劣势，并不具备与多式联运经营人协商修改联运协议的能力。因此，为了避免多式联运经营人损害货主的利益，在国际和国内都制定了规范这种联运形式的国际公约或法律法规，凡多式联运协议中与这些国际公约或法律法规相抵触的内容均属无效。

3) 多式联运组织方式

国际货物多式联运的全过程就其工作性质的不同，可分为实际运输过程和全程运输组织业务过程两部分。

实际运输过程是由参加国际多式联运的各种运输方式的实际承运人完成的，其运输组织工作属于各方式运输企业内部的技术、业务组织。

全程运输组织业务过程是由国际多式联运经营人(Multimodal Transportation Operator，MTO)完成的，主要包括全程运输所涉及的所有商务性事务和衔接服务性工作的组织实施，其运输组织方法可以有很多种，但就其组织体制来说，基本上可分为协作式多式联运和衔接式多式联运两大类。

(1) 协作式多式联运的运输组织方法

协作式多式联运的组织者是在各级政府主管部门协调下，由参加多式联运的各种运输方式的企业和中转港站共同组成联运办公室（或其他名称）。货物全程运输计划由该机构制定。这种联运组织下的货物运输过程，如图 9-5 所示。

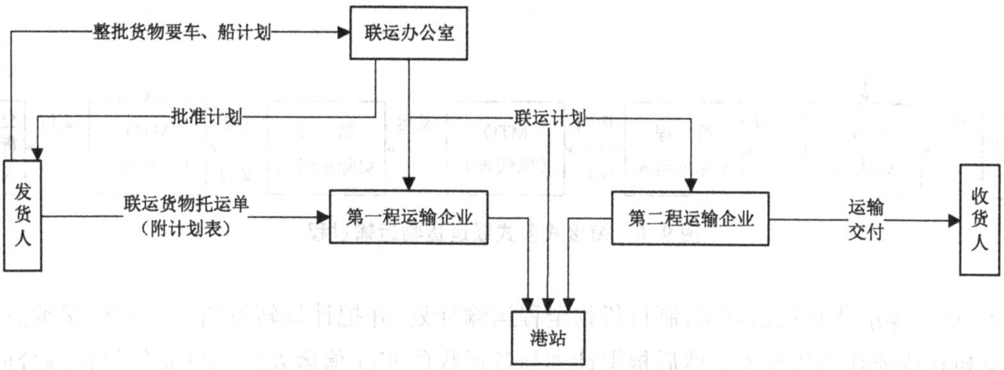

图 9-5　协作式多式联运货物运输过程

这种组织方法，发货人根据货物运输的实际需要向联运办公室提出托运申请，按月申报整批货物要车、要船计划，联运办公室根据多式联运线路及各运输企业实际情况制订货物运输计划，把该计划批复给托运人并转发给各运输企业和中转港站。发货人根据计划安排向多式联运第一程的运输企业提出申请，并填写联运货物托运委托书（附运输计划），第一程运输企业接受货物后经双方签字，多式联运合同即告成立。第一程运输企业组织并完成自己承担区段的货物运输至下一区段衔接地，直接将货物交给中转港站，经换装后由下一程运输企业继续运输，直至最终目的地由最后一程运输企业向收货人交付。在前后程运输企业之间和港站与运输企业交接货物时，需填写货物运输交接单和中转交接单（交接与费用结算依据）。

联运办公室（或第一程运输企业）负责按全程费率向托运人收取运费，然后按各企业之间商定的比例向各运输企业及港站清算。

协作式多式联运组织方法是建立在统一计划、统一技术作业标准、统一运行时间表和统一考核标准基础上，而且在接受货物运输、中转换装、货物交付等业务中使用的技术装备，衔接条件等也需要同步建设、配套运行以保证全程运输的协同性。这种组织方法在有的资料中称为货主直接托运制，是国内过去和当前多式联运（特别是大宗、稳定、重要物资运输）中主要采用的方法。

(2) 衔接式多式联运的组织方法

衔接式多式联运组织业务是由多式联运经营人完成的，货物运输过程如图 9-6 所示。

这种组织方法，由多式联运经营人受理发货人提出的托运申请，双方订立货物全程运输的多式联运合同，并在合同指定地点（发货人的工厂或仓库，或指定的货运站、中转站、堆场、仓库）办理货物的交接，多式联运经营人签发多式联运单据。接受托运后，多式联运经营人首先要选择货物运输路线，划分运输区段（确定中转、换装地点），选择各区段的实际承

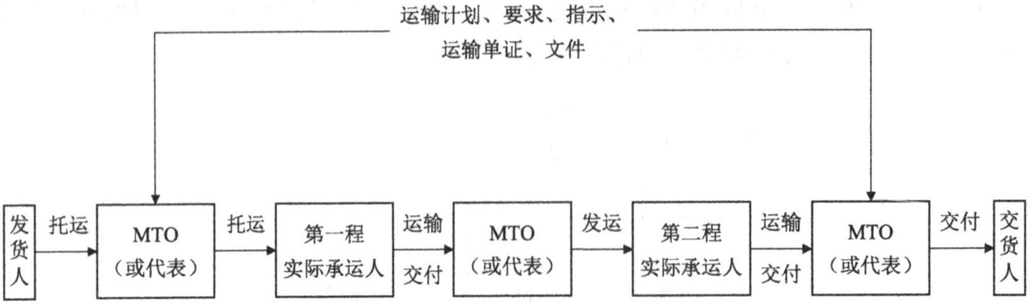

图 9-6　衔接式多式联运货物运输过程

运人，确定零星货物集运方案，制订货物全程运输计划，并把计划转发给各中转衔接地点的分支机构或委托的代理人。然后根据计划与各运程的实际承运人分别订立货物运输合同。全程各区段间的衔接，由多式联运经营人（或其代表或其代理人）从前程实际承运人接受货物再向后程承运人交接，在最终目的地从最后一程实际承运人接收货物后再向收货人交付。

在与发货人订立多式联运合同后，多式联运经营人根据双方协议，按全程单一费率收取全程运费和各类服务费、保险费（如需多式联运经营人代办）等费用。在与各区段实际承运人订立各分运合同时，需向各实际承运人支付运费及其他费用。在各衔接地点委托代理人完成衔接服务业务时，也需向代理人支付委托代理费用。

复习思考题

9-1　什么是运输组织？

9-2　道路货物运输主要有哪几种类型？

9-3　简述道路客车运行组织的工作内容。

9-4　城市轨道交通运输计划包括哪些方面的内容？

9-5　简述客运航线规划的基本原则。

9-6　航空货物运输服务主要有哪几种形式？

9-7　简述多式联运的概念与基本形式。

9-8　结合运输组织相关知识，试分析如何提高城际旅客运输的效率？

9-9　从运输组织的角度谈谈建设城市综合客运枢纽的必要性。

参考文献

[1] 中共中央，国务院.交通强国建设纲要[EB/OL].(2019-09-19)[2022-03-08]. http://www.gov.cn/zhengce/2019-09/19/content_5431432.htm.

[2] 交通运输部科技司.交通运输标准化发展报告[EB/OL].(2021-07-07)[2022-03-08]. https://xxgk.mot.gov.cn/2020/jigou/kjs/202107/t20210707_3611327.html.

[3] 交通运输部运输服务司.交通运输部、国家发展改革委、国家旅游局、国家铁路局、中国民用航空局、国家邮政局、中国铁路总公司关于加快推进旅客联程运输发展的指导意见[EB/OL].(2020-06-23)[2022-03-08]. https://xxgk.mot.gov.cn/2020/jigou/ysfws/202006/t20200623_3315461.html.

[4] 中华人民共和国交通运输部.旅客联运术语:JT/T 1109—2017[S].北京:人民交通出版社股份有限公司,2017.

[5] 中华人民共和国交通运输部.旅客联运服务质量要求 第1部分:空铁旅客联运:JT/T 1114.1—2017[S].北京:人民交通出版社股份有限公司,2017.

[6] 中华人民共和国交通运输部.旅客联运服务质量要求 第2部分:公路航空旅客联运:JT/T 1114.2—2018[S].北京:人民交通出版社股份有限公司,2018.

[7] 过秀成.交通运输工程学[M].北京:人民交通出版社股份有限公司,2017.

[8] 傅志寰,孙永福,翁孟勇,等.交通强国战略研究:第二卷[M].北京:人民交通出版社股份有限公司,2019.

[9] 张迦南,赵鹏.综合运输通道规划方法研究[J].北京交通大学学报,2010,34(3):142-147.

[10] 过秀成,姜晓红,杨洁.城乡公共客运发展机理与组织方法[M].北京:人民交通出版社股份有限公司,2016.

[11] 过秀成,姜晓红.城乡公共客运规划与组织[M].北京:清华大学出版社,2011.

[12] 过秀成,李家斌,等.轨道交通运营初期公共交通系统优化方法[M].南京:东南大学出版社,2015.

[13] 杨浩.运输组织学[M].2版.北京:中国铁道出版社,2013.

[14] 戴彤焱,孙学琴.运输组织学[M].北京:机械工业出版社,2006.

[15] 鲍香台,何杰.运输组织学[M].2版.南京:东南大学出版社,2015.

[16] 王长琼.物流运输组织与管理[M].武汉:华中科技大学出版社,2009.

第 10 章　交通运输法规与政策

10.1　法治交通建设

10.1.1　法治交通建设内涵

“法治”即“法的统治”，以民主为前提，以依法办事为核心，确保权力正当运行的社会管理机制、社会活动方式和社会秩序。法治交通是交通民主、自由、平等、人权、理性、文明、秩序、效益与合法性的理想结合。

法治交通建设即以交通运输法治政府部门建设为载体，运用法治思维和法治方式深化改革、化解矛盾、维护稳定。完善综合交通法规体系，深化交通运输“放管服”改革，科学立法、严格执法、全民守法，把法治要求贯穿到综合交通运输系统各领域，为交通强国建设提供保障。

法治交通建设是法治政府建设的重要内容，是实现强体系、强治理、强服务的基础和支撑。其中，“强体系”是指建设以综合交通运输基础设施网络为基础，先进载运工具广泛运用的综合交通运输系统；“强治理”是指完善政策、法规、标准，推进行业治理体系和治理能力现代化；“强服务”是指提供适应建设现代经济体系和人民群众对美好生活需要的要求，更安全、更便捷、更高效、更绿色的交通运输服务。

10.1.2　法治交通建设目标与基本原则

1) 法治交通建设目标

总体目标为建设职能科学、权责法定、执法严明、公开公正、廉洁高效、守法诚信的交通运输法治政府部门，实现交通运输治理体系和治理能力现代化。具体目标包括形成交通运输法律规范体系、法治实施体系、法治监督体系、法治保障体系；组建运用法治思维和法治方式深化改革、化解矛盾、维护稳定的各级交通运输部门领导班子；建构职能科学、权责法定、运行规范的各级交通运输行政机关；形成公正文明执法严格规范且保障有力的交通运输执法队伍。

2) 法治交通建设基本原则

(1) 权责法定，法无授权不可为和法定职责必须为。

(2) 转变政府职能，发挥市场在资源配置中的决定性作用和更好发挥政府作用。

(3) 法治引领和保障改革，重大改革于法有据，实现改革与法治良性互动。

(4) 强化行业管理和法律实施，严格责任追究，提高制度的执行力。

(5) 夯实基础，不断提高交通运输基层管理部门与执法队伍能力和水平。

10.1.3 法治交通建设重点内容

1) 交通运输事权配置

交通运输事权配置是通过交通运输行政组织和行政程序法律制度，合理配置交通运输执法资源，法定化交通运输机构、职能、权限、程序、责任。交通运输事权配置主要手段包括明确不同层级交通运输部门事权法律制度，强化国家层面交通运输部宏观管理、制度设定职责和必要的执法权；省级层面交通运输部门统筹推进区域内交通运输基本公共服务均等化；将执法重心和执法力量向市县级部门转移。

2) 依法履行行政职能

依法履行行政职能要坚持法无授权不可为和法定职责必须为。不得法外设定权力，没有法律法规依据不得作出减损公民、法人和其他组织合法权益或者增加其义务的决定。交通运输部门应当诚实守信，信息公布应当全面、准确、真实；非因法定事由并经法定程序，不得撤销、变更已经生效的行政决定。

3) 综合交通法规体系建设

交通运输发展改革需要修订各种法律法规，制定完善配套规章制度体系，使道路、铁路、水运、航空、邮政和城市交通等领域的法律、行政法规法律制度有效衔接，各种交通运输方式一体化融合发展得到支撑，综合交通法规体系基本建立。交通运输各项法律制度更加巩固、更加完备。

4) 科学立法与民主立法

科学立法是指科学制定立法工作，统筹立改废释工作，推动新一代信息技术(移动互联网、大数据、云计算等)和新业态的发展，针对交通运输管理和服务的薄弱环节和突出矛盾，完善修改现有法律法规，研究立法项目基础性、前瞻性、储备性。民主立法是指交通运输法律、法规、规章草案公开征求意见，交通运输立法机构起草、社会各方有序参与，拓宽公民有序参与交通运输立法途径。

5) 地方交通运输立法

地方交通运输立法是指在立法权限范围内对综合交通运输、农村公路、城市公共交通、出租汽车、工程质量和安全监管等立法工作。地方适应交通运输一体化发展，需要对立法工作进行鼓励和指导以及跨行政区域的交通运输立法积极探索。交通运输部需指导地方交通运输立法起草工作，建立交通运输业立法互动交流机制。

6) 改革决策与立法决策

交通运输立法和改革决策相衔接得以实现，重大改革于法有据、立法主动适应改革和交通运输发展需要。交通运输实践证明行之有效的，上升为法律或行政法规。实践条件还不成熟、需要先行先试的，按照法定程序作出授权。不适应发展改革要求的交通运输法律、法规或规章，及时申请或予以修改和废止。

10.2 交通运输法规

10.2.1 交通运输法规内涵与特征

1) 交通运输法规定义

交通运输法规是指国家立法机关为了加强交通运输管理而颁布的法律以及国家行政机关依照宪法和法律的有关规定制定和发布的行政法规、规章，是集行政法、民法和经济法为一体的调整交通运输关系的法律规范的总称。交通运输法规是调整交通运输行政权力的创设、行使以及监督过程中发生的各种社会关系的法律规范。制定交通运输法规的目的是为了维护国家利益，规范交通运输秩序，保护公民、法人和其他组织的合法权益。

2) 交通运输法规性质

交通运输法规包括一系列交通运输经营、管理方面的法律、法规、行政规章、地方性法规和地方性规章等法律规范，以及大量的技术性规范。交通运输法规，是为了适应交通运输发展产生的，且随着交通运输发展发生相应改变。适应交通运输市场要求的法规能够促进交通运输的发展，否则就会阻碍交通运输发展。交通运输行政管理机关运用交通运输法规管理交通运输，取缔违反交通运输秩序行为，维护交通运输秩序。

3) 交通运输法规特点

(1) 法规整体性

交通运输法规体系中的各项法规在时间、空间上是相互联系、相互作用的，它是以国家基本法律为依据、以交通运输法律为主体、以交通运输法规和规章为补充的法律规范体系。在这个体系中，总体目标是一致的，立法原则是统一的，等级层次是清晰的。

(2) 法规关联性

作为交通运输法律体系组成部分的各单项法规之间，单项法规与群体法规之间是相互依存、相互衔接的，是部分与整体的关系。法律规范的关联性，一方面表现为不同的法律规范之间具有高度的一致性，如在运输规范方面，轨道交通运输与其他交通运输方式在主体上是一致的，在行为规范上是一致的；另一方面，表现为不同的法律规范之间具有互相渗透、互相借鉴、互相融合的倾向，以至在某些共性问题上的统一性要求越来越高。

(3) 法规层次性

在交通运输法规群体中，不同法规之间层次清晰，形成以不同交通运输方式的法律为基础、以法规为主体的交通运输法规群体。在纵向关系中，法律、行政法规、地方法规、规章之间具有明显等级性。在横向关系中，分为若干相互联系、相互作用又各自独立分系统。

(4) 法规稳定性

作为交通运输法律体系的法律、法规，是按照一定法定程序制定与颁布的。因此，在一定时间范围内相对稳定。在一定时空范围内，法律权利义务保持不变，法律具有内容稳定性。法律权利义务是法律的主干，是规范人们行为的规则。

(5) 法规交织性

交通运输法规是集实体与程序于一体的部门性行政法律规范。在一个法律规范文件中,既规定了交通运输管理权力的取得、行使以及对当事人产生的后果等内容,又同时规定了行使行政权力的程序。这不仅是科学效率的要求,而且也是由交通运输行政管理活动本身的特点决定的。

4) 交通运输法规调整对象

交通运输法规体系是我国经济法规体系中的一个组成部分,同其他法律、法规和规章一样,调整着特定(或一定)的社会经济关系。根据现阶段我国交通运输的特点及走向,我国交通运输立法的调整对象主要是交通运输特定的经济关系。

(1) 国家对交通运输宏观调控与管理过程中发生的宏观经济管理关系

宏观经济管理关系是国家对整个国民经济的管理关系。就交通部门而言,是国家对整个交通运输业的管理关系。现代市场经济需要政府宏观调控。交通运输是国家重要基础设施,具有很强的网络特性,在我国国情条件下,更需要政府宏观调控。这是确保国家、社会利益的需要,是维护市场经济秩序的需要,也是顺利推进交通运输企业改革的需要。

① 国家通过制定全局性的决策,建立交通运输法律和法规以及通过综合平衡,领导、组织、管理与监督等方式,理顺交通运输经济活动中的各种经济关系;

② 国家职能管理部门代表国家依法对交通运输部门与其他部门之间的关系进行管理与监督,即通过下达各种有关计划、指标等实现交通运输的社会经济效益。

(2) 国家对交通运输企业作为市场主体的主体行为的经济管理与监督关系

① 政府职能部门代表国家对交通运输企业的经济活动进行具体的管理与监督;

② 政府和有关主管部门为交通运输企业从事经济活动提供社会服务,并根据各自职责依法对交通运输企业的经济行为进行管理和监督。

(3) 交通运输企业内部组织、成员之间的微观经济管理关系和经济协作关系

交通运输企业或公司内部存在的经济关系既有经济管理关系也有经济协作关系。企业或公司存在着计划、生产、分配、财务核算等方面的管理关系,也存在着内部组织之间的协作关系。交通运输企业要走向市场,就得转换其经营机制,从而这些经济关系就必须通过立法加以调整,只有这样才有利于规范交通运输企业或公司的组织和行为,保护交通运输企业或公司作为市场主体的合法权益。

(4) 交通运输企业与其他市场主体间的经济关系

在市场经济条件下,各市场主体从事的各项交易以及互相协作而又互相竞争的经济活动应当遵循自愿、平等、公平和诚实、守信用的原则。交通运输企业其他市场主体之间发生的经济关系也就成为交通运输法规体系调整的内容,主要包括以下三种关系:

① 交通运输企业与其他市场主体之间的商品交易关系是市场和商品经济发展中产生的必然结果。这种交易关系既是经济法调整对象的重要内容之一,也是作为经济法规体系一部分的交通运输法律规范的调整对象不可避免的内容之一。

② 交通运输企业与其他市场主体之间的竞争关系，应当遵守《中华人民共和国反不正当竞争法》，促进交通运输企业与其他市场主体进行公平的竞争。

③ 交通运输企业与其他市场主体之间的经济协作关系，是社会化生产和市场经济发展的必然趋势。国家应通过立法，规范它们在经济协作活动中各自的权利义务关系，这有利于引导市场主体行为向着健康方向发展。

交通运输所包含的社会经济关系是一个错综复杂的体系，调整交通运输经济关系的法律除了交通运输法律、经济法外，还有其他法律，如民法、商法、劳动法、行政法等。有些经济关系可能发生在法律部门之间的交叉调整或重叠情况之下，说明了建立和完善交通运输法规体系的必要性。

10.2.2 交通运输法律关系

1）交通运输法律关系概念

法律关系是一种社会关系。并非一切社会关系都是法律关系，只有受某种法律规范所确认和调整的特定的社会关系才能上升为法律关系。因此，法律关系是法律在规范人们的行为过程中所形成的一种特殊的社会关系，即法律上的权利义务关系。

交通运输法律关系是指由交通运输法律规范和其他法律规范所确认和调整的在交通运输管理活动及交通运输运营过程中发生的权利与义务关系。具体是指国家机关、交通运输企业、其他企事业和其他社会组织之间，以及交通运输企业与公民之间，在交通运输运营及管理过程中发生着的各种社会关系。当这些社会关系由法律规范来调整时，就形成了具有权利与义务内容的交通运输法律关系。

2）交通运输法律关系特征

交通运输法律关系属于上层建筑范畴，由社会的物质关系所决定。交通运输法律关系反映的是国家对交通运输业实施管理的意志关系。

交通运输法律关系是交通运输法律问题中的一个重要问题，体现的是当事人之间的权利和义务关系，其特征为：

（1）交通运输法律关系直接反映社会主义市场经济发展的要求

在交通运输法律关系中，要表现生产经营关系的法律调整，并反映出交通运输企业与其他市场主体特别是运输市场主体之间具有平等权利特征的法律关系。

（2）交通运输法律关系的主体有一方是交通运输企业

交通运输合同关系中的交通运输企业作为承运人是固定不变的。例如在铁路运输法律关系中，尽管承运货物的具体车站、路局可能有所不同，但是每一个车站、路局都是以铁路承运人的名义与旅客或货主发生铁路运输合同关系的。虽然各铁路局作为相对独立的企业法人，它们在经济上有自己的特殊利益，但作为全国国家铁路的一个组成部分，无论在责任划分还是赔偿方面，总是以铁路这个整体面目出现的，铁路内部企业之间的责任并不影响对旅客或货主的赔偿。

（3）交通运输法律关系的内容具有经济性

与交通运输企业相关的法律关系的内容就应具有经济性。这是因为这些法律关系的内容是由这些法律关系的主体享有的经济权利和承担的经济义务构成的。这种经济权利、经济义务是经过法律调整的一种经济关系，调整目的在于保证实现一定经济目的。

3）交通运输法律关系的构成要素

交通运输法律关系由主体、客体和内容这三个要素构成。

（1）交通运输法律关系的主体

交通运输法律关系的主体是指在交通运输的生产经营和管理活动中，依法享有权利和承担义务的参加者或当事人。他们的法律地位和在交通运输运营过程中的权利和义务，是由交通运输法律、法规来规定的。作为交通运输法律关系主体的自然人或法人，必须具有民事经济权利能力和民事经济行为能力。在我国，交通运输法律关系的主体主要包括民商事交通运输法律关系主体和行政管理交通运输法律关系主体。

（2）交通运输法律关系的客体

交通运输法律关系的客体是指交通运输法律关系的主体享有权利和承担义务所指向的事物。如果没有交通运输法律关系的客体，交通运输法律关系主体的权利和义务就无从体现。交通运输法律关系的客体一般来说包括行为和物两种。

（3）交通运输法律关系的内容

交通运输法律关系的内容是指交通运输法律关系主体享有的权利和承担的义务。这是交通运输法律关系的基础，是联结交通运输法律关系主体之间的桥梁，是交通运输法律关系最基本的要素。交通运输法律关系的实质就是权利和义务的关系，这种权利和义务的关系直接由法律规范确认，并得到国家强制力的保护和监督。

4）交通运输法律关系类型

交通运输法律关系类型主要有交通运输经济法律关系、交通运输行政管理法律关系、交通运输劳动法律关系、交通运输社会保障法律关系、交通运输行政执法运输关系、交通运输涉外法律关系等。

（1）交通运输经济法律关系

交通运输经济法律关系是指由交通运输法律、法规和其他法律规范所确认和调整的交通运输企业与公民个人、其他企业法人、国家以及其他社会组织之间因交通运输生产经营活动而发生的具有权利、义务内容的社会关系。其中主要涉及交通运营、交通建设的法律关系。涉及交通运输的法律关系主要是交通运输的客货运输关系，反映在法律上就是合同关系，它比较直接地反映了生产关系的要求。

（2）交通运输行政管理法律关系

交通运输行政管理法律关系是指由交通运输法律规范及其他法律规范所确认和调整的交通运输企业与国家、政府部门以及交通运输企业内部组织、职工之间在交通运输管理活动中发生的社会关系。其主体有交通运输企业、国家、运输企业内部组织、职工等；其客体是各级管理行为和因管理发生的侵权行为。其内容主要包括各级政府部门、交通运输各主管部门各自的权利与义务。

我国在交通运输行政管理上有所规定，但各主体在管理过程中所具有的权利、义务在法律上没有明确规定，行政管理中应包括的债务管理、财政管理、运价管理的内容涉及很少。因此，交通运输立法在这方面是有待于建设和发展的。

(3) 交通运输劳动法律关系

交通运输劳动法律关系是指由交通运输法律规范及有关劳动法律规范所确认和调整的交通运输企业与其职工之间在交通运营过程中产生的具有权利、义务内容的社会劳动关系。其主体是交通运输企业及其职工；其客体是交通运输企业和职工在劳动关系中所享受的权利和承担的义务所指向的物和行为；其内容是指交通运输企业和职工在交通运输劳动关系中应享有的权利和应承担的义务。

(4) 交通运输社会保障法律关系

交通运输社会保障法律关系是指由交通运输法律规范和其他有关法律规范所确认和调整的国家、交通运输企业与职工之间因社会保障而发生的具有权利、义务内容的社会关系。其内容主要包括交通运输业服务社会应承担的权利与义务；交通运输企业对其职工所承担的有关社会保障的权利、义务等。

(5) 交通运输行政执法法律关系

交通运输行政执法法律关系是指由交通运输法律规范和其他法律规范所确认和调整的交通运输企业与公民、法人、有关社会组织及国家之间在交通运输行政执法过程中产生的具有权利、义务内容的社会关系。

(6) 交通运输涉外法律关系

交通运输涉外法律关系包括由于国际联运发生的涉外法律关系和由于外国投资者建设经营铁路而发生的涉外法律关系。

10.2.3 交通运输法律体系

交通运输法律体系是指以交通运输法律规范之间的内在联系为纽带而建立的法律系统。具体说，交通运输法律体系是指以国家制定的交通运输基本法为基础，以各种交通运输方式的基本法律为主干，以交通运输主管部门发布执行的行政法规为补充，形成不同等级、不同层次、内容完备、界限明确、结构合理、组织严密的统一协调的法规群体。交通运输行为涉及各个方面，既有交通运输基础设施规划、建设过程中的行为，也有交通运输生产过程中的托运人、收货人、旅客、承运人之间的行为；既有运输方面的民事法律行为，也有行政管理方面的行政法律行为。所有这些交通运输行为，都是靠法律规范的规范性、指导性、协调性、强制性来约束和保障的。因此，在交通运输的大系统中，法律规范是构建交通运输系统健康运转的制度基础。

1) 交通运输法律规范的表现形式

(1) 宪法

宪法是国家的根本大法，由全国人民代表大会制定和修改，是交通运输立法的基本依据，具有最高效力。

(2) 法律

法律是指由国家最高权力机关(即拥有立法权的国家机关,在我国为全国人民代表大会及其常务委员会)按照立法程序制定和颁布的规范性文件。如《中华人民共和国公路法》(1997 年发布,1999 年、2004 年、2009 年、2016 年、2017 年修正)、《中华人民共和国道路交通安全法》(2003 年发布,2007 年、2011 年、2021 年修正)、《中华人民共和国铁路法》(1990 年发布,2009 年、2015 年修正)、《中华人民共和国海商法》(1992 年发布)、《中华人民共和国海上交通安全法》(1983 年发布,2016 年、2021 年修正)、《中华人民共和国港口法》(2003 年发布,2015 年、2017 年、2018 年修正)、《中华人民共和国航道法》(2014 年发布,2016 年修正)、《中华人民共和国民用航空法》(1995 年发布,2009 年、2015 年、2016 年、2017 年、2018 年修正)、《中华人民共和国国防交通法》(2016 年发布)。这些法律构成了中国交通法律制度的基本框架。

(3) 行政法规

行政法规是指由国家最高行政机关,即国务院为了实施宪法和有关法律,在自己的职权范围内,制定的涉及交通运输基本行政管理规范性文件的总称,多以"办法""条例""实施细则""暂行规定"等命名,其法律地位和法律效力仅次于宪法和法律。例如《中华人民共和国道路运输条例》(2004 年发布,2012 年、2016 年、2022 年修正)、《收费公路管理条例》(2004 年发布)、《公路安全保护条例》(2011 年发布)、《铁路安全管理条例》(2013 年发布)、《铁路交通事故应急救援和调查处理条例》(2007 年发布,2012 年修正)、《中华人民共和国航道管理条例》(1987 年发布,2008 年修正)、《中华人民共和国国际海运条例》(2001 年发布,2013 年、2016 年、2019 年修正)、《中华人民共和国航标条例》(1995 年发布,2011 年修正)、《国内水路运输管理条例》(2012 年发布,2016 年、2017 年修正)、《中华人民共和国内河交通安全管理条例》(2002 年发布,2011 年、2017 年修正)、《民用机场管理条例》(2009 年发布,2019 年修正)、《中华人民共和国民用航空安全保卫条例》(1996 年发布,2011 年修正)等规定。这些法规数量比较多,也处在不断调整中。

(4) 地方性法规

地方性法规是指由省、自治区、直辖市、经济特区等地方人民代表大会及其常务委员会制定的一种规范性文件。其法律效力低于行政法规,仅限于地方政府管辖范围内有效,即受地域范围的限制。例如《北京市公路条例》(2007 年发布,2010 年修正)、《上海市道路交通管理条例》(1997 年发布,1999 年、2000 年、2001 年、2016 年修正)。各地针对本地的交通实际,通常会有更为严格的交通管理法律法规。

(5) 行政规章

行政规章是指由国务院各部委及各级地方人民政府为实施法律、行政法规,在自己权限范围内依法制定的规范性管理文件。例如《网络预约出租汽车经营服务管理暂行办法》(2016 年发布)、《机动车驾驶员培训管理规定》(2006 年发布,2016 年修正),部门规章通常都是对某一具体交通问题进行具体细化的规定,相对而言更新也较快。

(6) 国际条约

国际条约是指国家及其他国际法主体间所缔结的以国际法为基础，确定其相互关系中的权利和义务的一种国际书面协议，也是国际法主体间互相交往的一种最普遍的法律形式。涉及交通运输法律关系的国际条约很多，但并不是所有国际条约都可以无条件地在任何一个国家内生效。根据国际法和国家主权原则，只有经政府签署、批准或加入的有关交通运输国际条约，才对该国具有法律约束力，成为该国交通运输法律规范的表现形式，如《国际铁路货物联运协定》《联合国国际货物多式联运公约》等。

(7) 国际惯例

国际惯例是指在国际上因对同一性质的问题所采取的类似行为，经过长期反复实践逐渐形成的，为大多数国家所接受的，具有法律约束力的不成文的行为规则。国际惯例的成立必须具备两个要件：①物质要件，即一种行为必须是相同或类似的重复行为，并为多数国家或地区所持续采用；②心理要件，要求行为人在采取或进行该项行为时，在心理上认为是在履行法律义务。

(8) 技术标准

技术标准可以分为国家标准和国际标准。国家标准是由国家质量技术监督管理部门组织制定、批准和发布。其中有一些强制性标准属于国家的技术法规，其他标准本身虽不具有强制性，但因标准的某些条文由法律赋予强制力而具有技术法规的性质。国际标准由国际组织制定，本身没有强制力，一般均为推荐性标准。但是，国际公约常将一些国际标准作为公约的附件，从而使其对缔约国产生约束力。例如，国际标准化组织（ISO）等制定的针对产品和服务的质量及技术要求的标准。

2) 综合交通法规体系建设方向

(1) 综合交通法规主要体系建设目标

为保障和促进建设交通强国，截至 2020 年底，形成了包括 8 部法律、43 部行政法规、300 余部地方性法规、288 件部门规章、近 300 件地方政府规章的综合交通法规体系，使交通运输各领域、各门类基本做到有法可依，力争到 2035 年，国家拟基本形成系统完备、架构科学、布局合理、分工明确、相互衔接的综合交通法规体系。综合交通法规主要体系建设目标包括：①基本完成跨交通运输方式、铁路、公路、水路、民航、邮政等各领域“龙头法”和重点配套行政法规制度修订工作，基本建立覆盖交通运输各领域的法规体系主骨架；②不同运输方式的法律制度有效衔接，支撑各种交通运输方式一体化融合发展，保障现代化综合交通体系建设；③交通运输各方面法律制度更加成熟、更加定型，支撑交通运输治理体系和治理能力现代化基本实现。从而到 21 世纪中叶，全面建成与交通强国相适应的综合交通法规体系，交通运输各项法律制度更加巩固、更加完备，制度优势有效转化为治理效能，支撑交通运输治理体系和治理能力现代化全面实现，并达到国际先进水平。

(2) 综合交通法规体系框架结构

根据各法规主要调整领域，综合交通法规体系由跨交通运输方式法规系统、铁路法规系统、公路法规系统、水路法规系统、民航法规系统和邮政法规系统六个系统构成。如图 10-1 所示。

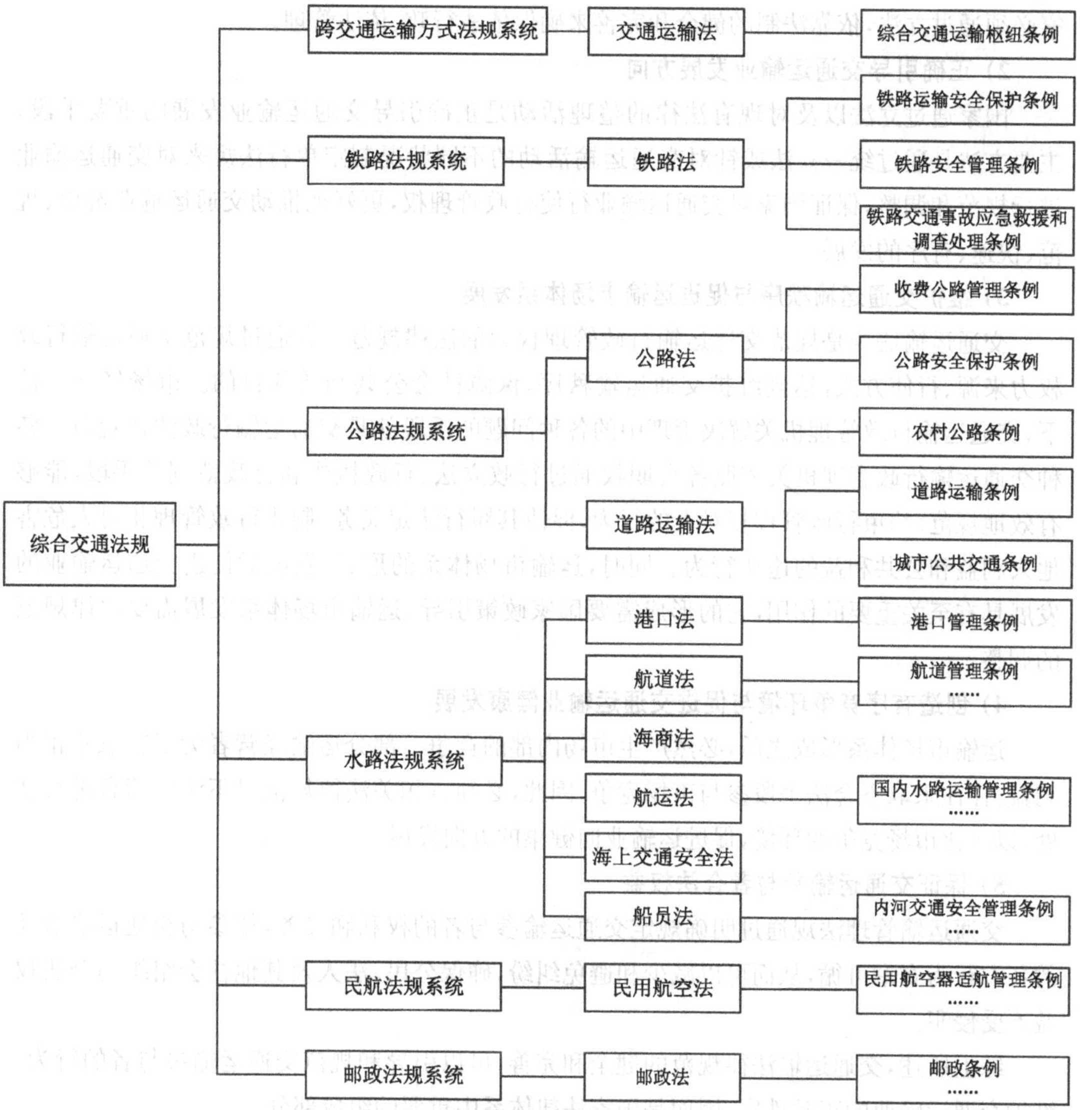

图 10-1　综合交通法规体系框架

10.2.4　交通运输法规作用

交通运输法规，作为行政法律规范的重要组成部分，是交通运输管理与交通运输业健康发展的基础，有加强国家对交通运输业的依法管理、正确引导交通运输业的发展方向、维护交通运输秩序，促进运输市场体系的形成和发展、为交通运输业创造有序竞争的环境，促进交通运输业的健康发展和保证公民、法人和其他社会组织的合法权益等作用。

1) 国家对交通运输业依法管理

交通运输业健康发展，直接影响到广大人民群众合法利益，国家必须加强对交通运输业的管理。交通运输管理是国家行政管理的重要组成部分，是国家行政权的运用。为防止权力滥用，保护交通运输业的健康有序发展，保护交通运输经营者和使用者的合法权益，国家必须通过立法，依靠法制的健全和完善来确保依法行政、依法管理。

2）正确引导交通运输业发展方向

国家通过立法以及对现有法律的整理活动是正确引导交通运输业发展的重要手段。主要方法是通过统一立法或针对交通运输活动的不同状况制定单行法规来对交通运输业进行规范和调整，保证国家对交通运输业行使行政管理权，更好地推动交通运输业健康、规范、快速、有序的发展。

3）维护交通运输秩序与促进运输市场体系发展

交通运输法规是规范交通运输行政管理权力的法律规范。它通过规范交通运输行政权力来源、行使方式，达到维护交通运输秩序，保障社会公共利益的目的。市场经济条件下，交通运输行政管理机关解决管理中的各种问题的手段就是交通运输行政法律规范。各种交通运输行政管理机关依照各自职权通过行政立法、行政执法和行政裁判等手段，能够有效地规范、约束行政管理相对人的行为，促使其履行法定义务，制止行政管理相对人危害他人利益和公共利益的违法行为。同时，运输市场体系的形成、发展对促进交通运输业的发展具有至关重要的作用，它的形成需要国家政策引导，运输市场体系发展需要法律规范的调整。

4）创造有序竞争环境与促进交通运输业健康发展

运输市场体系形成之后，必然产生市场内部的竞争。部分运输经营者为了获取不正当利益，往往采取不合法手段参与市场竞争，因此，必须有相关法律规范对不法经营者进行惩处，以净化市场竞争的环境，促进运输业向健康的方向发展。

5）保证交通运输参与者合法权益

交通运输管理法规通过明确规定交通运输参与者的权利和义务，使参与交通运输活动的各方行为有章可循，从而可以减少和避免纠纷，确保公民、法人及其他社会组织的合法权益不受侵犯。

综上所述，交通运输法律规范的健全和完善，可以引导和规范交通运输参与者的行为，维护交通运输业的正常秩序，因而是国家法律体系中重要的组成部分。

10.3 交通运输政策

10.3.1 交通运输政策内涵与功能

1）交通运输政策定义

交通运输政策是指交通运输领域的产业政策，有着产业政策特性，也有着交通运输业的特性。产业政策是一个国家为了其全局和长远利益，根据本国产业发展的客观要求，主动运用各种经济手段和政策工具，从而改善产业关系、维护产业运行、促进产业发展，最终实现资源有效配置的一系列政策措施的总和。产业政策是国家干预或参与经济的一种高级形式。

综上所述，将交通运输政策定义为一国政府为了促进交通运输业的发展，并使其充分发挥基础产业的作用，主动运用各种经济、法律等手段，针对交通运输业所采取的一系列政策措施的总和。政府通常会制定相应的政策来干预和影响运输产业与运输市场，在经济层面，干预政策往往以控制市场准入、运输价格和服务行为规范来体现；在社会层面，干预政策往往以维护社会和公共利益为目标，通过制定运输安全、环境保护、运输工人劳动保护等规范来实现。

2）交通运输政策构成要素

构成交通运输政策的要素主要有交通运输政策的主体、交通运输政策的客体以及交通运输政策运行环境三个方面。不同国家交通运输政策体系特征总是建立在各要素基础上。通过这三个要素比较分析，可以比较全面、准确地把握不同国家及其不同部门交通运输政策异同。

（1）交通运输政策主体

交通运输政策主体是指交通运输政策制定、执行等相关环节的行为承担者。我国交通运输政策的主体主要由立法机关、司法机关、行政机关和政党四个方面组成。其中，作为我国最高权力机关的人民代表大会是交通运输政策制定的主要立法机关；司法机关从司法审查权和法令解释权两个方面对交通运输政策产生影响；同时，包括中央人民政府和地方各级人民政府在内的行政机关是交通运输政策的直接制定者；当然，任何交通运输政策的制定、执行、评估和监督都不能离开中国共产党这个领导核心。

（2）交通运输政策客体

交通运输政策客体是指交通运输政策所发生作用的对象，包括交通运输业内部的关系、交通运输业的运行和交通运输业的发展三个方面。①交通运输政策可以促进交通运输业的发展，使交通运输业融入世界体系，实现交通运输业的全球化和现代化；②交通运输政策可以调整交通运输系统的内部关系，从而建立各种交通运输方式相互协调发展的交通运输空间结构，实现交通运输政策的高度化；③交通运输政策通过在交通运输领域运行各项政策来调整交通运输业内部各企业之间的关系，为交通运输业的运行和交通运输政策的实施提供一个良好的环境。

（3）交通运输政策运行环境

交通运输政策运行环境是指一切能够对交通运输政策的制定、执行和发展产生影响的因素，包括自然环境和社会环境两部分。自然环境主要是指地理环境、自然资源及其使用情况，社会环境则是政治环境、经济环境、文化环境、技术环境、国际环境等多方面内容的综合，其中经济状况、社会制度和国际环境是影响交通运输政策的最主要因素。

3）交通运输政策基本内容

按照管理或管制对象的不同，可以将交通运输政策内容分成两部分。

（1）对交通运输基础设施建设与发展的管理或管制

在交通运输政策中，针对各种交通运输基础设施建设与发展的管理与管制政策均处于重要地位，包括路网规划以及针对交通运输发展的鼓励或约束政策等。由于交通运输业前期基础设施建设与开发需要大量投资，并且具有突出的资产专用性和外部性，交通运输基础设施建设过程中的政府投资是其主要资金来源。

(2) 对使用基础设施的交通运输业的管理或管制

针对交通运输业进行管理是世界各国政府的普遍做法，管理包括实施管制政策和鼓励政策两项内容。管制是为了实现政府、企业和消费者三方面利益的平衡，交通运输管制的原因是：①为了维护公平，满足公共利益的需要，促进交通运输业的发展，保证交通运输安全和服务质量，防止垄断或过度竞争；②由于交通运输部门的初期投资较大，许多投资都是沉没成本，难以转移，实行严格的管制(如进入管制)是为了弱化成本沉没造成的风险，此时效率通常不作为管制机构的首要目标；③管制还经常被政府用以达到某些特定目的，如针对经济收入的再分配和针对产业在特定时期的鼓励扶持。

4) 交通运输政策作用

大多数国家在制定或调整产业政策时都把交通运输政策作为一项重要的内容，主要是交通运输政策具有以下几种基本作用：

(1) 弥补市场失灵缺陷

交通运输政策形成的理论依据是政府负有弥补交通运输领域“市场失灵”缺陷的责任。由于规模经济、公共产品、外部性等市场失灵的交通运输领域的存在，如果仅仅依靠市场机制，就无法避免运输产业的垄断、不正当竞争、基础设施投资不足、环境污染、资源浪费等现象的发生与蔓延。

(2) 实现超常规发展

交通运输政策形成的另一个理论依据，是充当贯彻实施国家交通运输发展战略的工具。例如，发展中国家在经济“起飞”的初期都会遇到交通运输基础设施薄弱的“瓶颈”制约，由于交通运输业的“外部性”较强，对整个经济发展具有重大的促进作用，而本身却投资大、营利性低、资本回收期长，仅仅依靠市场机制肯定无法在短期内达到经济“起飞”所要求的运输条件。

(3) 促进交通运输产业结构合理化与高度化，实现资源优化配置

依靠市场机制可以在一定条件下较好地实现运输资源的有效配置，但市场力量较盲目，其作用主要是事后调节，因而伴随着大量的资源浪费。交通运输政策作为政府在交通运输领域的行为，完全可以根据科学预见实现事前调节，避免不必要的交通运输资源闲置和浪费。它对交通运输产业结构领域的作用尤其显著，即通过制定和实施交通运输业政策，政府这只“看得见的手”可以有效地调整交通运输业的产业结构，从而加速交通运输业结构的合理化和高度化，实现交通运输资源的优化配置。

10.3.2 交通运输政策特征

在现代市场经济条件下，交通运输政策的实施是促进交通运输业的发展，保证运输资源最佳配置的重要手段。交通运输政策既有一般公共政策的特点，又有自身的一般特征。

1) 时代性

交通运输政策的时代性特征主要表现在：交通运输政策的内容、目标和手段必须符合特定的时代特征，适应时代发展的需要，并与不同历史时期交通运输业发展的实际需要相适应。例如，由于所处时代的不同，蒸汽机时代的铁路与海运政策和内燃机、柴油机时代的铁路与海运政策自然有相当大的差别。

2) 民族性

交通运输政策的民族性突出地体现在以下两个方面：

(1) 交通运输政策是各国维护民族利益的工具，不存在与国家经济利益相脱节的交通运输产业政策。不管是针对本国交通运输业采取积极财税补贴，还是建立比较隐蔽的针对他国企业进入本国交通运输业的技术壁垒，都体现了政府维护交通运输领域民族利益的目标。

(2) 交通运输政策必须同具体国情相适应。①交通运输政策的目标和手段必须同本国的经济发展阶段相适应，否则就不可能发挥应有的作用；②交通运输政策的内容和效果总要受到具体国情的制约，即交通运输政策的制定必须从本国的资源禀赋、政治经济体制、经济发展阶段、市场发育程度等国情因素出发；③政策决策者的偏好、利益集团的力量关系等国情因素，都会对交通运输政策的制定和执行产生影响，从而形成各国交通运输政策的独特性。

3) 政治性

交通运输政策的政治性主要体现在以下四个方面：

(1) 交通运输政策属于政府行为范畴，是特定政治体制和政治过程的产物，虽然它的影响力总是超出政治范畴并指向经济领域。

(2) 交通运输政策体现政府的意志和愿望，受到政治理性的支配，因而必然具有鲜明的政治性。

(3) 交通运输政策的目标总是追求国家与国民的全局利益和长远利益，而不能仅仅考虑局部利益和眼前利益。交通运输政策总是要超越纯经济理性的局限性，兼顾效率和公平，谋求经济目标和社会目标、政治目标的协调。

(4) 交通运输政策是一种政治性的制度安排。交通运输政策的制定和执行是以行政主权为基础、由政府主导，并致力于政府经济职能的发挥。在本质上是政府在交通运输领域运用的一种经济与政治结合的手段，并不同于自由放任理念下的一般制度安排。

4) 供给指向性

与财政政策、货币政策以需求总量调整为主要特征不同，交通运输政策总是着眼于供给能力的提高和供给结构的改善。交通运输政策服务于资源配置的优化和产业效率的提高，从而有助于增强国家有效供给能力。

5) 市场功能弥补性

强调交通运输政策的“市场功能弥补性”特征，其本质含义是要求交通运输政策的实施应当以间接干预为主，直接干预为辅。在任何情况下，政府都应当自觉维护运输市场功能的正常发挥，并集中力量解决市场所不能解决的问题。在排斥和否定市场机制的条件下，交通运输政策即使可以在短期内取得一定效果，其作用也不可能稳定和持久。

6）时效性和灵活性

交通运输政策具有一定的时效性和灵活性。前者可以理解为任何一项交通运输政策总是在特定的时期内发挥作用的，超越时间维度的交通运输政策并不存在，即不受时间维度约束的交通运输政策并不存在；后者是指交通运输政策并非一成不变，随着国内外政治、经济形势的发展及技术进步等因素的变化，交通运输政策应不断变化并随时调整，即交通运输政策必须适时调整与更新。

10.3.3 交通运输政策分类

交通运输政策属于公共政策范畴，为此针对该政策的分类也应该符合公共政策分类的一般要求。同时，交通运输政策的特定内涵决定了它与其他公共政策的区别，因而在分类时又需体现出它的特殊性。总体而言，针对交通运输政策的分类可以从以下几个方面进行。

1）按交通运输政策层次划分

按交通运输政策层次，可以划分为基本政策和具体政策。这是公共政策最基本的分类方式，也是交通运输政策最基本的分类方式之一。

基本政策就是通常所说的基本国策、大政策和部门政策。它是指中央政府为维护和协调国家全局和整体利益，而对社会某一领域、某一方面发展所规定的主要目标、任务和行动准则。交通运输业的基本政策通常是指国家针对交通运输领域的基本和原则性的管理政策。基本政策通常分为两类：①制度性政策，即针对交通运输领域的关系、结构、运行程序加以规定，稳定性较强；②方针性政策，即针对交通运输领域中基本矛盾和问题加以协调，带有变动性的特征，通常情况下，一项特定的交通运输基本政策既包括制度因素，也包括方针因素。

具体政策是指中下层交通运输管理部门在特定时期和特定范围内，为解决特定问题所规定的行动目标、任务和准则。它通常包括三个方面的含义：①具体运输政策的制定主要以基本运输政策的方针和原则为依据，是基本政策的具体化；②具体运输政策是将基本政策所规定的目标和任务付诸实施的工具与手段；③具体运输政策针对的是特定时期特定范围内的特定运输问题，是解决实际问题的依据，在时间和空间上具体而明确。

2）按交通运输政策目标性质划分

按政策目标性质，交通运输政策可分为推进型交通运输政策、管制型交通运输政策、改造型交通运输政策、调整型交通运输政策、创新型交通运输政策和维持型交通运输政策。

（1）推进型交通运输政策

推进型交通运输政策又称鼓励型交通运输政策，它包含较多的鼓励因素和手段，目的在于引导政策调整对象朝特定的方向努力。推进型交通运输政策主要侧重于调动目标对象的积极性，使交通运输业健康发展，它与其调整对象的切身利益是一致的，政策效果往往与其所包含的鼓励手段对其目标对象的激励程度成正比。

（2）管制型交通运输政策

管制型交通运输政策包含较多的禁止、限制和杜绝交通运输领域某类行为的内容，目的在于限制调整对象的选择与活动范围，从而尽量控制某些行为，使其少发生甚至不发生。它与其所要调整对象的利益往往相悖，政策的贯彻实施会有难度，关键在于交通运输政策本身所包含的制约力度以及执行人员行为的规范性和严肃性。

(3) 改造型交通运输政策

改造型交通运输政策是为修订扭转现行交通运输体制的弊端而制定的政策。它侧重于对整个交通运输领域的结构、运行体制和效能进行全面的改革，带有全局性和革新性。

(4) 调整型交通运输政策

调整型交通运输政策是要调整现行交通运输系统的某些不适应的环节。它侧重于对交通运输领域的结构、运行体制和效能只进行局部的调节和协调，带有局部性和调节性。

(5) 创新型交通运输政策

创新型交通运输政策是政府相关部门针对交通运输领域出现的新问题或新现象所做出的行为规定；或对以前没能解决的问题尝试做出的新行为规定。它带有探索性和尝试性，并且具有很大的不确定性。

(6) 维持型交通运输政策

这种政策是为了维护交通运输的现状，同时希望重新引起公众的注意，对以前所做的政策行为规定反复重申或强调。它所针对交通运输问题具有重复性和类似性，会有解决难度。

3) 按交通运输政策目标数量划分

按照交通运输政策目标数量，可将交通运输政策分为单目标政策和多目标政策。单目标政策是仅就解决单一问题所制定的、比较简单且目标单一的交通运输政策；多目标政策是为了解决多项问题所制定的、比较复杂且目标多元的交通运输政策。前者如水运运价的调整政策，后者如交通运输市场培育政策。

4) 按交通运输政策作用领域划分

按照交通运输政策作用领域，可将交通运输政策分为道路政策、轨道政策、水运政策、航空政策、管道运输政策。由于交通运输产业通常按照上述五种运输方式加以细分，其技术特性、管理措施和管理机构也有所不同，因此这种分类在各国的交通运输政策实践中最为常见。我国交通运输政策就大多根据道路、轨道、水运、航空和管道运输分别制定和实施。

5) 按交通运输政策影响范围划分

按照交通运输政策的影响范围，可将交通运输政策划分为国内交通运输政策和国际交通运输政策。鉴于经济全球化和区域经济一体化的趋势，国际运输在世界各国经济联系与人员往来等方面扮演着日益重要的作用。各国对以海运和空运为主体的国际运输政策日益重视，皆采取措施给予本国国际运输业更多的支持，国际交通运输市场的竞争日趋激烈。

10.3.4　交通运输政策手段

交通运输政策实施包含一系列复杂活动，其顺利与否不仅与政策本身的科学性和可行性有关，还与相关人员所采取的执行手段和方法有关。交通运输政策执行手段和方法的正确与否，在很大程度上影响到政策的效果好坏以及政策目标的实现与否；同时，交通运输政策实施活动的复杂性，也决定了政策实施手段和方法的多样性。通常，交通运输政策手段可分为行政手段、经济手段、法律手段、思想诱导手段四类。

1）行政手段

在交通运输领域，行政手段是指依靠行政机构权威，采用行政命令、指示、指令、规定等行政方式来实施交通运输政策的方法。行政手段是政府直接干预交通运输业的一种常用手段，包括政府以配额制、许可证制、审批制、政府直接投资经营等方式，直接干预交通运输业的资源分配与运行态势，及时纠正交通运输业活动中与政策相抵触的各种违规行为，以保证交通运输政策既定目标的实现。

行政手段主要具有以下两个特点：①严肃性，行政手段大多由上级政府机关和首长下达给下级政府机关和工作人员以及市场内的企事业组织，具有严格的纪律性，也具有强制性的特点。当然，这里所说的强制性有别于法律手段的强制性，因为行政规定的约束力不同于法律的普遍约束力，行政规定并不是一成不变的，它允许特殊情况下的灵活机动；②针对性和时效性，行政指示和行政命令往往专门就解决某一时期的某一具体问题而发出，随着问题的消失或解决，该行政指示和命令自然就失去了效力；而法律一经颁布，在相当长一个时期内都不会失效，最多仅做部分修改。

2）经济手段

交通运输政策经济手段是指根据客观的经济规律和物质利益原则，利用各种经济杠杆，调节交通运输政策实施过程中的各种不同经济利益之间的关系，以减少政策执行的阻力。政策执行机构可以运用价格、工资、税收、利润、奖金、罚款以及经济责任等多种经济手段来组织和调节政策执行活动。经济手段是交通运输政策实施过程中的一种间接手段，主要包括提供行政指导、信息服务、税收减免、融资支持、财政补贴、关税保护、出口退税等方式，间接诱导运输企业在有利可图的情况下自主决定服从政府的交通运输产业政策目标。

经济手段具有四个特点：①间接性，利用经济手段实施执行交通运输政策时，政府并不直接干预政策对象（交通运输企业），而是利用相应的经济手段来调节政策对象的经济利益，从而实现对政策对象的间接控制；②有偿性，交通运输政策通常会涉及各方的利益，与行政和法律手段的强制性无偿服从不同，经济手段的核心在于物质利益，因此必须遵循“有偿交换、互相计价”的原则，对政策造成的利益损失给予合理的经济补偿；③关联性，各种经济手段之间存在着相互联系，一种经济手段的变化可能会引起其他经济手段的相应调整；④灵活性，交通运输政策大都根据不同时期交通运输业发展的特点来制定，时效性强，比一般政策更灵活，某些交通运输政策在一段时间后很可能被相反的政策所代替。

3）法律手段

（1）一般法律手段

法律手段是指通过各种法律、法令、法规、司法和仲裁工作，特别是通过行政立法方式来调整交通运输政策实施过程中的各种关系，具有权威性和稳定性的特点。鉴于交通运输业的重要性，各国在交通运输业的发展中都极为重视交通运输的法制建设，依法管理已成为国外交通运输管理的一个鲜明特征。无论是国家的运输政策和规划，还是管理机构的设置和变更，权利和义务的划分，以及针对哪种运输方式提供多少资金、资金来源具体资助办法，大都以正式立法的途径加以规定，以保证国家对交通运输业的有效管理。

法律手段具有五个特点：①强制性，法律一经颁布就必须全部无条件服从，不能以任何理由拒绝执行；②普遍性，法律对于全体对象具有普遍的适用性，不存在例外的情况；③稳定性，法律通常在颁布后的一段较长时间内不会有太大变化；④平等性，法律的规定对于同样适用对象一视同仁，不会厚此薄彼；⑤规范性，法律以明确条文的形式出现，从而使执行者有章可循，形成一种行为规范，减少处理问题的主观随意性。由于法律手段具有以上特点，有利于保证交通运输政策的顺利实施，在某些情形下甚至是政策得以执行的根本保障，因此在现实中也是常见的执行手段。

(2) 法律手段特例——国际运输协定或运输安排

交通运输领域国际间的协定与合作是国与国之间经常使用的一种手段，实际上是法律手段的一种特例。国家与国家之间，出于礼貌和互惠，往往通过制定双边或多边的运输协定或相互合作来管理国际交通运输企业。在管理的做法上，礼貌有时着意于单方面给予外国交通运输企业某项权利或利益，而不一定期望该企业的母国在类似情况下给予同等待遇；比较而言，互惠则是一个国家在相关国际义务的约束时，给予一家外国运输实体（如一个承运人）某项权利或利益，条件是该外国实体的母国给予其类似实体以同等的待遇。

4) 思想诱导手段

思想诱导手段是一种以人为中心的人本主义管理方法，它通过运用各种方法做人的思想工作，运用非强制性手段，诱导交通运输政策执行者和政策对象自觉自愿地贯彻执行政策，而不从事与政策相违背的活动。例如城市交通运输发展过程中提出公交优先策略，构建“安全、便捷、高效、绿色”的城市公交服务体系为目标，通过立法建设、政策制度等引导和舆论宣传；准确把握交通安全宣传特点，交通安全教育工作进行整体规划，提出阶段性的宣传重点或宣传主题。思想诱导手段在交通运输政策执行过程中具有长期性、能动性、广泛性、灵活性的特征，它能够最大限度地激发交通运输政策执行者和政策对象的热情，可以节省大量的人力、物力、财力等。

常用的途径或形式有：①制造舆论，在政策执行过程中大力宣传，使政策内容深入人心。例如，交通运输部和国家发展改革委印发关于《绿色出行创建行动方案》的通知，明确通过开展绿色出行创建行动，倡导简约适度、绿色低碳的生活方式，引导公众优先选择公共交通、步行和自行车等绿色出行方式，降低小汽车通行量，整体提升我国绿色出行水平。②协商对话，在政策执行过程中，决策者和执行者应就政策深层次问题征询群众意见，与群众展开对话协商。③耐心说服，对少数不按政策执行或抵触的对象采取个别谈心方法，做深入细致的思想教育工作。④奖功罚过，对政策执行得好的单位和个人给予表扬和鼓励，对执行不力、敷衍塞责者和违抗政策者给予批评和惩罚。

10.4 交通运输治理

国家治理是以国家为范围、以公共秩序为准则、以增进公共利益为目的、以国家政权的各种利益相关者为主体对社会公共事务进行合作管理的活动或过程。国家治理包括政府治理、市场治理和社会治理。不论是政府治理、市场治理，还是社会治理，一元治理模式由于自身局限性、运行机制等方面的缺陷，往往需要依赖于其他治理主体协同和补充，三者互为前提和基础：政府治理为市场治理、社会治理提供正式制度保障，提供多样主体和手段；市场治理可以为政府治理、社会治理提供经济基础、政治基础，监督市场和公共权力运行。三者必须在完善自身基础上同步运行，合作互补，缺一不可，最终实现大治理的“善治”目标，如图 10-2 所示。

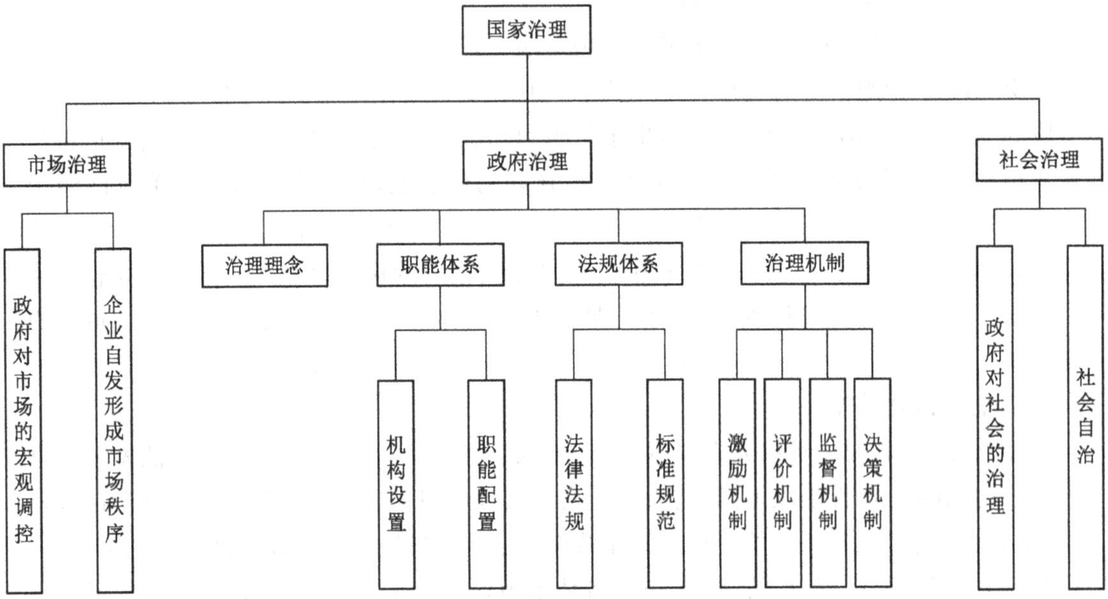

图 10-2 “政府—市场—社会”三元治理框架示意图

10.4.1 交通运输政府治理

1）交通运输政府治理内涵

我国交通运输政府治理是指在中国共产党领导下，以人民根本利益为出发点，在交通运输领域建立的交通运输管理体制机制、法律法规等具有强制性的一系列制度体系。具体内容主要包括设置交通运输管理机构和配置职能、制定交通运输的法律规范、制定交通运输发展战略和规划、制定交通运输产业政策、制定区域交通运输发展政策、对交通运输建设与运行的市场主体及其行为的监督管理、协调交通运输领域中的利益关系以及对交通运输环境保护事务的管理等活动，以促进交通运输的发展，与国民经济的发展相适应。从体系构架来看，交通运输政府治理包括治理理念、职能体系、法规体系、治理机制四部分。

2）交通运输政府治理目标

到 2025 年，按照《法治政府建设实施纲要（2021—2025 年）》的要求，交通运输部门行政行为全面纳入法治轨道，职责明确、依法行政的政府治理体系日益健全，交通运输政府职能进一步转变，综合交通法规体系进一步健全，严格规范公正文明执法全面落实，依法行政能力切实提高，交通运输法治政府部门建设的短板、弱项得到明显改善，法治建设取得新突破。到 2035 年，基本建成职能科学、权责法定、执法严明、公开公正、智能高效、廉洁诚信、人民满意的交通运输法治政府部门，促进建设现代化综合交通运输体系，满足基本建成交通强国的需要。

3）交通运输政府治理任务

（1）完善综合交通运输管理体制机制

完善综合交通运输管理体制机制是指通过道路、轨道、水运、航空、管道等管理体制改革，建立适应综合交通一体化发展的体制机制。主要手段有交通运输机构、职能、权限、程序、责任法定化，权责清单积极制定有效落实，围绕落实区域协调发展战略以及城市群、都市圈发展，跨区域综合交通运输工作机制健全发展。达到交通运输部门组织机构基本完善、综合交通运输统筹发展、运行监测、公共服务等职责体系得到完善的目的。

（2）完善交通运输发展战略规划体系

完善交通运输发展战略规划体系是指交通运输发展战略长效实施，重大发展战略与政策协同机制健全。主要手段有交通运输战略规划、发展规划、空间规划紧密衔接，完善跨领域、跨区域、跨层级、跨方式的交通运输规划协同机制，多规融合发展，交通运输规划清单管理、动态更新机制建立健全。

（3）交通运输发展指标与标准

交通运输高质量发展，要求建立合适的指标体系，涵盖交通强国建设质量效益、新发展理念、群众主观感受的主要指标和核心指标，指标执行过程中加强考核，动态调整。常规统计调查和大数据应用相结合完善交通运输统计调查体系，公众出行、交通物流、新业态等动态监测。交通运输重点领域标准有效供给，更好发挥标准化的引领性作用。

（4）交通运输"放管服"改革

交通运输"放管服"改革是指中央层面设定的交通运输行政许可事项清单有效编制，简政放权取消下放行政许可事项，交通运输领域"证照分离"改革，"互联网 + 监管"等事中事后监管规范运行。主要手段有交通运输市场监管领域"双随机、一公开"全覆盖、常态化、制度化，重点领域全主体、全品种、全链条严格监管，新业态包容审慎监管；行政管理和服务方式创新发展，"互联网 + 政务服务""不见面"办事广泛开展，"一网通办"和"跨省通办"落到实处，交通运输营商环境市场化、法治化、国际化。

（5）交通投融资机制改革

交通投融资机制改革就是对铁路建设基金、车购税、成品油税费等改革，保障新增收入、港建费、民航发展基金等交通发展专项资金政策。主要手段有国家公路建设长期债券、邮政普遍服务基金、国际物流供应链发展产业基金研究设立，邮政快递基础设施建设资金保障机制健全发展;研究新型财税保障体制,“里程费”改革试点,社会资本设立多式联运等产业投资基金;交通运输领域中央与地方财政事权和支出责任划分改革;交通运输部门预算管理体系加快完善,预算绩效管理全面实施。

10.4.2 交通运输市场治理

1) 交通运输市场治理内涵

交通运输市场是建设交通强国的中坚力量,也是推进交通运输治理体系和治理能力现代化的重要主体。建成交通强国,需要成熟的现代交通运输市场体系和世界一流的交通运输企业做支撑。以国家治理体系和治理能力现代化、交通强国建设目标为导向,以推进实现交通运输市场治理体系现代化为目标,在秉持“发挥市场在资源配置中的决定性作用、更好发挥政府作用”的基本原则下,明确政府与市场各自的定位,坚持以市场为主体、政府为引导,推进交通运输市场现代化发展,全面支撑交通强国建设。

2) 交通运输市场治理目标

交通运输市场治理体系现代化基本实现,市场营商环境显著改善,形成大中小型市场结构合理、各种交通运输方式和不同运输市场衔接顺畅、新老业态市场融合发展的产业发展新格局,做强做优交通运输市场,培育具有全球竞争力的世界一流市场。

到2035年,在基本建成交通强国和进入世界交通强国行列时,基本实现交通运输市场治理体系现代化,交通运输市场经营业绩、科技创新、公司治理、资源配置、品牌形象和人才队伍达到世界一流水平,多数领域和市场达到世界领先水平,交通运输市场核心竞争力和国际影响力提高。到2050年,在全面建成交通强国和进入世界交通强国前列时,全面实现交通运输市场治理体系现代化,交通运输市场经营业绩、科技创新、市场治理、资源配置、品牌形象和人才队伍达到世界领先水平,拥有一批在全球交通发展中具有引领作用和话语权的领军企业。

3) 交通运输市场治理任务

交通运输市场治理需要明确以政府引导、企业主体的角色定位,以深化改革、创新驱动、优化供给和扩大开放为导向,一方面提出政府治理交通企业的政策环境,另一方面提出支持企业做强做优、支撑交通强国建设的引导举措,进而推动实现企业发展效率更高、质量更优、成本更低、动力更足。主要任务有:以深化改革为导向,改革交通治理手段;以创新驱动为导向,打造交通市场核心竞争力;以优化供给为导向,实现交通市场高质量发展;以扩大开放为导向,提升交通市场国际话语权。

10.4.3 交通运输社会协同共治

1) 交通运输社会治理内涵

交通运输社会治理是指在中国共产党的领导下,由交通运输各级政府部门主导,吸纳行业内各种社会组织和公民个人等多方治理主体参与,对交通运输领域内社会公共事务进行的治理活动,是以实现和维护广大人民群众利益为核心,发挥多元治理主体的作用,针对国家治理中的交通运输社会问题，更好地保护全社会交通运输公共事务相关方的社会权益，化解社会矛盾，促进运输市场公平、社会有序和谐发展。

2) 交通运输社会治理目标

第一阶段(2021—2035 年)，提升我国交通强国建设整体发展水平，要基本实现交通运输业社会治理体系和治理能力现代化目标。交通运输治理体制机制完善，法律法规体系健全，社会组织协调作用明显，公众有序参与渠道畅通，市场秩序公平稳定，人才队伍素质优良。

第二阶段(2036 年—21 世纪中叶)，为了实现我国交通运输全面引领世界的目标，要全面实现交通运输业社会治理体系和治理能力现代化。高效先进的交通运输业治理体制机制完善，科学严谨的法律法规体系完备，交通运输社会组织具备国际权威影响力，公民参与社会公共事务形成广泛共识，运输市场环境全面公平和谐稳定，交通人才队伍实现国际化培养与输送。

3) 交通运输社会治理架构

交通运输社会治理体系由组织体系、制度体系、运行体系、评价体系和保障体系五个要素构成。其中，组织体系是主体，制度体系是依据，运行体系是路径，评价体系是标准，保障体系是支撑。

(1) 社会治理组织

社会治理的首要问题是构建组织体系。当前构建行业社会治理组织体系最重要的任务是围绕公共权力体系深化改革。加大行业政社分开力度，提速管理部门与行业商会协会的全面脱钩；大力推进政府“放管服”力度，培育社会组织发展壮大；完善基层社会自治，推进公众参与交通运输公共服务的意识与自觉性。

(2) 社会治理制度

制度是社会治理一切活动的根本依据。交通运输社会治理的法律制度体系是行业有序发展的依据，是构成行业治理现代化有机整体的骨架和命脉。交通运输业要深刻认识法治建设的新地位，准确理解依法行政和法治政府建设的新要求，主动把握法治规范和引领交通运输科学发展的新机遇，让法治真正成为交通运输治理的基本方式。

(3) 社会治理运行

社会治理运行是社会治理的实现路径。基本运行体系是指现代社会治理的一般性、普遍性和本质性的运行体系；专业运行体系是就其专业性、技术性和行业性而言的，包括交通运输信用治理体系、交通运输业治安综合治理等社会稳控体系等；特殊运行体系是指根据实际情况而采取的特殊治理方式，例如针对超载超限车辆的专项治理，针对商品车运输车的整治工作等。

(4) 社会治理评价

社会治理评价是衡量交通运输社会治理成效的标准。交通运输社会治理评价体系由被评价主体与评价主体、评价的价值取向与依据、评价的内容与指标、评价的手段与方式、评价的绩效与转化五个方面基本构成。例如，交通运输业政策制定，均要有完备的评价体系作为工作成效、政府作为、市场效果等方面的评判依据和工作纠偏保障。

(5) 社会治理保障

社会治理保障本质上是确保社会治理各种体系科学建立、有效运行与深入推进的环境与条件。我国交通运输业社会治理保障体系，应该体现在制定跨运输方式、跨领域、跨部门的合作协调机制，完善交通运输业细分领域的人才培养和输送机制，构建交通运输业法治监督体系，打造政府引领、社会自治、群众自觉的社会治理大局。

复习思考题

10-1　法治交通建设的基本原则有哪些?

10-2　交通运输法律关系类型有哪些?

10-3　简述交通法律制度体系构成。

10-4　交通运输法规有哪些作用?

10-5　简述交通运输政策的构成要素。

10-6　简述交通运输政策的划分方法。

10-7　交通运输政策手段有哪几种?

10-8　结合相关政策文件，谈谈你对法治交通的理解。

10-9　试从政府、市场、社会三个层面分析如何实现交通治理体系和治理能力现代化?

参考文献

[1] 交通运输部.交通运输部关于全面深化交通运输法治政府部门建设的意见[EB/OL].(2020-06-23)[2022-03-08]. https://xxgk.mot.gov.cn/2020/jigou/fgs/202006/t20200623_3307718.html.

[2] 中共中央，国务院.法治政府建设实施纲要(2021—2025年)[EB/OL].(2021-08-11)[2022-03-08]. http://www.gov.cn/zhengce/2021-08/11/content_5630802.html.

[3] 郑翔，张长青.交通运输法[M].北京：北京交通大学出版社，2018.

[4] 张永杰.交通运输法规[M].3版.北京：人民交通出版社股份有限公司，2015.

[5] 交通运输部.交通运输部关于完善综合交通法规体系的意见[EB/OL].(2020-12-10)[2022-03-08]. http://www.gov.cn/zhengce/zhengceku/2020-12/10/content_5568709.html.

[6] 交通运输部科学研究院.中国可持续交通发展报告[EB/OL].(2021-12-14)[2022-03-08]. https://xxgk.mot.gov.cn/2020/jigou/gjh2s/202112/t/20211214-3631113.html.

[7] 郑国华.交通运输法概论[M].长沙：中南大学出版社，2011.

[8] 顾正洪.交通运输安全管理与法规[M].徐州：中国矿业大学出版社，2020.

[9] 聂红梅，朱清珍.新编道路交通运输法规[M].2版.北京：北京交通大学出版社，2019.

[10] 王杰，徐庆利.交通运输政策概论[M].大连：大连海事大学出版社，2015.

[11]《最新经济管理政策法规汇编丛书》编辑部.最新经济管理政策法规汇编丛书(第一辑)：中国交通运输政策法规汇编(2014年版)[M].北京：经济管理出版社，2014.

[12] 季令.交通运输政策[M].北京：中国铁道出版社，2003.

[13] 交通运输部.交通运输部关于推进交通运输治理体系和治理能力现代化若干问题的意见[EB/OL]. 2020. http://www.gov.cn/zhengce/zhengceku/2020-10/28/content_5555262.htm.

[14] 交通运输部.交通运输部关于进一步深化交通运输法治政府部门建设的意见[EB/OL]. 2021. https://xxgk.mot.gov.cn/2020/jigou/fgs/202112/t20211201_3628964.html.

[15] 交通运输部推进交通强国建设领导小组.交通强国建设专项研究成果汇编[M].北京：北京交通大学出版社，2018.

[16] 傅志寰，孙永福.交通强国战略研究：第二卷[M].北京：人民交通出版社股份有限公司，2019.

[17] 汪光焘，陈小鸿，叶建红，等.城市交通治理现代化理论构架与方法初探[J].城市交通，2020，18(2)：1-14.

第 11 章　交通运输安全

11.1　交通运输安全概述

11.1.1　交通运输安全定义

交通运输安全是指在交通运输系统运行周期内，应用安全基本理论、评价方法、安全管理及防治技术，识别交通运输系统中的危险性并排除危险，或使危险减至最小，从而使交通运输系统在营运效率、使用期限和投资费用的约束条件下达到最佳安全状态；在一定的功能、时间和费用的约束条件下，人员和装备遭受的伤害和损失最少。

交通运输安全需要保证在规划、研究、设计、建设、试运营和使用等各个阶段，正确实施系统安全管理和安全防治，满足在能实现安全目标的前提下，交通运输系统的结构尽可能简单、可靠；配合系统运营的操作指令数目最少；任何一个部分出现故障，保证不会导致整个交通运输系统运行中止或人员伤亡；备有显示事故来源的检测装置或报警装置和安全可靠的自动保护装置并制定有效的应急措施。

11.1.2　交通运输安全特征

交通运输安全具有系统性、相对性、间接效益性、长期性和艰巨性等安全的普遍性，主要表现在以下几个方面：

1）系统性

交通运输安全的系统性涉及技术系统的各个方面，包括人员、设备、环境等因素，而这些因素又涉及经济、政治、科技、教育和管理等许多方面。安全既受系统内部因素的制约，也受到系统外部环境的干扰；而安全的恶化状态，即事故，不仅可能造成系统内部的损害，而且可能造成系统外部环境的损害。

2）相对性

交通运输安全的相对性表现在三个方面：①绝对安全的状态是不存在的，系统的安全是相对于危险而言的；②安全标准是相对于人的认识和社会经济的承受能力而言，抛开社会环境讨论安全是不现实的；③人的认识是无限发展的，对安全机理和运行机制的认识也在不断深化，即安全对于人的认识而言具有相对性。

3）间接效益性

交通运输安全的间接效益性是指在人员、设备、环境和管理方面有相适应的安全投入，但是安全投入所生产的经济和社会效益是间接的、无形的，难以定量计算。安全的效益除了减少交通事故的直接和间接经济损失外，更重要的是提高人员素质、改进设备性能、改善环境质量和加强生产管理等方面所创造的积极的经济和社会效益。

4）长期性

交通运输安全的长期性是指人们对安全的认识在时间上往往是滞后的，不可能预先完全认识到系统存在和面临的各种危险，即使认识到了，有时也会由于受到技术条件等限制而无法控制。随着技术进步和社会发展，旧的安全问题解决了，新的安全问题又会产生，所以交通运输安全工作是一个长期的工作。

5）艰巨性

交通运输安全的艰巨性体现在高技术总是伴随着高风险，随着现代科学技术的发展，各种技术系统的复杂程度都增加了，相比于传统的交通运输系统，现代交通运输系统在规模、速度、设备和管理上都发生了极大的飞跃，同时发生事故的影响、伤亡、损失和补救困难程度也都远超过传统交通运输方式。事故是一种小概率的随机偶发事件，仅利用已有的事故资料不足以及时、深入地对系统危险性进行分析。因此，认识事故机理，不断揭示系统安全的各种隐患是一项艰巨的任务。

6）复杂性

交通运输安全受外部环境的影响大，交通运输生产是在一个开放的环境中进行的，其过程有较大的空间位移和时间延续，雨、雾、风、雪等各种自然灾害对交通运输安全均会产生不利的影响；社会治安、风气和政治经济状况等社会环境也会对交通运输安全产生影响，难以控制和预测，交通运输安全的综合治理涉及面广、难度大。

11.1.3 交通事故分类分级

1）交通事故分类

为了分析和掌握交通事故的基本特征和一般规律，从而采取针对性强的交通事故预防措施，需要根据交通事故的具体形态对交通事故进行分类。由于交通是载运工具的空间位移，载运工具是运动的物体，因此载运工具与载运工具之间发生的碰撞是最典型、最主要的交通事故。载运工具可能因为人、机、货等起火爆炸，虽然这与载运工具的运动无关，但因为发生在载运工具上，所以载运工具发生火灾/爆炸也属于交通事故。道路交通运输、轨道交通运输、水路运输和航空运输的载运工具、交通空间、交通运行方式各不相同，其交通事故分类也有所区别，详见表 11-1。

表 11-1 交通事故分类

交通运输方式	事故分类	事故分类规定
道路交通运输	侧面相撞、正面相撞、尾随相撞、对向刮擦、同向刮擦、撞固定物、翻车、碾压、坠车、失火、其他	《道路交通事故处理程序规定》，2018
轨道交通运输	冲突、脱轨、火灾、爆炸	《铁路行车事故处理规则》，2000

（续表）

交通运输方式	事故分类	事故分类规定
水路运输	碰撞、搁浅、触礁、触碰、浪损、火灾与爆炸、风灾、自沉、操作性污染、其他	《水上交通事故统计办法》，2014年发布，2021年修正
航空运输	民用航空器事故：民用航空器飞行事故和民用航空地面事故	《民用航空器事故和飞行事故征候调查规定》，2007

2）交通事故分级

为了便于交通事故的调查处理和统计，关注和突出交通事故的重点和关键，还需要根据交通事故的具体危害结果对交通事故进行分级。具体危害结果是指交通事故造成的人命伤亡、财产损害（包括对载运工具自身和所载货物的损害）、其他直接经济损失、交通事故的性质、对交通秩序和大众心理所造成的不良影响等。由于道路交通运输、轨道交通运输、水路运输和航空运输在载运工具的经济价值、事故危害形式、事故损失程度上有明显区别，其交通事故的分级方式也有所不同，详见表11-2。交通事故分类分级是由交通安全法规、政府文件、国家和行业技术标准确定的，并根据实际交通状况的发展变化适时加以修订。

表11-2　交通事故分级

交通运输方式	事故分级	事故分级规定
道路交通运输	特大事故、重大事故、一般事故和轻微事故	《道路交通事故处理程序规定》，2018
轨道交通运输	特别重大事故、重大事故、大事故、险性事故和一般事故	《铁路行车事故处理规则》，2000
水路运输	特别重大事故、重大事故、较大事故、一般事故和小事故	《水上交通事故统计办法》，2014年发布，2021年修正
航空运输	特别重大飞行事故、重大飞行事故、一般飞行事故；特别重大航空地面事故、重大航空地面事故、一般航空地面事故	《民用航空器事故和飞行事故征候调查规定》，2007

11.2　交通运输安全基础理论

11.2.1　事故学

事故学的基本出发点是事故，以事故为研究对象和认识目标，在事故和灾难的经历上来认识安全，采用的是一种逆式思路模式（从事故后果到事故原因）和就事论事、“亡羊补牢”的对策。事故的模型有因果连锁模型（多米诺骨牌模型）、综合模型、轨迹交叉模型、人为失误模型、生物节律模型、事故突变模型等。事故致因理论有事故频发倾向理论、能量意外释放理论，能量转移理论等。事故预测所采用的方法有线性回归、趋势外推、规范反馈、灾变预测、灰色预测等。事故预防理论有“3E”对策理论、事后型对策等。事故学理论的主要导出方法是事故分析（调查、处理、报告等）、事故规律的研究、事后型管理模式、三不过的原则(即发生事故后原因不明、当事人未受到教育、措施不落实三不放过)、建立在事故统计学上的致因理论研究、事后整改对策等。事故学理论对研究事故规律、认识事故的本质、指导预防事故有重要意义,在长期的事故预防与保障人类安全生产和生活过程中发挥了重要作用,是人类的安全活动实践的重要理论依据。

11.2.2 风险控制论

风险控制论以危险和隐患作为研究对象,其理论基础是对事故因果性的认识,以及对危险和隐患事件链过程的确认。建立了事件链的概念,有了事故系统的超前意识和动态认识,确认了人、机、环境、管理事故综合要素,主张采用工程技术硬手段与教育、管理软手段相结合的综合措施,提出超前防范和预先评价的概念和思路。风险控制论发展了如下的理论体系:系统分析理论,即故障树分析(FTA)、事件树分析(ETA)、安全检查表(SCL)、故障类型及影响分析(FMFA)等。安全评价理论,即安全系统综合评价、安全模糊综合评价、安全灰色系统评价理论等。风险分析理论,即风险辨识、风险评价、风险控制等。系统可靠性理论,即人机可靠性、系统可靠性等。隐患控制理论,即重大危险源、重大隐患控制、无隐患管理等。风险控制论指导下的方法体现了超前预防、系统综合、主动对策等特征。隐患控制理论从事故的因果性出发,着眼于事故的前期事件的控制,对实现超前和预期型的安全对策,提高事故预防的效果有显著的意义和作用。

11.2.3 系统科学论

系统科学理论体系中有若干个重要理论,系统科学理论中有所谓"老三论"与"新三论"。"老三论"指系统论、耗散结构论、协同论。"新三论"指耗散结构论、协同论和突变论。

安全系统论是从安全系统的动态特性出发,人类的安全系统是人、社会、环境、技术、经济等因素构成的大协调系统。安全信息论是借助于大量的安全信息进行管理,其现代化水平决定于信息科学技术在安全管理中的应用程度。安全控制论原理认为一项管理活动由四个方面的要素构成:①控制者,即管理者和领导者;②控制对象,包括管理要素中的人、财、物、时间、信息等资源及其结构系统;③控制手段和工具,主要包括管理组织机构和管理法规、计算机、信息等;④控制成果。

耗散结构论可概括为一个远离平衡态的非线性的开放系统(不管是物理乃至社会、经济系统)通过不断地与外界交换物质和能量,在系统内部某个参量变化达到一定阈值时,通过涨落,系统可能发生突变,由原来的混沌无序状态转变为一种在时间上、空间上或功能上的有序状态。协同论主要研究远离平衡态的开放系统在与外界有物质或能量交换的情况下,如何通过自己内部协同作用,自发地出现时间、空间和功能上的有序结构。突变论研究的是从一种稳定组态跃迁到另一种稳定组态的现象和规律。交通运输系统时刻处于非平衡态,具有一定自我稳定能力,在发生交通运输事故情况下,具有保持并恢复有序状态的能力。

11.2.4 安全管理学

安全管理学首先涉及的是常规安全管理，有时也称为传统安全管理，如安全行政管理、安全监督检查、安全设备设施管理、劳动环境及卫生条件管理、事故管理等。如安全生产方针、安全生产工作体制、安全生产五大原则、全面安全管理、“三负责”制、安全检查制、安全检查表技术等综合管理方法；也包括生产现场微观安全管理技术。随着现代企业制度的建立和安全科学技术的发展，现代企业更需要发展科学、合理、有效的现代安全管理方法和技术。现代安全管理是现代社会和企业实现安全生产和生活的必由之路。一个具有现代技术的生产企业必然需要相适应的现代安全管理科学。

目前现代安全管理是安全管理工程中最活跃、最前沿的研究和发展领域。现代安全管理工程的理论和方法有：安全哲学原理、安全系统论原理、安全控制论原理、安全信息论原理、安全经济学原理、安全协调学原理、事故预测与预防原理、事故突变原理、事故致因理论、事故模型学、安全法制管理、安全目标管理法、无隐患管理法、安全评价、安全行为科学、安全管理的微机应用、安全决策、危险分析方法、风险分析方法、系统安全分析方法、系统危险分析、故障树分析、PDCA 循环法（即计划、执行、检查、处理四个质量管理阶段）等。

现代安全管理的意义和特点在于：要变传统的纵向单因素安全管理为现代的横向综合安全管理；变传统的事故管理为现代的事件分析与隐患管理（变事后型为预防型）；变传统的被动安全管理对象为现代的安全管理动力；变传统的静态安全管理为现代的动态安全管理；变过去企业只顾生产经济效益的安全辅助管理为现代的效益、环境、安全与卫生的综合效果管理；变传统的被动、辅助、滞后的安全管理程式为现代主动、本质、超前的安全管理程式；变传统的外迫型安全指标管理为内激型的安全目标管理。

11.3 交通运输安全分析与评价

11.3.1 交通运输安全影响因素

交通运输系统是一个非常复杂的宏大系统，它是由系统硬件（交通运输基础设施和交通运输安全技术设备）、系统工作人员（交通运输系统内的各级管理人员和基层作业人员）、组织机构（管理机构、运行机构、维修机构等）以及社会经济因素（政治、经济、文化、法律等）相互作用而构成的设备-技术系统。交通运输安全影响因素错综复杂，从系统论的观点出发，与交通运输安全有关的因素可以划分为四类：人、设备、环境、管理。

1）人员因素

交通运输安全与许多活动有关，各项活动又依赖于高效、安全和可靠的人的行为。在交通运输工作的每个环节、每项作业中，都是由人来参与并处于主导地位的，人操纵、控制、监督各项设备，完成各项作业，与环境进行信息交流，与其他作业协调一致。由于人在运输工作中的重要地位，因此人员因素在交通运输安全中起着关键性作用。随着自动化程度的不断提高，表面上看起来似乎系统对人的依赖程度减少了，但在系统设计、生产和使用阶段，因为人员错误地执行规定任务，使得系统的可靠性受到影响。人为差错或失控产生的因素是多方面的，如操作者负担过重、疲劳以及人的综合素质等。

人对交通运输安全的特殊作用可以归纳为下述三点：①人的主导性，在任何设备的有机结合体中，人是主导方面，设备必须由人来设计、制造、使用和维护，即使技术状态良好的安全设备，也只有通过人的正确使用才能发挥它的安保作用；②人的主观能动性，当情况突然变化时，人能立即采取相应的措施和灵活的方法，排除故障等不安全的因素，使系统恢复正常运转，只有人才具有主观能动性，从而具有合理处理意外情况的能力；③人的创造性，人能够通过研究和学习，不断地提高和改进现有系统的安全水平。

2）设备因素

交通运输设备是除人之外影响交通运输安全的另一个重要因素，质量良好的设备既是运输生产的物质基础，又是交通运输安全的重要保证。与交通运输安全有关的设备类型主要包括运输基础设备和交通运输安全技术设备。

(1) 运输基础设备

① 固定设备

线路（路基路面、桥隧建筑物、轨道、航道）、场站（车站、航空站、码头）、信号设备（交通信号、连锁设备、闭塞设备）等。

② 移动设备

机车、车辆（客车、货车）、飞机、船舶、通信设备（各种业务电话、电报）、信号设备。

(2) 交通运输安全技术设备

① 安全监控设备

对运输员工操作正确性进行监督，防止在实际运输作业过程中由于人的精力和体力出现不适应而造成的行车事故，如列车自动停车、列车无线调度电话、打瞌睡或注意力不集中驾驶的报警系统、空中交通警戒与防撞系统等。

② 安全监测设备

对各种交通运输基础设施的技术状态进行检测，如轴温探测装置、车辆检测与报警装置、车距报警系统等。

③ 自然灾害预报与防治设备

如塌方落石报警装置、地震报警系统、台风监控系统等。

④ 事故救援设备

如消防、抢修、排障等设备。

⑤ 其他安全设备

如道口栏木、安全管理设备等。

3）环境因素

影响交通运输安全的环境条件包括内部小环境和外部大环境两个部分(图 11-1)。

内部小环境是对微观的人-机-环境系统而言的，内部环境通常是指作业环境，即作业场所人为形成的环境条件，包括周围的空间和一切生产设施所构成的人工环境。影响交通运输安全的内部环境绝非仅是作业环境，它还包括通过管理所营造的运输系统内部的社会环境，即运输系统外部社会环境因素在运输系统内的反映，它涉及面很广，包括运输系统内部的政治、经济、文化、法律等环境。

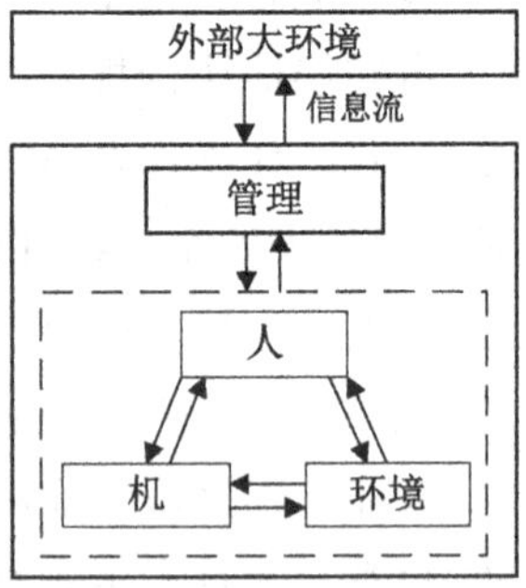

图 11-1 交通运输人-机-环境系统

外部大环境包括自然环境和社会环境。自然环境是指自然界提供的、人类难以改变的生产环境，由于运输线路暴露在大自然中，经常遭受洪水、雷雨、风沙、泥石流、台风、地震等自然灾害的威胁。此外，气候因素(风、雨、雷、电、雾、雪、冰等)、季节因素(春、夏、秋、冬)、时间因素(白天、黑夜)以及运输线路沿线的地形地貌等也是不容忽视的事故致因。社会环境包括社会的政治环境、经济环境、技术环境、管理环境、法律环境以及社会风气、家庭环境等，对交通运输安全均有不同程度的影响，较为直接的是运输线路沿线治安和场站秩序状况。

4）管理因素

交通运输安全管理是指管理者按照安全生产的客观规律，对运输系统的人、财、物、信息等资源进行计划、组织、指挥、协调和控制，以达到减少或避免交通运输事故的目的，有效地减少运输事故以及事故所引起的人和物的损失。交通运输安全管理主体是运输系统的各级管理人员；管理对象是人(基层作业人员)、财(安全技术措施经费等)、物(运输基础设备和交通运输安全技术设备等)、信息(安全信息)等；管理方法是计划、组织、指挥、协调和控制；本质是充分发挥人的积极性和创造性，调动一切积极因素，促使各种矛盾向有利于交通运输安全的方面转化。

11.3.2 交通运输安全统计

交通运输安全统计是针对某一类交通事故的总体而进行的调查研究活动，目的是查明交通事故总体的分布情况、发展动向以及各种影响因素对交通事故的总体的作用和相互关系，以便从宏观上把握一个单位或一个地区的交通运输安全情况，定量地认识交通运输安全的本质和内在的规律。交通运输安全统计必须是从总体入手，而且需要有明确的数量概念。主要的研究内容包括：

与交通运输事故有关的基础数据统计，如某地区的人口数量、载运工具保有量、道路(或轨道、航道、航线)密度、交通流量、交通事故数、死亡人数、受伤人数、直接经济损失等。时间序列事故分布规律，如按照年、月、日、时进行的各种事故统计。空间序列事故分布规律，如按照全国、省、市、县、地区，以及按照不同交通运输方式(道路、轨道、水运、航空)、路段(交叉口、区间、车站内、道口、港口、水域)等所进行各种事故统计。与事故有关的交通环境统计，如线路的几何尺寸和线形、交通量、气候条件、事故发生次数的统计分析。事故原因统计，从自然灾害、载运工具、基础设施、人为因素以及管理因素等方面对导致某类交通事故发生的原因分布进行的统计分析。与事故有关的交通参与者的心理、生理特征规律的研究，如性别、年龄、驾龄、饮酒和疲劳等。与人的伤害有关的各种统计分析，如受伤部位、类型等。与事故类型、等级分布有关的统计以及交通事故中的避让行为与碰撞规律。

1）交通事故时间分布

交通事故时间分布是指交通事故随时间而变化的统计特征。交通事故与交通互动及交通环境都有密切的联系，其具有随时间而变化的特征，宏观统计分析可以揭示其内在变化规律。

交通事故时间分布统计的时间单位可以根据需要确定，按照年份统计，可以了解连续若干年来交通事故发生的趋势、不同年份事故高峰和低谷的信息，并可以进一步研究引起变化的原因，为以后的安全管理提供依据；按月份统计，可以分析一年中的事故整体分布情况，也可以分析某一类事故的月份分布。同样，可以按季度、周进行统计分析，甚至可以对事故发生的具体时间进行统计，进而分析不同时间对交通参与者行为的影响。

2）交通事故空间分布

由于交通环境、交通组成和交通分布不同，交通事故在空间上呈现不同的分布特征。实际应用中，不同领域的交通安全管理者对交通事故空间分布也有着不同的理解。道路交通事故的空间分布是指道路交通在城市、农村、各种类型道路上以及具体路段、交叉口的分布情况；轨道交通事故的空间分布是指事故在轨道道口、车站内、区间、隧道口、铁路桥、列车交会处等位置的分布情况；水路交通事故的空间分布是指水路交通事故在港口水域、沿海水域、分道通航制水域等各类型的水域或者航段上的分布情况。交通事故空间分布统计中的具体划分角度可以根据研究目的以及所研究的对象来确定。

3）交通事故形态分布

交通事故形态可以结合时间分布和关联分布进行分析，时间分布是指各种事故形态随时间序列变化的分布情况，关联分布是指事故形态与其他关联因素组合后的各种事故形态随时间序列变化的分布情况，具有代表性意义的关联分布类型包括四种：①不同时间的事故形态分布，包括不同月份、星期、小时等情况下的事故形态的分布及变化情况；②不同空间的事故形态分布，包括不同等级公路、城市道路、铁路或城市轨道线路、航道上的事故形态分布及其变化情况，以及同一等级公路、城市道路、铁路或城市轨道线路、航道上不同路段、交叉口、道口、区间、水域上的事故形态的分布及其变化情况；③不同类型的事故形态分布，包括死亡事故、受伤事故和财产损失事故三种不同类型的事故形态分布及其变化情况；④不同天气条件下的事故形态分布，包括晴、阴、雨、雪、雾等天气下的事故形态分布及其变化情况。

11.3.3 交通运输安全分析

交通运输安全分析运用系统工程的原理和方法，对交通运输系统中存在的危险因素进行深入、仔细的分析，并根据实际需要对其进行定性、定量描述，估计事故发生的概率和可能产生伤害及损失的严重程度。通过分析查明系统中的危险因素，采取相应措施控制危险，保证交通运输系统安全运行。交通运输安全分析是交通运输安全的核心内容，是交通运输安全评价的基础。

1）交通运输安全分析方法分类

安全分析方法是根据对危险性的分析、预测以及特定的评价需要而研究开发的，因此它们具有各自的特点和一定的适用范围，使用时应尽量了解系统，并选用合适的、具有特色的方法。目前比较常用的安全分析方法主要有以下几种：

（1）统计图表分析

一种定量分析方法，适用于对系统发生事故情况进行统计分析，便于找出事故发生规律。

（2）因果分析图

将引发事故的重要因素分层（枝）加以分析，分层（枝）的多少取决于安全分析的广度和深度的要求，分析结果可供编制安全检查表和事故树用；该方法简单、用途广泛，但难以揭示各因素之间的组合关系。

（3）安全检查表

按照一定方式（检查表）检查设计、系统和工艺的过程，查出危险性所在，方法简单、用途广泛，并没有任何限制。

（4）预先危险性分析

确定系统的危险性，尽量防止采用不安全的技术路线，危险性的物质、工艺和设备；其特点是把分析工作做在行动之前，避免由于考虑不周而造成的损失。

（5）事件树分析

由不希望事件（顶事件）开始，找出引起顶事件的各种失效事件及组合，最适用于找出各种失效事件之间的关系，即寻找系统失效的可能方式。该方法可包含人、环境和部件之间的相互作用等因素，加上简明、形象化特点，已成为广泛适用的安全分析方法。

（6）事故树分析

由初始（希望或不希望）事件出发，按照逻辑推理推论其发展过程及结果，即由此引起的不同事件链；该方法广泛用于各种系统，能够分析出各种事件发展的可能结果，是一种动态的分析方法。

2）交通运输安全分析方法选择

在进行交通运输安全分析方法选择时应根据实际情况，并考虑以下几个问题：

（1）分析目的

交通运输安全分析方法的选择应该能够满足对分析的要求，最终目的是辨识危险源，而在实际工作中要达到一些具体的目的，例如：对系统中所有危险源，查明并列出清单；掌握危险源可能导致的事故，列出潜在事故隐患清单；列出降低危险性的措施和需要深入研究部位的清单；将所有危险源按危险大小排序；为定量的危险性评价提供数据。

（2）资料影响

相关资料收集的数量、详细程度、内容的新旧等，都会对选择系统安全分析方法有着至关重要的影响。一般来说，资料的获取与被分析的系统所处的阶段有直接关系，例如：在方案设计阶段，采用危险性和可操作性研究或故障类型和影响分析的方法就难以获取详细的资料。随着系统的发展，可获得的资料越来越多、越来越详细。为了能正确分析，应该收集最新的、高质量的资料。

(3) 系统特点

要针对被分析的系统特点选择交通运输安全分析方法。对于复杂和规模大的系统，由于需要的工作量大、时间较多，因此应先采用较简洁的方法进行筛选，然后根据系统的详细程度选择相应的分析方法。对于不同类型的操作过程，若事故发生是由单一故障(或失误)引起的，则可以选择危险性与可操作性研究；若事故的发生是由许多危险因素共同引起的，则可以选择事件树分析、事故树分析等方法。

(4) 系统危险性

当系统的危险性较高时，通常采用系统、严格、预测性的方法，如故障类型和影响分析、事件树分析、故障树分析等方法；当危险性较低时，一般采用经验的、较粗略的分析方法，如安全检查表等。

11.3.4 交通运输安全评价

1) 交通运输安全评价概念

交通运输安全评价亦称为交通运输风险评价，是指对一个具有特定功能的工作系统中，固有的或潜在的危险及其严重程度进行的分析与评估，并以既定指数、等级或概率值做出定量的表示，根据定量值的大小决定采取预防或防护对策，以寻求最低的事故率、最少的损失和最优的安全投资效益。为了保证交通运输工程项目(如道路、轨道、桥梁、隧道、港口、航道、机场、长输油气管道等)的安全运行和安全使用，必须进行安全评价。

安全评价按进行的阶段可以分为事前评价(前馈评价)、过程评价(现状评价)、事后评价(后馈评价)、跟踪评价等类型；按指标(目标)量化的程度可分为定性评价与定量评价；按项目目的和用途可以分为安全预评价、安全验收评价、专项安全评价和安全现状综合评价。

(1) 安全预评价

根据建设项目可行性研究报告的内容，分析和预测该建设项目存在的危险、有害因素的种类和程度，提出合理可行的安全技术设计和安全管理建议。

(2) 安全验收评价

在建设项目竣工生产运营正常后，对建设项目的设施、设备、装置实际运行状况进行检测、考察，查找该建设项目投产后可能存在的危险、有害因素，提出合理可靠的安全技术调整方案和安全管理对策。

(3) 专项安全评价

针对某一项活动或场所，以及一个特定的行业、产品、生产方式、生产工艺或生产装置等存在的危险、有害因素进行的专项安全评价。

(4) 安全现状综合评价

针对某一个生产经营单位总体或局部的生产经营活动现状进行的全面评价。

2) 交通运输安全评价原则

事故的发生虽然具有偶然性和突发性,但除了人力不可抗拒的自然灾害外,所有的生产事故都是可以预测、预防和控制的。"预防为主"是现代安全管理的基本原则,安全评价的最终目的就是清除事故隐患,预防事故发生。安全评价的基本原则包括:

(1) 科学性原则

系统安全评价方法要能够反映客观实际,辨识出系统中存在的所有危险,评价的结论要与实际情况相符。

(2) 系统性原则

危险性存在于生产活动的各个方面,只有对系统进行详细解剖,研究系统与子系统之间的相互关系,才能合理地识别评价对象的危险程度。

(3) 综合性原则

系统安全分析和评价的对象差别很大,涉及企业的人员、设备、物料、法规等各个方面,不可能用单一的方法就完成任务。因此,在评价时,一般需要采用多种评价方法,取长补短。

(4) 适用性原则

系统分析和评价方法要适合具体情况,即具有可操作性,方法简单,结论明确,效果显著。设定的不确定因素过多,计算过于复杂、艰深而难以理解的方法是不可取的。

3) 交通运输安全评价方法与内容

目前采用的交通运输安全评价方法主要有:安全检查表、预先危险性分析、危险指数法、故障假设分析、故障假设/检查表分析、危险度评价、危险和可操作性研究、故障类型和影响分析、原因—后果分析、风险矩阵、概率危险评价体系、人员可靠性分析、作业条件危险性分析等。

各种方法都具有特点并适用于特定场合,新的安全评价方法有模糊概率法、决策支持系统、人工神经网络技术等。现代安全评价方法主要内容包括危险识别、危险定量、定量化的危险与基准值比较、提出控制危险的措施。危险识别是分析研究对象存在的各种危险;危险定量则是研究确定这些危险发生频率及可能造成后果;一般将定量化的危险称之为风险,与基准值比较是将这些风险与预定风险值相比较,判断是否可以接受;控制危险措施是根据风险能否接受而提出的降低、排除、转移风险的对策。

4) 交通运输安全评价一般程序

交通运输安全评价一般程序主要包括以下四个步骤:

(1) 准备阶段

明确被评价对象和范围,收集国内外相关法律法规、技术标准及工程、系统技术资料,了解同类设备、设施或工艺的生产和事故情况,评价对象的地理、气候条件及社会环境状况。

(2) 危险危害因素识别与分析

根据被评价的工程、系统情况,识别和分析危险与有害因素,确定危险与有害因素存在部位、存在方式、事故发生原因和机制。

(3) 选择评价方法进行评价

在危险、有害因素识别和分析的基础上，划分评价单元，选择合理的评价方法，对工程、系统发生事故的可能性和严重性进行定性、定量评价。

(4) 提出降低或控制风险的对策措施

根据评价和分析结果，高于标准值的风险要采取工程技术或组织管理措施，降低或控制风险；低于标准值的风险属于可接受或允许的风险，应建立检测系统，防止生产条件变化导致风险值增加，对不可排除的风险要采取防范措施。

11.4 交通运输安全管理

11.4.1 道路交通运输安全管理

1) 道路交通运输驾驶人安全管理

驾驶人安全管理是交通运输安全管理的重点，作为运输企业要配合公安交通管理机关和交通运输管理部门，结合企业自身的特点，按照国家有关交通法规、条例、标准和规范的要求做好驾驶员的安全管理。主要的管理内容包括：认真科学地做好驾驶员的聘用工作，研究驾驶员的心理、生理特征，定期进行职业适应性检查，负责对驾驶员的交通法规、职业道德、安全技术和相关知识方面的宣传和教育工作，组织对驾驶员的定期培训、考核和上岗证管理等工作，组织对驾驶员的日常安全检查，并协助公安交通管理机关做好驾驶员的审查工作，配合公安交通管理机关做好驾驶员的违章、肇事处理工作，并注意在事故处理过程中维护企业和当事人的合法权益，落实整改措施，管理好驾驶员的安全技术档案，并做好违章、肇事的统计工作。

2) 道路交通运输车辆运行安全管理

车辆运行安全管理需要认真贯彻执行国家有关行车安全的方针、政策和法规，结合企业经营机制的实际，建立健全有效的安全管理机构和制度，落实行车安全管理目标和责任以达到降低事故频率，减少人员伤亡和财产损失，杜绝特大事故发生的目的。建立安全管理机构，企业应设立安全生产领导小组，对行车安全实行领导责任制，负责提出企业行车安全的重大决策、方案和奖惩措施，实现对行车安全工作的综合管理。完善行车安全管理制度，检查分析交通运输安全工作状况；组织安全活动，学习先进典型，交流行车安全经验，分析总结行车事故原因，针对行车安全中存在的问题提出防范措施；针对不同岗位特点制订相应的行车安全教育、培训计划，包括安全管理人员、驾驶员、车辆安全技术检查人员。优化行车安全档案管理制度，建立健全驾驶员行车档案及行车事故档案，落实行车安全监督、检查制度，行车安全检查机构负责对营运车辆出车前或收车后的安全技术状况检查。

3）道路交通货物运输安全管理

道路交通货物运输安全管理包括零担货物运输安全管理、整批货物运输安全管理、集装箱货物运输安全管理、大型特型笨重物件运输安全管理、超限运输车辆的安全管理。零担货物运输安全管理要明确普通货物运输业户和零担货物运输业户开业的安全条件，严格按安全资质要求承运，对易燃、易爆、剧毒及放射性等危险物品，易破损、易污染、易腐烂及鲜活物品，湿损、触角、利口及货物包装不符合国家规定的货物不得受理。整批货物运输安全管理应注重货厢的安全管理和装载安全，货车货厢需要保证坚固无破损，货物要堆码整齐、捆扎牢固、关好车门保证运输全过程安全，危险货物需要与普通货物混装，严防车辆行驶途中松动和甩物伤人。

集装箱货物运输车辆应是技术状况良好，带有转锁装置，与所载集装箱要求相适应，满足所运载集装箱总重量的要求，配备集装箱专用装卸机械和装拆箱作业机械，装卸机械应装有装箱专用吊具，装卸机械的额定起重量要满足集装箱总重量的要求，装拆箱作业机械要能适应进箱作业，以保证集装箱装卸的安全作业。大型特型笨重物件运输承运人应提供保证货物在长度、高度和单件重量方面满足安全作业要求的车辆和装卸机械，承运单位需要现场勘查核实大型特型笨重物件的装卸场地，承运人运输大型特型笨重物件时应携带大型特型笨重物件运输标志牌和核准证以备路检，并按照有关部门指定的时间和路线行驶。超限运输车辆应严格禁止，超限运输涉及车辆生产、运输市场等诸多问题，需要根治超限运输。

4）道路危险货物运输安全管理

危险货物安全运输需要掌握危险货物的性质和变化规律，正确鉴别危险货物与非危险货物，认真做好包装、运输与装卸、存储和保管防护、承托运手续和单证，严格控制可能导致发生事故的各种外界条件。运输危险货物的车辆应保证有关证件、标志齐全有效，技术状况良好，按照有关规定对车辆技术状况进行严格检查，排除故障；在运输危险货物时，押运人员应密切注意车辆所装载的危险货物，根据危险货物性质定时停车检查，发现问题及时会同驾驶员采取措施妥善处理，运输过程中遇到天气、道路路面状况发生变化，应该根据所装载危险货物的特性及时采取安全防护措施；运输危险货物的车辆应按装卸作业的有关安全规定驶入装卸作业区，停放在容易驶离作业现场的方位上，并保证装卸作业现场要远离热源，通风良好，根据危险货物包装的类型、体积、重量、件数等情况和包装储运图示标志的要求，采取相应的措施，轻装轻卸，谨慎操作。

5）道路旅客运输安全管理

道路旅客运输安全管理包括客运企业部门的安全管理、客运站安全生产管理和旅客的安全管理。客运企业部门要加强对安全生产的领导，建立安全生产管理机构，制定有关安全生产管理制度和措施，加强对驾驶人及其他有关从业人员的安全教育，推行安全生产责任制，建立和完善车辆出站门检管理工作制度，完善车辆运营过程中的安全管理和报废车辆的管理。客运站必须认真履行安全生产与管理职责，建立健全安全生产与管理机构，一、二级客运站应配备专职安全管理人员，三级及以下客运站配备兼职安全管理人员，制定并落实各项安全生产与管理制度，积极开展各项安全宣传工作；并认真做好安全检查工作，明确安全例行检查项目及要求。旅客在运输中应履行相应的安全义务。

6）道路交通运输环境管理

道路交通运输环境管理包括道路线形、道路路面和交通安全设施。道路线形要考虑与地形以及地区的土地利用相协调，同时要使道路线形连续，并与平面、纵断面两种线形以及横断面的组成相协调，更要从施工、维修、经济等角度来确定。道路线形设计要保证在力学上安全、顺畅，驾驶员的视觉和驾驶心理反应良好，与沿线地形相适应，与环境或景观协调和谐。道路路面除应有足够强度的路面结构，还应保持行车的安全舒适，考虑路面对驾驶的便利程度及路面行车质量。交通安全设施除了按照《公路工程技术标准》(JTG B01—2014)表示的交通安全设施设置标准之外，还应对道路附属设施进行改善，可以有效地减少交通事故，包括防护栏、道路照明、视线诱导标、中央带和道路标志标线等。

11.4.2 轨道交通运输安全管理

1）轨道交通运输行车安全管理

轨道交通运输行车安全管理主要包括：严格执行接发列车的标准化作业程序，并执行车站调车作业标准；正确处理行车安全与效率效益的关系，建立轨道交通运输行车安全保障体系；结合部门作业联控，有效协调不同部门和工种之间的横向关系，基本原理和方法是增加有效冗余，加强前馈控制及系统要素优势互补；做好调车作业惯性事故预防，一般分为“撞、脱、挤、溜”四种类型，即冲突、脱轨、挤道岔、机车车辆溜逸；对于行车作业人，必须熟知站内一切行车设备，并随时注意使用情况，如遇设备发生异常情况或变化时，及时通知有关人员并采取安全措施。

2）轨道交通运输载运工具安全管理

轨道交通运输载运工具安全管理的重点工作包括：对载运工具的养护维修，加快载运工具更新改造速度，保证安全技术装备重点项目顺利实施等。要提高设备质量，加强设备管理，必须坚持定期检查制度，建立各种检查记录台账，立卡建档，定期保质保量地做好维修保养和病害整治工作；合理规划线路大修换轨，提高线路质量，对既有运输线路尤其是在繁忙干线上铺设重轨，新建线路应尽量采用重轨，撤换超期使用的钢轨；改善机车车辆技术状态，有计划、有步骤地淘汰超期使用的旧杂型机车、客车和货车，依靠科学技术加快对新型机车、客车和货车的研制和使用；改善检测装备，加强对钢轨、夹板、辙叉、尖轨等轨道设备的新型探伤仪器和车辆轮轴探伤、轴温检测、报警仪器的开发、研制和应用。

3）轨道交通运输货物安全管理

轨道交通运输货物安全质量直接影响社会的经济效益，货物在运输过程中时常发生货运事故，轨道货运安全管理工作应对事故的原因加以分析，并采取有效措施，主要措施包括：健全货运安全管理制度，禁止违章违法行为，严格按照作业要求和方法组织装卸和搬运，对于不符合运输要求的货物拒绝承运；加强运输组织管理，防止易腐货物腐败变质，选择易腐货物的正确运送方法；加强作业的管理和检查，防止货物污染，严格清洗和消毒受污染的车辆和装载容器,严格装卸要求,遵守作业规定;对于货运事故,需编制货运记录并对事故现场进行检查,避免扩大损失。

4）轨道交通运输旅客安全管理

轨道交通运输旅客安全管理主要包括：加强车站旅客运输安全管理,抓好客运设备的检查和维修;加强旅客列车中的客运工作管理,搞好安全宣传工作;优化列车运行图,从出行者流向、流量及流动时间入手,编制轨道交通运行图;建立安全管理信息系统,强化安全设备保障;提高职工素质,严格执行旅客运输安全各项规章;做好行李和包裹的承运、装卸、报关和交付工作;对于旅客人身伤害或疾病、发生行李和包裹事故、线路中断时,应调查事故发生原因,编制客运记录或旅客伤亡事故记录,并积极采取抢救措施,组织列车工作人员稳定车内秩序。

5）轨道交通运输环境安全管理

轨道交通运输环境包括人体健康、工作效率、设备性能的自然和人为的各种环境因素的组合。环境对轨道交通运输安全的影响可分为内部环境条件影响和外部环境条件影响两个部分。前者包括作业环境和由管理行为营造的内部社会环境,后者是指自然环境和外部社会环境,企业管理可通过改善可控的内部环境来适应不可控的外部环境,重点在于保持良好的工作、作业和生活秩序,保障职工的身心健康,保证轨道交通运输安全。

11.4.3 水路运输安全管理

1）水路运输航道安全管理

航道曲率半径小、船宽较窄及水深较浅的区域,都是事故的多发区,为了提高这些航道中航行的可靠性,应采取以下措施：航道部门加强对航道的整治,包括在洪水期过后易出现的航道淤积,造成船宽和水深变小,航道部门应及时对航道进行疏浚,设置航行标志,以防船舶搁浅;规范航行秩序,使驾驶员按章行船,防止在狭窄、弯曲的航道中造成紧迫的局面,以免使可航行宽度变窄,航道曲率变小,航道可靠性降低;船舶船员定期总结分享在弯曲、狭窄及浅水航道航行的经验教训,总结不同航道对船舶安全航行带来的影响,发生危险提早采取措施,以防事故的发生,提高航行可靠性。

2）水路运输船舶安全管理

船舶条件包括船舶大小、船龄、船体结构、船舶设备等方面,水路运输船舶安全管理需要将船龄作为评价船舶安全的重要指标,检查和加强船舶安全评估中船龄的重要性,加强老旧船舶的管理;随着船龄的增加,船体部分由于受海水的侵蚀,构件出现不同程度的磨损、腐蚀、凹陷、裂缝乃至影响船体强度,需要定期对船体结构的安全状况进行评价;机械部件由于磨损、振动,可靠性会愈来愈坏,电子设备老化、失灵、偶然发生故障等,而船舶硬件系统的缺陷或故障是导致海事的基本原因,定期维修和检查直接影响船舶安全的设备,避免由于船舶设备技术故障而造成的水路运输安全事故;船舶应备有为其计划航程所必需的足够的和最新的海图、航路指南、灯塔表、航海通告、潮汐表及一切其他的航海资料,反映最新的航海信息。

3）水路运输从业人员安全管理

水路运输要制定用人标准以及提出船员适应性具备的素质指标，要求船员不仅具备精湛的技术，同时要求具备较强的应变能力、管理能力、写作能力以及良好的服务意识。船员需满足规定的年龄、健康标准的要求；有一定的海上工作经验，且工作期间安全记录良好；通过规定的考试、评估，并完成规定的船员培训或见习；向发证主管机关注册，并参加主管机关认可的岗前专业培训；船员除了要具备相应的专业水平之外，还应具有团队精神，服从公司的管理，在安全、生产、经营和管理等方面均具备一定的能力和良好的素质。

11.4.4 航空运输安全管理

1）航空运输飞行区安全管理

机场管理机构应按照空中交通管理部门的有关规定建立跑道、滑行道巡查检查工作制度和协调机制，应当定时对飞行区进行检查，建立机坪每日动态巡查制度，及时清除外来物，对机坪每周至少全面清扫一次；为防止干扰飞行，在飞行区作业有特殊规定，在跑道、滑行道或者其他附近区域进行不停航施工，施工车辆、人员需要通过正在对航空器开放使用的道面时，应当增加道面检查次数，确保不因外来物影响飞行安全，并应当制定具体措施，确保施工车辆、人员不影响航空器的正常运行；机场管理机构应该合理调配机位，最大限度地利用廊桥和机位资源，方便旅客、地勤保障，为了保障旅客、工作人员和飞机的安全，旅客通行路线不得穿越航空器滑行路线，任何车辆不得横穿旅客队伍，在廊桥活动端移动范围内应当采用红色线设置廊桥活动区，禁止任何车辆和设备进入；当机场发生应急救援、航班大面积延误、航班长时间延误、恶劣气象条件、专机保障以及航空器故障等情况时，机场管理机构有权指令航空运输企业或其代理人将航空器移动到指定位置。

2）航空运输空中服务安全管理

航空运输空中服务安全管理的任务是防止航空器与航空器相撞以及在机动区内航空器与障碍物相撞，维护和加快空中交通的有序流动。航空器在空中运行接受空中交通管制部门的管制服务，根据航空器运行过程中所接受的管制服务性质和所在区域，空中交通管制单位分成机场终端区管制和航路区域管制，其中机场终端区管制包括塔台管制和进近管制两个部门，根据空中交通信息管制的需要，各民航地区管理局下设有空中交通服务报告室；根据空域流量调控的需要，各民航地区管理局下设有调度室，民航局设有总调度室；管制单位的安全管理就是严格按照条例和规章的要求完成其工作职责，保证空中交通安全。

3）航空货物运输安全管理

托运人托运货物应凭本人居民身份证或者其他有效证件向承运人填交货物托运单，并根据国家有关部门规定随附必要的有效证明文件；托运人对托运的货物应当按照国家主管部门规定的标准包装，没有统一规定包装标准的，应当根据保证运输安全的原则，按货物的性质和乘载飞机等条件包装，货物包装应保证货物在运输过程中不致损坏、散失、渗漏，不致损坏和污染飞机设备或者其他物品；承运人承运货物时，应对托运人填交的托运单进行核查，并有权在必要时会同托运人开箱进行安全检查，在运输过程中必须有专人照料、监护的货物，应由托运人指派押运员押运，押运员对货物的安全负责，并遵守民航主管机关的有关规定，承运人应协助押运员完成押运任务；托运货物内不得夹带国家禁止运输、限制运输物品和危险物品，如发现托运人托运信息不符，夹带上述物品，应按照有关规定处理。

4) 航空旅客运输安全管理

旅客应按照规定时间办理乘机手续，在乘机前旅客及其行李(含托运行李和随身携带物品)必须经过安全检查；出于安全和安保的需要，航空公司和机场当局可以对旅客本人进行安全检查，对旅客的行李进行检查(如扫描或者X射线检查等)；如果旅客不在现场，也可以检查旅客的行李，以便确定是否装有不得作为行李运输的物品，或者装有任何枪支、弹药而未出示有关文件；如果旅客不遵守这一规定，将被拒绝承运。旅客登机后应该服从机组人员的管理，如果旅客在航空器上的行为危及航空器或者航空器上任何人或者财产安全，或者妨碍机组人员履行职责，或者不遵守机组的指示，对机组或其他旅客造成或有可能造成不适、不便、损害或者伤害的行为，机组人员可以采取合理的措施，包括实施管束，以阻止该行为的继续。

11.4.5 管道运输安全管理

1) 管道运输施工安全管理

承担石油管道工程建设的施工企业，必须取得国务院建设行政主管部门或其委托机构颁发的资质认证，并在其资质等级许可的范围内从事施工，不得越级或超范围承接工程。石油管道工程建设应当按照国家有关规定进行招标投标。招标投标活动要坚持公开、公平、公正和诚实信用的原则。对未按规定进行招标的施工项目，有关部门不得批准开工；石油管道施工质量应当实行施工单位领导负责制。施工单位应当建立质量责任制，明确工程项目经理、技术负责人及施工管理负责人等承担的质量责任；石油管道施工应当按规定实行工程监理制，工程监理由取得相应资质的第三方承担；石油管道工程必须按照设计要求进行压力试验，经压力试验合格后方可投入试运行；石油管道工程必须按照有关规定进行竣工验收，验收合格后方可交付使用。竣工验收资料应当按档案管理规定归档。

2) 管道运输运行安全管理

石油企业对新建或停运后再启用的石油管道，在投入运行前应当编制投产方案，并严格按投产方案组织投产。石油企业对运行中的石油管道，应当严格执行安全管理规章制度和技术操作规程，并在生产指挥系统的统一调度下安全合理地组织生产；根据输油(气)量的改变和季节变化，及时准确地调整管道运行的各项工艺参数；与管道途经地区的城建规划、公路、铁路、气象、水文和公安等部门保持密切联系，避免或减轻因建设施工、自然灾害和人为破坏对管道安全运行造成的危害；对石油管道设备、设施应当定期检查和维护，使其处于完好状态；制定石油管道事故预案。对影响管道安全运行的重大隐患或发生管道破裂、断管等重大事故时，应当组织力量立即处理；依照《中华人民共和国石油天然气管道保护法》对所辖石油管道定期组织巡查，并对封存或报废的石油管道应当采取相应的安全措施。

3) 管道运输检测安全管理

从事石油管道技术检测检验的单位必须取得国务院石油工业行政主管部门认定的相应资质，并对其检测检验的结果负责。石油企业有权选择检测检验单位，任何部门不得为石油企业指定检测检验单位。定期进行全面检测，对检测不合格或存在隐患的管道路段，应当立即采取维修等整改措施，以保证管道运行安全；建立石油管道检测档案，原始数据及数据分析结果应当妥善保存。

复习思考题

11-1 简述交通运输安全定义和基本特征。

11-2 交通运输安全的基本理论有哪些？简述系统科学论各组成部分的基本内容。

11-3 简要分析交通运输安全的影响因素及各影响因素之间的关系。

11-4 请绘制一个基本的事故树，并分析事故树中各个逻辑门与符号的含义。

11-5 交通运输安全评价方法有哪些？选取一种方法并分析其特点、适用范围以及基本的原则和使用方法。

11-6 简述道路交通运输安全管理的基本内容。

参考文献

[1] 中共中央，国务院.交通强国建设纲要[EB/OL].(2019-09-19)[2022-03-08]. http://www.gov.cn/zhengce/2019-09/19/content_5431432.htm.

[2] 中华人民共和国交通运输部综合规划司.国家综合立体交通网规划纲要[EB/OL].(2021-02-25)[2022-03-08]. https://xxgk.mot.gov.cn/2020/jigou/zhghs/202102/t20210225_3527909.html.

[3] 中华人民共和国国务院办公厅.关于促进通用航空业发展的指导意见[EB/OL].(2016-05-17)[2022-03-08]. http://www.gov.cn/xinwen/2016-05/17/content_5074151.htm.

[4] 交通运输部科学研究院.中国可持续交通发展报告[EB/OL].(2021-12-14)[2022-03-08]. https://xxgk.mot.gov.cn/2020/jigou/gjhzs/202112/t20211214_3631113.html.

[5] 过秀成.道路交通安全学[M].2 版.南京：东南大学出版社，2011.

[6] 邓学钧，刘建新.交通运输工程导论[M].北京：清华大学出版社，2009.

[7] 肖贵平，朱晓宁.交通安全工程[M].3 版.北京：中国铁道出版社，2021.

[8] 刘清，徐开金.交通运输安全[M].武汉：武汉理工大学出版社，2009.

[9] 顾正洪.交通运输安全[M].2 版.南京：东南大学出版社，2016.

[10] 裴玉龙.交通安全[M].北京：人民交通出版社股份有限公司，2018.

[11] 杨松尧.铁路运输安全管理[M].北京：人民交通出版社股份有限公司，2015.

[12] 交通运输部工程质量监督局.公路水运工程施工安全标准化指南[M].北京：人民交通出版社，2013.

[13] 王华伟，吴海桥.航空安全工程[M].北京：科学出版社，2014.
[14] 秦进.铁路运输安全管理[M].长沙：中南大学出版社，2011.
[15] 国家质量监督检验检疫总局，中国国家标准化管理委员会.机动车运行安全技术条件：GB 7258—2017[S].北京：中国标准出版社，2018.
[16] 耿彦斌，胡贵麟，姜长杰.交通运输支撑国家安全的现状、问题与路径研究[J].公路，2021，66(5)：183-188.

第12章　绿色交通运输

12.1　绿色交通运输概述

12.1.1　绿色交通运输定义

随着绿色环保理念在各行业的推广与应用，绿色交通运输逐渐成为未来交通运输业发展的趋势。绿色交通运输广义上是指资源节约、环境友好的可持续交通运输系统，即在最小的资源能源消耗和生态环境破坏的基础上，最大限度地满足人们出行需求，实现交通运输与社会经济协调发展、与自然生态和谐共生的可持续发展。而狭义上绿色交通运输指为节省建设维护费用而建立的低污染且环境多元化的交通运输系统。

绿色交通运输强调交通运输系统的环境友好性，主张在交通运输系统的规划、建设和运营管理过程中注重环境保护和生活环境质量。绿色交通运输与解决环境污染问题的可持续性发展理念一脉相承，强调交通运输的"绿色性"，即缓解交通拥挤、减少环境污染、促进社会公平、合理利用资源，以集约化和低碳化为主导，要求使用清洁能源、低排放、对环境影响小、对生态冲击程度小的交通运输方式及载运工具，从而节约土地资源，实现交通运输系统全环节的绿色化。

考虑到绿色交通运输是一项系统工程，具有利益相关主体多元化、涵盖领域环节齐全、涉及资源环境要素丰富、影响因素众多等特点，在生态文明建设和绿色发展理念的新时代背景下，应从不同维度来全面审视和系统把握绿色交通运输的内涵。

12.1.2　绿色交通运输特征

绿色交通运输的本质是和谐的交通，包括与环境的和谐、与资源的和谐、与社会的和谐、与未来的和谐，而绿色交通运输的基本特征主要体现在三个方面：

1）协和性

绿色交通运输的发展需要考虑与土地使用的协调、与环境保护的共生，同时保证过程中的公众参与。①绿色交通运输需要融入区域和城市规划，研究土地开发强度与交通容量和环境容量的关系，使土地利用和交通运输系统两者协调发展，达到可持续发展的绿色交通运输目标；②出行方式的选择需体现绿色，考虑对环境的关注和人本主义的回归。绿色交通运输与社会公众紧密联系，可提高其出行质量和生活质量，所以绿色交通运输的公众参与机制尤为重要。实现绿色交通运输需要人们提高素质、改变思想，建立有节制的出行观念，从而改变出行行为。

2）可持续性

交通运输的发展在为人们提供物质财富（产品或运输服务）的同时，消耗着地球上的资源和能源。由于资源与生态负荷的有限性，在绿色交通运输发展过程中必须坚持机动车发展速度与道路资源发展速度、运输服务能力与运输需求增长速度、对环境的污染强度与环境的恢复能力、对环境的建设（如绿化、水土保持等）速度与环境的退化速度等方面的匹配与协调，以保证自然资源的可持续利用。

3）系统性

绿色交通运输系统在观念上强调整体的可持续发展，经济、社会、生态的综合发展，以人为本的发展，长期利益、整体利益的发展，非物质资源或信息资源推动型的发展。突出系统的功能互补、集约的信息开拓、全局的综合运输体系设计。在注重扩展系统空间容量的同时，把更多的注意力放在系统结构的改善上，使每一个交通运输网络不仅自身合理，而且与相关网络之间也要充分协调和匹配。

12.1.3 碳达峰与碳中和

交通运输业是能源消耗和温室气体排放的主要行业之一，是仅次于工业、建筑领域的第三大碳排放源。我国交通运输业碳排放具有占比低、增速快、减排潜力大的特点，其中道路交通运输是交通运输碳排放的绝对主体。绿色交通运输把推动绿色低碳转型作为可持续交通发展的战略性任务，提出了碳达峰与碳中和（双碳）的概念。碳达峰是指在某一个时间点，二氧化碳的排放不再增长达到峰值，之后逐步回落。碳达峰是二氧化碳排放量由增转降的历史拐点，标志着碳排放与经济发展实现脱钩，实现经济发展由高耗能、高排放向清洁低能耗模式的转变。碳中和是指企业、团体或个人测算在一定时间内，直接或间接产生的温室气体排放总量，通过植树造林、节能减排等形式，抵消自身产生的二氧化碳排放，实现二氧化碳的“净零排放”。

实现《巴黎协定》中全球 2 ℃温升目标，要求全球在 2030 年比 2010 年减排 25%，在 2070 年左右实现碳中和；而实现全球 1.5 ℃温升目标，则要求全球在 2030 年比 2010 年减排 45%，在 2050 年左右实现碳中和。我国提出力争 2030 年前实现碳达峰、2060 年前实现碳中和的目标。我国经济现代化、城镇化等进程尚未结束，无法适应自然达峰和减排的模式，而需要在经济社会快速发展过程中实现碳达峰、碳中和。交通运输需求在长时间内将保持增长态势，交通运输正处于基础设施发展、服务水平提高和转型发展时期，其碳排放强度下降空间有限。由于交通运输碳排放的根源性、结构性、趋势性压力尚未解决，要和其他领域同步实现双碳目标，交通运输发展还面临严峻挑战。

12.2 绿色交通运输体系

12.2.1 双碳理念与交通运输发展

交通运输发展的关键是秉承“创新、协调、绿色、开放、共享”的新发展理念，实现碳达峰、碳中和是交通运输高质量发展的必然选择。交通运输业处于能源消费的末端，从发达国家的普遍规律来看，交通运输业的碳达峰时间往往滞后于国家的总体碳达峰时间。降低交通运输领域碳排放不仅在于交通运输领域本身，而且涉及交通运输业的全产业链条。交通运输能源结构的优化，新能源和清洁能源的应用，公路货运的节能减排，城市公共载运工具和城市物流配送车辆的电动化、新能源化及清洁化是交通运输低碳发展的明确要求。通过绿色交通运输的发展实现碳达峰与碳中和，必须坚持系统观念、注重综合施策，采取更加有力、更具针对性的措施。双碳在交通运输发展中主要体现在交通运输基础设施近零碳建设、交通运输装备绿色低碳转型、交通运输组织模式改善等方面。

1）交通运输基础设施近零碳建设

交通运输基础设施是交通运输业重要的碳排放来源之一，其排放伴随着建设、养护和运营阶段大量建筑材料及化石能源消耗而产生。道路、航道等交通运输基础设施因点多、线长、面广而较难实现近零碳排放，从公路服务区、港口、机场、铁路场站、综合客运枢纽、物流园区等点状交通运输基础设施进行近零碳试点。近零碳交通运输基础设施试点建设包括完善碳排放统计核算体系和探索有效技术路径，碳排放统计核算体系能够量化交通运输基础设施的碳排放情况，有效技术路径如集成低碳化施工、新型储能与微电网等的应用。

2）交通运输装备绿色低碳转型

清洁燃料替代和能效水平提升是交通运输装备绿色低碳转型的两个重要方面。道路交通运输中主要依靠提升传统燃油车能效以及应用氢燃料电池车来减少碳排放；轨道交通运输的节能减排主要依靠铁路机车的全面电动化；水路运输依靠液化天然气动力船舶、氢燃料船舶的发展以及船舶液化天然气加注站建设；航空运输则依赖于地面辅助动力装置的推广应用。高能效、低碳化、环保型的交通运输装备体系，能为交通运输业节能减排与低碳发展奠定坚实的技术基础，最大限度地降低能耗和排放水平。

3）交通运输组织模式改善

高效的运输组织模式能够减少无效、低效运输，充分利用更加绿色的交通运输方式。完成同等的运输任务，运输组织模式的效率越高，消耗能源和碳排放就越少。绿色交通运输按照"宜水则水、宜陆则陆、宜空则空"的原则，提高铁路、水路在综合运输中的承运比重，降低交通运输能耗强度，促进道路、轨道、水运、航空等不同交通运输方式之间的高效组织和顺畅衔接，优先发展公共交通，形成便捷、安全、经济、高效的综合交通运输系统。建设综合客运枢纽、货运枢纽、疏港铁路，推进公铁联运、海铁联运等多式联运的发展，并发展集装箱运输，进一步对交通运输结构进行优化调整。

12.2.2 绿色交通运输影响因素

1）经济因素

交通运输自身发展与社会经济之间存在着相互依存的关系，社会经济繁荣发展，生产力的提高，都会引发人员和商品的流动、资源配置、产业规划等经济活动，而这些活动都离不开交通运输作为支撑。人均国内生产总值（GDP）的增长导致了交通运输能耗的不断加剧，其外在表现就是温室气体排放的加大和交通量的增加，认为交通运输碳排放不断增长的驱动因素是经济活力。交通运输发展的根源来自社会经济发展,同时又促进社会经济繁荣,两者需要相互协调共通,共同发展。根据经济学理论,社会经济需要发展到一定程度才能推动交通运输绿色低碳发展,交通运输绿色低碳发展模式需要基于一定的社会经济发展,并促进着社会经济走向良性可持续发展道路。

2）环境因素

交通运输发展在给社会带来诸多正向影响的同时也引发了诸多环境问题。以道路交通运输为例,汽车尾气排放是空气污染的主要元凶,包括氮氧化物、SO_2、CO 等空气污染物质均属于汽车排放的尾气,是影响空气质量的主要因素。而汽车拥有量的提高,民众出行的频繁,也使得道路交通运输成为主要噪声来源,包括道路建设施工过程中产生的噪声以及车辆行驶过程中产生的噪声等均为噪声污染。

由交通运输造成的环境污染在经济学中称为外部成本,其承担者却并非由交通运输本体来承担。这些外部成本若未能及时考虑,其成本将会伴随交通运输的发展而日趋增大,并对交通运输产生极大的制约。交通运输实现绿色低碳发展,需要最大限度将外部成本降低,与环境进行协调发展,从而减少交通运输发展过程中因环境因素产生的阻力,促进交通运输与经济的和谐发展。

3）资源因素

交通运输发展对自然资源需求量大,随着发展程度不断提高,资源再生速度一旦低于资源消耗速度,则交通运输的绿色低碳发展将会受到制约。交通运输载运工具制造、运输过程、基础设施建设均会消耗大量的资源,例如土地资源的占用、汽油与柴油的消耗等。目前,交通运输资源利用率并不高,浪费现象严重,因此新能源开发、提高资源利用率是交通运输绿色低碳发展中需要考虑的重点问题之一。

交通运输发展若对资源需求过度消耗,特别是对不可再生资源,资源稀缺性一旦过高,势必会影响到社会经济发展与交通运输业本身发展,对绿色低碳的发展影响更大。因此,对土地资源的合理利用,以及提高能源利用效率、研发新能源均是交通运输绿色低碳发展的重要因素。

4）科技因素

科技在交通运输发展的过程中起着决定性作用,是绿色交通运输发展的重要因素之一。新兴技术的开发应用能够改变交通运输业生产、服务方式,为绿色交通运输发展提供技术基础。例如,新能源车辆的研发和推广使用,不仅降低了能源消耗,而且减少了因尾气排放造成的环境污染。同时,交通信息化管理能够实时分析交通实况,可以在客货运输中随时反馈交通拥堵、居民出行需求等诸多信息,优化居民出行行为的选择,减少不必要的资源浪费,对优化资源配置有很大意义。而交通仿真技术的引入能够现实模拟交通运输运行情况,有利于基础设施的规划,有利于土地的合理利用,减少资源浪费。因此,为了实现绿色交通运输的发展任务,需要一定的科学技术创新作支撑。

5）社会因素

交通运输发展对社会产生了一定的积极影响,例如增加了居民就业机会,减少了居民之间时空距离，也加快了产品的流通。而建设绿色交通运输系统还能够保证居民健康、提高出行舒适性等。社会民众、企业、政府的绿色低碳意识对交通运输业发展至关重要。国内民众目前仍对可持续发展、绿色经济、低碳经济缺乏深层次理解，普遍不具备对交通运输的绿色低碳意识。而绿色交通运输还处于发展阶段，与之相关的法规还并不完善，因此需要有效的政策出台对交通运输业的发展产生一定的制约。

相关的社会政策能够从一定程度上影响交通运输绿色低碳发展。企业拥有绿色低碳的意识能够带动技术革新方向，推动绿色低碳技术的研发速度。居民的绿色低碳意识则能够让绿色低碳的发展从量变转化到质变，乘坐公共交通、购买新能源车辆均对绿色低碳发展做出一份贡献。绿色交通运输不是依靠个人实现，而是需要依靠整个社会全民进行，包括政府、企业、民众均要有交通运输绿色低碳发展的意识，不能仅仅依靠政府、大型企业来实现，而是需要社会因素相关的意识习惯、法律法规等来实现。

12.2.3 绿色交通运输基础理论

1) 可持续发展理论

可持续发展理论是指在满足当代人需求的情况下，不能对下一代人的需求产生影响的发展理论。可持续发展理论的核心是发展，其内容主要包含社会、生态、经济的可持续发展，强调在发展中需要注重社会的公平性，追求生态文明以及经济发展的效率。

可持续发展理论的内涵包括高效发展、持续发展、公平发展、共同发展四个方面。高效所指的并非仅仅是社会经济的高效率，还包含了资源环境的收益、损失，因此高效发展应是指在基于对自然环境不造成破坏的基础上，确保资源的高效利用，从而实现社会经济的良性发展。持续发展指人们在进行经济活动的过程中，需要充分考虑到环境资源的承受能力，采取合理方式使用资源环境，确保资源的再生速度超过资源的使用速度。公平指全世界所有的人类的后代均有公平的发展权以及资源使用权。基于协同学理论，可以将地球看作一个系统，而各个国家均是一个子系统，一个子系统必然与其他子系统存在联系，若出现问题也必然导致整个系统的混乱，因此可持续发展是共同发展，而非个体发展。

2) 资源稀缺性理论

资源稀缺性理论是指人类需求日趋增大的同时，由于资源的稀缺性形成资源具有价值与经济性，该理论强调资源价值。在市场经济中，价格是对资源稀缺性的直接反应。当资源对消费者能够产生一定的效用，这就产生了对资源的需求，但资源十分充足，资源获取难度较低时，并不存在任何使用限制，则即便属于生活需求品，也不具备稀缺性，例如人们对空气的需求。但这种有用资源一旦供给量受到限制，则必然具有稀缺性。以空气为例，当空气污染严重，某地区空气已严重影响当地人的身体健康时，新鲜空气则具备了稀缺性。稀缺的资源需要有合理的定价，否则必然导致市场资源配置出现混乱。

自然资源的稀缺程度不断提高，而其市场价格却依旧处于较低水平，不合理的自然资源价格势必导致生产、消费的无序扩张，引发自然资源浪费、环境污染的问题。在不同条件下，对资源稀缺的类型与程度有所不同，经济学上根据资源可供量与市场需求量存在的差距将资源定义为两类。①绝对稀缺：需求量永远大于供应量；②相对稀缺：在总体上能够满足部分地区的需求，但并不能够彻底满足全部需求。资源稀缺性理论主要研究在资源有限的情况下，如何将资源合理利用从而最大限度实现经济增长。

3）外部性理论

外部性理论是政府干预、产权理论、合约理论的理论基础。在经济学概念里，研究的内容不仅仅包括个体以及个体的经济行为，还需要考虑这些行为对他人及社会产生的影响。例如，个人追求利益的行为或市场的供需情况发生变化都会对市场价格产生波动，从而会影响人民的购买能力，都是经济外部性。外部性理论指经济个体的行为对其他经济个体或者社会产生的影响，可以根据影响情况分为正、负外部性。正外部性是指影响力属于正向影响，能够有利于他人或者社会发展，同时得到这种利益的个人并不需要付出成本代价。负外部性则是指这种影响力属于负向影响，同时做出经济行为的个人需要付出成本代价。

在市场化的背景下，经济主体通常要最大限度追求利益，很容易产生负外部性的影响。外部性理论对交通运输发展在多个层面上有着较大意义。首先提出了外部成本的范畴，这是确定运输资源配置是否达到最优，交通运输活动是否达到均衡的重要因素。其次运用外部性理论，对交通运输业外部性成本内部化，从而对交通运输业结构起到优化作用。同时，外部性理论引申出了多个政策措施，例如提出低碳技术奖励措施、环境保护措施等。

12.2.4 碳排放测定与绿色交通运输评价

1）交通运输碳排放测定

（1）碳排放总量

碳排放量的测度与计算是交通运输碳排放研究的基础，通过测算和分析交通运输碳排放总量及变化情况可以掌握交通运输低碳发展趋势。碳排放总量的计算方法主要有模型估算法、物料衡算法以及排放系数法。

① 模型估算法

模型估算法是用于宏观和微观两个层面的情景分析和政策模拟的一种模拟分析方法，该方法利用数学模型研究碳排放，常用模型有分解法和投入产出法。

a. 分解法

分解法指出 CO_2 是由人口、科技水平、经济水平等多种因素共同决定，通过恒等式将碳排放总量分解为若干变量的乘积，可以在实现计算碳排放总量的同时分析各变量对碳排放总量的贡献程度。

b. 投入产出法

投入产出法是用来研究国家或地区不同部门生产活动在能源投入与生产劳动成果之间的生产关系，投入指包括一切生产活动所需消耗的体力、脑力劳动以及能源、物质成本和经济成本，产出包括期望产出和非期望产出。投入产出法具有多适用性，可用于解决环境问题，能够全面考虑碳排放等环境问题的影响因素，构建投入产出模型进行碳排放相关的研究。

② 物料衡算法

物料衡算法是基于质量守恒定律的基本原理对无法实测的污染源的碳氧化合物排放进行估算，即某系统的投入等于该系统产出的质量，且物料衡算法不需要投入过多的人力和物力，多数碳排放量测算以此方法为基础，其通用公式(12-1)：

$$\sum C_{投入}=\sum C_{产品中碳}+\sum C_{损失的碳} \tag{12-1}$$

式中：$\sum C_{投入}$ ——投入系统的碳排放总量；

$\sum C_{产品中碳}$ ——系统的碳排放量；

$\sum C_{损失的碳}$ ——产品生产过程中消耗的碳排放量。

物料衡算法考虑生产阶段中各原料的消耗，结果能准确合理地分析出气体的排放情况，但物料衡算法计算时工作量较大、烦琐。

③ 排放系数法

碳排放系数法通过生产过程中单位产品所释放的气体量均值测算碳排放量，该方法分为未知能源消耗情况和已知能源消耗情况两种情形。

a. 未知能源消耗情况

该方法又称“自下而上”的方法，利用所研究对象按不同行业、燃料品种、技术种类的能源消耗量数据，与对应的碳排放系数相乘，得到部门、技术、燃料的碳排放量，逐层累加后得到碳排放总量，但该方法计算结果误差较大，因此适用性较低。

b. 已知能源消耗情况

该方法又称“自上而下”的方法，利用各种能源消耗量与各类能源对应的碳排放系数相乘求得碳排放总量，相比“自下而上”法具有较高的适用性。

(2) 人均碳排放量

人均交通运输碳排放量即为国家或地区的交通运输碳排放总量除以其人口总数，是反映国家或地区交通运输碳排放情况和人口之间关系的参数指标，该指标与交通运输碳排放总量成正比。

(3) 碳排放效率

碳排放效率是指用较少的二氧化碳排放量来换取较少的劳动力投入、较低的能源消耗以及显著的经济增长，此时二氧化碳排放效率较高。根据从经济学角度对碳排放效率定义，则为二氧化碳资源投入一定的条件下期望产出最大化或期望产出一定时二氧化碳投入最小。目前关于碳排放效率测算的方法分为全要素分析法和比值法。

① 全要素分析法

该方法基于全要素框架通过多种产出与多种投入的比值来表征效率，此方法较为复杂，但能够全面地衡量碳排放效率，能表征不同因素共同作用时对碳排放效率的影响作用。因此，全要素碳排放效率评价逐渐成为衡量资源消耗与经济发展之间关系的衡量标准。

全要素碳排放效率计算方法分为随机前沿分析方法和数据包络分析方法两类。随机前沿分析方法仅适用于单产出情景，所得结果准确性不高。数据包络分析不必确定投入产出关系的表达式，具有较强的客观性。

② 比值法

比值法又叫单要素效率评价法，即选取单要素作为评价效率指标，易于理解，计算简便，是应用较多的计算方法。采用此方法测算交通运输碳排放效率，将换算客货运周转量与交通运输碳排放总量的比值作为交通运输碳排放效率，该比值反映了单位交通运输碳排放所带来的运输经济效益，能够反映交通运输绿色低碳发展态势。

(4) 碳排放强度

碳排放强度为碳排放量与 GDP 的比值，该指标用来反映碳排放与经济发展之间的关系。由于交通运输业与经济增长相互促进，社会经济发展越快，交通运输能源消耗的代价越大，产生的碳排放量就越多，因此该指标与交通运输业的绿色低碳发展具有同向性。交通运输碳排放强度代表交通运输业中绿色清洁技术发展水平，绿色低碳技术越高则该指标结果越小。

2) 绿色交通运输评价

(1) 评价指标选取

绿色交通运输的发展与多因素相关，因此如何合理评判绿色交通运输的发展水平是一个具有复杂性、综合性的问题。DPSIR 模型能够将社会经济、资源、环境各个因素有效结合，又能够将一个复杂的问题进行简化分解，对各个部分能够进行有效综合评价，从而为交通运输绿色低碳发展评价提供了良好的指标体系构建思路。DPSIR 模型包含五个部分，分别为驱动力(D)、压力(P)、状态(S)、影响(I)、响应(R)。驱动力是指造成事物变化的潜在原因，即发生的最初起因。压力是指在驱动力作用下，造成事物变化的直接原因。状态是指事物承受压力之下本身的情况条件。影响是指在状态相关因素不断发展的情况下，事物变化的最终结果。响应是为了防止事物变化朝不良方向发展，采取的补救措施。

在交通运输绿色低碳发展的 DPSIR 模型中，各个因素表现为：D 是在社会经济发展的情况下，产生对交通运输的需求，交通运输对该需求的满足情况。P 是交通运输在发展过程中，造成的环境压力，是产生资源环境状态的潜在因素。S 是在上述压力的条件下，环境当前的状态。I 是基于当前状态，对民众社会生活产生的影响。R 是在面对以上所有的条件下，为改善当前的条件而采取的措施。这五个因素能够对交通运输绿色低碳的发展情况进行综合反映，也可作为交通运输绿色低碳发展评价指标。

(2) 评价指标体系

衡量绿色交通运输发展水平的关键是评价绿色交通运输方式分担率和交通运输全环节、全寿命周期的绿色化。同时，提供高质量、绿色智能的交通运输服务也是绿色交通建设的使命，要实现客货运出行的便捷舒适和绿色高效，交通运输系统需降本增效，提高多式联运占比，体现出交通运输服务一站式、集约化、绿色化的交通运输发展趋势目标。

以绿色交通运输分担率、资源集约水平、绿色交通运输组织与管理水平、绿色货运服务水平、绿色客运服务水平、交通运输能耗与排放水平六个一级指标为核心，对应设十五个二级指标，对绿色交通运输进行评价考核，具体指标如表 12-1 所示。

表 12-1 绿色交通运输评价指标体系

一级指标	二级指标
绿色交通运输分担率	绿色客运分担率
	绿色货运分担率
资源集约水平	TOD① 发展综合指数
	交通基础设施绿色水平
绿色交通运输组织与管理水平	共享交通发展水平
	城市步行、自行车道路空间资源占比
	公交专用车道设置率
	公共交通站点 300 m 覆盖率
绿色货运服务水平	多式联运比例
	城市共同配送率
绿色客运服务水平	一站式客运服务占比
	末端绿色交通运输覆盖率
交通运输能耗与排放水平	清洁能源载运工具比例
	单位周转量碳排放强度
	单位周转量能源消耗强度

注：① TOD 为 Transit-Oriented Development。

(3) 评价方法

绿色交通运输评价属于多指标综合评价，进行综合评价有利于反映某个时期内某区域的交通运输绿色低碳发展水平，从而为进一步发展某区域的绿色交通运输提供科学的依据。典型的多指标综合评价方法有灰色关联分析法、模糊综合评价法、人工神经网络评价法等。

① 灰色关联分析法

灰色关联分析法可分析因素之间存在的类似的发展趋势，以这种趋势类似程度作为评价因素，用以衡量各因素之间存在的关系。两个系统包含了若干个因素，因素之间随时间变化的差异程度以关联度表示，两因素趋势相近则关联度较高，反之关联度较低。灰色关联分析法通过分析绿色交通运输中绿色交通运输分担率、绿色客货运水平等因素的发展趋势，对交通运输绿色低碳发展水平进行评价。

② 模糊综合评价法

模糊综合评价法是一种对多重因素影响的对象做出全面评价的方法。该方法按照隶属度原理，对受到诸多因素限制的评价对象进行定量分析评价。交通运输绿色低碳发展水平受一些不确定因素的影响，应用模糊综合评价法有较好的适用性，且评价结果具有较强的系统性。

③ 人工神经网络评价法

人工神经网络评价法是通过模拟人脑神经元进行信息处理，通过大量节点之间的关系，借助系统的复杂度来对信息进行处理，神经网络具有自我学习能力，可从现有绿色交通运输评价指标体系中寻找出隐藏在其中的人的经验与知识。但该方法的缺点是需要大量的样本才能确保评价结果的准确性。

12.3 绿色交通运输发展战略

12.3.1 绿色交通运输发展目标与原则

1）绿色交通运输发展目标

绿色交通运输发展总目标是构建“结构合理、集约高效、节能环保、以人为本”的综合交通运输系统，以提高资源利用效率，实现交通运输发展全环节、全生命周期的绿色化。

（1）结构合理

构建以绿色交通运输方式为主导的综合交通运输系统是绿色交通运输发展的核心任务，优化交通运输结构，提高绿色交通运输方式分担率，发挥各种交通运输方式比较优势。

（2）集约高效

个性化运输需求与集约化运输之间存在一定的矛盾，如何既能满足个性化的运输需求，以及时效性、经济性、便捷性要求，又能实现集约高效、节能环保的运输目标，是绿色交通运输发展需要破解的难题。

（3）节能环保

交通运输必须注重节能和低碳发展，始终把节能环保作为绿色交通运输发展的重要任务，不断提升交通运输绿色发展水平。通过采取有力的政策和措施，早日实现碳达峰与碳中和。

（4）以人为本

绿色交通运输发展面临交通拥堵、石油短缺、环境污染、气候变化等挑战，需要转变以车为本的观念，确立以人为本的理念。通过交通资源的公平合理配置，确保每个交通出行者的通行权、道路资源使用权和占有权，使人和物的流动达到安全便捷、经济高效、舒适可达。

2）绿色交通运输发展原则

（1）生态优先原则

坚持尊重自然、顺应自然、保护自然，把绿色发展摆在更加突出的位置，落实生态环境保护制度，全方位、全地域、全过程推进交通运输生态文明建设，全面提升交通运输基础设施、运输装备和运输组织的绿色水平。

（2）创新驱动原则

创新驱动在绿色交通运输发展中起支撑引领作用。坚持体制机制、管理、技术和方式创新，着眼于建设现代化经济体系的战略目标，着力深化交通运输供给侧结构性改革，加快推进综合交通运输管理体制等重点领域改革，转变交通运输发展方式，优化交通运输结构，推广绿色出行方式，推动形成交通运输绿色发展长效机制。

(3) 系统推进原则

绿色低碳理念贯穿于绿色交通运输发展各领域、各环节、全过程。坚持抓重点、补短板、强弱项，针对绿色交通运输发展制约性强、表现突出的问题，在重点领域和关键环节集中发力，打好污染防治攻坚战，以点带面，示范引领，不断拓展绿色交通运输发展的广度和深度，形成交通运输发展与应对气候变化、生态文明建设相互促进的良好局面。

(4) 协同治理原则

坚持政府为主导、企业为主体、社会组织和公众共同参与，通过法律、经济、技术和必要的行政手段，完善工作机制和配套政策，构建约束和激励并举的绿色交通运输制度体系，努力建设政府企业公众共治的绿色交通行动体系。积极参与全球环境治理，加强交通运输应对气候变化等领域的国际合作与交流。

12.3.2 绿色交通运输发展途径

1) 交通运输节能减排与低碳发展

通过降低能源消耗和碳排放强度、应用新能源装备设施、构建绿色出行体系可实现交通运输的节能减排与低碳发展，其中调整交通运输结构、提升装备能效水平、优化能源消费结构、创新节能降碳制度、应用节能降碳技术等是重要发展内容。交通运输基础设施方面推行设施用能向多元化发展，增加城市公交、巡游出租车和城市物流配送中新能源汽车的数量，提高铁路电气化率，在水运行业应用液化天然气，飞机使用辅助动力装置替代设施，而高速公路服务区安装充换电设施，港口建设车用加气站和岸电泊位，让船舶靠港使用岸电。同时，政府、企业、社会组织等发挥多元主体作用，提高公众对绿色出行方式的认知度和接受度，形成绿色发展方式和生活方式，例如构建以轨道交通为骨干、地面公交为主体，社区公交、定制公交、慢行交通为补充的绿色出行体系，并加强非机动车道、步行道的建设以及慢行系统的环境治理，构建安全、连续和舒适的慢行交通体系和绿色出行环境。借助交通运输节能减排试点示范和低碳交通运输专项行动，形成绿色交通运输发展的管理理念和模式。

2) 交通运输资源节约集约与循环利用

通过节约集约利用通道、土地、岸线等资源，资源化利用废旧材料以及降低交通运输基础设施全生命周期成本，实现交通运输资源的节约集约与循环利用。道路、轨道、水运、航空、邮政等交通运输各领域融合发展，保护交通运输基础设施沿线土地资源，提高土地使用效率和土地节约集约利用水平。循环利用废旧路面、沥青、水泥等材料，资源化利用废旧轮胎、矿渣等材料，无害化处理利用建筑垃圾等。同时注重交通运输基础设施建设过程安全性和耐久性，推动建造的标准化、智能化和工业化，通过全生命周期养护和常态化预防性养护等措施，提高交通运输基础设施使用寿命，降低全生命周期成本。

3）交通运输生态环境保护与修复

建设绿色基础设施、应用生态保护技术，实现交通运输生态环境的保护与修复，提高生态恢复水平。绿色设计、绿色施工和绿色运维是建设绿色基础设施的重要内容，实现绿色公路、绿色港口、绿色航道、绿色铁路以及绿色民航，加强基础设施建设过程中的生态保护。交通运输基础设施建设实行“避让—保护—修复”的模式，选用合理的工程结构、建筑材料和施工工艺，以完善生态保护工程，降低交通建设造成的生态影响，其中，道路和轨道交通运输建设工程需注重动物通道建设，实现与自然的和谐统一。通过实施生态修复试点工程，对重点生态功能区的道路、轨道交通运输进行生态恢复，港口码头建设和航道整治过程中可实施滩涂湿地恢复、生态护岸等生态恢复措施，加强对道路、轨道、航道沿线原生自然风貌的保护与利用。

4）交通运输污染综合防治

大气污染、水污染以及噪声污染是交通运输污染防治的重点。大气污染防治需要通过提高船舶装载燃油硫含量的控制要求及船舶尾气监管效率，加强机动车污染排放源管控、实施机动车排放监测与维护制度等措施。水污染防治需要严格执行船舶水污染物排放标准，建立完善船舶水污染物转移、处置联合监管制度，开展船舶和港口污染突出问题专项整治和港区污水综合治理，并优化轨道交通运输客运站、道路交通运输枢纽、民航机场等污水处理和循环利用。噪声污染防治需要加强道路、轨道、航空等交通运输建设与运营中的噪声监测与控制，应用各类声屏障、低噪声路面、低噪声车辆等技术，有效控制交通噪声的产生和传播。

12.3.3 绿色交通运输发展对策

1）优化交通运输结构

运输结构优化主要包括统筹交通基础设施布局、优化旅客运输结构以及改善货物运输结构。在交通运输基础设施布局方面，需扩大铁路网覆盖面，加快完善公路网，推进内河高等级航道建设，统筹布局综合交通枢纽，完善港口、机场等重要枢纽集疏运体系。在旅客运输方面，侧重推进铁路、公路、水运、民航等客运系统的有机衔接和差异化发展，加快构建以高速铁路和城际铁路为主体的大容量快速客运系统，并形成与铁路、民航、水运相衔接的道路客运集疏网络。在货物运输方面，按照“宜水则水、宜陆则陆、宜空则空”的原则调整优化货运结构，促进不同交通运输方式各展其长、良性竞争、整体更优。针对性地提升铁路全程物流服务水平，发展内河航运，以此发挥铁路在大宗物资中远距离运输中的骨干作用以及水运占地少、能耗低、运能大等比较优势，有助于减少重载柴油货车在大宗散货长距离运输中的比重。

2）创新交通运输组织

运输组织创新主要包括推广高效运输组织方式、提高物流信息化水平以及发展高效的城市配送模式。在运输组织方式方面，发挥铁路、水路中长距离运输中的骨干作用，发展多式联运、江海直达、滚装运输、甩挂运输、驼背运输等先进的运输组织方式，依托铁路物流基地、公路港、沿海和内河港口等建设多式联运型和干支衔接型货运枢纽（物流园区）。将集装箱铁水联运扩大到内河主要港口，以推进铁水联运工程建设。在农村推广“多站合一”物流节点建设和“货运班线”服务方式，提高农村货运效率。在物流信息化方面，建设国家级交通运输物流公共信息平台，以实现跨领域、跨运输方式、跨区域、跨国界物流信息的互联互通。在城市配送模式方面，建设城市货运和物流配送体系，如在城市周边布设公共货运场站或快件分拨中心，在城市主要商业区、校园、社区等末端完善配送节点设施，发展统一配送、集中配送、共同配送等集约化组织方式，以提高城市物流配送效率。

3）提升绿色出行

私人机动化的快速发展使得交通运输在能源消耗及环境污染中占比增加，交通运输领域节能减排压力与日俱增。开展绿色出行行动、实施公交优先战略以及加强绿色出行宣传和科普教育活动是提升绿色出行的有效举措。具体可包括：引导居民减少小汽车使用，向绿色出行方式转变，提升公交、地铁等绿色低碳出行方式的比重。建设自行车专用道和行人步道等城市慢行交通建设，改善自行车和步行出行条件。发展网约车和共享单车等共享交通，在满足居民个性化出行需求的同时实现交通运输节能减排。通过城市轨道交通、公交专用道、快速公交系统等公共交通运输基础设施的建设和智能化手段在城市公共交通管理中的应用，完善公共交通管理体制机制。城市公交线路向郊区延伸，城际、城市、城乡、农村的客运网络有序对接，扩大公共交通覆盖面。全国开展绿色交通运输宣教行动，向公众宣传绿色出行理念、目标和任务，以增强公众绿色出行的意识。

4）升级交通运输装备

交通运输装备的升级包括交通运输装备的专业化和标准化、新能源和清洁能源车船的应用。内河船型标准化、货运车辆标准化以及敞顶集装箱和厢式半挂车的标准化等是实现交通运输装备标准化的重要内容。在港口和机场服务、城市公交、出租汽车、城市物流配送、汽车租赁、邮政快递等领域优先使用新能源汽车，推广应用天然气等清洁燃料车船，在高速公路服务区、交通枢纽建设充电加气设施，完善充电加气配套设施体系，内河高等级航道也需规划建设加气设施，推动新能源和清洁能源车船的应用。例如，在京津冀、长三角、珠三角、成渝等区域公路网率先完善充电加气配套设施的规划与建设，在内河高等级航道规划建设加气设施，在长江干线、京杭运河以及西江干线建设液化天然气加注码头。

5）防治交通运输污染

船舶和港口污染防治以及营运货车污染排放的源头管控是交通运输污染防治的两个主要方面。实施排放要求更严、控制污染物种类更全、空间范围更大的船舶排放控制区政策，其中排放控制区包括沿海控制区与内河控制区，在控制区内船舶需严格按照控制要求，例如，海船进入排放控制区应使用硫含量较低的船用燃油，内河船舶进入排放控制区应使用符合国家标准的柴油等。在码头、水上服务区待闸锚地等建设岸电设施，便于船舶靠港使用岸电，并为船舶加装尾气污染治理装备，减少污染物排放。以高效、节能、环保的车辆装备替代老旧、高耗能、高排放的营运车辆，并采用技术手段监测营运车辆的燃料消耗，推广生态驾驶、节能操作、绿色驾培，从源头对营运车辆的污染排放进行监督管理。

6) 保护交通运输基础设施生态

强化交通运输基础设施规划、设计、建设、运营和养护全过程中的生态保护理念，基础设施生态保护包括建设绿色交通运输基础设施、实施交通运输廊道绿化行动以及开展交通运输基础设施的生态修复。在绿色道路、绿色轨道、绿色航道、绿色港口、绿色机场等绿色交通运输基础设施的建设过程中，尽量降低交通建设造成的生态影响。在道路、轨道、航道沿江沿线开展绿化美化行动，提升交通运输基础设施的生态功能和景观品质，以构建生态廊道。例如，在道路边坡种植绿植进行防护，提高沿线绿化水平。针对重点生态功能区，开展生态恢复工程建设，以提升交通运输基础设施及周边环境的生态恢复能力。例如，改善自然保护区、风景名胜区等区域周边沿线的生态水平，在长江经济带内河高等级航道、西江干线航道实施生态护岸、人工鱼巢等航道生态恢复措施。

12.3.4 绿色交通运输保障措施

1) 完善体制机制保障

绿色交通运输发展的保障机制可通过交通运输部门为主导、交通运输企业为主体、全行业共同参与的形式建立。交通运输主管部门充分发挥主导作用，运用战略规划、政策激励、法律法规、标准规范、市场准入、监督管理、信息服务、宣传教育等手段，发挥市场配置资源的决定性作用，充分调动企业作为节能减排主体的积极性。重点企业应充分发挥节能减排的示范效应，积极开展交通运输业节能减排示范活动。重点用能企业制订并实施节能计划，建立严格的节能管理制度和有效的激励机制，完善节能管理体系，改进用能管理，开展节能技术创新与应用。

2) 培养人才科研能力

以企业为主体、政府以及科研机构等共同搭建交通运输节能减排的科技创新体系。其中，交通运输企业充分发挥节能减排的主体作用，调动积极性，实现交通运输业节能技术和装备的升级换代。交通运输主管部门为节能减排的关键技术提供资金支持，优先支持拥有自主知识产权的交通运输节能减排关键技术示范，发挥其引导作用。科研单位则利用技术优势，加大科研投入，加强节能新技术、新产品、新工艺和新材料的研发，发挥技术在低碳发展中的核心作用。注重符合绿色交通运输业特点的专业人才培养，建立与国际接轨的人才培养及专业宣传教育网络和机构，重点培养具有绿色交通运输意识的中青年人才。

3) 强化数据统计支撑

各级交通运输部门应加强统计业务能力、改革统计方法、建立能源统计信息系统、组织实施交通运输业能源统计与分析制度、完善道路交通运输节能统计指标体系，进而强化各项指标的统计调查、分析、预测和发布工作。以碳排放管理为例，交通运输业需要在碳排放统计制度的基础上进行碳排放核查方法体系的建立与完善、碳排放检测相关技术的探索。

4) 发展资金保障对策

通过建立节能减排的财政税收政策机制，促进新能源设备发展的税收政策，以合理减免购置税或直接补贴等方法加强新能源设备的推广。推进交通运输碳交易制度机制和交通气候领域的政府和社会资本合作(PPP)模式,探索绿色信贷、绿色基金等新型融资模式,积极争取设立交通低碳发展专项资金。完善节能减排工作的奖惩和激励政策以及节能减排激励惩罚机制,实现节能、减排者受益,高耗能、高排放者受罚的激励机制,同步对部分污染严重、油耗未达标的汽车,进行取缔、罚款或采取一定的交通限制等措施。

5) 建立交流合作机制

积极参加气候变化、交通运输绿色低碳发展等国际交流项目,加强对未来气候变化趋势和影响因素的基础性研究,吸收、消化并创新绿色交通运输发展中的关键技术。增加行业节能减排培训与宣传工作,利用广播、电视、报纸等多种形式,多样性地开展交通运输行业节能减排宣传教育活动,充分发挥舆论引导和监督作用,营造全社会关注、支持、参与、监督道路交通运输节能减排工作的良好氛围,增强全民参与的积极性和主动性。

12.4 绿色交通运输技术

12.4.1 绿色道路运输技术

1) 清洁能源与新能源汽车应用技术

清洁能源和新能源汽车应用技术主要包括天然气汽车、电动汽车、混合动力汽车、燃料电池汽车等的应用研究和开发。天然气汽车主要包括压缩天然气车辆和液化天然气车辆,天然气汽车相比传统柴油车辆的 CO_2 排放更低。纯电动汽车是指以车载电源为动力、用电机驱动车轮行驶、符合道路交通运输安全法规各项要求的车辆。相比传统柴油客车,纯电动汽车在运行中可以做到"零污染、零排放"。混合动力汽车主要使用传统燃料,同时借助电力驱动技术来加快汽车的行驶速度,因此混合动力汽车的耗油量比普通汽车耗油量少,从而减少了汽车运行过程中的能源消耗。燃料电池汽车是一种用车载燃料电池装置产生的电力作为动力的汽车,车载燃料电池装置所使用的燃料为高纯度氢气或含氢燃料经重整所得到的高含氢重整气,氢燃料电池汽车具有零排放、续驶里程长、燃料加注快的特点。

2) 货运组织模式优化技术

多式联运为联运经营者为委托人实现两种或两种以上交通运输方式的全程运输,以及提供相关运输物流辅助服务的活动。采用性能优异的大型节能车开展甩挂运输等高效运输组织方式,优化运输模式,实现货运车辆实载率和运行效率提升。公共物流平台信息系统应用技术通过对物流过程各环节的实时跟踪,不仅能够实现有效的资源配置,而且能够推动公路货运行业的集约高效发展,达到节能减排的效果。

12.4.2 绿色轨道运输技术

1) 列车再生制动技术

列车再生制动技术是指列车进行制动时,列车上的动能会转换为供给列车的电能,其中部分电能会被吸引到储能装置中,部分电能会被集中反馈至牵引电网中,实现电能的二次利用。再生制动技术通常适用于到发数量较多的运行模式，例如行程较长的城际轨道交通，其总能耗可以下降，具有很大的节能潜力。

2) 列车运行阻力降低技术

降低列车运行阻力主要考虑的是减少空气阻力和轮轨摩擦力。通过改变车辆的形状、对车辆表面进行处理来减小空气阻力。比如对轨道交通运输车辆的车头进行流线型设计，遮盖转向架和车轮，包裹整个车底等；还可以对车体的外表面进行处理，使得外表面变得更加光滑。车辆之间采用折棚连接，可以有效减小列车侧面与列车顶部的空气阻力。通过减轻自身质量、对列车车体添加润滑剂或润滑油等方式则可以减小轮轨摩擦力。

3) 轨道交通场站节能减排技术

轨道交通场站节能减排技术主要包括车站能源管控技术，如采用智能照明系统，铁路大型客站中央空调节能运行智能控制系统，寒旱地区铁路站房绿色热源及采暖节能技术，场站绿色照明技术，新能源和可再生能源利用技术等。

12.4.3 绿色水路运输技术

1) 船舶新能源技术

航运新能源技术主要有机械改进、尾气后处理和使用可替代燃料。机械改进主要是通过改进废气再循环、小燃烧室设计和先进的燃油喷射系统等技术来提升船舶的能源效率，达到降低油耗和有害气体排放的目的。尾气后处理主要是采用洗涤剂和选择性催化还原技术对船舶尾气排放进行处理，降低尾气中有害气体的含量。可替代燃料主要是指低硫油、液化天然气、液化石油气、甲醇和氢能等绿色低排放燃料，用以代替船用重油、柴油等化石燃料，实现船舶运输的节能减排。

2) 船舶燃料电池应用技术

传统的船舶动力装置主要以柴油机、汽轮机和燃气轮机为主、辅动力装置，利用柴油机为船舶辅助动力装置及助航设备供电。与传统的内燃机相比，燃料电池具有效率高的优势，既能够为船舶提供推进动力，又可以为船舶分布式电源提供电力。对于近海、内河作业的船舶，由于其经常处在低速运行和机动航行状态，产生的污染物会对沿海和港口城市造成严重的环境和噪声污染，燃料电池应用到近海和内河作业船舶上，能在减少沿海和内河港口有害气体的同时，降低对城市的噪声污染。

3) 船舶能效管理系统应用技术

在船舶上实施能效管理的具体操作方案，即船舶的营运管理、航次优化计划、相关方的及时沟通、螺旋桨和船体检查、机械设备优化计划、货油操作优化、节能意识增强和新技术应用等。采用船舶能效管理系统应用技术，也可减少 CO_2 排放。

12.4.4 绿色航空运输技术

1) 飞机辅助动力装置替代技术

通过使用机场地面电源和空调设备，包括 400 Hz 静变电源设备（电源机组）和地面空调设备(空调机组)来替代飞机辅助动力装置,实现利用电能替代传统化石能源,从而减少燃油消耗和污染排放,降低行业整体运行成本。与飞机使用燃油相比,地面电源车的油耗相对较低,可节约成本,而使用廊桥电源则通过廊桥连接飞机提供能源,廊桥电源直接使用市电为飞机供电,相比地面电源车进一步节约成本。

2) 可持续航空生物燃料应用技术

生物燃料对既有航空系统的适应性较好,不会对燃料管道的橡胶密封部件造成腐蚀,现有的飞机和地面系统均无须大改。生物燃料可从地沟油、废弃物、海藻、秸秆、玉米秆、甘蔗秆等物质中提取,具有可持续性。由于生物质航空燃料的原料在进行光合作用的过程中,需要吸收空气中大量的 CO_2,因此可以实现低排放乃至零排放。生物燃料是未来降低航空排放水平、化石能源枯竭后寻找替代能源的直接有效的手段。

3) 飞机减重降阻技术

通过选装轻质座椅、餐厨用车(包括餐车,饮料车,垃圾车等)、航空运输集装器、碳刹车系统,机身表面采用新型涂层,采用更多的复合材料等,实现在相同载运重量下,降低飞机对升力的需求或减少飞行阻力,降低飞行油耗;或在相同飞行油耗下,增加业务载重量,降低单位运输周转量的油耗,每架飞机燃油消耗减少,相应地减少了碳排放。

12.4.5　绿色管道运输技术

1) 管道减阻内涂层技术

长输管道为天然气的主要输送方式,而降低管道输送阻力、提高管道输送效率则是建设与运行需要重点解决的关键问题。国内输油气管道早已采用以防腐为目的的内涂层技术,而减阻内涂层在涂层材料性能及涂敷设备等方面均具有更高的要求。减阻内涂层的直接经济效益表现在:在管道内壁涂敷减阻内涂层后,管壁粗糙度减小,管输阻力降低,管当量提高。此外,内涂层还能减少管壁积垢,减少清管次数,降低清管费用;减轻管道腐蚀,延长管道使用寿命,使管道能够长期安全运行。

2) 长输管道输油工艺节能技术

应用长输管道输油工艺节能技术,不仅有利于降低长输管道输油过程中的能源消耗、促使管道输油企业生产成本降低、推动管道输油企业的可持续发展,而且有利于加大对节能技术的研究和创新。管道运输过程中,耗能最大的两个设备是输油泵和加热炉。输油泵变频调速技术被应用于新、旧管线中,以此来达到良好的节能效果。加热炉可分为直接式加热炉和间接式加热炉,我国主要是通过优化间接式加热炉来提高加热炉的运用效率,如引入先进的燃烧器、余热回收等设备和技术。

复习思考题

12-1　什么是绿色交通运输?它有哪些基本特征?

12-2　简述我国实现碳达峰、碳中和的必要性。

12-3 简述双碳理念与交通运输发展的关系。

12-4 绿色交通运输的影响因素有哪些?

12-5 绿色交通运输的基础理论有哪些?

12-6 简述绿色交通运输发展的目标与原则。

12-7 绿色交通运输发展需要考虑哪些方面?具体需要如何实施?

12-8 试列举绿色交通运输技术。

12-9 谈谈交通运输的绿色低碳发展对双碳目标的实现有何意义?

参考文献

[1] 中共中央,国务院.交通强国建设纲要[EB/OL].(2019-09-19)[2022-03-08]. http://www.gov.cn/zhengce/2019-09/19/content_5431432.htm.

[2] 中共中央,国务院.关于推动城乡建设绿色发展的意见[EB/OL].(2021-10-21)[2022-03-08]. http://www.gov.cn/zhengce/2021-10/21/content_5644083.htm.

[3] 中华人民共和国交通运输部综合规划司.国家综合立体交通网规划纲要[EB/OL].(2021-02-25)[2022-03-08]. https://xxgk.mot.gov.cn/2020/jigou/zhghs/202102/t20210225_3527909.html.

[4] 交通运输部科学研究院.中国可持续交通发展报告[EB/OL].(2021-12-14)[2022-03-08]. https://xxgk.mot.gov.cn/2020/jigou/gjhzs/202112/t20211214_3631113.html.

[5] 中共中央,国务院.中国交通的可持续发展[EB/OL].(2020-12-22)[2022-03-08]. http://www.gov.cn/zhengce/2020-12/22/content_5572212.htm.

[6] 中华人民共和国交通运输部.关于全面深入推进绿色交通发展的意见[EB/OL].(2020-06-23)[2022-03-08]. https://xxgk.mot.gov.cn/2020/jigou/zcyjs/202006/t20200623_3307286.html.

[7] 陆化普.生态城市与绿色交通:世界经验[M].北京:中国建筑工业出版社,2014.

[8] 胡兴华,黄伟宏,钟芸.绿色交通理论探索与实践[M].北京:人民交通出版社股份有限公司,2015.

[9] 张陶新.绿色低碳交通[M].北京:中国环境出版社,2016.

[10] 中国交通低碳转型发展战略与路径研究课题组.碳达峰碳中和目标下中国交通低碳转型发展战略与路径研究[M].北京:人民交通出版社股份有限公司,2021.

[11] 高波,胡兴华,唐锡军.绿色交通建设探索与思考[M].北京:人民交通出版社股份有限公司,2020.

[12] 过秀成.交通运输工程学[M].北京:人民交通出版社股份有限公司,2017.

[13] 罗仁坚.中国综合运输体系理论与实践[M].北京:人民交通出版社,2009.

[14] 傅志寰,孙永福.交通强国战略研究:第二卷[M].北京:人民交通出版社股份有限公司,2019.

[15] 何玉宏.城市绿色交通论[M].北京:光明日报出版社,2016.

[16] 黄全胜,王靖添,闫琰.中国交通运输行业低碳发展策略与展望[M].北京:北京大学出版社,2020.

[17] 杨发财,李世安,沈秋婉,等.绿色航运发展趋势和燃料电池船舶的应用前景[J].船舶工程,2020,42(4):1-7.

[18] 交通运输部综合规划司.交通运输碳达峰、碳中和知识解读[M].北京:人民交通出版社股份有限公司,2021.

[19] 王靖添,黄全胜,马晓明.中国交通运输参与国内碳交易现状与展望[J].中国能源,2016,38(5):32-37.

第 13 章 智慧交通运输

13.1 智慧交通运输概述

13.1.1 智慧交通运输内涵

智慧交通运输是以国家智能化交通系统体系框架为指导，在交通领域中充分使用大数据、互联网、人工智能、区块链、超级计算等新技术，综合运用信息论、控制论、系统论、运筹学、交通运输组织理论和交通系统分析理论等理论与工具，使数据资源赋能交通发展，加速交通基础设施网、运输服务网、能源网与信息网络融合发展，提升既有交通基础设施质量、设施利用效率和服务水平，加强载运工具、交通运输基础设施、交通参与者三者之间的有机联系，提高系统感知、计算、分析、决策、管控和服务的能力，更加有效地利用现有交通运输基础设施，减少交通负荷和环境污染，保证交通运输安全，提高运输效率。

13.1.2 智慧交通运输特征

智慧交通运输涉及众多的领域和部门，管理体制、信息沟通能力、考虑问题角度等均会对智慧交通运输的建设和运行产生较大的影响，需要不同学科背景的专家参与和协调，政府、企业、研究单位也要承担相应的责任。智慧交通运输的特征主要可以总结为先进性、综合性、信息化和智慧化。

1) 先进性

智慧交通运输的先进性不仅包括技术先进性，还包括思想理念先进性和管理先进性，其先进理念包括以人为本和可持续发展理念，在现有基础设施之上，将先进的通信技术、信息技术、控制技术有机结合起来，用于整个交通运输以实现其目的和功能。

2) 综合性

智慧交通运输的关键理论和技术包括：系统理论、控制理论、人工智能、信息技术、通信技术、计算机技术、电子技术、交通工程等。综合性表现在通过将这些理论和技术交叉和综合，实现从单个方向的智慧化应用系统到更高层次的合作系统演变。

3) 信息化

智慧交通运输通过各种手段来获取交通运输系统的状态信息，并为用户和管理者提供经过分析处理的、有针对性的有效信息和决策结果，这一切的基础都源于交通信息的采集。

信息化不是单纯将信息化手段应用于交通运输中，而是以信息智能收集、智能处理、智能发布、智能交换、智能分析和智能利用为主线，为交通参与者提供多样性的服务。

4）智慧化

智慧交通运输具有实时特征辨别、特征记忆、总体自寻优化的功能，在整个运输过程中计算机系统实时获取客货和环境的信息，进行实时处理并给出运输决策，通过不断优化参数和寻找运输系统的最佳结构形式，以获取整体最优运输效益。

13.1.3 智慧交通运输目标

我国智慧交通运输发展建设总体目标，以交通大数据综合平台为基础，以系统科学思想、交通工程原理和交通运输发展规律作为指导，以缓解交通拥堵、提升交通安全水平、提高交通运输效率和交通服务质量为目标，显著提高交通运输分析、决策、组织、管理、运营的智能化水平，建设信息感知共享、动态科学决策、实时精准服务、精细智能管理、高效便捷运输、主动安全防控和智能网联协同的新一代智慧交通运输系统。

为实现我国智慧交通运输领先世界的总体目标，制定了分阶段目标，即2030年目标和2050年目标。2030年确立符合国情的智慧交通运输框架体系和标准体系，搭建交通信息大数据共享及交通云平台，全面推进大数据在智慧交通运输中的深化应用，建立便捷高效一站式“门到门”智慧客运服务及一单式全链条货运服务，实施车路协同和自动驾驶在特定场景下的示范应用，探索通过智能安全大通道建设提高交通安全水平，显著提升智慧公路、智慧港口、智慧航运、智慧民航水平。在智能高铁控制系统及智能列车、数据创新驱动城市交通精细化智能化管理、大数据情报分析深度研判应用、基于互联网的综合交通服务方面居于世界领先地位。2050年实现高度智慧化的客运一站式、货运一单式全链条服务，自动驾驶在典型场景下实现规模化应用，智慧交通运输产业产生革命性变革。应用智慧交通运输新技术促进“交通＋”发展成为常态，智慧化引领交通运输全面支撑我国安全、便捷、高效、绿色、经济的现代化交通运输系统。我国智慧交通运输总体目标及分阶段目标路线图如图13-1所示。

通过交通运输信息能力的大幅提高，交通运输治理能力和依法行政水平显著增强，交通运输服务能力全面提升，交通运输信息化持续发展能力明显改善，基本实现发展决策数据化、行业管理一体化、运输服务智能化、出行服务多样化。具体体现如下：

1）发展决策数据化

提高数据采集能力，加大应用范围和力度，实现交通运输决策基于大量鲜活、真实的数据，满足新阶段管理方式的需要。

2）行业管理一体化

开展交通运输管理业务的顶层设计，实现交通行业行政许可、应急处置、市场信用、行政执法等行业管理的一体化、智能化，形成交通运输协同管理新格局，满足交通运输区域一体化发展要求。

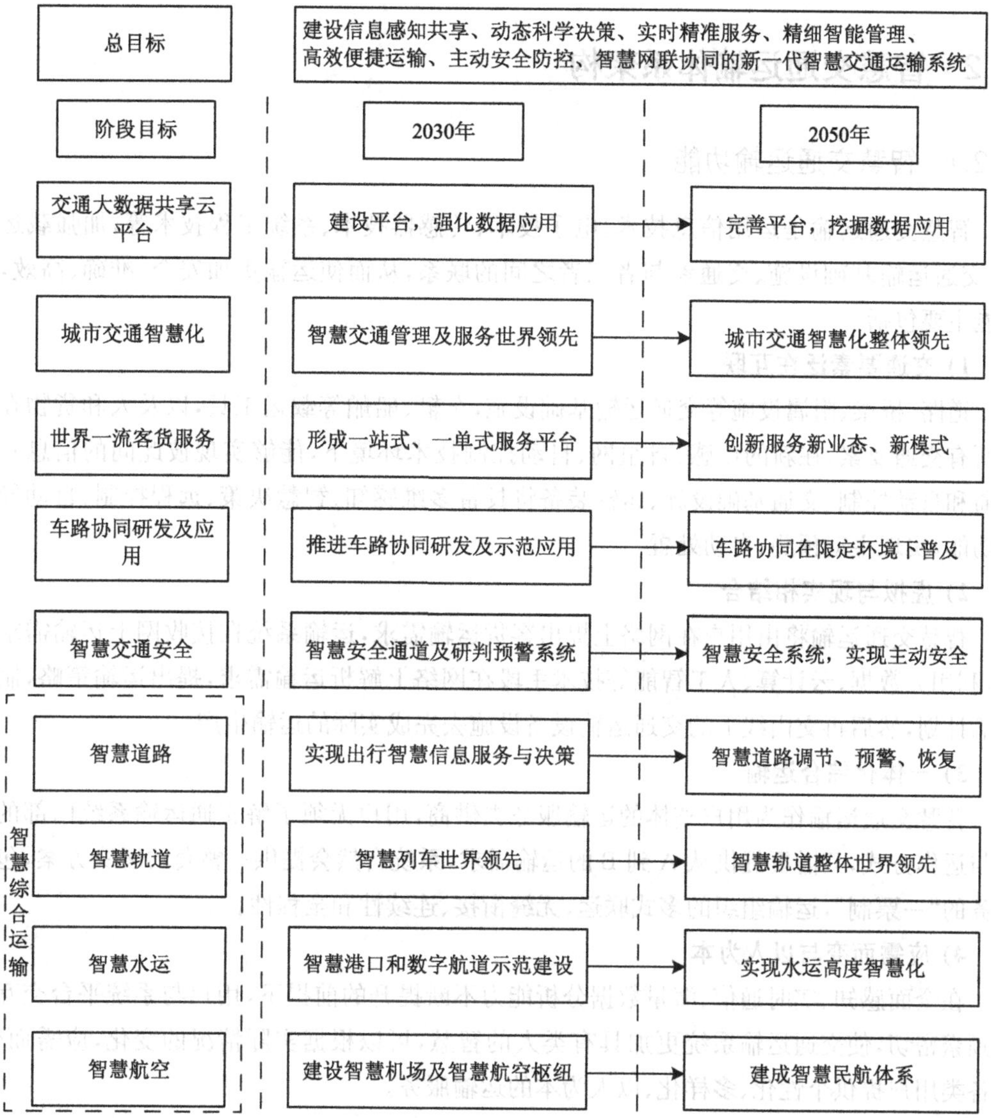

图 13-1　我国智慧交通运输总体目标及分阶段目标路线图

3）运输服务智能化

实现城市公交、长途客运、货物配送、远洋运输等运输调度和港口装卸、枢纽换装等生产调度的自动化。实现交通运输票据的电子化、规范化，实现多种方式联程联运，满足综合运输发展要求。

4）出行服务多样化

公众可以通过手机、广播、电话、交通卡等多种方式随时随地获得出行前中后的集成连续的信息服务、售票服务、联程服务、交通电子支付服务等，交通出行信息服务多样化，满足人们交通出行新期待。

13.2 智慧交通运输体系架构

13.2.1 智慧交通运输功能

智慧交通运输是运用信息技术、电子技术、传感器技术、系统工程技术等，加强载运工具、交通运输基础设施、交通参与者三者之间的联系，从而使运输更加安全、准确、高效，其功能主要包括：

1）交通要素泛在互联

道路、桥梁、附属设施等交通运输基础设施，车辆、船舶等载运工具，以及人和货物在内的所有交通要素，在新的传感、自组网、自动控制技术环境下，能够实现彼此间的信息互联互通和自动控制，交通基础设施、运输装备将具备多维感知、智慧决策、远程控制、自动导航等功能，实现主动预测、自动处置。

2）虚拟与现实相结合

智慧交通运输将由用户在网络上提出客货运输需求，运输系统在接收网上运输需求以后，利用大数据、云计算、人工智能等技术手段在网络上解析运输需求，提出运输策略，制订运输计划，然后再交由线下的交通运输设备设施去完成实际的运输生产。

3）一体化综合运输

智慧交通运输作为用户整体的运输服务提供商，用户无须了解交通运输系统内部的构造与运作方式，只需要提供从 A 到 B 的运输需求，系统自然会提供一整套的解决方案，包括票务的"一票制"，运输组织的多式联运、无缝衔接、连续性和全程性。

4）应需而变与以人为本

在全面感知、实时通信、海量数据分析能力不断提升的前提下，用户与系统平台交互更加频繁密切，使交通运输系统更加具有类人的智慧，可以根据实际情况的变化，应需而变，为各类用户提供个性化、多样化、以人为本的运输服务。

5）生产组织管理高效

智慧交通运输包含智慧交通运输基础设施、智慧交通载运工具和智慧运输组织服务等。生产组织和管理者对各种运输要素的掌握更加详细、及时、准确，对各种风险能够更加有效地控制和应对，使得运输生产的策略更加科学，运输生产组织和管理可靠性更高、效能更高。

13.2.2 智慧交通运输体系

智慧交通运输体系主要由以下几部分组成：用户服务、逻辑框架、物理框架和效益分析评价。

1）用户服务

用户服务是从用户角度来描述智慧交通运输的功能，对用户的要求进一步细化。用户主体是服务面对的主要用户，也是在某服务领域制定需求的承受主体；服务主体是指服务的提供商，它与用户主体是服务与被服务的关系。

2）逻辑框架

逻辑框架用于定义和确定为满足用户需求所必须具有的一系列功能，定义了系统的功能及系统之间的数据流。通常是一系列功能领域的方式描述，每个功能领域都定义了功能及数据库，这些数据库通过数据流与终端相联系。终端可以获取数据，系统也可以通过终端采集数据。一个终端定义了系统期望外部世界所做的事情，描述了系统期望终端提供的数据和由系统提供给终端的数据。

3）物理框架

物理框架是将逻辑框架中的功能实体化、模型化，然后把功能结构相近的实体（物理模型）归结成直观的系统和子系统。逻辑框架中所确定的功能单元及数据流会被归类、划分到不同的子系统中。物理框架则描述了智慧交通运输体系中定义的功能如何被集成形成系统，这些系统将由硬件或软硬件来承载。除了对子系统进行划分和定义外，物理框架还需对服务端加以明确。所谓服务端是指存在于系统之外，但与系统有信息交互关系的实体。

4）效益分析评价

智慧交通运输将对经济、社会产生较大的影响，项目实施进行效益分析评价，通过对项目的经济合理性、技术可行性、经济效益、社会环境与项目风险作出评价，为智慧交通运输项目的可行性研究、方案比选、实施效果分析与未来的项目投资提供科学依据。

具体智慧交通运输体系各组成部分与服务的关系如表 13-1 所示。

表 13-1　智慧交通运输体系各组成部分与服务的关系

组成部分名称		作用
用户服务	用户服务	明确系统能提供什么样的服务
	用户主体	谁将是被服务的对象，明确了服务中的一方
	服务主体	谁将提供服务，明确服务中的另一方，与用户主体和特定的用户服务组成智慧交通运输的基本运行方式
逻辑框架		服务的组织化
物理框架		服务怎样具体提供
效益分析评价		经济技术因素影响评价

13.2.3　智慧交通运输架构

智慧交通运输架构是将智慧交通运输体系中的功能实体化、模型化，智慧交通运输需要采集或汇集不同部门和系统的信息，并通过一定的技术架构实现信息共享和交换以及系统集成，以面向不同的用户需求提供应用服务。虽然不同模式交通运输的需求和应用技术存在一定的差异，但是在系统架构上存在一定的共性。智慧交通运输架构描述了智慧交通运输体系中定义的功能如何被集成形成系统，这些系统将由硬件或软硬件来承载，一般可以分为感知层、传输层、平台层和应用层，智慧交通运输架构如图 13-2 所示。

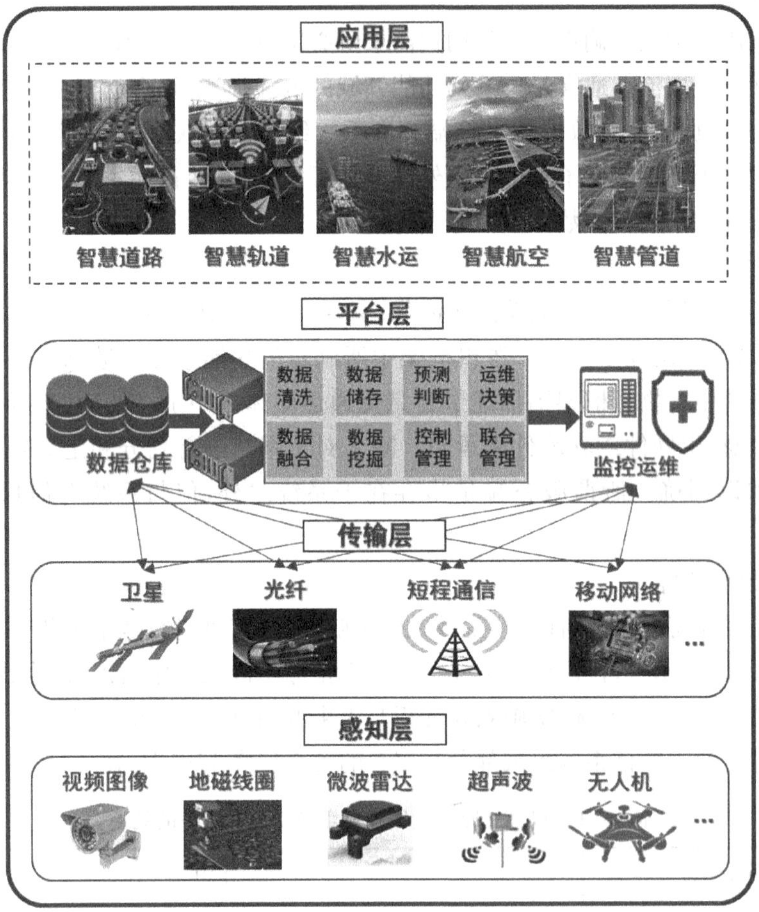

图 13-2　智慧交通运输架构示意图

1）感知层

感知层主要通过线圈、视频、雷达、微波等交通信息采集设备以及卫星和通信网络等数据提供设备捕捉复杂的、动态变化的物理环境，实时精准感知物理空间中各元素的状态并以唯一身份为标识对其进行识别和跟踪，对物理世界实体的状态进行初步数字描述。

2）传输层

传输层贯穿于整个系统中，通过卫星（包括北斗卫星的短报文技术）、蜂窝网络、周边辅助网络、网络服务器等通信技术构建高效稳定的数据传输网络，满足交通场景中信息传输时空跨度大、实体类型多、实时性强的需求，为平台层和应用层提供有效支撑。

3）平台层

平台层通过构建数据仓库储存多源数据，并对获得的信息进行汇总及无效甄别分流，从结构、粒度、模态、广度、类型等多个维度对交通场景的强时空关联数据处理分析，在信息域内实现对物理环境场景的数字化映射以及初步预测判断;并能通过用户接入实现监控、权限管理、联合管控等功能,通过数据管理分析实现日常的监控运维功能,为多种交通运输方式的应用提供支持。

4) 应用层

应用层是智慧交通运输系统的核心功能,根据实时从信息传输层接收到的需求、管控指令等动态信息和从终端采集设备获取的数据,在平台层的支持下实现道路、轨道、水路、航空、管道等五大类系统的信息服务、智能决策和协同管控等应用功能。

13.2.4 智慧交通运输基础理论

1) 动态交通分配理论

动态交通分配理论是将时变的交通流量合理分配到不同运输线路上,以降低个人出行费用或系统总运输费用。它是在交通供给状况以及交通运输需求状况均为已知的条件下,分析其最优的交通流量分布模式,从而为交通运输系统控制和管理等提供依据。通过交通流管理和动态路径诱导在空间和时间尺度上对已产生交通运输需求的合理配置,使得交通运输网络优质高效运行。交通供给状况包括交通运输网络拓扑结构和运输线路特性等,交通运输需求状况则是指不同时间产生的交通运输需求及其分布。

2) 协同学理论

协同学理论是研究复杂系统中各个子系统是如何通过协作和自组织而形成宏观尺度上的空间结构、时间结构或功能结构。其基本观点是众参量在竞争中产生序参量,并引导和控制整个系统的发展方向。序参量之间、序参量和其他参量之间,通过合作和联合形成系统宏观有序状态。协同学理论不仅从实质上可以解析系统从无序到有序的转化过程中的普遍原理,还能够结合具体对象给出特殊规律,具有一定的普适性。交通运输系统作为相对独立的组织系统,也正处于变化阶段,符合协同学理论的研究条件。

3) 实时动态交通信息预测理论

实时动态交通信息预测理论是通过实时采集和发送交通信息,适时引导交通流量合理分布,从而达到高效利用交通运输网络的一种主动交通控制方式。交通诱导系统的正常工作依赖于其交通信息的准确性和及时性。载运工具诱导信息应包括运输线路状态信息、气象信息、交通运输状态信息。交通运输状态信息包括交通流量、运输时间等交通运输特性。交通信息预测对交通运输系统功能有效发挥具有重要影响,是实现交通运输系统预测决策的前提。

13.3 智慧交通运输系统

13.3.1 智慧道路运输系统

智慧道路运输系统旨在以既有道路交通基础设施为基础,引入新技术、新方法,发挥互联、共享的优势，涉及道路信息化总体框架、系统功能、基础数据、数据质量、传输网络、网络安全、信用体系、能源网络等基础性标准，包括路网运行监测、应急处置、联网收费、车路交互以及建设、养护、运营相关的信息模型建立等内容。关键系统主要包括：

1）车辆自动控制系统

车辆自动控制系统主要依托于智能汽车制造，采用主动措施，通过电子装备实现汽车以自身智能来获取行驶环境信息并加以判断，必要时系统可以自动控制车辆行驶，排除由于驾驶员主观分析和判断产生的失误，提高行驶安全性，减少交通事故，提高道路通过能力，为驾驶员提供先进的智能化车辆控制服务。

2）交通运输基础设施系统

充分利用多尺度材料科学、虚拟现实技术、大数据解析等先进研究手段，实现道路交通设计、建造、管养水平质量的提升，提升道路结构与功能使用寿命。通过大数据分析技术，结合移动互联技术实现对道路交通行为的动态辨识和预测，增强在役基础设施检测监测、评估预警能力，在多尺度、多目标道路网络规划与设计最优化方面发挥突破性推动作用，从而实现跨区域道路工程建设及管养的智能化、标准化。

3）车辆电子收费系统

电子收费系统通过安装在车辆上的车载无线射频识别等车辆自动识别设备与在车道上的收费站电子不停车收费系统（Electronic Toll Collection，ETC）微波天线之间进行的专用短程通信，利用计算机联网技术与收费机构进行后台结算处理，从而达到车辆通过高速公路、桥梁或停车场（库）收费站无须停车而能交纳通行或停车费用的目的，同时实现与公路运行监测的数据融合，提升公路信息服务水平。

4）公共交通运营系统

公共交通运营系统是在公交网络分配、公交调度、行程时间预测等关键基础理论方法的前提下，利用系统工程的理论和方法，将现代通信、信息、计算机网络等高新技术应用于公共交通系统，实现公共交通运营管理的信息化和智能化，为出行者提供更加安全、舒适、便捷的公共交通服务。

5）交通运营管理系统

利用通信、控制、电子信息、大数据解析等技术与道路交通的深度融合与集成应用，使得道路交通智能化水平提升，对实现道路交通全域空间载运单位的互联互通和综合化智能控制具有决定性影响。基于大数据应用提供监测、调度、管控、应急、服务一体的智慧路网平台，具有视频监控集成管理、事件自动识别、智能监测与预警、分车道管控、实时交通诱导和路网协同调度等功能，对道路运营状况进行全方位的检测，及时发现道路异常情况，采取相应的应急措施。实现交通规划、信号控制、交通监控、事故救援及交通信息系统有机结合。

6）商用车运营管理系统

商用车运营管理系统是涉及驾驶员、车辆和货物全过程运营和管理的现代物流系统，是通过可靠的信息传递和交换，提高运输企业的生产能力和装备设施的使用效率，减少管理者与承运人的开销;通过新技术的应用,更好地执行运输规章,减少基础设施的运维费用;通过商用车辆的智能化,提升运输安全性和运营效率。商用车辆一般包括长途客车、长途货车、出租车、网约车、城市物流车辆等。

7) 交通信息服务系统

交通信息服务系统是通过对出行信息进行采集、传输、处理和发布,让出行者及时、准确地了解交通状况,实现出行前或在途中的路径规划与导航,随时获取公路状况信息、气象信息、交通状况信息等,避开阻塞路段、事故路段或环境不良路段,减少不必要的交通延误和拥堵,使出行行为和驾驶行为更加合理,提高整个路网运行效率和安全。

8) 交通应急管理系统

交通应急管理系统利用先进的通信与信息技术,实现交通事件的自动检测,并系统地、有计划地、协调地使用人力、法规、救援设备和技术手段来减少事件的持续时间和影响,保障驾驶员、事件当事人和事件处理人员的人身安全,提供交通突发事件信息的精准推送和伴随式出行服务,在团雾、冰冻多发区域进行车道级雾天行车诱导、消冰除雪等应用,支持重点路段全天候通行。

13.3.2 智慧轨道运输系统

智慧轨道运输系统指充分发挥信息技术基础性、引领性作用,发展物联网技术,实施大数据战略,推进新一代信息技术与轨道融合发展,全面感知、深度互联和智能融合乘客、设施、设备、环境等实体信息,高效综合利用轨道交通所有移动、固定、空间、时间、人力等资源,实现轨道交通规划、设计、建设和运营管理的全过程、全生命周期的高度信息化、自动化、智能化,打造更加安全可靠、经济高效、温馨舒适、方便快捷和节能环保的新一代轨道交通运输系统。关键系统主要包括:

1) 列车自动控制系统

智能列控系统通过优化列控地面设备系统结构,突破原有调度、列控、联锁等系统相互独立的限制,实现以列控车载设备为主体的优化精简的系统结构,进一步提升列控系统自动化水平,提高不同线路等级间的互联互通,缩短列车追踪间隔。移动闭塞的应用取消了物理层次上的分区划分,通过车地不间断的双向通信,控制中心可以根据列车实时的速度和位置动态计算列车的最大制动距离。车载设备根据接收到的行车许可及列车速度、位置等信息,生成监督列车运行的速度-距离模式曲线,若列车超速自动实施制动使列车停车或减速。

2) 智能设施运维系统

智能运维以轨道交通系统关键设施设备为主要管控对象,是应用泛在数据和智能技术对轨道交通生产任务所进行的赋能。围绕设施设备运维全过程质量控制,开展全面数字化、互联化、智能化,通过数据汇聚与融合、数据服务与数据应用,实现关键系统和设备故障自诊断、远程集中检测、专家系统综合决策、故障预测健康管理等功能,以提高安全服务水平和管理效率,降低劳动强度、技能要求和运维成本。智能运维系统实现在线监测及移动过程管理，整合信息孤岛，生成移动工单及进行可视化管理。通过数据驱动的故障管理，实现智能预测及性能衰退分析，消除过度维修和欠维修的情况，从而优化备件库存，减少人员配置，优化运维方法及运维管理。

3）调度指挥管理系统

调度指挥管理系统是基于运能、运量匹配的运营调度和以乘客出行服务为核心的智能调度管理。调度系统在集合大数据、人工智能等先进技术的基础上，对列车运行态势实现实时感知和评估，进而做出列车运行调整和控制决策。其具备全方位技术资料存储及自主学习、总结的能力，以轨道交通运营历史数据和实时数据为基础，对各次列车进行连续性实时控制，建立列车晚点和冲突预测模型、运行调整智能化模型，实现列车未来运输态势的预测和评估，实现数据管理、列车运行管理、动态运行调整、可视化等系列功能。

4）列车运行图编制系统

轨道交通列车运行图智能编制系统包含基础数据管理、运行图编制与调整、结果输出三个主要模块。系统具备路网管理、车站平面图管理、基础时分管理、交路信息管理、底图结构管理、列车开行方案管理、运行图智能编制、运行图调整与检查、车站股道运用方案编制、运行图指标计算、运行图输出、运行图共享接口输出等功能。运行图编制的智能化主要体现在超大网络列车运行图的综合协调编制，运行图与车底（机车）周转、车站股道运用一体化协同编制，运行图鲁棒性能优化，节能运行图的编制等。

5）乘客信息导乘系统

乘客信息导乘系统是一套服务于轨道交通的文字信息发布系统，主要作用是为乘客提供各类车务及站务信息，同时与移动电视网连接提供各类公共信息。为轨道交通运营监督和管理中心、线路控制中心及车站提供了分级的信息发布功能，正常情况下信息发布主要由车站执行，紧急情况下则由线路控制中心及网络管理中心发布紧急信息。乘客信息显示系统可根据信息发布点地理位置提供相应的实时运营信息，包括列车预计到达时间和目的地等动态信息，同时也提供广告媒体信息，并可通过系统平台实现实时运营信息和其他服务信息及广告信息之间的切换发布。

6）轨道自动售检票系统

自动售检票系统是基于计算机、通信网络、自动控制、自动识别、精密机械和传动等技术，实现城市轨道交通售票、检票、计费、收费、统计、清分、管理等全过程的机电一体化、自动化和信息化，包含IC卡编码设备、线路中央计算机系统与网络、车站计算机系统、车站售检票终端设备与车票，详细记录每位乘客的OD，通过清分计算得到分时的进站、断面和换乘客流量，是客流精细化分析的基础，也是列车运行组织方案优化关键支撑系统。

7）铁路客票发售预订系统

铁路客票发售预订系统是一个覆盖全国铁路的大型广域网实时交易系统，系统提供的服务涵盖了整个客运组织的各个环节，从列车基础运行数据的维护→车票的管理调度→车票销售→账务处理→销售数据的统计分析→各类信息查询，完全由计算机作业替代了手工作业，使客运工作者能够科学、方便、快捷、灵活地开展旅客运输组织工作。合理运用云计算、物联网、动态负载均衡等技术，解决高并发和海量存储等难题，同时在实名制、售票组织、票额自动预分等业务功能方面提供了智能化、自动化和图形化的解决方案。

8）应急救援指挥系统

应急救援指挥系统采用先进的计算机网络技术，建立行车安全信息网络，搭建安全监测数据传输平台；建立安全监控管理中心和适应新形势的行车安全管理体制；统一信息渠道，实现各种监测信息的自动采集、传输与集成及监测数据的集中管理和资源共享；为轨道交通运输提供应急工作日产管理、突发事故全程指挥及事后总结分析的服务，实现城市公共汽电车、城市轨道交通、出租汽车（含网约车）与铁路、航空运行时刻、客流规模变化等运营信息有效对接，保障极端恶劣天气、重大突发事件、重点时段等情况下及时疏运旅客。

13.3.3 智慧水路运输系统

智慧水路运输系统是通过物联网、云计算、大数据、人工智能等高新技术在船舶、港口、航道、航行保障、安全监管以及运行服务等领域的应用，突破状态感知、认知推理、自主决策执行、信息交互、运行协同等关键技术，显著提升航运生产运行管理智能化水平。基于复杂场景感知、自主协同控制、调度组织优化、信息安全交互等核心软件，建立智能航运技术协同创新集成平台，开展智能船舶、港口、航保等成套智能航运技术。关键系统主要包括：

1）船舶自动控制系统

船舶自动控制系统具备自动导航、自动驾驶、轮机自动控制、自动应答、自动规避、动态跟踪、航行状态自动记录等功能，通过各种传感器和接收器、船上计算机系统和控制执行系统，使船舶能够自动接收外部控制系统发出的各种信息指令，通过网络将各种导航设备信息传入计算机，利用信息融合技术综合处理，得到最佳导航信息，并实时监控船舶本身状态，在船舶操控过程中预防各种安全事故，尤其是由人为失误引发的事故发生。

2）智慧港口设施系统

智慧港口系统主要借助物联网、传感网、云计算、决策分析优化等技术手段对港口各核心的关键信息进行透彻感知、广泛连接和深度计算，从而实现各个资源与各个参与方之间的无缝衔接与协调联动，对港口管理运作做出响应，形成信息化、智能化、最优化的现代港口。港口建设养护运行全周期数字化，建造过程智能管控，并具有全面感知、广泛互联、高度共享、智能决策、自主装卸、深入协同等功能特点。

3）船舶管理信息系统

船舶管理信息系统通过在航道系统中的安全监控，如在水路中设立监测点，实时地检测水路的状况和环境，再经过无线发射装置将环境信息传输到信息处理终端，信息处理终端对传输过来的信息进行处理、分析，合理规划船舶运行线路、时间与水路分配情况，再分享给正在运行的船舶，实现水路资源的使用合理性，提高整个水运智能运输系统的运行效率。

4）货物运输监控系统

货物运输监控系统主要包括液货仓的液位、温度、稀有气体压力的监测，压载水舱液位的监测，船舶吃水、纵横倾的监测，液货仓高液位报警，液货仓回收气体的监测报警，货油管系阀门开度和开关的遥控，压载管系阀门开关的遥控，货油泵的监控以及实时配载的监测。

5）事故处理救援系统

事故处理救援系统对所有通航水域中船舶位置和移动状况进行实时监控和智能化管理，根据气象、海况、船舶密度等因素，对覆盖区域内所有船舶的航行状况进行判定，依据重要程度，自动向危及航行安全的船舶发出必要指令，向正常航行的船舶发出航行提示。该系统可对特定水域发生的泄漏事故进行监控和扩散趋势预报，对海难事故进行立体施救和定向搜寻，对特定水域内事故的救援方案选择和事故灾害影响范围进行计算机辅助决策和评估，为遇险船舶和人员提供救助服务，为水域环境保护提供决策支持。

13.3.4 智慧航空运输系统

智慧航空运输系统指通过智慧机场示范工程，以枢纽机场为重点，加强智慧机场关键技术产品的研发应用，综合运用大数据、云计算、物联网、移动互联网等技术，促进机场安全防范、生产运行、旅客服务和商业运营等业务环节的集成创新，实现机场管理的精细化，提升旅客出行体验，培育新供给，创造新需求。关键系统主要包括：

1）先进飞行器系统

智能化飞行器可以随时感测周围环境，提出决策建议，不仅可以实现环境感知与规避、自动目标识别、鲁棒控制、自主决策、路径规划、语义交互等，还可以实现多机智能协同，以无人机系统“蜂群”作战运用为目标，重点突破协同指挥控制技术、协同态势感知生成与评估技术、协同路径规划技术、协同语义交互技术等，实现无人机系统之间、无人机系统与有人作战系统之间的高度协同，达到自动控制“蜂群”中无人系统的平台状态。

2）机场运营控制系统

机场运营系统通过采用基于异构网络集成的机场物联网、飞行安全检测技术、车-机-路协同感知技术、基于物联网的机场运行态势智能感知与调度等技术，感测、分析和整合机场运行系统的各项关键信息，对路侧交通管理、航站楼管理、机坪管理和飞行区监控等业务做出智能化响应和智慧化支撑，基于数据平台协调航空公司的运营控制，实现对机坪资源的优化配置、车辆的优化调度、航班旅客行李的运行管理。

3）航空交通管制系统

航空交通管制系统借助智能传感器和人工智能、中间件模型、数据仓库等技术对飞机、航路、机场、机队、机组、气象和航材备件实时采集、集中、分析、管理数据，实时了解航班运行动态、地面保障情况、飞机状况、机组信息，建立签派风险、航材周转、机队和机组调度等模型，借助面向航空器运行管理的统一云平台技术，结合飞机制造商提供的信息服务，实现航班的生产组织调度，提供高效、便捷、灵活、舒适的运输服务。

4）旅客信息服务系统

旅客信息服务系统借助网络中心、信息中心和大数据平台采集、处理和挖掘实时分析航空旅客需求信息、航班信息以及服务数据，通过旅客智能终端、航站楼 Wi-Fi 等搭建航站楼物联网，通过生物识别技术实现无障碍安检，借助智能机器人、智能一体机等智能化设备为旅客提供航班查询、订退票、值机办理等基本业务，采用视频计算、情感计算、室内定位和大数据实现航站楼风险监控与预警，运用虚拟现实（VR）、增强现实（AR）和室内定位等实现智能引导，以提升机场服务的智能化和信息化水平。

5）航空运输货运系统

航空运输货运系统采用半自动或者全自动系统进行管理，集装货系统的控制由堆垛机上的程序控制和分布在货库各出口处的程序控制组成，各程序控制与计算机联通，对现场工况进行监控。集装货系统的监控调度由计算机负责监控，并通过通信接口与各设备控制系统中的程序控制进行通信。每个货物进出口处设有终端操作台，用于输入进出货箱/货板的数据和操作指令。这些数据由主机汇集处理，并与集装货系统的监控计算机交换数据，保证货物进出畅通无阻，有效解决高峰货运所带来的问题。

6）航空安全管理系统

航空运输安全管理系统的核心理论是风险管理，同时结合航空大数据分析技术，重点研究航路网数据实施获取与传输，空中交通多源数据融合，大数据环境下交通行为建模、分析、预测与挖掘等技术，为确保空中交通系统的安全、有序、高效提供数据支持，从而实现航空路网的高效优化，提高航空交通系统的应急能力，提高空域容量，极大地促进航空运输业发展。

13.3.5　智慧管道运输系统

真空管道运输（Evacuated Tube Transport，ETT）是一种无空气阻力、无摩擦的全新运输系统，其基本原理是在地上或地下建设大型管道，管道中铺设磁浮轨道并抽成一定真空，让磁悬浮车在此真空管道中运行，行车阻力、能耗和噪声将大幅度降低，符合环保要求，速度超过任何汽车、火车和飞机。真空技术、设备和配件是真空管道运输系统必不可少的组成部分，在整个系统中占很大比重。关键系统主要包括：

1）低真空管道系统

低真空管道及环境主要包括低真空管道材料及结构设计，管道支撑结构的类型、铺设精度、温度及沉降变形控制、与管道连接方式及变形协调，管道内运行及辅助系统布置及其与管道连接方式，长距离大断面低真空环境快速构建及控制，车体密封及车内环境维持，车体及电气元件在低真空环境条件下的散热，低真空环境下电气设备特性及电磁场动态畸变，低真空环境下噪声传播机理及车内噪声控制，低真空密闭环境下超高速车-地无线通信，低真空环境下应急疏散救援，管道内养护维修等问题。

2）高速磁悬浮系统

高速磁悬浮主要包括悬浮导向技术方案选择及轨道梁几何精度合理匹配，高速运行条件下悬浮导向稳定性控制，高速运行条件下驱动与制动方案及控制，驱动制动与悬浮导向磁场耦合机理及分析方法，高速运行条件下列车测速定位，高速运行时低真空管内压力波效应及其对列车运行安全性、稳定性影响，高速运行时磁阻效应特性及磁场平顺优化，高速长距离运行条件下多端口同步牵引供电协调控制，高速运动边界引起的气动热辐射、热传导及散热等问题。

3）车辆与驱动系统

车辆在高速运动状态下，受到力、热、振动及噪声多种载荷的耦合作用，对列车车体、走行机构提出新要求。车辆设计制造的关键技术包括低阻/噪/热车体外形一体化设计技术、轻质-高承载车体结构设计技术和高固有频率走行机构设计技术。列车在高速运行状态时，对高频、高压、大电流条件下驱动系统的工作效率，以及不同速度下涡流制动器的制动力密度和速域范围等提出新要求，需研制大推力高速电机、大功率高速驱动变流控制器、高密度高可靠储能供电设备以及宽域高密度涡流制动装置。

13.4 智慧交通运输关键技术

13.4.1 感知技术

感知技术主要通过线圈、视频、雷达、微波等交通信息采集设备捕捉复杂的、动态变化的物理环境，常用的信息采集技术包括：地磁线圈信息采集技术，微波雷达信息采集技术，红外线信息采集技术，超声波信息采集技术，视频图像信息采集技术，浮动车信息采集技术，无人机信息采集技术和众包信息采集技术。

1）地磁线圈信息采集技术

地磁线圈是目前检测道路车流量较为广泛的一种检测器，采用具有高导磁特性的软磁性材料制作。地磁线圈信息采集基于电磁感应原理和检测器周围磁场变化的规则，其传感器是一个埋在路面下且具有一定工作电流的环形线圈。当带有铁质材料的车辆靠近传感器时，传感器感应到周围磁场相对地球磁场变化，再经微处理分析计算，判断车辆的存在和通过状态。

2）微波雷达信息采集技术

微波雷达检测器通过发射不同雷达波的波形来获取交通参数，移动的目标反射由微波雷达检测器发射的调频微波，反射波的频率由于多普勒效应会发生偏移，根据这种频率的偏移可以检测目标的信息。

3）红外线信息采集技术

红外线检测技术包括主动式红外线检测和被动式红外线检测。主动式红外线通过发射一定能量的红外线，经检测目标后反射回检测器，检测器通过对反射回红外线的能量分析，获取目标速度、长度、流量等交通数据；被动式红外检测技术利用检测目标本身辐射能量和传感器接收能量，获取交通量等数据。

4）超声波信息采集技术

超声波信息采集技术的基本原理是利用其反射特性，超声波发生器发射一定频率的超声波在遇到障碍物后产生反射波，超声波接收器接收到反射信号，并将其转换成电信号，测量发射波与回波之间的时间间隔 t，并根据公式 $s = t \times v/2$ 计算距离（v 为超声波传播速度），再根据距离变化量和两次测量时间间隔之比计算目标运动速度。

5）视频图像信息采集技术

视频图像信息采集技术涉及计算机视觉、视频图像处理、信号处理、模式识别以及模式融合等多个领域，通过闭路电视和数字化分析技术分析交通数据。其基本原理是在很短的时间间隔内由半个半导体电荷耦合器件摄像机连续拍摄两幅图像，而这种图像本身就是数字图像，通过对两幅图像的全部或部分区域进行比较，若差异超过一定阈值则说明有检测到目标，如图 13-3 所示。

图 13-3　视频图像信息采集技术示意图

6）浮动车信息采集技术

通过在车辆上安装辅助仪器或其他远程传感设备以完成交通信息的采集，车辆实时速度数据通过特定算法处理和压缩，并和车辆位置信息、行驶道路信息打包，利用车载无线发射装置发送到监控中心，监控中心通过处理这些数据获得道路交通信息。

7）无人机信息采集技术

无人机通过搭载视频录制设备，利用集成全球定位系统（GPS）、无线通信系统和高分辨率摄像系统对目标进行摄像和摄影，进而通过获取的图像和视频数据提取所需要的信息。借助先进的无人机飞行控制系统和无线通信系统，可以实现无人机与交通控制中心的实时数据传输，并从多高度、多角度、多方位对检测目标进行实时监控和信息采集。

8）众包信息采集技术

用户众包指企业利用互联网将工作分配出去以发现创意或解决技术问题，交通信息用户众包是由出行者通过移动终端反馈交通信息，是交通信息采集的一种重要手段，用户启动智能终端设备上安装的特定应用，并授权获取位置的权限，应用运营后台获取用户实时位置信息。

13.4.2 通信技术

通信技术是智慧交通运输系统的重要支撑，实现信息在不同交通运输系统之间的传输，充分利用不同信道的传输能力，使信息得以可靠传输的技术，主要包括光纤通信技术，卫星通信技术，移动通信技术，专用短程通信技术，车用无线通信技术。

1）光纤通信技术

光纤通信技术是以光波为载频，以光纤为传输媒质的新型通信方式，其采用的载波位于电磁波谱的近红外区，频率为 $10^{14}\sim10^{15}$ Hz，因而通信容量极大。电机端通过对电信号进行处理，将信号送给发射机，光发射机将电信号转变成光信号，并将光信号耦合进入光纤中，光信号经光纤传输到接收端，由光接收机接到的光信号恢复成原来的电信号，再经电端机的处理将信号发送给用户。

2）卫星通信技术

卫星通信是指利用人造卫星作为中转站来转发或反射无线电波，在两个或多个地球站之间进行的通信。由发端地球站对传输电波进行发射，通过上行传输路径将信号传送到通信卫星，再由通信卫星转发器将信号通过下行传输路径将光波传送到收端地球站，并实时监控管理卫星转发器的功率、卫星天线增益及地球站发射的功率、射频频率和宽带等基本参数，保证正常通信。

3）移动通信技术

移动通信指移动体与固定地点，或者移动体之间通过有线和无线通信进行的通信。基地站具有一个有发信功率与天线高度所确定的地理覆盖范围，通过布设多个基地站组成全系统的服务区，采用无线传输的方式实现移动台与基地站、移动台与移动台之间的通信，而基地站与地面网络之间则一般采用有线的方式进行信息传输。

4）专用短程通信技术

专用短程通信技术采用无线通信技术，由车载单元、路旁单元、转筒短程通信协议以及后台计算机网络实现路、车之间的信息传输和交互，如图 13-4 所示。路旁单元主要包括车道天线和天线控制器，通过信号发射和接收识别车辆单元电子标签中存储的车辆有关信息，对车辆进行身份鉴别、实时监控、动态引导，实现在特定的区域内对高速移动的车载单元识别和双向通信。

5）车用无线通信技术

车用无线（V2X）通信技术是将车辆与一切事物相连接的新一代信息通信技术，其中 V 代表车辆，X 代表任何与车辆交互信息的对象，当前 X 主要包含车、人、交通路侧基础设施和网络。V2X 概述交互的信息模式包括：车与车之间、车与路之间、车与路侧基础设施之间、车与人之间的交互。

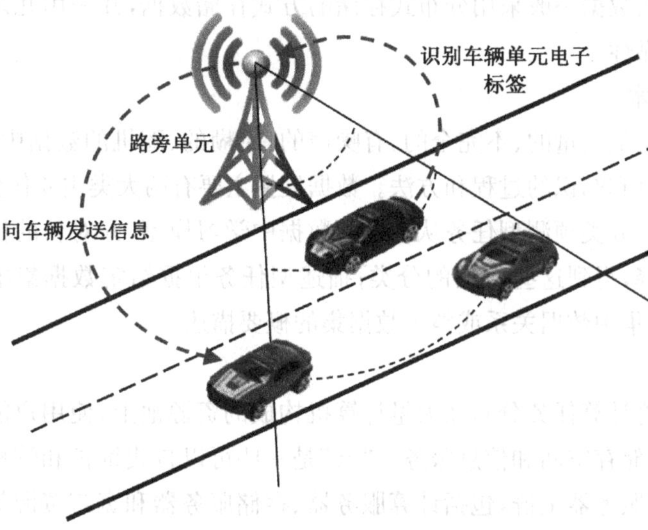

图 13-4 专用短程通信技术示意图

13.4.3 计算技术

计算技术是从大量、杂乱无章、难以理解的交通相关数据中抽取并推导出对于智慧交通运输系统或用户具有价值、有意义的数据并对其存储。它主要包括了交通相关数据的清洗技术、存储技术和挖掘技术等。

1) 数据清洗技术

数据清洗技术是将检测数据中存在的错误和不一致，剔除或改正它们，以提高数据的质量。通过全人工、全机器、人机同步结合和人机异步结合四种清洗方式，对重复数据、关联错误数据、字典数据进行清洗，实现对数据质量的有效控制，也为系统制定决策、方案实施及进一步的数据挖掘提供数据质量的保证。数据清洗技术根据不同的任务要求和环境特点，其执行的过程也不同，数据清洗的一般过程可以分为分析数据特点、制定清洗规则、执行清洗规则和检验清洗效果。

2) 数据融合技术

数据融合技术对不同传感器采集的交通数据，综合应用图像处理、语音处理、数字信号处理等技术进行分析处理。将不同传感器获取的数据按照一定的原则进行组合，利用互补信息，去掉冗余信息，获得与交通状况的一致性判断。对融合后的数据还需应用数据挖掘、知识发现等技术，实现信息的深度挖掘、更大范围的集成和更有效的应用。

3) 数据存储技术

数据格式是数据保存在文件或记录中的编排格式，可以是数值、字符或二进制等形式，由数据类型及数值长度描述，数据格式应满足以下条件。保证记录所需要的全部信息；提高存储效率，保证存储空间的充分利用；格式标准化，保证有关数据处理系统之间数据的交换。数据的储存方法一般包括顺序储存方法、连接存储方法、索引存储方法和散列存储方法。目前对于交通大数据一般采用分布式存储的方式存储数据，并采用冗余存储的方式进一步保证数据的可靠性。

4）数据挖掘技术

数据挖掘技术是从大量的、不完全的、有噪声的、模糊的、随机的数据中，提取隐含在其中的潜在有用的信息和知识的过程和方法。数据发掘主要有两大类主要任务：分类预测型任务和描述型任务。分类预测型任务从已知的数据中学习模型，并对新的位置分类的数据使用该模型进行解释，得到这些数据的分类；描述型任务根据给定数据集中数据内部的固有联系，生成对数据集中数据关系或整个数据集的概要描述。

5）云计算技术

云计算技术是将计算任务分布在大量计算机构成的资源池上，使用户能够按照自己的需求获取计算能力、储存空间和信息服务。“云”是一些可以自我维护和管理的虚拟计算资源，通常是一些大型服务器集群，包括计算服务器、存储服务器和宽带资源等。基于分布式处理、并行处理和网格计算，通过网络将庞大的计算处理程序自动拆分成无数个较小的子程序，再交由多台服务器组成的庞大系统，经计算分析后将处理结果返回给用户。

6）人工智能技术

人工智能技术是通过计算机来模拟人的某些思维过程和智能行为（如学习、推理、思考、规划等），主要包括计算机实现智能的原理、制造类似于人脑智能的计算机，使计算机能实现更高层次的应用。其中工程学方法是采用传统的编程技术，使系统呈现智能的效果，而不考虑所用方法是否与人或动物机体所用的方法相同。模拟法要求在效果达到要求的基础上，实现方法也和人类或生物机体所用的方法相同或相类似。

7）大数据技术

大数据技术是指处理涉及数据规模大，难以利用人工或现有的数据采集、数据存储及数据处理方法的数据集合。其对数据的计算和处理模式包括流体处理模式和批量处理模式两种类型。流体处理的基本理念是交通数据的价值会随时间的流逝而不断减少，尽可能快地对最新数据进行分析并给出结果，将交通数据信息视为流体，源源不断的数据组成了数据流。批量处理模式的核心理念是用计算推得数据而不是把数据用于计算，通过指定一个映射函数，把一组键值对映射成一组新的键值对，通过指定的化简函数保证所有映射的键值对中的每一个共享相同的键组。

13.4.4 自动驾驶技术

自动驾驶汽车（Autonomous Vehicles；Self-driving Automobile）又称无人驾驶汽车、电脑驾驶汽车或轮式移动机器人，是一种通过电脑系统实现无人驾驶的智能汽车。我国工业和信息化部发布的《汽车驾驶自动化分级》于2022年3月1日起实施，自动驾驶汽车将以五个要素为主要依据，被划分为0级（应急辅助）、1级（部分驾驶辅助）、2级（组合驾驶辅助）、3级（有条件自动驾驶）、4级（高度自动驾驶）、5级（完全自动驾驶）共六个不同的等级。与美国汽车工程师学会(Society of Automotive Engineers, SAE)整体分级思路和分级划分标准上大体一致。不同自动化等级的自动驾驶汽车涉及一项或多项关键技术,这些技术包括机器视觉技术、行为检测技术、规划决策技术、控制执行技术、V2X 通信技术、信息安全技术和高精度地图与高精度定位技术。

1) 机器视觉技术

机器视觉技术是利用计算机代替人眼来做辨识和检测,以便进一步实施控制,核心技术是视觉处理。主要作用包括感知周围环境中实体的形状、位置、运动姿态等几何信息,视觉处理包括对视觉信息的获取、传输、处理、存储和理解的整个过程,最终实现计算机对客观环境的理解和描述,从而认知现实世界,如图 13-5 所示。

图 13-5 机器视觉技术示意图

2) 行为检测技术

行为检测技术是应用图像处理、多源信息融合等技术,检测分析驾驶人的驾驶动作和行为,判断其是否符合操作规范或存在安全隐患,并通过在线警告、违规管理等方式规范驾驶人的驾驶行为,提高驾驶行为的安全性和规范性。

3) 规划决策技术

规划决策技术是在对感知到的周边物体预测轨迹基础上,结合汽车的路由意图和当前位置,对车辆做出最合理的决策和控制。决策层其功能可以理解为在一个较小的时空区域内,根据汽车动作的规划问题,具体解决汽车从 A 点到 B 点如何行使的问题;控制层根据决策层、规划层的指令分别对车辆的方向、节气门和制动系统进行控制。决策控制技术具有高度的智能化和复杂度。

4) 控制执行技术

控制执行技术包括面向驱动/制动的纵向运动控制、面向转向的横向运动控制、基于驱动/制动/转向/悬架的底盘一体化控制、融合 V2X 通信与车载传感器的多车队列协同和车路协同控制等,具体包括车道保持技术和车道碰壁技术。车道保持技术依靠数字摄像机记录车道标记,根据偏移量自动调整,通过行车计算机进行状态显示,对车辆的驾驶方向和速度做出修正，大幅度地减少会车时发生碰撞以及车辆冲出车道所产生的交通事故。车辆避撞系统通过控制发动机/动力传动系统和制动器来使目标车跟随前车并保持适当距离，当碰撞事故不可避免时，通过自动制动、调整座椅位置或调节安全带松紧度等措施减轻事故损伤和挽救驾驶人及乘客生命安全。

5）信息安全技术

信息安全技术通过检测系统合法性、阻止恶意或未经授权的软件安装、检测可疑的应用链接和隐私数据访问，来保障车辆娱乐系统及通信系统的安全性；通过部署车载防火墙监控整个网络通信，发现并阻止异常的网络行为及非可信车辆的操作指令，保证车载的网络安全。实现车辆的芯片级安全启动、安全升级、通信安全、接入认证、入侵检测防御系统，阻断黑客入侵，保护车内网络安全。

6）高精度地图与高精度定位技术

一般情况下，传统地图只需要做到米级精度即可实现功能，但高精地图的应用场景决定了至少要达到厘米级精度才能保证自动驾驶汽车行驶的安全性。通过对高精度地图模型的提取，可将车辆周边的道路、交通、基础设施等对象及对象之间的相对关系提取出来，提升识别周围环境的能力。车辆定位技术是通过卫星定位导航系统与地理信息系统（GIS）电子地图、无线电通信网络及计算机车辆管理信息系统相结合，实现车辆跟踪和交通管理。目前用于移动车辆定位的主要方法有：GPS 单独定位、GLONASS 单独定位、北斗定位、GPS/GLONASS 组合定位、GPS/DRS 组合定位、差分定位系统、惯性导航定位、多传感器融合定位技术等，以及辅助的地图匹配方法，实现将车辆位置匹配到带有街道名称和地址的电子地图上。

13.4.5 车路协同技术

车路协同技术是综合应用信息、通信、传感网络、新一代互联网、可信计算和计算仿真等领域的最新技术，实现车辆与道路设施的信息共享，在实时、可靠的全时空交通信息的基础上，结合车辆主动安全控制和道路协同控制技术，保证交通安全，提高通行效率，实现人-车-路的有效协同。车路协同技术主要包括了车载感知技术、路侧感知技术、车路协同通信技术和信息融合处理技术等。

1）车载感知技术

车载感知技术包括车辆运动状态、车辆定位信息和行车环境信息的感知，车辆运动状态的感知是利用各种加装的独立的传感技术获取车辆的发动机转速、油耗、车速、加速度、爬坡能力、转向角等运动状态和工作状态数据；车辆定位信息感知技术包括绝对定位信息感知和相对定位信息感知；行车环境信息感知包括道路线形、行人与非机动车、路面信息等信息的感知。

2）路侧感知技术

路侧感知技术是指通过路侧传感器、路侧信息处理单元、路侧控制主机、路侧交通控制设备、无线通信设施和管理中心服务器，利用监测设备采集道路交通信息，并把这些信息传递给管理中心和车辆，同时接受管理中心的指挥控制指令与服务信息，并发布给附近道路上行驶的车辆。

3）车车/车路控制技术

车车/车路控制技术是车辆通过获取周围环境的位置参数及附近车辆的运行状态，包括速度、位置、形式方向、刹车等基本的安全信息。车载端主动安全算法将处理所获取的信息，并按照优先级对信息进行分类，对可能发生的危险情境进行预警，紧急情况下可以利用车辆执行端对车辆进行控制而规避风险，从而减少汽车碰撞事故的发生并缓解交通拥堵，如图 13-6 所示。

图 13-6 车车/车路控制技术示意图

4）系统管理控制技术

系统管理控制技术是在获取更加丰富的路网信息的同时，增强交通管理系统与路网、车辆之间的实时交互。交通管理系统能够及时接收车辆运行请求和发现路网交通症结，通过智慧化交通控制、交通诱导等交通管理手段以及与路网车辆的实时协调，实时收集车辆车况反馈信息，对有问题的车辆提前干预，实现主动管理和控制，有效缓解城市交通拥挤。

5）安全控制技术

构建安全、可靠的车路协同应用系统是研究的热点及难点，安全性和可靠性将决定车路协同的普及程度。车路协同的开放性、包容性等带来了一些不可避免的安全隐患，复杂恶劣的应用环境对可靠性提出极高的要求。车路协同应该建立等级保护制度，保护关键信息，保障数据共享安全可控，从而实现防御网络攻击、保护个人隐私、确保数据传输准确等方面的能力。

复习思考题

13-1 简述智慧交通运输的内涵。

13-2 分别概述智慧交通运输的目标和功能。

13-3 智慧交通运输体系分为哪几个组成部分？并简述各组成部分与服务的关系。

13-4 试用逻辑图的形式描述智慧交通运输架构。

13-5 简述计算技术的定义，并选择其中一种关键技术解释其原理。

13-6 根据智慧交通运输分析未来交通运输的发展趋势。

13-7 智慧交通运输系统分为哪几类？并简述其定义。

13-8 分析智慧轨道运输系统包含哪几个关键子系统？并简述各关键子系统的联系。

参考文献

[1] 中共中央，国务院.交通强国建设纲要[EB/OL].(2019-09-19)[2022-03-08]. http://www.gov.cn/zhengce/2019-09/19/content_5431432.htm.

[2] 中华人民共和国交通运输部综合规划司.国家综合立体交通网规划纲要[EB/OL].(2021-02-25)[2022-03-08]. https://xxgk.mot.gov.cn/2020/jigou/zhghs/202102/t20210225_3527909.html.

[3] 中华人民共和国交通运输部科技司.交通运输标准化发展报告[EB/OL].(2021-07-07)[2022-03-08]. https://xxgk.mot.gov.cn/2020/jigou/kjs/202107/t20210707_3611327.html.

[4] 中华人民共和国交通运输部科技司."十三五"交通领域科技创新专项规划[EB/OL].(2020-07-09)[2022-03-08]. http://www.mot.gov.cn/xiazaizhongxin/ziliaoxiazai/201706/P020200709631763449558.doc.

[5] 中华人民共和国交通运输部科技司.国家车联网产业标准体系建设指南(智能交通相关)[EB/OL].(2021-03-19)[2022-03-08]. https://xxgk.mot.gov.cn/2020/jigou/kjs/202103/t20210319_3534058.html.

[6] 中华人民共和国交通运输部综合规划司.交通运输领域新型基础设施建设行动方案(2021—2025年)[EB/OL].(2021-09-23)[2022-03-08]. https://xxgk.mot.gov.cn/2020/jigou/zhghs/202109/t20210923_3619709.html.

[7] 过秀成.交通运输工程学[M].北京：人民交通出版社股份有限公司，2017.

[8] 傅志寰，孙永福.交通强国战略研究：第二卷[M].北京：人民交通出版社股份有限公司，2019.

[9] 贾利民，王艳辉，徐杰.智能运输系统概论[M].北京：清华大学出版社，2019.

[10] 于德新.智能运输系统概论[M].4版.北京：人民交通出版社股份有限公司，2020.

[11] 徐建闽.智能交通系统[M].北京：人民交通出版社股份有限公司，2014.

[12] 王云鹏，严新平.智能交通技术概论[M].北京：清华大学出版社，2020.

[13] 张可，刘浩，刘冬梅.智能交通系统体系框架构建方法与应用[M].北京：人民交通出版社，2013.

[14] 曲大义，陈秀锋，魏金丽，等.智能交通系统及其技术应用[M].2版.北京：机械工业出版社，2017.

[15] 黄志坚.智能交通与无人驾驶[M].北京：化学工业出版社，2018.

[16] 冯仲伟，方兴，李红梅，等.低真空管道高速磁悬浮系统技术发展研究[J].中国工程科学，2018，20(6)：105-111.

[17] 国家市场监督管理总局，国家标准化管理委员会.汽车驾驶自动化分级：GB/T 40429—2021[S].北京：中国标准出版社，2021.

[18] 中华人民共和国交通运输部.道路运输车辆卫星定位系统车载终端技术要求：JT/T 794—2019[S].北京：人民交通出版社股份有限公司，2019.